Stefan Wellgraf
Hauptschüler

Kultur und soziale Praxis

Stefan Wellgraf (Dr. phil.) hat an der Europa-Universität Viadrina in Frankfurt/ Oder promoviert und war Kollegiat im Graduiertenkolleg »Berlin – New York. Geschichte und Kultur der Metropolen«.

STEFAN WELLGRAF
Hauptschüler
Zur gesellschaftlichen Produktion von Verachtung

[transcript]

Dissertation, Europa-Universität Viadrina, Frankfurt (Oder),
Kulturwissenschaftliche Fakultät, 2011

Bibliografische Information der Deutschen Nationalbibliothek
Die Deutsche Nationalbibliothek verzeichnet diese Publikation in der Deutschen Nationalbibliografie; detaillierte bibliografische Daten sind im Internet über http://dnb.d-nb.de abrufbar.

© 2012 transcript Verlag, Bielefeld

Die Verwertung der Texte und Bilder ist ohne Zustimmung des Verlages urheberrechtswidrig und strafbar. Das gilt auch für Vervielfältigungen, Übersetzungen, Mikroverfilmungen und für die Verarbeitung mit elektronischen Systemen.

Umschlaggestaltung: Kordula Röckenhaus, Bielefeld
Umschlagabbildung: »Lonesome Gang Star«, time./photocase.com
Lektorat & Satz: Anne Dorowski
Druck: Majuskel Medienproduktion GmbH, Wetzlar
ISBN 978-3-8376-2053-5

Gedruckt auf alterungsbeständigem Papier mit chlorfrei gebleichtem Zellstoff.
Besuchen Sie uns im Internet: *http://www.transcript-verlag.de*
Bitte fordern Sie unser Gesamtverzeichnis und andere Broschüren an unter: *info@transcript-verlag.de*

Inhalt

Einleitung | 9
Feldforschung: Zugänge zu Berliner Hauptschülern | 10
Praxistheoretische Perspektiven | 14

I. SELBSTWAHRNEHMUNGEN UND KULTURELLE PRAKTIKEN

Soziale Beziehungen:
Das Problem der Anerkennung | 21
Formen verweigerter Anerkennung | 22
Freundschaft: Die *Neukölln Ghetto Boys* | 30
Die »große Liebe« | 38

Körper- und Konsumpraktiken:
Boxer, Handys und Goldketten | 45
Konsumopfer oder Konsumrebellen? Shoppen im *Linden-Center* | 46
Umgang mit Artefakten: Markenprodukte, Goldketten und Handys | 52
Aggressive Männlichkeit: Der Boxer-Stil | 61
Starkult und Körperkapital: *Germany's Next Topmodel* | 68

Hauptschule:
Formationen von Klasse, Ethnizität und Geschlecht | 77
Geschlecht: Aggressive Männlichkeit
als Oppositionshaltung und Machtregime | 79
Ethnizität: Bedeutung von ethnischer Zugehörigkeit im Alltag
und Umgang mit Rassismus | 89
Soziale Klasse: Die Unsichtbarkeit sozialer Diskriminierung | 95
Formationen von Klasse, Ethnizität und Geschlecht | 101

Nach der Schule:
Wege und Zukunftsvorstellungen | 105
Zukunftsträume: Familie – Beruf – gesicherte Existenz | 107
Zukunftswege: Misserfolge und Demütigungen | 112
Zukunftsängste: Drei Formen des Unheimlichen | 128

Bürgerlichkeit? Lebensformen von
Berliner Gymnasiasten im Vergleich | 135
»Proll« und »Öko« – über Geschmack und Distinktion | 137
Aktualität bürgerlicher Lebensformen:
Politisches Engagement und Klassische Musik | 144
Bildungsreisen: Ein Jahr im Ausland | 152
Transgressionen: Kontakte zwischen Gymnasiasten
und Hauptschülern | 158

II. REPRÄSENTATIONEN – MACHT – KRITIK

Encoding: Entstehungszusammenhänge
medialer Repräsentationen | 165
Die Rütli-Schule in der *Süddeutschen Zeitung* | 167
Frontal21 über »Verweigerte Integration« an Berliner Schulen | 178
Radioeins über die »Vorfälle im Wrangelkiez« | 187

Decoding:
Umgangsweisen mit medialer Stigmatisierung | 201
»Stimmt schon irgendwie« – hegemonial-ausgehandelte Lesarten | 203
»Das ist mein Leben« – wütende und kritische Lesarten | 210
»Voll Rütli« – ironische Lesarten | 218

Recoding?
Die Mediatisierung der Alltagswelt und ihre Folgen | 223
Mediatisierung der Alltagswelt: Medienpraktiken
Berliner Hauptschüler | 225
Online-Communitys: Suche nach Anerkennung
und Spiele mit Zuschreibungen | 231
Recoding? – Potentiale medialer Neuarrangements | 238

Affective States:
Die politische Dimension von Emotionen und Affekten | 243
Neoliberale Herrschaftstechniken: Die konfrontative Pädagogik | 246
Grenzziehungen: Demütigen und Strafen | 255
Wut und Neid – Die politische Dimension von Emotionen
und Affekten | 263

»Wir sind dumm« – Ideologie und Mythos im staatlichen Bildungssystem | 271
Ideologie: Das staatliche Bildungssystem | 272
Bildungsmythen als Ideologie | 281
Der Staat als Mythos und das Brüchigwerden von Ideologien | 289
Das Ende der Hauptschule in Berlin | 298

Schluss:
Zur gesellschaftlichen Produktion von Verachtung | 303

Literatur | 309

Einleitung

»Hauptschule« – diese seit einer Schulreform am Ende der 1960er Jahre verwendete Bezeichnung hat längst ihre vermeintliche Unschuld verloren. Die Begriffe »Hauptschule« und »Hauptschüler« sind seit einigen Jahren mit einer Fülle von negativen Assoziationen aufgeladen. Fragt man Hauptschüler, was ihrer Meinung nach andere über sie denken, wählen sie abwertende Bezeichnungen wie »dumm«, »faul« oder »Psycho im Kopf«. Manche Hauptschullehrer beschreiben ihre eigene Schule als »Irrenhaus«, »Idiotenschule« oder »Behindertenschule«. Und in vielen Medienberichten erscheinen Hauptschüler als bildungsresistent, gewalttätig und moralisch verwahrlost. Hauptschüler werden gesellschaftlich missachtet, gedemütigt und ausgegrenzt. Dieses Buch handelt davon, wie diese Verachtung zustande kommt und wie Hauptschüler mit ihr umgehen.

Durch den Fokus auf die Situation von Hauptschülern in Berlin möchte ich auf anschauliche Weise nachvollziehen, wie Machtverhältnisse mittels Formen von Verachtung im Alltag reproduziert werden. Unter der Produktion von Verachtung verstehe ich gesellschaftliche Exklusionsprozesse, bei denen Formen materieller Benachteiligung mit Mechanismen symbolischer Abwertung verbunden werden. Beides lässt sich nicht voneinander trennen, denn Verachtung dient der Legitimation von ökonomischen Ungleichheitsverhältnissen. So werden Hauptschülern nicht einfach nur Berufschancen und Ausbildungsplätze vorenthalten, sondern ihnen wird darüber hinaus in Bewerbungssituationen häufig suggeriert, sie seien nichts wert und selbst schuld an ihrer Lage. Wer die brutalen Wirkungen gesellschaftlicher Verachtung verstehen will, sollte deshalb strukturelle Ausschlussmechanismen und Stigmatisierungsprozesse in ihrer Wechselwirkung betrachten. Aus einer solchen Perspektive erscheint Verachtung als etwas »Gemachtes«, als ein historisch bedingter und kulturell spezifischer Prozess gesellschaftlicher Ausschließung.

Diese Studie basiert auf einer anderthalbjährigen Feldforschung mit Berliner Hauptschülern in den Jahren 2008 und 2009. Ich beschreibe die Situation von Großstadtjugendlichen aus dem Ost- und dem Westteil Berlins etwa zwanzig Jahre nach dem Mauerfall in Zeiten dauerhaft hoher Arbeitslosigkeit, die zudem durch die Wirkungen einer von den USA ausgehenden Finanz- und Wirtschaftskrise gekennzeichnet waren. In diesen Zeitraum fielen auch die Vorbereitungen zur Abschaffung der Hauptschule in Berlin, die schließlich im Sommer 2010 vollzogen wurde. Meine Forschung ist somit in mehrfacher Hinsicht mittlerweile historisch. Trotz der klaren zeitlichen und räumlichen Verortung zielen meine Ausführungen auf über den Einzelfall hinausweisende Einsichten in die Funktionsweisen gegenwärtiger Gesellschaft und bieten vielfältige Anregungen zu Forschungen über gesellschaftliche Randgruppen und Prozesse sozialer Ausgrenzung.

FELDFORSCHUNG: ZUGÄNGE ZU BERLINER HAUPTSCHÜLERN

Als ich das erste Mal eine Hauptschule betrat, bemerkte ich, wie lange ich nicht mehr in einer Schule gewesen war. Das Gekreische der Schüler, der sich aus Bohnerwachs und Schweiß bildende Geruch und dann noch diese auf beeindruckende Weise eklektischen Wandgestaltungen in der Eingangshalle: bunte Fahnen verschiedener Länder, ein Andy Warhol nachempfundenes Portrait von Marilyn Monroe, die Fotos der Lehrerschaft, hierarchisch angeordnet mit teilweise schon vergilbten Passfotos, darunter bunte Fliesen und darüber große Palmenwedel aus Plastik. Gleich neben der von den »stämmigen Typen« des Wachschutzes *Germania* bewachten Eingangstür hing zudem eine Liste mit aktuellen Suspendierungen und Hausverboten. Bunt und ein bisschen brutal – so in etwa war mein erster Eindruck an einer Berliner Hauptschule.

Doch ich hätte auch anders beginnen können, schließlich forsche ich nicht nur an einer, sondern an drei Hauptschulen in den Berliner Bezirken Neukölln, Lichtenberg und Wedding. So ließen sich noch zwei weitere Versionen erzählen, eine mit einer eher positiven und eine mit einer eher negativen Botschaft. Beginnen wir also mit einer zweiten, recht »freundlichen« Version: Als ich vor der Schule eintraf, war ich ein bisschen aufgeregt, kam jedoch schnell mit ein paar Schülern ins Gespräch. Wenig später saß ich schon beim Direktor im Büro, der erst einmal eine kleine Rede hielt. Er begann mit Karl dem Großen, sah bald schon die Bildungserrungenschaften der »deutschen Aufklärung« in Gefahr und endete schließlich mit der Forderung, die heutigen Bildungsverweigerer endlich ins Gefängnis zu stecken. Ich hörte brav zu und fühlte mich ein bisschen wie ein Schüler, der zum Direktor vorgeladen wird, letztlich erhielt ich jedoch meine Forschungsgenehmigung. Später stellte ich mich in einer Klasse vor und führte nach der Schule auch gleich ein kleines Gespräch zum Kennenlernen mit zwei Schülerinnen. Da die Sonne schien, spazierten wir zu einem nahe gelegenen Park, wo wir auf einer Wiese sitzend uns etwa anderthalb Stunden unterhielten. Als ich zur Schule zurückkehrte, bemerkte ich plötzlich, dass ich vor lauter Forschungsbegeisterung vergessen hatte, mein Fahrrad anzuschließen. Es hatte einen halben Tag lang mitten auf dem belebten Gehweg vor dem Schulgelände gestanden, doch niemand hatte es gestohlen.

Und zum Abschluss nun noch eine dritte, etwas »düstere« Version: Als ich mich der Schule näherte, überlegte ich, ob ich mein Fahrrad lieber innerhalb oder außerhalb des Schulgeländes anschließen sollte. Ich warf einen skeptischen Blick auf die vor dem Eingang des Schulgeländes »herumlungernde« Gruppe junger Männer anscheinend migrantischer Herkunft und entschied daraufhin, dass es wohl sicherer wäre, das Fahrrad auf dem Schulgelände anzuschließen. Währenddessen beschlich mich ein ungutes Gefühl aufgrund der mir bewusst werdenden eigenen Vorurteile. War ich nicht hier hingekommen, um dem medialen Negativbild von Hauptschülern und jungen Migranten eine komplexere Beschreibung entgegenzusetzen? Ich versuchte etwas aufgeschlossener an den jungen Männern am Eingang vorbeizugehen, hörte aber dennoch, wie diese sich ganz angeregt über Pistolenmodelle unterhielten und wo man sich diese besorgen könne. Etwas ratlos ging ich weiter. Vor dem von einer Videokamera überwachten Hauseingang angekommen, sprach mich ein Schüler an, ob ich neu hier sei und was ich hier eigentlich mache. Als ich ihm kurz von der Idee für meine Forschung erzählte und ihn einlud mitzumachen, antwortete er: »Mein Leben wollen Sie gar nicht wissen.«

Welcher Start auch immer – meine ethnografischen Forschungen mit Berliner Hauptschülern sind von einer bestimmten Perspektive beeinflusst und stehen für einen subjektiven Blick auf die Wirklichkeit. Es handelt sich, um ein englisches Wortspiel von James Clifford zu verwenden, um partial truths – um »Teil-Wahrheiten«, die gleichzeitig immer auch »parteiisch« sind.[1] Doch wodurch zeichnet sich nun meine spezifische Blickweise aus? Die Frage ist nicht leicht zu beantworten. Vielleicht am ehesten dadurch, dass ich die negativen Blickweisen auf Hauptschüler nicht nur berücksichtige oder reflektiere, sondern ihre Entstehungsweisen und Auswirkungen zum Fokus dieser Arbeit mache, die deshalb auch den Untertitel »Zur gesellschaftlichen Produktion von Verachtung« trägt. Das Erzählen der drei verschiedenen Episoden, die sich alle in etwa dieser Form zugetragen haben, berührt somit bereits den Kern meines Anliegens. Ich will nicht nur die eine Geschichte erzählen, die das dominante Narrativ von Krise und Gewalt an Berliner »Brennpunkt«-Schulen weiterspinnt. Oder nur die andere Version darlegen, die in dem sozialromantischen Gegen-Diskurs vom »im Herzen guten« Hauptschüler verhaftet bleibt.[2] Stattdessen will ich berichten, wie komplex und vielschichtig die Sichtweisen und Praktiken von marginalisierten Jugendlichen bei näherem Hinsehen häufig erscheinen. In den folgenden Kapiteln wird deshalb viel von Heterogenität und Komplexität, von Ambivalenzen und Widersprüchen die Rede sein – von Dingen, die meiner Ansicht nach immer auch ein bisschen anders, ein bisschen komplizierter miteinander zusammenhängen, als vielleicht zunächst gedacht.

Das Erzählen der drei Episoden offenbart noch eine Reihe weiterer zentraler Prämissen meiner Herangehensweise: Eine besondere Aufmerksamkeit für die Entstehung und die Wirkkraft medialer Bilder im Alltag sowie für den Umgang der Schüler mit negativen Stereotypen. Die Berücksichtigung der Institution Schule, in der fortlaufend ideologisch gefärbte Bildungsmythen produziert werden. Die Einsicht, dass die physische Präsenz und die kommunikative Anwesenheit des Forschers die vorgefundene Realität notwendigerweise beeinflusst. Und die grundlegende Absicht, anhand anschaulicher Beschreibungen von ausgewählten Alltagsepisoden komplexere Zusammenhänge verständlich zu machen. Auf diese Weise habe ich schließlich ein Buch geschrieben, das an aktuelle Debatten der Sozial- und

---

1 Clifford: Introduction. Partial Truths.
2 Für einen Überblick der historischen und zeitgenössischen Leitmotive ethnografischer Forschungen über »Unterschichten« siehe Warneken: Die Ethnographie populärer Kulturen.

Kulturwissenschaften anschließt, das aber auch darauf abzielt, durch seine zugängliche Sprache und sein gesellschaftlich relevantes Thema über die Wissenschaft hinaus Diskussionen anzuregen.

Die vorliegende Studie basiert, wie bereits erwähnt, auf den Ergebnissen einer ethnografischen Feldforschung: Von Februar 2008 bis zum August 2009 begleitete ich achtzehn Hauptschüler in den Berliner Bezirken Wedding, Neukölln und Lichtenberg während ihres letzten Schuljahres sowie in den ersten Monaten nach Verlassen der Schule. Die Forschung fand sowohl innerhalb als auch außerhalb der Schule statt: Ich besuchte während des gesamten Schuljahres 2008/09 an ein bis zwei Tagen in der Woche den Unterricht der zehnten Klassen der Anna-Seghers-Schule in Berlin-Wedding – die Namen aller Schulen, Schüler und Pädagogen sind anonymisiert – und nahm darüber hinaus an Schulausflügen und Feierlichkeiten teil. Parallel dazu traf ich die Schüler während ihrer Freizeit zu Interviews, zu Spaziergängen oder einfach zum »Rumhängen«. Vor allem zu den Schülern in Neukölln und Lichtenberg, die ich zuvor bereits gegen Ende ihrer Schullaufbahn im Frühjahr 2008 kennengelernt hatte, hielt ich auf diese Weise auch nach Verlassen der Schule Kontakt. Ergänzt wird diese Forschung mit Berliner Hauptschülern durch Interviews mit Schuldirektoren, Lehrern und Sozialarbeitern verschiedener Berliner Hauptschulen. Zudem begleitete ich parallel noch eine Vergleichsgruppe von insgesamt zwölf etwa gleichaltrigen Gymnasiasten aus Berlin-Lichtenberg, die ich jedoch aus Zeitgründen unregelmäßiger und insgesamt auch etwas seltener traf.

An den Hauptschulen nahmen mich die meisten Schüler in einer Zwischenrolle von Lehrer und Schüler war. So wurde ich beispielsweise auf dem Schulhof der Anna-Seghers-Schule von Schülern unterer Jahrgänge mehrfach gefragt, ob ich denn schon Lehrer oder noch Schüler sei. Selbst der dortige Direktor hatte meine Forscherrolle schnell vergessen und nannte mich nach einer Weile nur noch den »Praktikanten«. An einer Neuköllner Schule verbreitete sich zudem zwischenzeitlich das Gerücht, ich sei der Sohn einer Lehrerin. Die Schüler der zehnten Klassen der drei Berliner Hauptschulen, in denen ich mich jeweils mit meinem Forschungsanliegen im Rahmen des Unterrichts vorgestellt hatte, fragten mich häufig ungeduldig, wann mein Buch »endlich« fertig sein würde und erkundigten sich auch in der Zeit nach Beendigung der Feldforschung per E-Mail nach meinen Schreibfortschritten. Einige von ihnen haben später Passagen dieses Buches oder das gesamte Manuskript gelesen und durch ihre Kommentare bereichert. Die Schüler beteiligten sich insgesamt mit unterschiedlicher Motivation an der Forschung. Einige hatten nach ein oder zwei Treffen keine Lust mehr, andere trafen sich auch dann nach der Schule mit mir, wenn sie den vorhergehenden Unterricht »geschwänzt« hatten. Zudem war nicht nur ich am Leben der Schüler interessiert, sondern auch diese an meinem. So wurde ich zu meinen Fußballinteressen befragt, sollte Ratschläge zum Thema Sex und Liebe geben oder vom Universitätsleben berichten. Die Höhe meines Promotionsstipendiums von knapp über 700 Euro monatlich wurde daraufhin sehr missbilligend bewertet: »Also ehrlich Stefan, ich glaube du hast umsonst studiert.«

Während meine Aufmerksamkeit anfangs ganz den Schülern galt, interessierte ich mich im Verlauf der Forschung auch zunehmend für die Institution Schule und ihre Angestellten. Die Beziehungen zu den Lehrern, vor allem jenen der Anna-Seghers-Schule, verliefen dabei sehr unterschiedlich. Während sich zu einigen ein gutes Verhältnis etablierte und ich vor allem nach für die Pädagogen besonders aufreibenden Stunden häufig noch ein bisschen mit ihnen plauderte, reagierten andere gereizt auf mich, da sie mich möglicherweise als eine Kontrollinstanz empfanden. Diese war besonders unwillkommen, wenn Lehrer die letzten Unterrichtsstunden des Schultages mangels Lehrmotivation ausfallen ließen oder wenn sie ihre Schüler offensichtlich schlecht behandelten, was beides recht häufig vorkam. Aus solchen Gründen kam es auch zum einzigen Zwischenfall während meiner Forschung, als mir eine bei ihren Schülern sehr unbeliebte Lehrerin – ich nenne sie Frau Mischke – verbot, fortan an den von ihr angebotenen Unterrichtsstunden teilzunehmen. Die Schüler »gratulierten« mir daraufhin noch Tage später zu meinem »Rausschmiss« mit Kommentaren wie »jetzt hasst du sie auch« oder »bei uns bist du immer willkommen«. Zudem wurde mir angeboten bei einem geplanten Überfall auf das Haus der Lehrerin teilzunehmen, was ich jedoch ablehnte.

PRAXISTHEORETISCHE PERSPEKTIVEN

Meine Forschungsergebnisse diskutiere ich unter Bezugnahme auf diverse theoretische Traditionen wie die britischen Cultural Studies, den französischen Poststrukturalismus, die Postkoloniale Theorie und die Frankfurter Schule sowie in Auseinandersetzung mit empirischen Befunden und wissenschaftlichen Diskussionen vor allem aus dem Bereich der Ungleichheits-, Bildungs- und Migrationsforschung. Dabei geht es mir nicht nur darum, meine empirischen Daten aus verschiedenen Blickwinkeln zu beleuchten, sondern die von mir gewählte Forschungsperspektive, meine Materialauswahl und die Anordnung des Textes sind selbst schon theoriegeladen. Theoretische Überlegungen werden gleichsam stets in enger Auseinandersetzung mit dem empirischen Material entwickelt.[3] Um dieser wechselseitigen Verschränkung und Konstituierung von Theorie und Empirie auch formal Rechnung zu tragen, ist dieses Buch nicht in einen Theorie- und einen Empirie-Teil untergliedert. Stattdessen sollen in den einzelnen thematischen Kapiteln jeweils immer auch aktuelle Debatten der Sozial- und Kulturwissenschaften, wie beispielsweise über Intersektionalität, Bürgerlichkeit und Emotionen, besprochen und um eine neue Facette bereichert werden.

Gekennzeichnet ist meine Herangehensweise durch eine praxistheoretische Grundorientierung. Unter Praxistheorie versteht man ein Bündel von theoretischen Ansätzen, die sich im Verlauf der 1980er Jahre etabliert haben.[4] Zuvor hatte in den 1960er Jahren der Streit zwischen »harten Objektivisten« und »weichen Subjektivisten« die theoretischen Diskussionen belastet und in den 1970er Jahren ein strukturfixierter Marxismus die Theorielandschaft überschattet. Praxistheoretiker wie Pierre Bourdieu oder Anthony Giddens zielten auf eine Überwindung des Dualismus von Mikro- und Makroperspektiven, indem sie gerade die Dialektik von *Structure & Agency*, also von einer vorherrschenden Gesellschaftsstruktur und von interessegeleiteten Praktiken der Akteure, ins Zentrum der Analyse rückten. Im Kontrast zum orthodoxen Marxismus der vorhergehenden Jahre, in dessen Rahmen viel von den revolutionären Massen gesprochen wurde, ohne sich jedoch für die Lebensformen der unterbürgerlichen Schichten zu interessieren, gingen praxistheoretische Ansätze mit einer Neubetonung des Status von Akteuren einher. Gleichzeitig übernahmen viele Praxistheoretiker vom Marxismus eine Kapitalismus- und somit eine systemkritische Haltung und interessierten sich vor allem für Fragen von Macht und Ungleichheit. So

---

3 Vgl. Hirschauer: Die Empiriegeladenheit von Theorien und der Erfindungsreichtum der Praxis.

4 Zur Herausbildung praxistheoretischer Perspektiven siehe Ortner: Theory in Anthropology since the Sixties. Zu aktuellen Entwicklungen im Feld der Praxistheorien siehe Ortner: Updating Practice Theory.

handelt auch dieses Buch über Berliner Hauptschüler von Akteuren in einer prekären sozialen Lage und interessiert sich vor allem für jene Selbstwahrnehmungen und Praktiken, die wiederum Rückschlüsse auf die Mechanismen machtbedingter Ausschließung ermöglichen.

Aus einer solchen praxistheoretischen Perspektive ergeben sich eine Reihe von forschungsleitenden Implikationen in Bezug auf das Verständnis sowohl von Strukturen als auch von Akteuren sowie den komplexen Wechselbeziehungen zwischen beiden. Grundlegend ist zunächst die Ausrichtung an einem prozessualen statt eines statischen Verständnisses des Sozialen, was häufig eine historische Forschungsorientierung oder – wie in meinem Fall – zumindest ein Bewusstsein für die Einbettung des Forschungsgegenstandes in spezifische historische Konstellationen mit sich bringt. Mein Umgang mit marxistischer Kritik am Bildungssystem kann vielleicht am besten veranschaulichen, was damit gemeint ist. Am Ende dieses Buches werde ich die von Louis Althusser um 1970 formulierte Kritik am Bildungssystem als einer machtgeleiteten Reproduktionsinstanz des bürgerlichen Staates aufgreifen und auf das deutsche Schulsystem übertragen. Die Blickweise auf Schulen als »ideologische Staatsapparate« ermöglicht wichtige Einsichten zur Wirkungsweise von Bildungsideologien im Prozess der Reproduktion von Machtverhältnissen durch staatliche Bildungsinstitutionen. Statt jedoch wie Althusser von einem allmächtigen, hyperstabilen und quasi nur durch eine Revolution komplett abzulösenden ideologischen System auszugehen, zeige ich, wie parallel zum sich abzeichnenden Ende der Hauptschule in Berlin auch die das Schulsystem legitimierenden Ideologien brüchig werden. Machtbedingte Strukturen erscheinen auf diese Weise nicht mehr als unveränderlich und allmächtig, sondern im Gegenteil als etwas ständig Bedrohtes, das der stetigen ideologischen Aufbauarbeit bedarf.

Die sich daraus ergebende Spannung zwischen systemreproduzierenden und systemverändernden Tendenzen spiegelt sich auf der Akteursebene in der Ambivalenz zwischen der Routinisiertheit und der Unberechenbarkeit, der Wiederholungstendenz und dem Veränderungspotential von Praktiken wider.[5] Der hier gewählte Fokus auf kulturelle Praktiken – vor allem auf Körper-, Konsum- und Medienpraktiken – geht einher mit einer Skepsis gegenüber einem eher mentalistischen oder intellektualistischen Blick auf das Soziale, in dessen Folge meist von Normen und Werten bestimmter so-

---

5 Siehe dazu Reckwitz: Grundelemente einer Theorie sozialer Praktiken.

zialer Gruppen gesprochen wird, doch wenig davon, was Menschen eigentlich machen und womit sie Dinge tun. Ein solcher Perspektivenwechsel ist verbunden mit einer Neubetonung der politischen Dimension des Informellen und des Alltäglichen, also dessen, was in der intellektualistischen Sichtweise häufig als nebensächlich, minderwertig oder unwichtig und somit als politisch wenig relevant betrachtet wird. So interpretiere ich beispielsweise Formen aggressiver Männlichkeit, wie sie im Boxerstil eine prototypische Ausdrucksform finden, als eine Reaktion auf gesellschaftliche Verachtung oder arbeite die politischen Implikationen von Emotionen wie Scham, Wut und Neid heraus.

Praxisorientierte Perspektiven umfassen auch die Selbstwahrnehmungen von Akteuren sowie Prozesse der Identitätsbildung, nur werden diese nicht in Bezug auf eine abstrakte mentale Struktur begriffen, sondern mit Blick auf die sie begleitenden und bedingenden Praktiken sowie unter Berücksichtigung von spezifischen sozialen Konstellationen analysiert. Es handelt sich demnach um ein situiertes Wissen von Akteuren in sozialen Lagen, um einen praktischen Sinn, der gleichsam bestimmte Selbstverhältnisse ermöglicht oder erschwert. Im nun folgenden Kapitel beschreibe ich zunächst Prozesse verweigerter intersubjektiver Anerkennung und werde in den anschließenden Kapiteln die Selbstwahrnehmungen und kulturellen Praktiken von Berliner Hauptschülern von der Annahme ausgehend analysieren, dass diese einerseits nach Anerkennung suchen und gleichzeitig beständig mit Verachtung konfrontiert werden.

I. Selbstwahrnehmungen und kulturelle Praktiken

Soziale Beziehungen

Das Problem der Anerkennung

Kaum jemand geht freiwillig an eine Berliner Hauptschule. Manche Lehrer bezeichnen ihre Schule als »Irrenhaus« und gratulieren sich gegenseitig, wenn ihre Versetzungsanträge »endlich« genehmigt werden. Schüler und Schülerinnen wechseln am Ende ihrer Grundschulzeit zwar mit unterschiedlichen Motiven und Vorstellungen an eine Berliner Hauptschule, doch viele von ihnen empfinden die häufig ungewollte Zuweisung zu diesem Schultyp als eine persönliche Niederlage. In Bemerkungen wie »ich wollte eigentlich nicht hierher« oder »die haben mich einfach hier hingeschickt«, wird deutlich, dass die Schulwahl weniger als eine selbstmotivierte Entscheidung, sondern als weitgehend vor- und fremdbestimmt wahrgenommen wird. Ein Schüler protestierte gegen die unfreiwillige Kategorisierung als Hauptschüler, indem er den Besuch des ersten Schultages verweigerte. Die Hauptschulzeit beginnt in diesem Fall nicht mit einem freudigen und erwartungsvollen ersten Schultag voller neuer Anregungen, sondern mit einem beschämenden Gefühl der Degradierung und der trotzigen Weigerung, sich am zeremoniellen Schuljahresanfang zu beteiligen. Die Verachtung von Hauptschülern entfaltet somit für einige Schüler bereits zu Beginn der Hauptschulzeit ihre destruktive Wirkung.

Die Beschämung darüber, als Hauptschüler zu gelten, setzt die Verinnerlichung einer moralisch belasteten Ordnungsvorstellung voraus, der zufolge Berliner Hauptschulen und ihre Besucher als rangniedrig und minderwertig gelten. Einmal als Hauptschüler abgestempelt, fällt es schwer, dieser negativ konnotierten sozialen Markierung wieder zu entkommen. Zuweisungen zur Hauptschule werden im Verlauf der Schulzeit nur selten revidiert und wenn, dann handelt es sich statistisch deutlich häufiger um einen Wechsel von der Real- zur Hauptschule als umgekehrt.[1] Ein soziales Schamgefühl entsteht, wie der Soziologe Sighard Neckel in seinem Buch »Status und Scham« herausgearbeitet hat, aus einem in sozialen Beziehungen erfahrenen geringen Maß an Anerkennung.[2] Das Problem fehlender Anerkennung, das im Zentrum dieses Kapitels steht, kann als eine spezifische Ausdrucksform und gleichzeitig als ein elementarer Baustein der gesellschaftlichen Verachtung von Hauptschülern begriffen werden. Anerkennungsdefizite entwickeln für die betroffenen Jugendlichen nicht nur am Beginn, sondern vor allem am Ende ihrer Schulzeit eine besondere Wucht und Dynamik. Formen verweigerter Anerkennung sollen im Folgenden zunächst anhand der Bedeutung von signifikanten Anderen angedeutet und anschließend nach der spezifischen Bedeutung von Freundschaft und Liebe im Kontext einer weitgehenden Anerkennungsverweigerung gefragt werden.

FORMEN VERWEIGERTER ANERKENNUNG

Selbstkonstituierung lässt sich im Anschluss an George Herbert Mead im Wesentlichen als ein sozialer Prozess verstehen.[3] Unter dieser Prämisse erscheinen die Beziehungen zu signifikanten Anderen, an denen die eigenen Rollenvorstellungen entwickelt und gemessen werden, als zentrales Element des Sozialisationsprozesses. Umgekehrt lassen sich problematische Prozesse der Identitätsbildung häufig auf fehlende intersubjektive Anerkennung zurückführen. Vor dem Hintergrund der gesellschaftlichen Verachtung von Hauptschülern kann sich ein individuelles und kollektives Selbstverstehen nicht im Ausgleich mit der Gesellschaft vollziehen, son-

---

1 Anhand der Berliner Schulstatistik lässt sich zeigen, dass in der 9. und 10. Jahrgangsstufe zu Beginn des Schuljahres 2008 die Zahl der Schüler, die von einer Real- an eine Hauptschule gewechselt waren, mehr als zehnmal höher lag als die Zahl der Schüler, die von einer Haupt- an eine Realschule wechselten. Amt für Statistik Berlin Brandenburg: Schüler der allgemeinbildenden Schulen in Berlin am 19. September 2008.
2 Neckel: Status und Scham, S. 16.
3 Vgl. Mead: Geist, Identität und Gesellschaft.

dern es muss von prekären und aufreibenden Formen der Selbstkonstituierung ausgegangen werden.[4] Die problematisch gewordene Orientierung an der Gesellschaft zeigt sich beispielhaft an der Bedeutung von signifikanten Anderen als Vorbild oder Anti-Vorbild für das Handeln und Selbstverständnis von Hauptschülern.

Ali: »Ein Freund von mir war auf dem Gymnasium und hat Abitur gemacht. Er wollte Polizist werden, aber die haben ihn nicht angenommen, weil er zu viele Sachen in seiner Akte hatte. Da habe ich mir gesagt, ich will versuchen, eine saubere Akte zu haben. Und ich will weitermachen und einen guten Weg weitergehen. So wie mein Cousin in der Türkei, er hat studiert und ist jetzt Arzt. […] Ich will nicht mit schlechten Leuten herumlaufen und schlechte Sachen machen. Ich hatte mal was in meiner Akte vor vier Jahren, aber ich war nie vor Gericht. Ich habe was gestohlen, da war ich gerade neu aus der Türkei gekommen, aber danach habe ich das nicht mehr gemacht. Ich hatte nicht so auf Leute gehört, ich meinte, die erzählen nur Schwachsinn und wollte nur meine Meinung hören. Und dann als ich nach Deutschland gekommen bin, bin ich zur Schule gegangen und habe versucht mich zu verbessern und mich zu kontrollieren. Danach habe ich mich nicht mehr so wie früher mit anderen Leuten gestritten. Weil andere Menschen mit mir geredet haben und mir meine Fehler gesagt haben, zum Beispiel meine Lehrer, meine Eltern und meine Bekannten.«

In diesem Auszug aus einem Interviewtranskript lassen sich unterschiedliche und zum Teil widersprüchliche Rollenerwartungen erkennen: Ali, ein im Südosten der Türkei geborener Weddinger Hauptschüler, unterscheidet klar zwischen einem »guten« und einem »schlechten« Lebensweg und beide Möglichkeiten werden für ihn von einer bestimmten Person aus seinem persönlichen Umfeld verkörpert: Auf der einen Seite ein »Freund«, der – genau wie Ali selbst – Polizist werden wollte und als Abiturient anscheinend gute Chancen hatte, sein Ziel zu verwirklichen, schließlich aber aufgrund der in seiner »Akte« vermerkten Straftaten nicht in die Ausbildung aufgenommen wurde. Auf der anderen Seite ein Cousin in der Türkei, der studiert hat und jetzt dort als Arzt arbeitet. Beide Figuren sind für Ali relevant, denn er befindet sich derzeit in einer Zwischenposition und sein eigener Lebensweg könnte in beide Richtungen verlaufen.

---

4 Vgl. Reckwitz: Der Identitätsdiskurs.

Ali selbst hat, wie er im Verlauf des Interviews berichtet, vor einigen Jahren eine Strafanzeige wegen Ladendiebstahls erhalten, hofft aber, dass diese mittlerweile verjährt und aus seiner Akte gestrichen sei. Die am Verhalten seiner Schulkameraden orientierte Handlungsweise kontrastiert Ali mit dem Einfluss von »Lehrern«, »Eltern« und »Bekannten«, deren Vorschläge er zunächst als »Schwachsinn« betrachtet, doch im Rückblick als positiv bewertet. Als biografischen Einschnitt betrachtet er seine Übersiedlung von der Türkei nach Deutschland vier Jahre zuvor. Der in Deutschland angekommene Ali sucht nach einer Eingewöhnungsphase nicht mehr den Konflikt mit der Gesellschaft und entwickelt sich allmählich zu einem Schüler mit »vorbildlichem« Verhalten, was ihm schließlich eine Position als Klassensprecher einbringen wird. Diese von zunehmender Selbstdisziplinierung und Affektkontrolle begleitete Entwicklung kann als ein Sozialisationsprozess betrachtet werden, als eine Entwicklung, die – wie Ali hofft – aus einem eigensinnigen und aufmüpfigen Jungen eines Tages einen ordnungsliebenden deutschen Polizeibeamten machen könnte.

Diesem Weg der kontinuierlichen Adaption an gesellschaftliche Rollenerwartungen stehen jedoch auf gesellschaftlichen Ausschlussmechanismen beruhende Barrieren entgegen. Zwar sieht sich Ali selbst mittlerweile auf einem »guten Weg«, doch wird er nach Verlassen der Schule erfahren, dass ihm als Hauptschulabgänger die Wege in eine mögliche Polizeilaufbahn versperrt sind. Für eine alternative Anstellung im Sicherheitsgewerbe fehlt ihm zudem die deutsche Staatsbürgerschaft, für deren Erhalt er noch mindestens vier weitere Jahre in Deutschland leben müsste. Das im Verlauf seiner Schullaufbahn transformierte Selbstverhältnis bleibt somit prekär. Zwar verfolgt Ali seine Berufspläne zunächst weiter, doch artikuliert er in späteren Interviews zunehmend Ängste, ob er die Jahre bis zu einer möglichen Einbürgerung ohne zusätzliche Einträge in das Strafregister überstehen wird.

Ähnlich wie Ali unterscheidet auch Eric aus Berlin-Lichtenberg zwischen personifizierten Vorbildern und Anti-Vorbildern:

Eric: »Bei einem Kumpel, da habe ich gesehen, wie der sich hochgearbeitet hat. Auch wenn er runter gefallen ist, hat er sich immer wieder aufgerafft und es dann immer wieder geschafft. Andere Kumpels von mir sind den ganzen Tag nur am Kiffen und kriegen gar nichts auf die Reihe. Muss nicht sein, dass ich noch einmal so bin. Bis kurz vor den Osterferien war ich auch so. Jetzt kiffe ich nicht mehr, weil ich mir vorgenommen habe, wenn ich etwas nehme, dann halt nicht mehr, wenn die Schule anfängt. Und da habe ich schon gemerkt, dass mich das ziemlich abhängig gemacht hat und ich schon echt Entzugserscheinungen hatte.«

Erics Bewunderung gilt einem »Kumpel«, der sich trotz Rückschlägen immer wieder »aufgerafft« hat. Die Verwendung von Verben wie »hocharbeiten« und »es schaffen« deutet darauf hin, dass es Eric nicht leicht fällt, den gesellschaftlichen Normerwartungen an ein geregeltes Leben zu entsprechen. Eric ordnet sich selbst in der Rückschau einer Gruppe von Marihuana-Abhängigen zu, von deren Lebensstil er sich mittlerweile versucht loszusagen. Bei diesem Versuch erschrickt er über sich selbst angesichts der eigenen Entzugserscheinungen und versucht die nun als Sucht erkannte Drogenabhängigkeit gänzlich zu beenden. Zum Zeitpunkt des Interviews, etwa einen Monat nach dem Ende der erwähnten Osterferien, ist noch nicht abzusehen, in welche Richtung seine weitere Entwicklung verlaufen wird.

Erics Mutter war drei Jahre zuvor an einer nicht behandelten Leberzirrhose gestorben. Da er keinen Kontakt mehr zu seinem Vater hatte, wuchs er fortan in einem Heim auf. Sein Verhältnis zur Welt gründet nicht auf der Erfahrung familiärer Stabilität, sondern ist von Brüchen, Verletzungen und Aggression geprägt. Nach dem Tode seiner Mutter geht er wochenlang nicht zur Schule und muss darauf hin die neunte Schulklasse wiederholen. Eric berichtet bei unserem Treffen, er sei »leicht reizbar« und deshalb häufig in Schlägereien verwickelt. Kurz vor dem Interview hat er zudem eine Tür im Heim zertreten, da er »sauer auf die Betreuer« war und ihm die »Scheiß-Musik« seiner Zimmernachbarin nicht gefiel. Erics Verhalten deutet auf ein verletztes Selbst hin, das der Welt als wütender Außenseiter begegnet. Geht man davon aus, dass Prozesse der Selbstkonstituierung gesellschaftlich bedingt sind, dann verdeutlicht Erics Beispiel, wie prekäre soziale Rahmenbedingungen eine gelungene Identitätsbildung erschweren können.

Die von Eric verwendete Umschreibung »es schaffen« steht für eine Mischung aus beruflichem und persönlichem Erfolg, für ein Leben in gesicherten ökonomischen und gefestigten sozialen Verhältnissen und somit letztlich für einen als gelungen betrachteten Sozialisationsprozess. Bezeichnungen wie diese werden von Berliner Hauptschülern häufig verwendet, zum einen wird damit ein diffuses Lebensziel artikuliert, zum anderen aber auch Ängste akzentuiert, es später im Leben einmal »nicht zu schaffen«:

Niklas: »Ich habe so einen alten Schulfreund aus der Grundschule, mit dem verstehe ich mich ganz gut. Der hat's auch geschafft, jetzt eine Ausbildung zu finden. Und dann gibt es aber auch so Leute wie meinen Kumpel, der hatte eigentlich den Durchschnitt, dass er an der Prüfung zur Mittleren Reife teilnehmen kann. Aber der hat dann gesagt, ›nee, ick schaff's nicht‹, und so was verstehe ich dann nicht. Das ist dann kein richtiges Vorbild, weil eigentlich müsste man es ja wenigstens probieren.«

Es »zu schaffen« wird für Niklas in dieser Interviewpassage mit dem Erreichen eines Realschulabschlusses sowie dem Erlangen eines Ausbildungsplatzes gleichgesetzt. Der positive Verweis auf den Freund »aus der Grundschule« wird mit der Konjunktion »auch« versehen, was nahelegt, dass Niklas sich selbst Ähnliches zutraut. Dieser Freund dient ihm als Vorbild, da Niklas seine eigene Position mit dessen Lebensbedingungen vergleichen kann. Gleichzeitig wird dieses Beispiel mit dem Verweis auf einen anderen Freund kontrastiert, dessen Funktion als signifikanter Anderer darin besteht, gerade kein Vorbild zu sein. Dieses Anti-Vorbild hat trotz guter Voraussetzungen nicht den Versuch unternommen, die Prüfungen zur »Mittleren Reife« zu bestehen und auf diese Weise möglicherweise einen Realschulabschluss zu erwerben. Niklas wirkt ein wenig empört, als er davon berichtet: Es »zu schaffen« oder zu sagen »ick schaff's nicht«, scheint für ihn auch eine Charakterfrage zu sein. Im Kapitel zu Zukunftsvorstellungen werden wir noch sehen, dass viele Hauptschüler sich angesichts der Misserfolge bei der Suche nach einem Arbeits- oder Ausbildungsplatz davor fürchten, ihre Zukunftsträume und letztlich sich selbst aufzugeben. Um dieser Angst entgegenzuwirken, grenzen sich einige von ihnen vehement von denjenigen ab, die »keinen Bock« mehr haben, die »zu schnell aufgeben«, »keine Bewerbungen mehr schreiben« oder sich – wie in diesem Fall – schon im Vorhinein geschlagen geben.

Der signifikante Andere ist geschlechtlich konnotiert: männliche Hauptschüler orientieren und vergleichen sich vor allem mit Blick auf männliche Rollenvorbilder, weibliche Schülerinnen blicken tendenziell eher auf andere Frauen, vor allem auf deren Familienplanung, wie die beiden folgenden Interview-Zitate veranschaulichen:

Cigdem: »Meine Cousine hat eigentlich immer gesagt, ich mache Schule und so mein Ding, aber jetzt ist sie verheiratet. So wie sie würde ich niemals sein wollen. Ich muss selbstständig sein, sonst komme ich nicht klar.«

Serda: »Meine Mutter hat keine Ausbildung gemacht, sie ist gleich verheiratet und so. Ich will nicht so sein, ich will erst einmal arbeiten und meine Ausbildung machen und danach heiraten, erst später.«

Cigdem und Serda wachsen beide in türkischen Auswandererfamilien auf. Ihr hier artikuliertes Selbstverständnis beruht auf einer Zurückweisung eines Lebens als Hausfrau, wobei Cigdem sich auf ihre Cousine bezieht und Serda an ihre Mutter denkt. Cigdem grenzt sich vor allem deshalb von ihrer Cousine ab, da diese trotz gegenteiliger Behauptungen ihre ursprünglichen Bildungsambitionen zugunsten einer Hochzeit zurückstellte. Ihre vehemente Distanzierung (»niemals«) von einem solchen, hier negativ wahrgenommenen, Lebensentwurf lässt vermuten, dass sie sich gegen Rollenerwartungen wehrt, die genau diesen Weg von ihr erwarten. Sowohl Cigdem als auch Serda befinden sich in einem migrations- und generationsspezifischen Geschlechterrollen-Konflikt, da sie sich nicht an geschlechtsbezogene familiäre Erwartungen anpassen wollen. Ein Blick auf Sigrid Nökels Studie *Die Töchter der Gastarbeiter und der Islam* lässt erahnen, wie das traditionelle Frauenbild der türkischen Gastarbeitergeneration aussehen könnte, mit dem sich die beiden jungen Frauen nicht identifizieren wollen. Dieses sei, so Nökel, geprägt vom Ausschluss der Frauen von Entscheidungspositionen im öffentlichen Raum, von der Konzentration auf Hausfrauenarbeit, von Bescheidenheit im Sinne eines islamischen »modesty code«, von einer klaren Geschlechtersegregation, vom Verzicht auf Alkohol und Rauchen, von Passivität statt Durchsetzungsvermögen und vom weitgehenden Verzicht auf Bildung.[5]

Serda und Cigdem kämpfen gegen die geschlechtlichen Norm- und Normalitätsvorstellungen ihrer Elterngeneration. Serda macht dabei deutlich, dass sie keinen generellen Verzicht auf Familie befürwortet, sondern lediglich eine zeitliche Verzögerung der Familiengründung im Sinn hat. Beide wollen zunächst selbstständig und beruflich erfolgreich sein, doch erfahren sie beim Verlassen der Hauptschule, dass die Realisierung eines solchen Lebensentwurfes aufgrund gesellschaftlicher Ausschlussmechanismen, wie Rassismus und der Stigmatisierung von Hauptschülern auf dem Arbeitsmarkt, massiv erschwert wird. So nehmen die beiden in Migranten-

---

5 Nökel: Die Töchter der Gastarbeiter und der Islam. Siehe dazu auch Wensierski/Lübcke (Hg.): Junge Muslime in Deutschland.

familien aufgewachsenen Hauptschülerinnen zwar am Ende ihrer Schullaufbahn von der Mehrheitsgesellschaft propagierte Normvorstellungen in ihre Selbstbeschreibung auf, werden aber gleichzeitig aufgrund gesellschaftlicher Machtverhältnissen daran gehindert, die zur Realisierung des Selbstbildes als unabhängige Frau notwendigen Schritte in das Berufs- und Ausbildungssystem zu bewältigen. Sie sind somit nach Verlassen der Hauptschule, ähnlich wie ihre männlichen Mitschüler, mit einem aus fehlender Anerkennung resultierenden Identitätskonflikt konfrontiert.

Der amerikanische Soziologe George Herbert Mead hat zu Beginn des 20. Jahrhunderts in seinen Chicagoer Vorlesungen zu *Geist, Identität und Gesellschaft* wirkungsvoll herausgestellt, dass Selbstkonstituierung nicht als individueller, sondern als gesellschaftlich bedingter Prozesse zu verstehen ist. Dies hat zur Folge, dass Formen gesellschaftlicher Wertschätzung bei der Identitätssuche eine besondere Bedeutung zukommt. Vor allem Axel Honneth hat im Anschluss an Mead darauf hingewiesen, dass eine gelungene Identitätsbildung die Erfahrung intersubjektiver Anerkennung voraussetzt.[6] Die folgenden philosophischen Debatten, vor allem jene zwischen Nancy Fraser und Axel Honneth, haben das Bewusstsein dafür geschärft, dass identitätsspezifische Formen der Anerkennung eng mit Fragen der Verteilung von Gütern und Ressourcen verbunden sind.[7] Anders als Mead geht Honneth nicht von einem kooperativen, sondern von einem konflikthaften Gesellschaftsmodell aus, weshalb sein Buch auch den Titel *Kampf um Anerkennung* trägt. Die Verweigerung von Anerkennung kann in dieser Sichtweise zu Identitätsproblemen führen, wobei Honneth zwischen den Ebenen der emotionalen, der rechtlichen und der sozialen Wertschätzung unterscheidet, denen auf individueller Ebene Formen des Selbstvertrauens, der Selbstachtung sowie der Selbstschätzung entsprechen.[8]

Die in diesem Kapitel vorgestellten Hauptschüler sind von allen drei Formen der Anerkennungsverweigerung betroffen: Ali wird in der Berufswahl von der fehlenden deutschen Staatsbürgerschaft behindert (rechtliche Anerkennung). Der Tod seiner Mutter bedeutet für Eric einen Verlust an emotionaler Zuwendung und Sicherheit (emotionale Anerkennung). Und im folgenden Beispiel beschreibt Berat, ein Weddinger Hauptschüler türki-

---

6 Honneth: Kampf um Anerkennung, S. 277ff.
7 Vgl. Fraser/Honneth: Umverteilung oder Anerkennung?
8 Honneth: Kampf um Anerkennung, S. 211.

scher Herkunft, wie Formen sozialer und kultureller Herabwürdigung seine schulische Entwicklung massiv beeinflussten (soziale Anerkennung):

Berat: »Von der ersten bis zum Ende der dritten Klasse war ich in Ordnung. Danach habe ich die Grundschule gewechselt und bin dann gleich das nächste Jahr in der vierten sitzengeblieben. Das war Bernauer Straße, da waren voll viele Deutsche in der Schule und es gab halt öfters Probleme, da die keine Ausländer leiden konnten. Und von den Lehrern zum Teil auch, also die eine hat mich wegen einem Punkt sitzenbleiben lassen. Ich glaube das war, weil ich Ausländer bin. Weil mein Freund und ich, wir waren die einzigen Ausländer und sind als einzige sitzengeblieben. Danach bin ich dann auf die Hauptschule gekommen.«

Berat führt seine für ihn unbefriedigend verlaufende Schullaufbahn auf einen Schulwechsel während der Grundschulzeit und die daran anschließende Abwertung seiner schulischen Leistungen zurück. Aufgrund eines Umzuges der Familie wechselte er von einer Schule in Berlin-Spandau an eine Schule im Stadtteil Mitte und somit vom West- in den Ostteil der Stadt. Berat findet sich plötzlich in einem Schulumfeld wieder, in dem er sich von Mitschülern und Lehrern als »Ausländer« deutlich stärker ausgegrenzt sieht, was zunächst zum Sitzenbleiben und am Ende der Grundschulzeit zu seiner Zuweisung an eine Hauptschule führt. An Berats Beispiel lässt sich veranschaulichen, wie eng Prozesse der Selbstkonstituierung mit Formen von Anerkennung verbunden sind. Dem »war ich in Ordnung« der ersten Schuljahre stellt Berat eine mangelnde soziale Wertschätzung in den folgenden Schuljahren entgegen. Diese Geringschätzung wird als eine Abwertung seiner individuellen schulischen Leistungen sowie als eine Geringschätzung seiner Persönlichkeit empfunden und dementsprechend als beleidigend und entwürdigend wahrgenommen.

Selbstwahrnehmungen entstehen nicht in sozialer Isolation, sondern in der Auseinandersetzung mit Anderen. In diesem dialogischen Charakter der menschlichen Existenz sieht der Philosoph Charles Taylor die Bedingung für ein menschliches Grundbedürfnis nach Anerkennung.[9] Nichtanerkennung kann in dieser Sichtweise als eine Form von Unterdrückung verstanden werden und zu Identitätsverletzungen führen. Diese Grundeinsicht wurde mit Blick auf die Bedeutung von Vorbildern und Antivorbildern für

---

9   Vgl. Taylor: Multikulturalismus und die Politik der Anerkennung.

Berliner Hauptschüler herausgearbeitet und in Bezug auf die theoretischen Überlegungen von George Herbert Mead und Axel Honneth diskutiert. Dabei habe ich mit Blick auf verweigerte soziale, emotionale und rechtliche Anerkennung verschiedene Formen der Anerkennungsverweigerung herausgestellt. Das Problem der Anerkennung entsteht häufig aus einem Zusammenkommen der sozialen Verachtung von Hauptschülern mit prekären familiären Verhältnissen und fehlender deutscher Staatsbürgerschaft. In den beiden nächsten Abschnitten soll der Frage nachgegangen werden, welche Rolle soziale Beziehungen im Kontext von Anerkennungsverweigerung für den Prozess der Identitätsbildung von Hauptschülern spielen. Dafür werden zunächst die Bedeutungen von Freundschaften im Rahmen gegenkultureller Gruppen am Beispiel einer Neuköllner Jugendgang und anschließend Formen von emotionaler Zuwendung anhand einer Liebesbeziehung beschrieben.

FREUNDSCHAFT: DIE *NEUKÖLLN GHETTO BOYS*

»Solche Freunde wie in Neukölln finde ich niemals hier in Wedding. Denen kann man vertrauen und ganz ehrlich, ich finde Neukölln einfach besser.« Wedding steht für Mohamad für die ersten zwei Jahre in Deutschland, die er als palästinensisches Flüchtlingskind in einem Flüchtlingsheim verbringt und für eine Zeit, in welcher sich sein Vater von seiner Mutter trennt. Neukölln steht dagegen für die darauf folgenden drei Jahre, in denen die Mutter mit ihren sieben Kindern in eine eigene Wohnung zieht, Mohamad neue Freunde findet und Mitglied der *Neukölln Ghetto Boys* wird, einer migrantischen Jugendgang, die wir in diesem Abschnitt näher kennenlernen werden.

Nach Axel Honneth wächst der Grad der positiven Selbstbeziehung mit jeder neuen Form von Anerkennung. In der Weiterentwicklung und Anwendung seiner Anerkennungstheorie verweist er insbesondere auf die Bedürftigkeit des Subjekts zur Mitgliedschaft in Gruppen: »Die Erfahrung, in der eigenen Bedürftigkeit, im eigenen Urteilsvermögen und vor allem in den eigenen Fähigkeiten als wertvoll zu gelten, muss vom Subjekt im Gruppenerleben stets wieder erneuert und rekonkretisiert werden, damit sie nicht in der Anonymität des generalisierten Anderen an Kraft und Lebendigkeit verliert.«[10] Ausgehend von der Grundthese des Bedürfnisses nach Anerkennung in der Gruppe unterscheidet Honneth analytisch die in Gruppen erfahrbaren Formen positiver Selbstbeziehung: Vor allem das Selbstwertgefühl, verstanden als »das Bewusstsein, dass die eigenen Fähigkeiten in den Augen der Anderen einen Wert genießen«, sieht er als zentrales Motiv für Prozesse der Gruppenbildung. Auch Selbstvertrauen, hier definiert als eine Art elementarer Sicherheit über den Wert der eigenen Persönlichkeit, verlangt nach »der schützenden Erfahrung von dauerhafter, verlässlicher Zuwendung, wie sie im wesentlichen durch Freundschaften und Liebesbeziehungen gespendet werden«. Selbstachtung und Selbstrespekt werden schließlich nach Honneth vor allem in gegenkulturellen Gruppen, also auch in Jugendgangs wie den *Neukölln Ghetto Boys*, gestärkt, deren Codes von Verantwortung und Achtung den Gruppenmitgliedern eine Art von »kompensatorischem Respekt« verschaffen.[11] In Gruppenbeziehungen hergestellte Anerkennungsformen ermöglichen somit Jugendlichen wie Mohamad die Stärkung von Selbstwertgefühl, Selbstvertrauen, Selbstachtung und Selbstrespekt und können demnach als eine wichtige Ressource im Prozess der Identitätsbildung verstanden werden.

Freunde sind für Jugendliche signifikante Andere, die ihnen, wie wir bereits gesehen haben, häufig auch als Rollenvorbilder dienen. Soziologische Studien zu Freundschaft verweisen deshalb immer wieder auf die Sozialisationseffekte von Freundschaft: Freunde suchen sich Gleichgesinnte als Freunde und werden sich darüber hinaus im Verlauf ihrer Freundschaft immer ähnlicher.[12] So ist es nicht verwunderlich, dass sich ethnische und soziale Spaltungen auch in den Freundeskreisen von Jugendlichen wiederfinden.[13] Die *Neukölln Ghetto Boys* sind eine Gruppe von Migrantenjugendlichen, in der sich vorwiegend arabische Jungen aus dem Stadtteil Neukölln zusammengeschlossen haben. In der folgenden Passage beschreibt Mohamad seine erste Begegnung mit der Gruppe:

---

10 Honneth: Das Ich im Wir, S. 267.
11 Ebd., S. 268f.
12 Vgl. Giordano: Relationships in Adolescence.
13 Bernhard Nauk geht beispielsweise davon aus, dass die Freunde von den in Deutschland lebenden Migranten türkischer Herkunft zu mehr als 75 Prozent ebenfalls Migranten sind. Nauk: Social Capital.

Mohamad: »Ich habe hier in Wedding gewohnt, ich bin umgezogen, ich kannte einen von denen, einen Mustafa, wir haben geredet, er hat gesagt: ›Komm mal bei uns, Neukölln und so.‹ Ich hatte damals auch Wedding-Jacke an. Ich gehe dahin, die lachen mich nur aus. Ich bin immer wieder dahingegangen, ich habe da Hermannplatz gewohnt. Ich war dann immer mit denen und irgendwie bin ich reingekommen.«

Der 17-jährige Mohamad erfährt nach seinem Umzug von Wedding nach Neukölln von einem anderen Jugendlichen von der Existenz der Jugendbande. Mohamad sucht nach sozialer Nähe und Gleichgesinnten, doch als er sich bei den *Neukölln Ghetto Boys* mit einer Wedding-Jacke vorstellt, wird er zunächst ausgelacht. Allmählich scheinen beide Seiten jedoch ihre Gemeinsamkeiten zu erkennen und Mohamad wird, nachdem er seine Wedding-Jacke gegen eine demonstrative Liebe zu Neukölln eingetauscht hat, bald zu einem aktiven Mitglied der Jugendgang, deren tägliche Aktivitäten er mit folgenden Worten beschreibt:

Mohamad: »Wir gehen in Clubs manchmal, da Sonnenallee. Wir sitzen da, spielen Karten und so. Da gibt es ein extra Zimmer für uns, wir taggen da unsere Namen an die Wand. Und wir gehen auch manchmal nach draußen: Schwimmen, Grillen, dies, das. Wenn etwas los ist, treffen wir uns alle zusammen, wenn Streit zum Beispiel ist.«
S.W.: »Was für Streit? Gibt es rivalisierende Gangs, die euch nicht leiden können?«
Mohamad: »Gab's und gibt es immer noch, zum Beispiel Spinne. Die haben wir schon mal geschlagen, manche von denen. Ein einzelner, das waren nicht mal sechs Sekunden, da war er schon weg. Sechs Sekunden! Lippe haben wir auch geschlagen, da gibt es manche aus Sonnenallee, der eine hat gegen meinen Freund gewonnen, wir sind dann hinterhergerannt. Wir hatten einen Großen, der war zwei Meter, der hat zwei Stück von denen genommen auf einmal. Das war richtig Massenschlägerei, genau auf der Sonnenallee. Wir haben richtig gekämpft, kleine Kinder waren da und gucken uns an, manche weinen und so. Habe ich noch nie in meinem Leben gesehen so eine Schlägerei, das erste Mal in meinem Leben, dass ich in so einer Schlägerei war. Mein Freund hat mit einem Stock gegen einen geschlagen, puff, Nase gebrochen, richtig schlimm.«
S.W.: »Und fandest du das toll?«
Mohamad: »Am Anfang fand ich es toll, weil ich habe meinen Freunden geholfen und so weiter. Aber danach Scheiße, alles umsonst. Die Schlägerei war eigentlich umsonst, weil, was haben wir davon? Nichts.«

Treffpunkt der *Neukölln Ghetto Boys* ist ein Raum in einem Neuköllner Jugendclub, dessen Wände die Jugendlichen durch Beschriftungen als ihr Territorium markieren. Die Aktivitäten der Jugendlichen bestehen vor allem aus alltäglichen Freizeitbeschäftigungen. Für das Selbstverständnis der Gruppe sind zudem gelegentliche Konfrontationen mit rivalisierenden Jugendbanden, wie den ebenfalls in Neukölln ansässigen *Lippe 44* und *Spinne 44*, von Bedeutung. In der szenenhaften und detaillierten Beschreibung der Schlägerei schwingt noch das rausch- und erlebnishafte Element von Gewalthandeln mit, das jedoch – zumindest auf meine Nachfrage hin – von einer eher selbstkritischen Beurteilung in der Rückschau begleitet wird.

Jugendgangs wie die *Neukölln Ghetto Boys* verstehen sich in erster Linie als Freundesgruppen, die von besonderer emotionaler Intensität und engen Vertrauensverhältnissen gekennzeichnet sind. Welche zentrale Rolle Freundschaft im Selbstverständnis der Gruppe zukommt, zeigt sich im Anschluss an einen tragischen Zwischenfall, bei dem einer der Gruppenmitglieder sein Leben verliert.

Mohamad: »Ein guter Freund von mir, wir waren fast jeden Tag zusammen. Durch Unfall, ein Auto hat ihn überfahren. Er war noch 17 Jahre alt, wir waren so eine Gang – NGB – Neuköllner Ghetto Boys. Er war ein guter Freund von uns, richtig nett. Wir waren über vier Jahre zusammen und irgendwann habe ich ihn einen Monat nicht gesehen, aber sonst so telefonieren oder manchmal auf der Straße sehen. Wir wollten uns wieder treffen. Wir waren jeden Tag draußen. Auch zusammen grillen, im Treptower Park. Ich habe gedacht, dass diese Tage wieder kommen, aber er ist gestorben.«

Mohamad verweist wiederholt auf die Häufigkeit der gemeinsamen Freizeitaktivitäten, um die Intensität der Freundschaft mit dem gleichaltrigen Verstorbenen zu beschwören. Von den *Neukölln Ghetto Boys* spricht er in der Vergangenheit, denn zwischenzeitlich hatte sich bereits die allmähliche Auflösung der Jugendgang und das Auseinanderleben der Gruppenmitglieder abgezeichnet. Der Tod eines Bandenmitgliedes bei einem Autounfall bindet die Gruppe jedoch wieder enger aneinander. Zur Trauerfeier in einer Moschee erscheinen mehrere hundert Menschen, darunter auch die Mitglieder der *Neukölln Ghetto Boys*. Einige der Jugendlichen finden anschließend für eine Zeit im Islam eine Möglichkeit, mit der plötzlich erfahrenen Todesnähe umzugehen.

Mohamad: »Über 500 Leute haben angefangen wegen ihm zu beten, weil er gestorben ist. Er ist noch jung und schon gestorben. Man weiß nie, wann man stirbt und wenn man stirbt, man nimmt nichts mit, kein Mädchen, kein Geld, nicht mal deine Schuhe, deine Socken, dein Anzug. Nichts! Nur was du Gutes gemacht hast und was du Schlechtes gemacht hast, das nimmst du mit ins Grab und dann wirst du bestraft oder hast ein schönes Grab.«

S.W.: »Bist du selbst auf diese Idee gekommen oder habt ihr das unter Freunden besprochen?«

Mohamad: »Haben wir unter Freunden, nicht nur Freunde, Moschee. Andere Leute kommen, die kommen, dies, das. [...] Da war so ein Hodscha, mit Bart und so. Er ist zu mir gekommen und hat mit mir geredet und so. Er meinte, hier, nimm mal meine Nummer, Mittwoch gibt es immer Unterricht über Islam, da kann man zuhören, wie unsere Religion ist. Tja, ich habe dann meine Freunde angerufen und wir sind immer jeden Mittwoch da hingegangen. Manche beten und manche rauchen, manche kiffen auch. Aber langsam, langsam hören die mit den Sachen auf. Da habe ich angefangen zu beten, weil man weiß nie, wann man stirbt.«

Der Tod eines Freundes bedeutet nicht nur die Wiederbelebung der *Neukölln Ghetto Boys*, sondern ist bei einigen Mitgliedern der Jugendgruppe mit einer Zuwendung zum Islam verbunden. Mohamad ist zunächst beeindruckt von der betenden Menschenmenge bei der Beerdigung. Islam erscheint ihm in dieser Szene als ein Massenphänomen. Ein »Hodscha« erkennt, dass die jungen Männer nach dem Tod ihres Freundes nach Orientierung suchen und lädt sie zum Islamunterricht in die Moschee ein, an dem Mohamad und einige andere Mitglieder der *Neukölln Ghetto Boys* fortan für einige Zeit regelmäßig teilnehmen. Mohamad beginnt daraufhin zu beten und gleichzeitig seinen Lebensstil und den seiner Freunde zu hinterfragen. Den unvermittelten Tod des Freundes versucht er mit einer religiösen Form des Schicksalsglaubens zu begegnen, dessen moralische Lesart die Unwichtigkeit materieller Besitztümer gegenüber einer guten Lebensführung betont. Für Mohamad bedeutet dies vor allem eine Zeit der vorübergehender Zurückhaltung gegenüber jungen Frauen. Nach einigen Wochen beginnt Mohamad jedoch wieder mit dem Flirten: »Man braucht Gott und die Mädchen«, begründet er seine Haltung mir gegenüber.

Im gleichen Zeitraum zelebrieren die *Neukölln Ghetto Boys* ihre Wiedervereinigung. Die Selbstaffirmation des gruppeninternen Zusammenhalts wird durch den Tod ihres Freundes eine besondere Aura verliehen. Ihr

Freund scheint wie ein Geist über ihnen zu schweben. Aus der schon beinahe aufgelösten Jugendgang wird in der Selbstrepräsentation eine Gruppe »4 Live« – gemeint ist die englische Bezeichnung »for life« – und aus Freunden »Brüder bis zum Tod«, wie die folgende Abbildung veranschaulicht, die nach dem tödlichen Zwischenfall auf den Mobiltelefonen der Gruppenmitgliedern zirkulierte:

Abbildung 1: Neukölln Ghetto Boys

Quelle: Netlog

Verschiedene Elemente im Bandenleben der *Neukölln Ghetto Boys* wie die intensiv empfundene Freundschaft, die sich zwischenzeitlich abzeichnende Auflösung, die anschließende Wiedervereinigung der Gang sowie die Erregung und die retrospektiven Schuldgefühle die gewaltsames Handeln begleiten, finden sich auch in Hermann Tertilts Buch über die *Turkish Power Boys* wieder, der Ethnografie einer aus ethnischen Minderheiten rekrutierten Gang in Frankfurt/Main aus den frühen 1990er Jahren. Tertilt argumentiert, dass die Mitgliedschaft in einer solchen auf demonstrativer und teilweise gewalttätiger Männlichkeit basierenden Jugendbande den Migranten-Jugendlichen jene Anerkennung verspricht, die ihnen die Gesellschaft weitgehend verweigert.[14] Der Rekurs auf ethnische Selbstzuschreibungen in der Namensgebung und das damit verbundene Einschüchterungspotential stehen dabei in einem komplementären Verhältnis zur medialen Stigmatisierung von männlichen Jugendlichen türkischer Herkunft. Freundschaft

---

14 Vgl. Tertilt: Turkish Power Boys.

wird von Tertilt als Grundlage des Zusammengehörigkeitsgefühls innerhalb der Jugendbande beschrieben. Den mit sozialer Missachtung konfrontierten Jugendlichen geht es vor allem um ein »Wir-Gefühl«, also um Zugehörigkeit und Zusammengehörigkeit, was gleichsam von einer ethnischen Grenzziehung nach außen begleitet wird. Tertilt weist darauf hin, dass das Engagement bei den *Turkish Power Boys* für deren Mitglieder darüber hinaus individuell variierende soziale Funktionen erfüllt: »Bei Hayrettin war es die Kanalisierung familiären Drucks, dem er sich ausgesetzt fühlte. Bei Nurettin war es der Versuch der Überwindung innerer Leere und Haltlosigkeit. Arif wiederum bot sie die Möglichkeit, sein erwachsendes Gefühl moralischer Verantwortung in Fürsorglichkeit für die Freunde umzusetzen.«[15]

Aufgrund der zentralen Bedeutung dieser sozialen Funktionen unterscheiden sich Jugendgangs wie die *Turkish Power Boys* oder auch die *Neukölln Ghetto Boys* vom Organisations-Modell einer Bande oder Gang als krimineller Vereinigung, bei der nicht soziale, sondern materielle Zielsetzungen im Vordergrund stehen.[16] Sozialwissenschaftlichen Forschungen zu migrantischen Jugendgangs, wie sie in Europa und den USA seit 1997 vor allem im Rahmen des *Eurogang*-Netzwerkes durchgeführt werden, definieren Jugendgangs dagegen von vornherein als kriminelle Gruppen: »A street gang (or problematic youth group) is any durable, street orientated youth group whose involvement in illegal activities is part of their group identity.«[17]

Von dieser Definition ausgehend wird in *Eurogang*-Publikationen wie dem Sammelband »*Street Gangs, Migration and Ethnicity*« danach gefragt, auf welche Weise Migration und Ethnizität mit Straßengangs in Verbindung stehen. Die richtige Beobachtung, dass vor allem Migrantenjugendliche der zweiten Generation sich von Straßengangs angezogen fühlen, führt – um das Beispiel einer Fallstudie aus Deutschland herauszunehmen – zwangsläufig zur Frage, ob jugendliche Migranten zu mehr Gewalt tendieren als ethnisch deutsche Jugendliche, was in diesem Fall prompt mit Verweis auf »kulturelle Faktoren« wie »Machismo« und »Kultur der Ehre« sowie gruppeninternen Dynamiken bestätigt wird.[18] Doch auch Gang-

---

15 Ebd., S. 169.
16 Ebd., S. 189.
17 Van Gemert/Peterson/Lien (Hg.): Street Gangs, Migration and Ethnicity, S. 5.
18 Kerner/Reich/Coester/Weitekamp: Migration background, group affiliation and delinquency among endangered youths in a south-west German city, S. 187.

Forscher, die sich, wie Richard Hagedorn, vom Ansatz des *Eurogang*-Netzwerkes distanzieren, bleiben mitunter in einer Vorstellung von Straßengangs verhaftet, in der gewaltsames Handeln im Mittelpunkt steht. So zeichnet Hagedorn in seinem Buch »*A World of Gangs*« das Bild einer Welt voller Blut, Terror und Gewalt, in dessen Zentrum nihilistische junge Männer und ihre Gangs stehen, wobei er migrantische Jugendgangs in europäischen oder amerikanischen Großstädten mit Gruppen wie der *Interhamwe* in Beziehung setzt, die im Jahr 1994 für den Genozid in Ruanda mitverantwortlich war.[19] Die sowohl vom *Eurogang*-Netzwerk als auch von Richard Hagedorn favorisierte Form der wissenschaftlichen Auseinandersetzung mit Jugendgangs führt letztlich zu einer Reifizierung negativer Stereotype von gewalttätigen migrantischen Jugendlichen und trägt auf diese Weise selbst zu deren Stigmatisierung bei.

Mohamad sucht bei den *Neukölln Ghetto Boys* weder nach einer Gelegenheit zur materiellen Bereicherung noch nach einer Plattform für eine vermeintlich nihilistisch vorgeprägte oder herkunftskulturbedingte Neigung zu Gewalt und Zerstörung. Was er sucht, ist vielmehr eine Möglichkeit, der Enge seiner elterlichen Wohnung zu entkommen und sozialen Kontakt und Austausch mit Gleichgesinnten männlichen Jugendlichen zu finden. Darüber hinaus strebt er nach einer Orientierung an männlichen Rollenvorbildern und nach Anerkennung in einer Freundesgruppe. Die migrantische Jugendbande bietet ihm Formen sozialer Wertschätzung, die ihm in anderen Lebensbereichen weitgehend vorenthalten werden: Von seinem häufig abwesenden Vater wird er geschlagen, als Flüchtlingskind fehlt ihm die deutsche Staatsbürgerschaft und auf dem Arbeitsmarkt wird er als Hauptschüler mit Migrationshintergrund diskriminiert. In dieser Situation fehlender emotionaler, rechtlicher und sozialer Anerkennung bietet ihm die Jugendgruppe für einen gewissen Zeitraum die Möglichkeit, Selbstvertrauen aufzubauen und ein Selbstwertgefühl zu entwickeln.

Studien zu den Lebenslagen und Jugendkulturen von jungen Muslimen in Deutschland verdeutlichen, dass diese spezifische Konstellation von verweigerter Anerkennung in deutschen Großstädten tendenziell zur Bildung von ethnisch und multi-ethnisch dominierten männlichen Jugendcliquen führt, da diese Formen der Gruppenbildung mit den Exklusionserfahrungen »der sozialen Lage, den Bildungsmilieus und sozialräumlichen

---

19 Hagedorn: A World of Gangs.

Quartieren der Migrantenjugendlichen korrespondieren«.[20] Zwar sind die Mitglieder der *Neukölln Ghetto Boys*, der *Turkish Power Boys* und vergleichbarer Jugendgangs mitunter in illegale Aktivitäten und Schlägereien mit rivalisieren Jugendgruppen verwickelt, doch handelt es sich deshalb nicht in erster Linie um kriminelle Banden. Im Zentrum des Selbstverständnisses der Gruppenmitglieder stehen vielmehr Freundschaft und gegenseitige Anerkennung.

DIE »GROSSE LIEBE«

Ich hatte mir vorgenommen Hauptschüler nicht auf Themen wie Liebe, Partnerschaft oder Sexualität anzusprechen, doch die meisten von ihnen kamen immer wieder von selbst darauf zu sprechen, denn Liebesbeziehungen spielten für ihr Selbstverständnis eine zentrale Rolle. Ähnlich wie in den vorhergehenden Abschnitten zu Vorbildern und Freundschaft werden auch in diesem Abschnitt Liebesvorstellungen im Hinblick auf die soziale Situation der Schüler betrachtet. Liebe wird dabei nicht als »irrationale Emotion« und Partnerschaft nicht als »reine Privatsache« angesehen, sondern vielmehr nach der sozialen Bedingtheit von Liebe und Partnerschaft gefragt.

Marco, ein 17-jähriger Hauptschüler dessen Familie kürzlich von Neukölln nach Lichtenberg umgezogen ist, und Michelle, eine 15-jährige Neuköllner Gesamtschülerin, lernen sich über die Online-Community *Jappy* kennen. Eine Freundin von Marco hatte die Idee, die beiden würden gut zueinander passen, und schickte Marco deshalb die Adresse von Michelles Profilseite auf *jappy.de*. Marco schaute nach eigenen Angaben zunächst auf Michelles Fotos, anschließend auf ihre Größenangaben und ob sie Nichtraucherin sei und schrieb ihr schließlich eine Nachricht: »Na, wie geht's?«. Michelle reagiert prompt und von diesem Moment an geht alles sehr schnell: Schon am nächsten Tag treffen sich die beiden Teenager zu ihrem ersten *Rendezvous*. Dieses findet auf einem Friedhof in Berlin-Neukölln statt, wo die ehemalige Freundin von Marco und der Bruder von Michelle begraben liegen:

---

20 Wensierski: Die islamisch-selektive Modernisierung, S. 73. Siehe auch: Lübcke: Jugendkulturen junger Muslime in Deutschland, S. 305ff.

Marco: »Dann war es so ein Klick und ich dachte, wow, die muss es sein. Wir sind ja auch gleich nach dem ersten Treffen am nächsten Tag zusammen gekommen. Das war richtig schnell. Erster Kuss und dann habe ich sie gefragt, ob sie mit mir zusammen sein will. Und dann sagte sie ›ja, natürlich.‹«

Marco beschreibt seine Gefühle als eine plötzliche und eindeutige Leidenschaft, einer Art »Liebe auf den ersten Blick«. Er bezieht sich damit auf eine Vorstellung und ein Ideal von Liebe, das Ann Swidler in ihrem Buch *Talk of Love* als den »Liebesmythos« von »Schicksal« und »wahrer Liebe« umschreibt. Dieser Mythos stand zunächst in einer höfischen Tradition, wurde seit dem 18. Jahrhundert jedoch vom entstehenden Bürgertum aufgenommen und hat seitdem die Vorstellungen von Liebe in Europa maßgeblich geprägt.[21] Das sich die beiden auf einem Friedhof zum ersten Mal treffen, verleiht ihrer Zusammenkunft einen besonderen Nachdruck: Marco und Michelle signalisieren auf diese Weise einander, dass sie nicht nach einer flüchtigen, sondern nach einer festen Beziehung suchen. Gleichzeitig verweist der erste Kuss an den Gräbern von Freunden und Verwandten auf die Verlusterfahrungen, die beide bereits erlebt haben. Marco und Michelle suchen in der Liebe nicht nach Abenteuer oder Abwechslung, sondern vor allem nach sozialer Sicherheit und Geborgenheit.

Marcos Lebensführung ändert sich durch die Partnerschaft mit Michelle: Er beschäftigt sich deutlich weniger mit Computerspielen und hat kaum noch Zeit für andere Freizeitaktivitäten, da er sich fortan an fünf Tagen in der Woche mit seiner Freundin trifft. Auch sein Kleidungsstil und seine Frisur wandeln sich. Als ich Marco das erste Mal traf, trug er eine spektakulär wirkende Frisur, die – wie er stolz hervorhob – »niemand sonst auf der Welt hat« und für deren Herrichtung er etwa 35 Minuten benötigte. Seine Haare waren an den Spitzen gefärbt, mit Gel versehen und aufwendig in einer Art Punk-Stil hergerichtet. Zu dieser Zeit trug Marco ausschließlich weiße Kleidung und achtete strikt darauf, dass auf seiner Bekleidung keine Flecken zu sehen waren. Mary Douglas hat in ihrem Buch *Purity and Danger* darauf hingewiesen, dass die Existenz von Schmutz eine entsprechende Klassifikation zwischen »rein« und »unrein« voraussetzt.[22] Die Abgrenzung von Unreinheit dient in dieser Sichtweise der Aufrechterhaltung einer

---

21 Swidler: Talk of Love, S. 112f.
22 Vgl. Douglas: Purity and Danger.

symbolischen Ordnung, in welcher Verunreinigung für das soziale »Unten« und für gesellschaftliche Randständigkeit steht. Marcos Ablehnung von Schmutz und Unordnung kann mit dem von Douglas verwendeten Begriff des Tabus verstanden werden, dessen Funktion hier darin besteht, die als unheimlich wahrgenommene Bedrohung durch Verachtung und Nichtanerkennung von sich fernzuhalten.

Bei unserem nächsten Treffen einige Wochen später, bei dem auch Michelle anwesend ist, erkenne ich ihn zunächst kaum wieder: Die Haare sind gekürzt und liegen ungefärbt auf der Kopfhaut, dazu trägt er einen dunklen, und nicht mehr ganz neu aussehenden Kapuzen-Pullover: »Sauber bin ich immer noch, obwohl der Pullover jetzt schon ein bisschen dreckig ist, ich hatte ihn schon gestern und vorgestern an.« Marco meint, er müsse sich jetzt nicht mehr so herrichten, da er ja eine Freundin habe und auch Michelle gefällt das neue Outfit, »weil er nicht mehr so angeberisch sein will.« Die beiden haben sich mittlerweile verlobt – Marco hatte sie bei Kerzenschein im Treptower Park im Südosten Berlins am Wasser sitzend gefragt und sie daraufhin sofort mit »ja« geantwortet. Die Ringe kaufte er später – »für 80 Euro, Silber 925« – nachdem er im Internet nach günstigen Angeboten recherchiert hatte. Zudem berichtet er von künftigen Heiratsplänen und der späteren, gemeinsamen Wohnung, für welche die beiden sich in Möbelhäusern bereits nach geeigneten Einrichtungsgegenständen umschauen.

Eva Illouz hat angemerkt, dass Partner in Liebesbeziehungen in allen sozialen Schichten auf ein gewisses gemeinsames Repertoire als romantisch geltender Verhaltensweisen zurückgreifen, wie gemeinsam essen zu gehen, sich zu zweit einen Film in Kino anzusehen oder zusammen in den Urlaub zu fahren.[23] Auch Marco und Michelle orientieren sich an diesem Muster romantischer Verhaltensweisen, wenn sie berichten, dass sie gerne »spazierengehen«, »Filme gucken« oder »rumalbern«. Illouz verweist darüber hinaus auf klassenbedingte Unterschiede: »Unterschichten« haben ihr zufolge im Vergleich zur oberen Mittelschicht tendenziell ein unkritischeres Verhältnis zu kommerziellen Liebessymbolen und – so könnte man ergänzen – wohl auch zu besonders pathetischen Liebesbeweisen: So ziert das *Jappy*-Profil von Marco bald ein Herz mit dem küssenden Liebespaar und daneben stehen Sätze wie »I love you Michelle«, »SCHATZ ICH LIEBE DICH FÜR IMMER AUF DIESER WELT KISSsssssssss« oder »ICH VER-

---

23 Vgl. Illouz: Der Konsum der Romantik.

MISSE DICH JEDE SEKUNDE DIE DU NICHT BEI MIR BIST«. Hinzu kommen Fotos, auf denen Marco mit einer Plastik-Rose im Mund im Kerzenschein posiert. Demonstrative Treue und der Wunsch nach gegenseitigem Vertrauen sind für Marco und Michelle das Fundament ihrer Beziehung. Sie grenzen sich dabei explizit von Gleichaltrigen ab, die sich auf Partys oder in Diskos betrinken und »die einen ausnutzen und nur einmal Sex haben wollen«. Marco meint, seine Freundin »muss einfach nur lieb und nett zu mir sein – und treu«. Was er sucht, ist weder die Steigerung von Erlebnismöglichkeiten noch ein Bündnis mit einem besonders erfolgreichen Partner, sondern eine dauerhafte und verlässliche emotionale Wertschätzung, auf deren Basis das Selbstvertrauen beider Partner gestärkt wird. Marco und Michelle, deren Schulkarrieren nach eigener Einschätzung von Misserfolgen gekennzeichnet sind und in deren unmittelbaren sozialen Umfeld es zu tragischen Zwischenfällen gekommen war, helfen auf diese Weise einander ein positives Selbstwertgefühl aufzubauen. Das von Marco bevorzugte Beziehungsmodell ist eine Antwort auf die prekäre soziale Situation und die Leidenserfahrungen beider Liebespartner.

Aus einer anerkennungstheoretischen Perspektive im Anschluss an Mead und Honneth kann Liebe, ähnlich wie Freundschaft, als eine Ressource emotionaler Wertschätzung von Hauptschülern betrachtet werden, die mit vielfältigen Formen von Anerkennungsverweigerung konfrontiert werden. So sieht Eva Illouz in der romantischen Liebe einen der »Hauptschauplätze, an denen und durch die das grundlegende Selbst- und Wertgefühl eines Menschen organisiert und/oder bestätigt wird«.[24] Aufgrund von Verlust- und Ausgrenzungserfahrungen suchen Marco und Michelle in Liebe und Partnerschaft vor allem Vertrauen, Sicherheit und Anerkennung. Gleichzeitig erscheinen romantische Beziehungen von technischen Apparaturen mitbestimmt, denn Marco und Michelle lernen sich mithilfe von Computern und dem Internet kennen.

Eine gelungene Identitätsbildung setzt, wie in diesem Kapitel zu sozialen Beziehungen mehrfach betont, die Erfahrung intersubjektiver Anerkennung voraus. Hauptschüler werden jedoch mit vielfältigen Formen von Anerkennungsverweigerung, vor allem mit sozialer Geringschätzung, teilweise aber auch mit rechtlicher und emotionaler Missachtung konfrontiert, was zu

---

24 Illouz: Das Verlangen nach Anerkennung, S. 67.

Identitätsbrüchen und Identitätsverletzungen führen kann. Anerkennungsverhältnisse in auf Freundschaft und Liebe beruhenden sozialen Beziehungen bieten einerseits eine gewisse Kompensation für Anerkennungsdefizite und stehen andererseits in einem Spannungsverhältnis zwischen Zwang und Autonomie. Emotionale Anerkennung kann nur dauerhaft wirksam sein, wenn sie freiwillig erfolgt. Sowohl bei den *Neukölln Ghetto Boys*, den »Brüdern bis zum Tod«, als auch bei Marco und Michelle, die ihre noch junge Beziehung als ewige und feste Schicksalsgemeinschaft inszenieren, treten Momente sozialer Verpflichtung deutlich hervor: Freundschaft wird eingefordert und Treue als verbindlich erklärt. Die beschriebenen sozialen Beziehungen stehen auf diese Weise unter einem gewissen sozialen Druck. Die aus einer vorhergehenden Anerkennungsverweigerung resultierende Verunsicherung könnte demnach nicht nur Menschen aneinander binden, sondern soziale Beziehungen auch belasten oder möglicherweise sogar zum Scheitern sozialer Beziehungen beitragen.

Im Verlauf dieses ersten Kapitels wurde mit der These der fehlenden Anerkennung von Hauptschülern ein Leitmotiv dieses Buches etabliert. Zunächst habe ich unter Rückbezug auf das interaktionistische Sozialisationsmodell von George Herbert Mead nachvollzogen, auf welche Weise Eltern, Verwandte, Bekannte oder Freunde für Hauptschüler zu »signifikanten Anderen« werden, mit deren Hilfe sie ihre Selbstvorstellungen konstruieren. Diese Orientierung am Anderen ist häufig mit der Bewältigung lebenspraktischer Probleme verbunden, wobei der Andere sowohl als Vorbild als auch als ein Anti-Vorbild für das eigene Verhalten dienen kann. Die Interaktion mit Anderen verläuft nicht immer harmonisch, sie ist vielmehr von Konflikten, Machtverhältnissen und Widersprüchen gekennzeichnet. Hauptschülern werden dabei häufig die für die Herausbildung eines positiven Selbstverhältnisses unerlässlichen Formen von Anerkennung und Wertschätzung verweigert. In Anschluss an Axel Honneths Überlegungen zum »Kampf um Anerkennung« haben wir drei Formen von Anerkennung unterschieden – soziale, rechtliche und emotionale Anerkennung – und festgestellt, dass Hauptschüler mitunter in allen drei Bereichen mit einem Anerkennungsdefizit konfrontiert werden. Ausgehend von diesem Befund einer weitreichenden Anerkennungsverweigerung wurde anschließend im Bereich der sozialen Beziehungen die Bedeutung von Anerkennung in Freundesgruppen und Liebesbeziehungen herausgestellt.

Ein an signifikanten Anderen und intersubjektiver Anerkennung orientiertes Modell des Sozialen ist notwendigerweise prozessual und konstruktivistisch. Soziale und ethnische Grenzziehungen sind nach diesem Verständnis nicht vorgegeben, sondern werden im Alltag durch Praktiken der Freundes- oder Partnerwahl beständig rekonstruiert. Auch die Hauptschüler selbst entwickeln und verändern sich in der lebenspraktischen Auseinandersetzung mit anderen, in der ständigen Konfrontation mit negativen Zuschreibungen und der daraus resultierenden Suche nach Anerkennung: Schüler changieren in ihrer Orientierung zwischen Vorbildern und Anti-Vorbildern, auf die sie sich je nach Lebenssituation auf unterschiedliche Weise beziehen. Mohamad erlebte nach dem Tod seines Freundes zunächst eine religiöse Wendung und spielte mit dem Gedanken sein Leben stärker an religiösen Geboten auszurichten, entschied sich dann aber doch dagegen und versucht seitdem seine Liebe zu Gott und zu den Mädchen miteinander in Einklang zu bringen. Marco änderte seine tägliche Lebensgestaltung sowie seine Kleidung und seine Frisur infolge der Liebesbeziehung mit Michelle. Eine ethnografische Langzeitperspektive ermöglicht es, diese Veränderungen nachzuvollziehen und somit die temporale Dynamik und die biografische Dimension des Problems der Anerkennung herauszuarbeiten.

Mit dem Befund einer fehlenden Anerkennung wurde eine wichtige Facette der gesellschaftlichen Verachtung von Hauptschülern herausgestellt und somit auf deren Entstehungsmechanismen im Alltag der Jugendlichen hingewiesen. Verweigerte Anerkennung wird von Hauptschülern in erster Linie als eine Verletzung von sozial erworbenen Identitätsansprüchen erfahren. Axel Honneth verwendet in diesem Zusammenhang den Begriff der »Missachtung«, mit dem er verdeutlicht, dass den Betroffenen grundlegende Ressourcen für eine gelingende Identitätsentwicklung vorenthalten werden.[25] Ich spreche stattdessen im Folgenden von »Verachtung«, um die emotionale Dimension von sozialen Ausgrenzungsprozessen stärker zu betonen und um gleichzeitig zu akzentuieren, dass den Hauptschülern nicht nur etwas verweigert, sondern diese auch auf aktive Weise in ihrer Würde verletzt werden.[26] Mit Verachtung meine ich eine auf negativen morali-

---

25 Honneth: Die soziale Dynamik von Missachtung.
26 Zur Unterscheidung zwischen »Missachtung« und »Verachtung« siehe Liebsch: Spielarten der Verachtung. Zur Abgrenzung von »Verachtung« gegenüber »Abscheu« bzw. »Ekel« siehe Miller: The Anatomy of Disgust.

schen Zuschreibungen und emotionalen Abwehrmechanismen basierende Form der gesellschaftlichen Diskreditierung bestimmter Personen oder Bevölkerungsgruppen. Im vorliegenden Buch über die »gesellschaftliche Produktion von Verachtung« beschreibe ich demnach jenen sozialen Zuschreibungsmechanismus, durch welchen niedriger sozioökonomischer Status mit sozialer Geringschätzung verbunden wird und somit gleichsam demütigende Umgangsweisen gegenüber Hauptschülern produziert werden.

Das Problem der fehlenden Anerkennung und die damit verbundenen Prozesse der gesellschaftlichen Produktion von Verachtung werden uns in den folgenden Kapiteln beständig begleiten und aus verschiedenen thematischen und theoretischen Blickwinkeln immer wieder neu diskutiert werden. Viele der vorgestellten kulturellen Praktiken und Selbstwahrnehmungen von Berliner Hauptschülern, beginnend mit den Körper- und Konsumpraktiken im folgenden Kapitel, lassen sich nur vor dem hier entfalteten Hintergrund einer mangelnden Anerkennung angemessen verstehen. Zugleich wurde damit eine Perspektive eröffnet, in welcher die im ersten Teil dieses Buches dargestellten Selbstwahrnehmungen und kulturellen Praktiken von Hauptschülern stets vor dem Hintergrund ungleicher Machtverhältnisse interpretiert werden.[27]

---

27 Vgl. Van den Brink/Owen (Hg.): Recognition and Power.

Körper- und Konsumpraktiken
Boxer, Handys und Goldketten

Berliner Hauptschüler erkennen häufig bereits am Aussehen, ob andere Jugendliche eine Hauptschule oder ein Gymnasium besuchen. Ob die anderen sich mit einer Goldkette oder einem Schal schmücken, ob sie enge »Röhren-« oder weite »Baggy«-Jeans anhaben, ob sie »Dreadlocks« oder einen »Boxer-Schnitt« tragen – alltägliche Klassifizierungsprozesse verlaufen häufig anhand körperlicher Merkmale oder spezifischer Umgangsweisen mit Konsumobjekten. Konsum- und Körperpraktiken reproduzieren nicht einfach Status oder Identität, sie spielen selbst eine zentrale Rolle bei der Zuschreibung von Status sowie in Prozessen der Identitätsfindung. Kulturelle Praktiken sind gesellschaftlich geprägt und haben gleichzeitig selbst eine strukturbildende Wirkung. Klassenzugehörigkeiten werden in dieser Sichtweise nicht nur durch Faktoren wie Bildungstitel oder Beruf bestimmt, sondern auch über spezifische Arten des sich Kleidens oder des Umgangs mit dem Körper hergestellt.

Soziale Klassifizierung ist demnach nicht allein ein kognitiver Prozess, sondern auch ein sinnlicher. Für Georg Simmel war die soziale Frage deshalb auch eine »Nasenfrage«.[1] Wer man ist oder für wen man gehalten wird, kann der Andere demnach sehen, spüren oder riechen. Die Zuschreibungen folgen jedoch nicht immer den Intentionen der Protagonisten und manchmal werden gerade die Praktiken, die höheren Status symbolisieren sollen, zu Markierungen von sozialer Randständigkeit. Mit Blick auf Ambivalenzen und Widersprüche dieser Art werden in diesem Kapitel die Körper- und Konsumprakti-

---

1 Simmel: Soziologie der Sinne.

ken von Berliner Hauptschülern zunächst am Beispiel von Shoppinggewohnheiten und dem Umgang mit Markenprodukten, Schmuck und Kommunikationstechnik untersucht sowie anschließend anhand von hypermaskulinen und hyperfemininen Körperpraktiken analysiert, die sich an den Idealbildern des Boxers und des Models orientieren. Die Konzentration auf besonders typisch erscheinende Konsum- und Körperpraktiken birgt die Gefahr der Stereotypisierung. Es geht mir in diesem Kapitel jedoch nicht um einen repräsentativen Überblick, sondern darum, gerade an stilisierten und besonders anschaulichen Konsum- und Körperpraktiken Zusammenhänge zwischen symbolischen Ordnungen und materiellen Strukturen herzustellen. Es soll hier also keineswegs behauptet werden, die Mehrheit der Hauptschüler seien »Goldkettenträger« oder »Boxer«. Vielmehr lässt sich anhand von äußerlich sichtbaren und medial präsenten Stilisierungen wie diesen das Wechselspiel von Selbstpositionierung und Fremdzuschreibung besonders gut nachvollziehen.

KONSUMOPFER ODER KONSUMREBELLEN?
SHOPPEN IM *LINDEN-CENTER*

Wenn ich mich mit Schülern außerhalb der Schule verabredete, sollten diese selbst vorschlagen, wo wir uns das erste Mal treffen. Von den ersten fünf Jugendlichen wollten sich daraufhin vier vor einem Shopping-Center treffen. Einkaufszentren wie das *Linden-* oder das *Ring-Center* in Berlin-Lichtenberg, die *Neukölln-Arkaden* in Neukölln oder das *Gesundbrunnen-Center* im Stadtteil Wedding werden, obwohl von privatwirtschaftlicher Seite betrieben, von den Jugendlichen als die ihnen zugänglichen öffentlichen urbanen Orte wahrgenommen. Die Schüler treffen sich dort nicht allein zum Einkaufen im Sinne eines Erwerbs von Waren, sondern auch um Zeit mit Freunden zu verbringen, um in Shopping-Centern gemeinsam »spazieren« zu gehen und dabei die Konsum-Angebote zu betrachten. Bei einem »Schaufensterbummel« geht es folglich weniger um den Konsum von Dingen, sondern eher um eine Aneignung von Räumen und Bildern in einem stark konsumorientierten Kontext.

John Fiske bezeichnet Konsumgänge dieser Art ohne feste Kaufabsicht etwas einseitig als »proletarisches Shoppen«.[2] Er interpretiert die abwei-

---

2 Fiske: Lustvoll Shoppen.

chende Nutzung von Konsumorten als eine oppositionelle kulturelle Praxis und sieht darin ein Potential an Widerständigkeit gegenüber dem Kapitalismus.[3] Der in der Tradition der britischen Cultural Studies stehende Fiske grenzt sich mit dem Bild des Konsum-Rebellen von dem des Konsum-Opfers ab, wie es vor allem von der Frankfurter Schule beeinflusste Autoren im Anschluss an Adornos und Horkheimers *Dialektik der Aufklärung* zeichneten. Adorno und Horkheimer nahmen Konsumenten in erster Linie als manipulierte Opfer einer sie vereinnahmenden und verblendenden kommerziellen Kulturindustrie war, hinter deren massenhaft angefertigten Kultur-Angeboten sich letztlich das kapitalistische Profitmotiv und somit Machtinteressen verbergen.[4] Die Unterhaltungsangebote der Kulturindustrie propagieren in ihrer Sicht vor allem Abhängigkeit und Hörigkeit, sie wirken entmündigend und sind somit gegen die Ideale der Aufklärung gerichtet. Sind Berliner Hauptschüler nun Konsum-Rebellen oder Konsum-Opfer? Um dieser Frage nachzugehen, begleiten wir Niklas für einen Nachmittag auf seinem Weg durch das *Linden-Center* im Nordosten Berlins.

Das *Linden-Center* ist ein im Jahr 1995 eröffneter Einkaufskomplex aus Glas, Stahl und Beton, in dem neben etwa 80 Geschäften auch städtische Institutionen wie die *Anna-Seghers-Bibliothek* untergebracht sind. »Shoppen« gehen im *Linden-Center* wird von Niklas als eine Möglichkeit, »mal rauszukommen« oder »mal was anderes zu sehen« wahrgenommen. Es ist für ihn eine willkommene Form der Abwechslung an ein bis zwei Tagen in der Woche, eine Art kleiner Ausflug am Nachmittag. Dieser beginnt an diesem sommerlichen Tag auf dem Platz vor dem *Linden-Center*, wo Jugendliche mit asiatisch aussehenden Gesichtern mit einem Fußball jonglieren. Einer von ihnen trägt ein Trikot der deutschen Fußball-Nationalmannschaft, genau wie ein etwa 10-jähriger ihnen zuschauender Junge, der zusätzlich noch ein Deutschland-Basecap, eine Deutschland-Hose sowie Deutschland-Socken anhat. »Wär schon super, wenn Deutschland Europameister wird«, meint Niklas angesichts des gerade laufenden Fußball-Turniers. Ich stimme zu und zusammen gehen wir, vorbei an den »Gott hilft dir«-Schildern einer amerikanischen Sekte, in das *Linden-Center* hinein. Dort ist es zunächst

---

3   Auch Michel de Certeau sieht in der Praxis des »Schaufensterbummelns« eine widerständige Praktik. De Certeau: Kunst des Handelns, S. 188.

4   Adorno/Horkheimer: Dialektik der Aufklärung, S. 128-176. Siehe auch Behrens: Kulturindustrie.

eng und stickig: Die Sonderangebote des *Stock-Store* – vor allem T-Shirts und Lederschuhe – versperren den Weg. Die Duftrosen eines Blumenladens und die *Hamburger* des benachbarten *Burger King* vermischen sich mit dem Geruch der Klimaanlage zu einer aufdringlichen Geruchsmischung.

Niklas strebt direkt zum *Mediamarkt* in der ersten Etage des Shopping-Centers. Dort hängen weiße Neonlampen in langen Reihen an den unverputzten Deckenwänden, an denen auch Rohre zu sehen sind und Kabel herunterbaumeln. Im Hintergrund hört man an einigen Stellen Popmusik des Radiosender *104.6 RTL*. Niklas geht zunächst an den aktuell angebotenen Computern und Laptops vorbei und folgt danach immer den Regalen an den Außenwänden, die ihn von den Computer- und *X-Box*-Spielen, über die Film- und Musikangebote zum technischen Zubehör und schließlich zu den Sonderangeboten in der Nähe der Kasse am Ausgang führen. Eigentlich will er »nur gucken«, denn die meisten der angebotenen *X-Box*-Spiele für etwa 60 Euro sind ihm deutlich zu teuer. Er schaut bei allen von ihm begutachteten Produkten genau auf die Preise. Am Ende kauft er die ausgewählten Spiele in der Regel nicht hier, sondern zum Teil gebraucht für weniger Geld über Internet-Portale wie *eBay* oder *Amazon*. Dort verkauft er sie meist nach einiger Zeit auch wieder für durchschnittlich fünf bis zehn Euro. Heute interessieren ihn vor allem das neue *James-Bond*-Spiel, aber auch *Ego-Shooter*-Spiele wie *Call-of-Duty* und das neue Fußballspiel *FIFA09*, das er als Fußballfan bereits vor seiner Marktveröffentlichung zum vollen Preis im Internet vorbestellt hat und nun ungeduldig erwartet.

Niklas sortiert das Angebot weniger im Hinblick auf aktuelle Konsumentscheidungen, sondern sondiert langfristige Möglichkeiten des Warenerwerbs, wobei er auch mögliche Geburtstags- und Weihnachtsgeschenke einkalkuliert. So kaufte er sich zuletzt vom Geld für seine Jugendweihe und von zusätzlich Erspartem eine neue *Playstation* und einen – wie er noch genau weiß – 648 Euro teuren *LCD-Player*, also eine Spiele-Konsole und einen dafür verwendbaren Projektor. Derzeit spekuliert er seit einigen Monaten auf einen neuen Laptop, will aber nichts überstürzen, denn er hat sich noch nicht entschieden, ob ihm der Erwerb eines Führerscheins wichtiger sei oder nicht. Er überlegt: Ein Notebook sei etwas »für die Zukunft« und ein Führerschein ohne Auto eigentlich sinnlos, könne sich aber möglicherweise bei der Suche nach einem Arbeitsplatz als hilfreich erweisen. Noch ist er sich seiner Entscheidung nicht ganz sicher, doch einige Monate später wird er die ersten Fahrstunden absolvieren. Bei seinen finanziellen Abwägungen hat er auch das Schicksal seines verschuldeten Bruders vor Augen, der »irgendwann nichts mehr im Kühlschrank« hatte, also aufgrund seiner Verschuldung kaum noch grundlegende Ernährungsbedürfnisse befriedigen konnte.

Trotz der Vorsicht vor vorschnellen Konsumentscheidungen gibt Niklas letztlich eine beträchtliche Geldsumme für Konsumgüter aus. So kaufte er sich kürzlich im Internet zwei Computerspiele für insgesamt 86 Euro, neue Kopfhörer für 30 Euro und den James-Bond Film *Casino Royale* für 17 Euro. Auch über den Erscheinungstermin des neuen *Indiana-Jones*-Films, der in der Filmabteilung mit einem eigenen Stand besonders angepriesen wird, hatte er sich bereits vor unserem *Mediamarkt*-Besuch bei der Online-Plattform *Amazon* informiert, verschiebt aber die Kaufentscheidung zunächst. Stattdessen überlegt er einen alten *Indiana-Jones*-Film zu kaufen, den er bereits besitzt, da er einen möglichen Datenverlust befürchtet, verwirft diese Idee aber bald wieder. Auch die DVDs *Scary Movie* und *24 Hours* werden genau begutachtet und schließlich wieder zurück ins Regal gelegt. Nach den Filmangeboten schlendern wir weiter zu den Musikregalen: Hier interessieren ihn vor allem der Rapper *Bushido*, dessen »Ghetto-Style« er bewundert, Techno-Musik, vor allem einige härtere *Hard-Bass*-Kompilationen, sowie der Komiker Mario Barth, dessen Frauenwitze ihn amüsieren.

Mario Barths Frauenwitze basieren auf einer Betonung der Geschlechterdifferenz, sie erzählen von furzenden Männern und ständig »labernden« Frauen, die immer zu zweit auf die Toilette gehen. Mario Barth gilt als erfolgreichster Live-Entertainer Deutschlands und stellte im Juli 2008 mit einer Comedy-Show vor knapp 70.000 Zuschauern im Berliner Olympiastadion einen neuen Weltrekord auf.[5] Barths Witze werden von wohlwollenden Kritikern als »volksnah« und von weniger wohlwollenden Kommentatoren als klischeehafte Späße auf »Furzkissenniveau« beurteilt.[6] In

---

5   »So was muss man erst einmal schaffen, vor so vielen Leuten so eine Show abzuziehen«, bekundet Niklas seinen Respekt für diese Rekordleistung, als ich ihn drei Jahre später bei der Besprechung meines Buchmanuskripts auf Mario Barth anspreche. Gleichzeitig distanziert er sich etwas, indem er erwähnt, dass Mario Barth im Fernsehen mittlerweile leider fast immer das Gleiche mache und das »langsam richtig nervt«.

6   »Die peinlichsten Berliner: Mario Barth«, in: Tip-Berlin, 18. August 2008.

führenden deutschen Printmedien wird sein Humor häufig mit der »Unterschicht« assoziiert. Kritikern der Massenkultur gilt er als Held der »Goldkettchenträger«, als »Zeremonienmeister des Prekariats« oder sogar als »Kollateralschaden für die Demokratie«.[7] Der Vorwurf der negativen Effekte einer als »vulgär« wahrgenommenen Massenkultur für die Gesellschaft oder die Demokratie gehört zu den klassischen Formen der Massenkulturkritik.[8] Für den amerikanischen Soziologen Herbert Gans artikuliert sich in diesem Abwehrkampf ein verdeckter Klassenkampf, denn letztlich geht es dabei um kulturelle Wertschätzung und um gesellschaftliche Partizipationsmöglichkeiten.[9] Niklas mag Mario Barth, dessen Berliner Live-Shows er mitunter besucht, da er ihm Unterhaltung, Entspannung und Flucht vor den Zumutungen des Alltags verspricht.

Nach den Musikangeboten kommen wir gegen Ende unseres Rundganges im *Mediamarkt* zu den Sonderangeboten. Niklas kennt diese bereits aus Werbeprospekten und geht deshalb an ihnen vorbei. Ihn interessiert heute eher die Zubehör-Abteilung, wo er nach einem *Controller* sucht, mit dessen Hilfe sich Spiele besser zu zweit spielen lassen, doch diese scheinen heute bereits ausverkauft zu sein. Deshalb verlassen wir den *Mediamarkt* und gehen zwei Etagen tiefer, in den Keller des *Linden-Centers*. Dort wird vor allem Essen angeboten: Es gibt unter anderem einen Döner-Grill, mehrere Bäcker, einen Obstladen, einen Wurstladen, einen Thai-Imbiss und eine Pizzeria. Niklas würde sich hier kein Essen kaufen, da es ihm im Vergleich zu selbstgemachtem Essen zu teuer ist. Lieber geht er in den *GameStop*, in dem erneut weißes Neonlicht dominiert. Hier fragt er die Bedienung direkt

---

7 »Henryk M. Broder: Witz mit Barth«, in: Der Spiegel, 26. November 2007.

8 Auch Jürgen Habermas steht in dieser Tradition der elitären Massenkulturkritik, wenn er die negativen Auswirkungen auf das Individuum wie folgt beschreibt: »Umgang mit Kultur übt, während der Verbrauch der Massenkultur keine Spuren hinterlässt; er vermittelt eine Art von Erfahrung, die nicht kumuliert, sondern regrediert.« Habermas: Strukturwandel der Öffentlichkeit, S. 255.

9 Gans unterscheidet vier immer wiederkehrende Formen der Massenkulturkritik: die Betonung negativer Folgen für die Kulturproduktion, die Angst vor einem Absinken der Hochkultur, die Annahme schlechter Auswirkungen für die Konsumenten von Massenkultur und schließlich die Behauptung negativer Folgen für die Gesellschaft als Ganzes. Gans: Popular Culture and High Culture, S. 29ff.

nach einem *Controller*. Der Verkäufer offeriert ihm einen zum Preis von 57 Euro, doch deutet an, es gäbe auch gelegentlich gebrauchte Exemplare für 34 Euro, die jedoch gerade ausverkauft seien. Niklas wägt erneut ab: Er tendiert zu der billigeren Variante, vermutet aber andererseits, dass bei einem gebrauchten Produkt der Akku möglicherweise weniger leistungsfähig sei. Die Kaufentscheidung wird erneut vertagt und stattdessen das Angebot von gebrauchten Spielen durchgestöbert, die ihm aber ebenfalls zu teuer erscheinen. Niklas will sich lieber später noch ein Spiel in der Videothek ausleihen und dies am Abend mit einem »Kumpel« zusammen spielen, da seine Eltern heute nicht zu Hause seien. »Nur 296 Euro« monatlich für einen Ausbildungsplatz zu erhalten, sei einfach zu wenig, um sich »etwas leisten« zu können, andererseits aber besser als keinen Ausbildungsplatz zu haben, resümiert Niklas beim Verlassen des *Linden-Centers*. Wenig später wird Niklas den angesprochenen Ausbildungsplatz wieder verlieren und fortan von staatlicher Sozialhilfe leben.

Die beschriebene Shopping-Tour mit Niklas im Lichtenberger *Linden-Center* kann als eine von vielen möglichen Formen des in diesem Falle männlichen »proletarischen« Shoppens gesehen werden. »Proletarisches Shoppen« wurde von John Fiske zur Bezeichnung des Umherschweifens in Shoppingcentern ohne feste Kaufabsicht verwendet. Auch Niklas wollte zunächst »nur gucken«, da er Produkte, dessen Preise er genau registriert, in der Regel günstiger über Online-Foren erwirbt. Gleichzeitig wurde deutlich, dass die Erfüllung der unter anderem durch gezielte Werbung geweckten Konsumwünsche seine ökonomischen Ressourcen enorm strapaziert. Er lässt sich von dem jeweils aktuellen Warenangebot affizieren und versucht gleichzeitig stets seine Ausgaben zu kontrollieren. Niklas ist somit weder nur Konsum-Opfer noch ausschließlich Konsum-Rebell. Zwar widersetzt er sich einerseits den vorgegebenen Konsumwegen, ist aber andererseits dennoch vielfach den Verlockungen der Warenwelt erlegen. Niklas ist in erster Linie ein Jugendlicher, der versucht, mit relativ geringen ökonomischen Ressourcen, sich möglichst viele Konsumwünsche zu erfüllen.

UMGANG MIT ARTEFAKTEN: MARKENPRODUKTE, GOLDKETTEN UND HANDYS

Zu Markenprodukten hat Niklas ein ambivalentes Verhältnis. Zwar schaut er sich zunächst für gewöhnlich nach der billigeren Variante um, berücksichtigt aber auch, dass Markenprodukte im Vergleich zu diesen mitunter von besserer Qualität seien und möglicherweise länger halten. Zudem bevorzugt er Kleidungsstücke und Schuhe von *Nike* oder *Puma*. Andere Hauptschüler äußerten ebenfalls sehr unterschiedliche Meinungen zum Erwerb von Markenartikeln: Während manche Markenträger als »eingebildet« und Markenprodukte als »zu teuer« ablehnten, zeigten andere sich äußerst markenbewusst:

Justine: »Mir sind Markensachen wichtig. Es liegt natürlich auch daran, dass andere Leute die sehen. Hast du keine Markensachen an, denken die halt, die kann sich nichts leisten oder ist nichts.«
Marcel: »Ich achte schon ein bisschen auf Markensachen. *Nike*-Schuhe halt. Weil ich so etwas früher nie hatte. Alle hatten es immer außer ich, weil wir kein Geld dafür hatten, deshalb ist es mir jetzt wahrscheinlich so wichtig.«

An diesen Aussagen zweier Lichtenberger Schüler fällt auf, dass beide ihre Vorlieben für Markenprodukte stark auf ihren Umgang mit anderen Menschen beziehen: Während Justine durch ihre Konsumwahl zukünftige Reaktionen und Blicke beeinflussen möchte, versucht Marcel einen in der Vergangenheit im Vergleich zu seinen Mitschülern als defizitär wahrgenommenen Zustand zu beheben. Keine Markensachen zu tragen, wird nicht als Wahl oder als freiwillige Abstinenz begriffen, sondern als Zwangsentscheidung aufgrund mangelnder finanzieller Ressourcen und somit als ein Signum für Armut.

In den Augen anderer als arm zu gelten, bedeutet nicht nur »sich nichts leisten« zu können, sondern auch »nichts« zu sein. Armut wird folglich als Abwertung der Person begriffen und mit Verachtung in Beziehung gesetzt. Axel Honneth hat darauf hingewiesen, dass Unsichtbarkeit im Kontext verweigerte Anerkennung keine physische Nichtexistenz, sondern vielmehr eine als demütigend empfunden soziale Nichtbeachtung bei gleichzeitiger physischer Kopräsenz meint.[10] Es ist wohl die Erfahrung von solchen Form der Nichtbeachtung, die Justine dazu motiviert, durch Markensachen auf sich aufmerksam zu machen. Der Umfang, der einem zur Verfügung stehenden finanziellen Ressourcen, wird somit über den Umweg von Konsumpraktiken und Anerkennungspolitiken zu einer moralischen Kategorie und Geldmangel demnach als besonders schamvoll empfunden. Beiden Schülern geht es in der Wahl von Markenprodukten darum, in ihrem persönlichen Umfeld und in den Augen der Gesellschaft Respekt und Anerkennung zu erhalten.

Der starke Wunsch nach positiver gesellschaftlicher Wertschätzung kann als Reaktion auf ein Anerkennungsdefizit und auf die Verachtung von Hauptschülern verstanden werden. Konsum dient, wie Aida Bosch in ihrem Buch *Konsum und Exklusion* bemerkt, dazu, ein beschädigtes Selbstwertgefühl vorübergehend aufzuwerten und symbolische Inklusion zu vermitteln.[11] Das Streben nach gesellschaftlicher Teilhabe und Wertschätzung ist in diesem Fall an einen spezifischen Umgang mit Konsum-Objekten geknüpft, deren Zirkulation wiederum einer ökonomischen Vertriebslogik unterliegt. Markenprodukte, wie beispielsweise die von Niklas bevorzugten *Nike*- und *Puma*-Schuhe, oder – wie wir gleich sehen werden – goldene Ketten und Mobiltelefone werden auf diese Weise zu bevorzugten Kleidungsstücken und Accessoires vieler Hauptschüler. Gleichzeitig wird durch den Gebrauch dieser Artefakte ihre Form des In-derWelt-Seins beeinflusst – ihre Art zu gehen, sich zu präsentieren und zu kommunizieren – was dazu führt, das Hauptschüler sich im Stadtraum auch optisch von Schülern anderer Schultypen unterscheiden. Entgegen der Intentionen von Hauptschülern wie Justine und Marcel wird jedoch gerade die Vorliebe für bestimmte, in ihren Augen besondere Respektabilität vermittelnde, Markenprodukte im Rahmen der dominanten Kultur mitunter als ein Signum für unterschichtiges Verhalten, als »protzig« oder »prollig« wahrgenommen.

Vor allem auffällige Gold- und Silberketten gelten in den Augen einer bürgerlichen Öffentlichkeit als Symbol eines mit »Unterschichten« assoziierten Konsumgeschmacks. Der Goldkettenträger ist ein bereits vielfach medial reproduziertes Stereotyp, ein Symbol für urbane »Unterschichten«. Doch stimmt diese Zuschreibung und wie ließe sich eine mögliche Neigung

---

10 Vgl. Honneth: Unsichtbarkeit.
11 Bosch: Konsum und Exklusion, S. 461ff.

für derartige Schmuckstücke verstehen? Um diesen Fragen nachzugehen, zeigte ich bei meinen Interviews mit Hauptschülern und Gymnasiasten beiden Gruppen eine Reihe von Abbildungen von Konsumobjekten, darunter neben anderen Schmuckstücken zwei Ketten: eine prunkvoll wirkende Silberkette mit einem funkelnden goldenen Stein und zwei daneben liegenden Ringen im selben Stil sowie eine schlichter wirkende Kette mit auf einer dünnen Schnur aufgefädelten Steinen.

Wenn ich die Schüler aufforderte, sich für jeweils eine der beiden Ketten zu entscheiden, wählten alle von mir interviewten Gymnasiasten die Steinkette aus, während sich alle Hauptschüler für die Silber-Gold-Kette entschieden. In den Augen der Hauptschüler erscheint die prachtvoller aussehende Kette aus verschiedenen Gründen attraktiv: Zum einen »guckt dich damit jeder an«, und zum anderen »geht die nicht so schnell kaputt«. Die simplere Kette erscheint dagegen als bloße »Schnur« und »wie aus Afrika« – »mit dieser Kette guckt dich keiner an«. Zudem wurde in der Begründung der Auswahl darauf verwiesen, dass Ketten aus Gold oder Silber generell zu bevorzugen seien, da deren Kugeln besonders »strahlen« und deshalb »fast wie Diamanten« aussähen. Männliche Hauptschüler betrachteten die Kette, auch mit Blick auf die beiden beiliegenden Ringe, zudem als geeignetes Geschenk für weibliche Schülerinnen, denn diese »bevorzugen so etwas« und man müsse ihnen »schon etwas bieten«, um ihre Gunst zu gewinnen.

Die Kette aus Gold und Silber erscheint für die Schüler zunächst fester und stabiler und verspricht somit aus pragmatischer Sicht einen größeren Nutzwert. Die andere Kette wird mit »Afrika« assoziiert, das hier sinnbildlich für Rückständigkeit und Armut steht, also genau für jene Attribute, mit denen Hauptschüler selbst in medialen Diskursen mitunter assoziiert werden und von denen sie sich in ihrer Konsumwahl entsprechend symbolisch distanzieren wollen. Zur sozialen Funktion einer prunkvollen Kette gehört für sie, dass sie bewundernde Blicke der Anderen auf ihren Träger zieht, wobei der strahlende und blendende Charakter von Gold und Silber den – wohl trügerischen – Eindruck von materiellem Reichtum, dessen ultimativer Ausdruck ein »Diamant« wäre, vermitteln soll.

Diese materielle Komponente ist aus der Perspektive der männlichen Schüler eng mit einer erfolgreichen Partnerwahl verknüpft. Eine für ein Zusammenleben ausreichende finanzielle Basis wird von Hauptschülern anscheinend nicht als selbstverständlich vorausgesetzt, sondern muss der potentiellen Partnerin erst durch den Erwerb teurer Geschenke nachgewiesen werden. Im Kapitel zu Zukunftsvorstellungen werden wir noch sehen, dass viele Hauptschulabgänger sich zwar eine Familie wünschen, aber Angst davor haben, diesen Wunsch wegen mangelnder finanzieller Ressourcen nicht verwirklichen zu können.[12] Die Silber-Kette mit dem goldenen Stein erscheint auf diese Weise sowohl als Waffe gegen abwertende Blicke Anderer wie auch als symbolische Kompensation für Erfahrungen materieller Depriviligierung.

Pierre Boudieu hat in *Die feinen Unterschiede* darauf verwiesen, dass »Angehörige der unteren Klassen« stolz darauf sind, dem negativen Bild zu widersprechen, das sich die Herrschenden von ihnen machen.[13] Dies kann dazu führen, dass gerade Schüler aus ärmeren Familien sich zum Kauf einer teureren Kette gezwungen sehen und sich auf diese Weise ihre materielle Situation weiter verschlechtert.

Bisher habe ich vor allem die symbolische Dimension von Gold- und Silberketten hervorgehoben. Doch wie fühlt es sich für Hauptschüler an, eine solche Kette zu tragen? Ein Blick auf die folgende Abbildung von Schülern der Berliner Rütli-Schule, liefert einige Hinweise zur Beantwortung dieser Frage. Abgebildet ist eine Gruppe von fünf Jungen, von denen einer deutlich sichtbar eine Kette trägt. An dieser ist ein Emblem von Palästina angebracht, dass in diesem Fall symbolisch die Grenzen des heutigen Staates Israel umfasst. Der auf diese Weise beschworene Nationalstolz weist möglicherweise auf die Herkunft des Jugendlichen als palästinensischer Flüchtling hin, von denen viele in der Gegend um die Neuköllner Rütli-Schule leben. Es handelt sich um eine Reaktion auf eine ursprüngliche Verlusterfahrung, bei der ein Hinweis auf die schwierigen Existenzbedingungen des palästinensischen Volkes und somit ein Zeichen der politischen Unterdrückung zu einem Symbol von Nationalstolz und Ehrgefühl umgedeutet wird. Das Tragen der Kette hat in diesem Fall eine politische Dimension, die den Betrachter sowohl auf den Migrationshintergrund des Schülers als auch auf die andauernden gewaltsamen Auseinandersetzungen zwischen Israel und der palästinensischen Bevölkerung hinweist.

---

12 Zur Korrelation von Heiratsquoten und Bildungsgrad sowie den verhältnismäßig schlechteren Heiratschancen von »Ausbildungslosen« siehe Solga: Ausbildungslose und die Radikalisierung ihrer sozialen Ausgrenzung, S. 143.

13 Bourdieu: Die feinen Unterschiede, S. 591.

Abbildung 2: Schüler

Quelle: Lukas zur Nieden[14]

Die Silberkette ist für diesen Hauptschüler mehr als nur ein Konsumobjekt oder ein Schmuckgegenstand, sie steht in einer homologischen Beziehung zu den in einer bestimmten sozialen Lage produzierten Gefühlsstrukturen. Paul Willis entwickelt in seinem Buch *Profane Culture* anhand jugendlicher Subkulturen der 1970er Jahre das Konzept der Homologie als einer Relation zwischen Objektstrukturen und den Anliegen, Einstellungen und Gefühlen von sozialen Gruppen.[15] Bestimmte Konsumgegenstände werden demnach vor allem von marginalisierten Jugendlichen angeeignet. Sie ermöglichen diesen eine symbolische Auseinandersetzung mit ihren Befindlichkeiten und wirken darüber hinaus stilbildend bei der Herausbildung von Subkulturen. So verlieh das Motorradfahren den von Willis beschriebenen »Rockern« das gesuchte Körpergefühl und Drogenkonsum ermöglichte den »Hippies« die angestrebte Transzendenzerfahrung. Gleichsam wurden Motorräder und Drogen zu den zentralen kulturellen Referenzpunkten, an denen sich die gesamte Kultur dieser Subkulturen orientierte.

Die Gold- bzw. Silberkette spielt zwar für Berliner Hauptschüler keine vergleichbar zentrale Rolle, doch lässt sich an ihrem Gebrauch ebenfalls eine kulturelle Beziehung zwischen sozial bedingten Gefühls- und materiell bedingten Objektstrukturen herstellen. Ihre Präsentation ver-

---

14 Das hier reproduzierte Foto wurde von Lukas zu Nieden, einem Teilnehmer eines meiner Seminare an der Europa-Universität Viadrina in Frankfurt/Oder, aufgenommen und mir zur Verfügung gestellt.
15 Willis: »Profane Culture«, S. 237.

spricht zum einen eine vorübergehende symbolische Lösung für die aus Armut und fehlender Anerkennung resultierenden Problemlagen, wie sie beispielsweise mit dem abwertenden oder mitleidigen Blick einhergehen. Zum anderen steht sie als ein wichtiges stilbildendes Element in einem Verweisungszusammenhang mit anderen Körper- und Konsumpraktiken. Anhand der Abbildung zeigt sich, wie die Kette mit einer Trainingshose und einer betont lässigen Pose verbunden wird. Auch bei den anderen abgebildeten, wohl noch recht jungen Schülern, lässt sich ein Einüben in Coolness und demonstrative Posen beobachten, die viele von ihnen im Laufe ihrer Schulzeit immer selbstverständlicher und gekonnter einnehmen werden.[16]

Coolness ermöglicht es Hauptschülern, mit den emotionalen Zumutungen einer ihnen mit Verachtung begegnenden Öffentlichkeit umzugehen. Sie liefert ihnen eine Art Schutzmantel und wirkt »wie eine Rüstung der Abwendung von Unheil auf psychischer und körperlicher Ebene«.[17] Cooles Posieren ist demnach eine mögliche Reaktionsweise auf das Problem der Anerkennung. Coolness begründet eine ästhetische Haltung der Kontrolle und der Distanz und impliziert darüber hinaus ein spezifisches Verhältnis zu Zeit und Raum: eine scheinbar großzügige Verfügbarkeit über Zeit und eine raumgreifende Gestik. Das Tragen von Gold- oder Silberketten ist ein möglicher Bestandteil cooler Posen: Die Kette schützt dabei einerseits den Körper und ist gleichsam Bestandteil einer betonten Körperhaftigkeit. Die demonstrative Selbstkontrolle und die aufreizende Unberührtheit, mit denen vor allem männliche Hauptschüler auf diese Weise auf soziale Stigmatisierung reagieren, verfestigen sich häufig zu einer emotionalen Hülle, welche die Schüler beständig mit sich herumtragen. Eine derart habitualisierte Lebenshaltung ermöglicht jedoch keine dauerhafte Lösung des Problems der Anerkennung und schafft darüber hinaus eine Reihe von Folgeproblemen: So wird beispielsweise vonseiten der Hauptschullehrer die Coolness ihrer Schüler häufig als schulisches Desinteresse oder sogar als persönliche Beleidigung wahrgenommen und entsprechend sanktioniert.

---

16 Zur klassenspezifischen Bedeutung und Nutzung der, ebenfalls auf dem Foto zu sehenden, Picaldi-Hosen durch Berliner Jugendliche siehe Ege: Carrot-cut Jeans.
17 Poschardt: Cool, S. 11.

Während Goldketten eher von einer stilbildenden Minderheit bevorzugt werden, scheint die Präsenz von Mobiltelefonen im Alltag von Hauptschülern allgegenwärtig. Neben häufigem Telefonieren und der oftmaligen Benutzung des *Short Message Service* (SMS) werden diese unter anderem zum Spielen, zum Musikhören, zum Fotografieren, zum Aufnehmen von Videos, als Kontaktverzeichnis sowie als digitales Poesiealbum verwendet. Zur Veranschaulichung der Häufigkeit und Vielseitigkeit des Handy-Gebrauchs sollen hier zunächst nur ein paar kurze Alltagsszenen vom Schulhof einer Weddinger Hauptschule dienen:

- Eine Gruppe männlicher Schüler diskutiert angeregt, wer das schönste Handy und den besten Klingelton habe, wobei die Jingle von *Scary Movie 4* in dieser Situation am beliebtesten zu sein scheint.
- Eine Schülerin läuft verträumt mit Kopfhörer und Handy über den Schulhof. Als ich sie frage, was für Musik sie denn gerade höre, gibt sie mir ihren Kopfhörer, auf dem Arabeske zu hören ist.»Ganz schön kitschig«, sage ich etwas unvorsichtig.»Das ist Liebe«, antwortet sie.
- Auf dem winterlichen Schulhof ist eine wilde Schneeballschlacht im Gange und ich versuche, so gut es geht, den umherfliegenden Schneebällen auszuweichen. Als es zur Pause klingelt, zeigt mir einer der Schüler sein eben von mir unbemerkt aufgenommenes Handy-Video und verweist begeistert auf die Szene, bei der ich von einem Schneeball getroffen werde.
- Ein Schüler ist erstaunt und amüsiert, als er mein altes *Nokia*-Handy erblickt. Er zeigt mir sein eigenes Handy, auch ein *Nokia*, allerdings ein neueres Modell, das ihm selbst aber mittlerweile veraltet erscheint, weshalb er sich im nächsten Monat ein neues Gerät kaufen oder schenken lassen wolle. Aufgrund der ständigen Orientierung an neuen Produkten waren ihm zufolge in den letzten vier Jahren bereits etwa 20 verschiedene Mobiltelefone in seinem Besitz.

In diesen kurzen Episoden kann die Vielschichtigkeit des Handygebrauchs von Hauptschülern nur angedeutet werden. Sichtbar wird im Gebrauch von Mobiltelefonen zunächst eine umfassende Medienkompetenz: ein Wissen über die neuesten Modelle, über Film- und Musikangebote sowie die Fähigkeit selbst digitale Filmsequenzen zu produzieren. Mobiltelefone scheinen darüber hinaus als Mittel der Distinktion zu dienen, sowohl in Bezug auf die Wahl an Musikangeboten, Fotos oder Filmsequenzen als auch hinsichtlich der Wahl und Aktualität des jeweiligen Handymodells. Wertschätzung wird in diesem Fall an den optischen Qualitäten eines Konsumobjektes und an seiner gelungenen individuellen Aneignung gemessen.

Mobiltelefone beeinflussen den Handlungs- und Erfahrungsspielraum der Jugendlichen: Sie legen bestimmte Selbstverhältnisse nahe und prägen ihre Form des In-der-Welt-Seins. Mit welcher Musik sich eine Schülerin in eine gewisse subjektive Stimmung versetzt und woran sie ihre Liebesideale misst, kann von den technischen Möglichkeiten ihres Mobiltelefons beeinflusst werden. Mobile Bildproduktion wird als eine Form der Kommunikation auf dem Schulhof eingesetzt, die der verbalen *Face-to-Face*-Kommunikation vorausgeht, diese aber anschließend thematisch anleitet. Mit wem jemand überhaupt in persönlichen Kontakt tritt, hängt stark von seiner digitalen Adressliste ab, schließlich verabredete ich mich selbst mit den Schülern in der Regel mithilfe von Handys zu Interviews.

Bruno Latour beschreibt diese Verquickung des Sozialen mit der Welt der Dinge oder Artefakte in seinem Buch *Wir sind niemals modern gewesen*.[18] Darin zeigt er die Vervielfältigung von Artefakten im Verlauf der Moderne auf und versucht ein Vokabular zur Beschreibung der Verflechtung und gegenseitigen Konstituierung des Sozialen und des Materiellen zu entwickeln. So dient ihm der Begriff der Interobjektivität dazu, darauf zu verweisen, dass soziale Ordnung nicht allein über zwischenmenschliche Interaktionen, also intersubjektiv, sondern in spezifischen und regelmäßigen Umgangsweisen mit Objekten entsteht.[19] Goldketten und Handys sind solche Artefakte, deren taktile und technische Qualitäten das Selbstverständnis und die Erfahrungswelt von Hauptschülern mit konstituieren. Gleichzeitig steht der Umgang mit diesen Objekten in einem Zusammenhang mit intersubjektiv hergestellten Beziehungsordnungen, wie ich sie im vorigen Kapitel am Beispiel des Problems der Anerkennung beschrieben habe.

Im Gegensatz zu Goldketten ist der Gebrauch von Mobiltelefonen auf der symbolischen Ebene zunächst weniger eindeutig in einer sozialen Hierarchie verortet, denn »Handys« sind als Objekte zumindest in Westeuropa

---

18 Vgl. Latour: Wir sind niemals modern gewesen. Siehe auch Latour: Eine neue Soziologie für eine neue Gesellschaft.
19 Reckwitz: Subjekt, S. 106ff.

weniger eindeutig kodiert – galten sie in den frühen 1990er Jahren noch als »Spielzeug für Reiche«, so dienen sie mittlerweile als symbolisches Accessoire sowohl von ökonomisch erfolgreichen als auch von gesellschaftlich marginalisierten Gruppen.[20] Was beide Seiten voneinander unterscheidet, ist die soziale Wertschätzung ihrer tatsächlichen oder vermuteten Handynutzung. Das hektische Telefonieren eines Unternehmers in der Öffentlichkeit signalisiert vor allem produktive Geschäftigkeit, seine Adressliste gilt als Nachweis sozialen Kapitals und sein mobiler Termin-Kalender unterstreicht die eigene Wichtigkeit. Der häufige Gebrauch von Mobiltelefonen innerhalb der Hauptschule wird dagegen von den Lehrern als »Verdummung« kritisiert und während des Unterrichts verboten, letztlich also als Gegenmodell zu einem erfolgreich Schulbesuch gedeutet. Was sich unterscheidet, ist zunächst weniger der Gebrauch von Mobiltelefonen selbst, sondern in welchem Kontext und von welchen Personen diese benutzt werden. Die soziale Hierarchisierung von Orten und Gruppen erscheint in diesem Fall ausschlaggebend für die gegensätzlichen Beurteilungen von Medienpraktiken.

Am Beispiel der Handynutzung lassen sich einige Spezifika der von Latour hervorgehobenen Subjekt-Objekt-Beziehungen näher bestimmen: Zum einen handelt es sich beim Mobiltelefon nicht um ein statisches Ding, sondern um eine komplexe technologische Apparatur, um ein Medienverbundsystem, das vielfältige mediale Signale senden und empfangen kann und technologisch beständig weiterentwickelt wird. Der Objekt-Begriff muss demnach dahingehend erweitert werden, dass er auch nicht-statische, sich fortlaufend verändernde materielle Strukturen umfassen kann. Zum anderen erweisen sich die Subjekt-Objekt-Relationen selbst als ebenso wenig feststehend, sondern als situativ, individuell und sozial bedingt. Hinzu kommen sich historisch wandelnde kulturelle Bewertungen von veränderlichen Subjekt-Objekt-Beziehungen, die zum Teil widersprüchliche kulturelle Zuschreibungen umfassen. Die Verbindung von Menschen zu Artefakten erweist sich somit als ein äußerst komplexes, dynamisches und kulturell voraussetzungsvolles Verhältnis.

Prozesse sozialer Klassifizierung basieren auf der Verkettung von symbolischen Ordnungen, Subjekt-Objekt-Relationen und Objektstrukturen. Dabei ergeben sich spezifische Ambivalenzen im Umgang mit Artefakten,

---

20 Burkart: Handymania, S. 132ff.

die nur im Kontext der gesellschaftlichen Verachtung von Hauptschülern verstanden werden können: Markenprodukte, Goldketten und Handys prägen spezifische Formen des In-der-Welt-Seins und dienen vor allem denjenigen als Mittel, um Anerkennung zu gewinnen, die potentiell selbst mit Armut und Verachtung konfrontiert sind. Aufgrund dieser kompensatorischen und gleichsam stilbildenden Funktionen werden sie in den Augen der dominanten Kultur mitunter zum Erkennungszeichen von Hauptschülern und zu einem Signum für die »Unterschicht«.

AGGRESSIVE MÄNNLICHKEIT: DER BOXER-STIL

An meinem ersten Tag an der Anna-Seghers-Schule in Berlin-Wedding begrüßten mich einige Jungen der zehnten Klasse mit Scheinangriffen, bei denen sie Box- oder Karate-Schläge andeuteten, diese aber kurz vor dem Körper des Gegenübers abbrachen. Auch untereinander führten männliche Schüler immer wieder solche Scheingefechte durch, wobei es nicht immer bei einer Kampfsimulation blieb, sondern auch wirklich, allerdings mit verminderter Kraft, zugeschlagen wurde. Der eifrigste Kämpfer war Mohamad, der nach der Schule an fast jedem Nachmittag zum Box-Training ging und an den Wochenenden regelmäßig an Wettkämpfen teilnahm. Einmal zeigte er mir stolz eine Verletzung am Ohr und erklärte, dass er nun ganz ohne Kopfschutz kämpfe, so »wie Muhammad Ali oder Mike Tyson«.

Mohamad hat auf seinem Handy 592 Bilder gespeichert, die fast alle ihn selbst, vor allem seinen muskulösen Oberkörper zeigen: »Ich fotografiere mich fast jeden Tag selber. Ich mag Fotografieren und ich mag meinen Body.« Auch auf den Fotos, die er im Rahmen meiner Forschung von seinem Tagesablauf machte, sind ähnliche Motive zu sehen. Die beiden folgenden Abbildungen zeigen Selbstportraits von Mohamad und Marco, einem Lichtenberger Hauptschüler.

Abbildung 3: Mohamad   *Abbildung 4: Marco*

Quelle: privat   Quelle: jappy.de

Während Mohamad sich nach einem erfolgreichen Wettkampf mit Pokal und Medaille fotografieren ließ, posierte Marco für sein Selbstportrait in der Wohnung seiner Eltern. Beide Schüler präsentieren vor allem ihre Oberkörper- sowie ihre Armmuskulatur, die vom regelmäßigen Training sichtlich gestärkt erscheinen. Die Jugendlichen rekurrieren jeweils auf ein verfügbares Repertoire an körperlichen Gesten: Mohamad orientiert sich dabei an der Kampfstellung von Boxern, Marco an der von Bodybuildern. Die Motivwahl lässt vermuten, dass der Körper und eine geschlechtsorientierte Vorstellung von kraftvoller Männlichkeit für ihr Selbstverständnis von besonderer Bedeutung sind.

Das Motiv des Boxers taucht bei den im Rahmen meiner Forschung angeregten Selbstportraits, aber auch in den digitalen Fotoarchiven der Schüler sowie ihrer Freunde bei Online-Communitys wie *Jappy* und *Netlog*, immer wieder auf. Die folgenden Abbildungen zeigen einige dieser Boxer-Posen von Schülern aus dem West- und dem Ostteil Berlins.

Abbildung 5:   *Abbildung 6:*   *Abbildung 7:*
Mohamad   *Berat*   *Lukas*

Quelle: privat   Quelle: jappy.de   Quelle: jappy.de

In der Pose des Boxers verbirgt sich sowohl eine Angriffsbereitschaft als auch eine Verteidigungshaltung, sie soll bedrohen und gleichzeitig schützen. Während sie in der ersten Abbildung noch in einem Sportkontext steht, dort aber bereits imitiert wird, wird die Boxerhaltung in den folgenden Abbildungen auch in anderen Alltagssituationen eingenommen. Die unterschiedliche Haltung der rechten Schlaghand kann dabei als ein Zeichen für die jeweils symbolisierte Aggressivität gelesen werden. Die Schüler wirken dabei alles andere als entspannt – ihre Blicke sind ernst und konzentriert, ihre Fäuste geballt und ihre Körpermuskulatur angespannt. Gleichzeitig erscheinen ihre Blicke traurig und verletzlich, in der ersten Abbildung sogar etwas ängstlich.

Die letzte der drei Abbildungen, die ich dem Online-Profil eines Lichtenberger Schülers entnommen habe, wurde durch folgenden Text ergänzt:

»Jch Ficke Alle Die Mein Das Sie Mein Leben Verendan Wollen
Oder Mich Schlecht Machen Oder Meiner Famile Drohen
Und Das Mein Ich Ernst Wer Nen Problem Mit Mir Hat Sols Sagen
Den Ich Kämpfe Auch Wen Ich Weiss Das Ich Fallen Werde
Also Fickt das Was Ich Liebe Und ich Werde Euch In die Hölle Schicken
Denn Ich Bin In Der KampfGruppeOst
Meine Crew
KampfGruppeOst
Ich Bin Ein OstBerliner Hooligan
BFC Dynamo«

Lukas, der Verfasser dieser Zeilen, präsentiert hier sein verletztes Ich. Er stammt aus einer polnischen Familie und gehörte zu einer Gruppe von Lichtenberger Jugendlichen mit deutlich rechtsradikalen Tendenzen. Neben der aggressiven Botschaft erstaunt vor allem die sprachliche Form: auf eine korrekte Rechtschreibung wird zugunsten eines an der Umgangssprache orientierten wütenden Sprachflusses verzichtet, wobei die Großschreibung aller Wörter deren Eindringlichkeit verstärkt. Der Ausdruck »Jch Ficke Alle« scheint für eine generelle Abwehrhaltung gegen die Gesellschaft zu stehen. Der kritische Verweis auf diejenigen, die ihn »Verendan« oder »Schlecht Machen« wollen, lässt vermuten, dass Lukas sich mit einem Anerkennungsproblem konfrontiert sieht. Diese Verletzungsoffenheit kommt auch in der Betonung der Kampfbereitschaft zum Ausdruck, die offenbar auch eigene Verwundungen einkalkuliert. Rückhalt und Anerkennung bieten ihm außer der Familie vor allem eine Gruppe von Hooligans: die »KampfGruppeOst«. Hinzu kommt eine trotzige Aufwertung des von ihm bewohnten Ostteils Berlins sowie des Fußballvereins *BFC Dynamo*, mit denen er sich jeweils besonders identifiziert.[21] Die Botschaft des Textes ist deutlich: Dieser jugendliche Boxer fühlt sich von der Gesellschaft verachtet und wendet sich mit Gewaltbereitschaft an diese zurück.

Die Boxerhaltung wird nicht zufällig von einigen männlichen Hauptschülern bevorzugt. In der Pose des angriffsbereiten und sich verteidigen Kämpfers finden die Verletzungen, die aus fehlender sozialer Anerkennung resultieren, eine körperliche Ausdrucksform. Gleichzeitig präsentiert sich darin eine gewisse Widerständigkeit der Schüler. Die Adressaten der in diesen Bildern angedeuteten Faustschläge bleiben anonym: Es ist die Gesellschaft selbst gegen die sich die Schüler wehren. Auch in den Narrativen von Hauptschülern taucht das Boxermotiv immer wieder auf:

Niklas: »Manchmal war es nicht einfach in der Schule gewesen, da musste man sich auch so ein bisschen durchboxen. Wenn man da ganz alleine beleidigt wird, dass man sich da halt durchboxt und nicht unterbuttern lässt. Da muss man sich wehren. Zum Glück bin ich nicht so klein wie andere, da haben sie manchmal doch schon ein bisschen Respekt.«

Niklas verweist in dieser Interview-Passage auf Konflikte mit seinen Mitschülern. Nachdem bei ihm am Anfang der Schulzeit das Aufmerksamkeitsdefizitsyndrom (ADS) mit folgender Hyperaktivität festgestellt und medikamentös behandelt wurde, attackierten ihn seine Mitschüler mit diffamierenden Bemerkungen wie »Psycho« oder »schluck mal deine Tabletten«. Die Notwendigkeit sich durchzuboxen resultiert aus einer Situation sozialer Isolation und moralischer Abwertung: Niklas fühlt sich außerhalb der Familie allein gelassen und von anderen persönlich angegriffen. In die-

---

21 Der BFC Dynamo Berlin war einer der erfolgreichsten Vereine des DDR-Fußballs. Er galt als Verein der Staatssicherheit und war trotz sportlicher Erfolge deutlich weniger populär als der Ostberliner Stadtrivale Union Berlin. Nach dem Ende der DDR erlebte der BFC Dynamo einen sportlichen Niedergang.

ser prekären Situation vertraut er seinem Durchhaltewillen und seiner physischen Stärke, um sich zu behaupten. Auch nach Verlassen der Schule wird sich die Wahrnehmung seiner Situation aufgrund von Misserfolgen bei der Suche nach einem Arbeitsplatz nicht dauerhaft verbessern, weshalb er bei unserem letzten Treffen sein Leben rückblickend als einen »ständigen Kampf« beschreibt.

Von Lehrern und Sozialarbeitern wird das Boxermotiv ebenfalls häufig aufgegriffen, sie ermahnen die Jugendlichen beispielsweise immer wieder, sie müssten sich im späteren Leben »durchschlagen« oder »durchboxen« und selbst im von der Bundesagentur für Arbeit herausgegebenen Ausbildungsmagazin *Planet Beruf* heißt es an die Adresse der Schüler: »Jeder kann sich durchboxen.« Was in diesen scheinbar beiläufigen Bemerkungen und Redewendungen zum Ausdruck kommt, ist eine soziale Situation, in denen einfache und gerade Karrierewege den Schülern weitgehend verweigert werden und in denen soziale Achtung nicht geschenkt, sondern erkämpft werden muss. »Sich durchboxen« bedeutet auch, »sich nichts gefallen lassen« und somit letztlich den Versuch, sich in einer feindlich gesinnten Umgebung zu behaupten.

Das Motiv des Boxers beschränkt sich dabei nicht auf ein Set an isolierten Körperposen, sondern diese können als Bestandteile eines jugendkulturellen Stils verstanden werden. Im Stil, einem System von Zeichen, Symbolen und Verweisungen für soziale Orientierung, einer Form von nach außen gewendetem Selbstbild, manifestiert sich die Zugehörigkeit eines Menschen zu einer Gruppe oder einer Lebensform, in diesem Fall zu der des männlichen und aggressiven Hauptschülers.[22] Stilisierung beschreibt die Bündelung dieser Elemente, um eine einheitlich abgestimmte Präsentation zu erreichen, wobei ästhetische Komponenten von herausgehobener Bedeutung sind. Ein weiteres Element des Boxer-Stils, in dem das Moment der ästhetischen Überhöhung besonders deutlich zum Ausdruck kommt, ist die Frisurengestaltung – der sogenannte »Boxer-Schnitt«:

---

22 Soeffner: Stil und Stilisierung, S. 318.

Abbildung 8:   *Abbildung 9:*
Bushido   *Boxer-Haarschnitt*

Quelle: dpa   Quelle: jappy.de

Die linke Abbildung zeigt *Bushido*, einen bei Berliner Jugendlichen äußerst bekannten Rapper, dessen hier abgebildete Frisur den »klassischen« Boxer-Haarschnitt repräsentiert. Beim »Shoppen« im *Linden-Center* hatten wir bereits das Interesse von Niklas an der Musik von *Bushido* bemerkt: »Ist Türken-Style. Schon ganz cool. Ghetto-Style halt.«, meinte Niklas und brachte damit sowohl seine Bewunderung für eine als »cool« empfundene migrantische Form der Selbstbehauptung unter schwierigen Bedingungen (»Ghetto«) zum Ausdruck als auch eine gewisse Distanz, denn anscheinend eignet sich *Bushido* aufgrund seines Migrationshintergrundes nur eingeschränkt als Rollenvorbild für ethnisch deutsche Jugendliche in Berlin-Lichtenberg, weshalb Niklas selbst auch nicht dessen Frisur tragen würde. In den Liedern des in Berlin-Tempelhof aufgewachsenen *Bushido* wird zudem häufig »West-Berlin« besungen, beispielsweise in dem Song *Drogen, Sex und Gangbang*. Die häufige Verwendung von Wörtern wie »Nutte« oder »Fotze« oder provozierende Bemerkungen wie »ich bin Frauenfeind« in diesem und anderen Liedern brachten ihm zwangsläufig den Vorwurf der Frauenfeindlichkeit ein. Anders als Mario Barth steht *Bushido* für Härte, Aggression und – mit Sprüchen wie »Tunten vergasen« – auch für gezielte Provokationen. Der kommerziell äußerst erfolgreiche Musiker *Bushido*, dessen Mutter in Deutschland und dessen Vater in Tunesien geboren wurden, orientiert sich stilistisch am amerikanischen *Gangsta*-Rap. Sein Künstlername *Bushido* ist dagegen dem Japanischen entlehnt und soll – passend zum Boxer-Stil – »Weg des Kriegers« bedeuten.

Der auf der rechten Abbildung gezeigte Weddinger Schüler, dessen Eltern in der Türkei aufwuchsen, orientiert sich stilistisch am Vorbild des von ihm bewunderten Bushido. Sein hier präsentierter Haarschnitt erscheint nicht nur als Kopie, sondern als eine Überhöhung des »Boxer-Schnittes«. Er kopiert nicht nur die klassischen Elemente – rasierte Schläfen und Hinterkopf, markante Übergänge, kurzes Haupthaar – sondern fügt ihnen noch zusätzliche Verzierungen in Form unterschiedlicher Farbtönungen und rasierter Muster hinzu. Die medial inszenierte Zurschaustellung zeigt Stolz über die Kunstfertigkeit der Frisur und positioniert den Schüler in den Augen des Betrachters gleichzeitig als Vertreter des Boxer-Stils.

Der Boxer-Stil wird produziert, um beobachtet zu werden. Er transportiert eine Botschaft, der zufolge sich diese Schüler nichts gefallen lassen werden, ohne sich – wenn nötig mit Gewalt – zu wehren. Der Boxer-Stil ist gleichzeitig Provokation und Körpererfahrung, eine symbolische Sprache des Protests im Kontext von verweigerter Anerkennung sowie eine durch soziale Stigmatisierung evozierte Körperpraxis. Im Boxer-Stil artikuliert sich das Verhältnis von männlichen Hauptschülern zur Gesellschaft: Die Jugendliche greifen das Motiv ihrer gesellschaftlichen Marginalisierung auf und transformieren dieses in Körperpraktiken. Das Motiv des Boxers tritt in den hier behandelten Beispielen in unterschiedlichen Formen auf, in der aggressiven und zugleich defensiven Foto-Pose des Kämpfers, in Narrativen von Lehrern und Betreuern über die schwierigen Zukunftsaussichten der Schüler, in spezifischen Haarstilen sowie in Rekurs auf popkulturelle Figuren. Die Pose des Boxers kann in gewissen Situationen in reale Gewalthandlungen umkippen, sie ist aber nicht allein als destruktive Haltung zu verstehen, sondern vor allem als ein Versuch, sich unter den Bedingungen von Anerkennungsweigerung und Verachtung unter Rekurs auf aggressive Männlichkeit zu behaupten. Im Boxer-Stil werden, vermittelt über hypermaskuline Körperpraktiken, spezifische Formen der Selbst- sowie der Welterfahrung privilegiert und andere wiederum erschwert. Das darin zum Ausdruck kommende Selbstverhältnis beruht auf körperlicher Züchtigung, auf Härte gegen sich und andere. Selbstachtung wird dem Boxer nicht von Anderen geschenkt, sondern muss sich selbst erarbeitet und beständig gegen Bedrohungen von außen verteidigt werden. Die Welt wird als feindlich wahrgenommen und ihr deshalb mit einem konfrontativen Gestus begegnet.

Aggressive Männlichkeit, wie sie im Boxerstil eine prototypische Ausdrucksform findet, bildet für den Kultursoziologen Andreas Reckwitz die

Antipode und Kontrastfolie für eine seit den 1970er Jahren zu beobachtete positive Kultivierung eines geschlechtsindifferenten emotionalen Selbst.[23] Diese hegemoniale postmoderne Affektkultur fördert die Herausbildung von moderaten, konstruktiven und ökonomisch produktiven Emotionen. Der Boxer-Stil steht demgegenüber für eine proletarisch gefärbte und in einem Sportkontext stehende antibürgerliche Gegenkultur. Die Gewaltbereitschaft der »harten Typen«, ihr aggressives und teilweise destruktives Verhalten deutet darauf hin, dass sie im Rahmen der postmodernen Kultur zu jenen stigmatisierten Außenseitern zählen, an denen durch Prozesse kultureller Abgrenzung das Idealbild einer maßvollen und affirmativen emotionalen Selbstkultivierung konturiert wird. Umgekehrt kann der Boxer-Stil als eine in Köperpraktiken situierte Kritik an herrschenden Gesellschaftsnormen und Subjektivierungsweisen verstanden werden, die nicht nur Inklusionen, sondern stets auch Exklusionen produzieren. Die Schüler laufen jedoch – hier offenbart sich eine ähnliche Ambivalenz wie beim Tragen von Goldketten oder Markenprodukten – Gefahr im symbolischen Protest selbst zur Verfestigung von negativen Stereotypen gegenüber »gewaltbereiten männlichen Jugendlichen« und den damit verbundenen Ausschlussmechanismen beizutragen.

STARKULT UND KÖRPERKAPITAL: *GERMANY'S NEXT TOPMODEL*

Das Gegenstück zur kulturellen Figur des maskulinen und muskulösen Boxers ist das des femininen und schlanken Models. Auch hier handelt es sich um eine Stilisierung und nicht um eine Durchschnittsbeschreibung, denn nicht alle Hauptschülerinnen wollen Model werden und zudem ist das Model als medial vermitteltes Leitbild auch für Schülerinnen anderer Schultypen attraktiv. Doch ähnlich wie anhand bestimmter Ausdrucksweisen von Hypermaskulinität lässt sich auch am Beispiel ausgewählter Formen von Hyperfemininität nachvollziehen, wie Hauptschülerinnen mithilfe körperbetonter Praktiken auf soziale Situationen reagieren, indem sie Anerkennung über geschlechtliche Rollenmuster suchen. Eine Reihe von Hauptschülerinnen besuchten bis zu fünfmal in der Woche Fitnessstudios, praktizierten

---

23 Vgl. Reckwitz: Umkämpfte Männlichkeit.

verschiedene Formen von Diäten und waren regelmäßige Zuschauer von Model-Shows im Fernsehen. Doch von ihnen verfolgte niemand eine so radikale Diät wie Cigdem und keine nahm den Traum von der Modelkarriere so ernst wie Anna, weshalb ich hyperfeminine Körperpraktiken hier an ihren Beispielen beschreiben möchte.

Cigdem: »Ich möchte halt ein Mädchen sein, das immer schlank ist und halt nicht so dick. Manchmal esse ich am Tag nur ein Brötchen und trinke auch fast nichts. Ich fühle mich einfach mit meinem Körper nicht so wohl. Ich mache das seit zweieinhalb Monaten ungefähr. [...] Ich mag nicht so fett sein, bei mir muss richtig dünn sein. In der Türkei habe ich fünf Kilo abgenommen, jetzt wiege ich 51 Kilo, aber das ist zu viel. Ich will ungefähr 48 Kilo sein. Bei mir wird am Tag nur einmal gegessen, wenn ich nach der Schule nach Hause komme. Wenn schon, zwei Brötchen am Tag, aber das war es dann auch.«

Cigdem verfolgt über Monate hinweg eine radikale Diät, um auf diese Weise ihr Körpergewicht unter die 50-Kilo-Grenze zu senken. Vermeintlich »fett« oder »dick« zu sein, ist in ihrer Sicht – wie auch im Blick der Gesellschaft – mit negativen Attributen versehen. Sie scheint solche Angst davor zu haben, in die Kategorie der Übergewichtigen zu fallen, dass sie eine gezielte Hungerstrategie verfolgt, um »richtig dünn« zu werden. Dies führt dazu, dass sie nur noch eine Mahlzeit am Tag zu sich nimmt, wobei sie weniger an einer Verbesserung der Qualität ihrer Ernährung, sondern vor allem an der Reduktion der Quantität interessiert zu sein scheint. Den Beginn ihrer Diät datiert sie während des Interviews auf ihren Sommerurlaub im Südosten der Türkei zurück, einer von ihr als einschneidend erlebten Phase, während der sie sich unter anderem von ihrem dort lebenden Freund getrennt hatte.

Doch auch vor diesem Sommer, noch als Schülerin einer Neuköllner Hauptschule, hatte sie sich bereits in ähnlicher Weise geäußert, was ihr in Diskussionen mitunter Kritik von Mitschülerinnen eintrug, die »gesündere« Formen des Abnehmens, beispielsweise durch mehr sportliche Aktivitäten oder eine ausgewogenere Ernährung, propagierten. Die von Cigdem praktizierte Form der Gewichtsreduktion erscheint, wie sie in einer anderen Interviewpassage erwähnt, als Belastung für ihren Körper und für ihr Wohlbefinden: »Kopfschmerzen habe ich ständig. Mir ist immer schwindlig. Und da ich immer Kopfschmerzen habe, habe ich keine Lust auf gar nichts.« Das durch die mangelnde Versorgung mit Nährstoffen hervorgerufene Schwächegefühl führt bei ihr so weit, dass sie teilweise die Lust am alltäglichen Leben verliert. Der zwanghafte Versucht, sich in ihrem Körper wohler zu fühlen, hat also einen gegenteiligen, pathologischen Effekt.

Forschungen zu Essstörungen betonen immer wieder, dass diese nicht als rein individuelle Probleme, sondern als »soziosomatische«[24] Reaktionen verstanden werden müssen, wobei neben individuellen Dispositionen vor allem auf familiäre und soziokulturelle Faktoren verwiesen wird.[25] Cigdems negatives Körperbild und die kompensatorischen Bemühungen, dieses durch besondere Disziplinarmaßnahmen auszugleichen, hängen somit möglicherweise mit ihrer sozialen Situation zusammen. Versucht man die möglichen Gründe für Cigdems Nahrungsverweigerung aus dieser Perspektive nachzuvollziehen, ergibt sich folgendes Bild: Als Hauptschülerin sah sie sich über Jahre hinweg mit dem Problem fehlender sozialer Anerkennung und als türkische Migrantin mit kultureller Missachtung konfrontiert, am Ende der Schulzeit verpasste sie den von ihr angestrebten Realschulabschluss knapp und hatte danach keinen Erfolg bei der Suche nach einen Ausbildungsplatz, was sie, wie wir im Kapitel über Zukunftsvorstellungen noch sehen werden, emotional stark belastete. Im gleichen Zeitraum scheiterte ihre Liebesbeziehung zu einem in der Türkei lebenden jungen Mann und auch in der Familie ergaben sich immer neue Konflikte. Zunächst versuchte ihr Vater sie erfolglos zum Tragen eines Kopftuches zu zwingen, später wurde ihr Bruder, der in eine Brandstiftung verwickelt war, zu einer Gefängnisstrafe verurteilt. Was immer letztlich den Ausschlag gegeben hat – Cigdems radikale Körperpraktiken sind im Kontext ihrer sozialen Situation zu verstehen, die in ihrem Fall neben der Stigmatisierung als Hauptschülerin durch eine Mischung von schulischem und beruflichem Misserfolg sowie mangelndem emotionalen und familiären Rückhalt gekennzeichnet ist.

Das Beispiel von Cigdems Magersucht ergänzt die in der soziologischen Fach-Literatur häufig vertretene Ansicht, Magersucht trete vor allem bei gesellschaftlich besonders erfolgreichen jungen Frauen auf.[26] Vielmehr sind auch Hauptschülerinnen den biopolitischen Zumutungen eines Subjek-

---

24 Gugutzer: Der Körper als Identitätsmedium, S. 323.
25 Lausus: Codierte Weiblichkeit, S. 28.
26 Ebd., S. 170; Gugutzer: Der Körper als Identitätsmedium, S. 334.

tivierungsregimes unterworfen, in dem der individuelle Körper immer weniger als etwas Gegebenes oder Natürliches, sondern als etwas Veränderliches, als ein eigenverantwortliches Projekt der Selbstoptimierung, begriffen wird.[27] Die Magersucht kann als körperliche Analogie zur Depression verstanden werden, der in Westeuropa seit den 1970er Jahren am weitesten verbreiteten psychischen Störung.[28] Genau wie die Depression bildet die Magersucht eine pathologische Umkehrung eines auf Aktivismus und Selbstperfektionierung ausgerichteten Subjektmodells, zudem wird die Magersucht von ähnlichen Symptomen wie Erschöpfung und Apathie sowie einem Gefühl der Unzulänglichkeit begleitet.

Auch Anna, eine Lichtenberger Schülerin, versucht systematisch ihr Gewicht zu reduzieren, doch anders als Cigdem hat sie ein klares Ziel vor Augen – sie möchte Model werden:

Anna: »Für mich ist es wichtig, ein bisschen dünner zu sein, denn ich hatte immer den Traum Model zu sein, schon als kleines Kind. Mir gefällt es, Fotos zu machen oder Sachen anzuziehen, die man auf der Straße nicht anziehen würde. Ich hatte mich auch für diese Staffel bei *Germany's Next Topmodel* beworben. Ich bin mit einer Freundin von meiner Cousine zu diesem Casting hingegangen. Da habe ich schon gemerkt, dass da wirklich dünne Mädchen sind. Und dann musste man sich anstellen und dann so einen Zettel mit Unterschrift der Eltern ausgefüllt haben. Ich hatte den noch nicht ausgefüllt, da kam jemand und meinte: ›Unterschrift von Eltern oder bist du schon 18?‹. Dann habe ich gesagt: ›meine Eltern sind nicht hier.‹ Dann hat er gesagt, ich soll die Unterschriften nachreichen und hat mich trotzdem weiter gelassen. Dann kam der Fotograf, der hat so Fotos gemacht, um zu gucken, ob man fotogen ist oder nicht. Da waren viele Mädchen und die mussten dann einzeln Interviews machen. Und am Ende haben sie gesagt, die Nummer ist weiter und die nicht, und dass ich nicht weiter gekommen bin. Da war ich enttäuscht. Aber wenn jetzt noch mal eine Staffel kommt, dann gehe ich trotzdem wieder hin. Ich glaube, es lag an meiner Figur. Man hat es mir zwar nicht gesagt, aber die Leute, die weitergekommen sind, waren halt ziemlich dünn.«

Anna fasziniert an einer Modelkarriere vor allem die Aura des Besonderen und Nicht-Alltäglichen, repräsentiert durch das Fotografiertwerden und das

---

27 Rose: The Politics of Life Itself, S. 40.
28 Ehrenberg: Das erschöpfte Selbst, S. 13.

Tragen außergewöhnlicher Kleidung. Beim Casting für die TV-Model-Show *Germany's Next Topmodel*, zu dem sie als Minderjährige trotz fehlender Unterschrift der Eltern zugelassen wird, bemerkt sie, dass die dortigen Mädchen noch schlanker sind als sie selbst. Hierin sieht sie letztlich auch den Grund für das Scheitern ihres Bewerbungsversuches. Trotz dieses Misserfolges verfolgt sie die Serie weiterhin im Fernsehen, wenn auch »nicht mehr ganz so oft«, wie sie an einer anderen Stelle des Interviews bemerkt. Sie plant, sich bei der nächsten Staffel, bei der sie bereits 18 Jahre alt wäre, erneut zu bewerben, wobei zu vermuten ist, dass sie vorher ihr Körper-Gewicht noch weiter verringern wird.

Der in *Germany's Next Topmodel* medial reproduzierte Starkult trägt dazu bei, ein auf außergewöhnlichen körperlichen Attributen wie extremer Schlankheit beruhendes Körperbild zum kulturellen Maßstab zu erheben, an dem sich Jugendliche orientieren. Ein vom normalen körperlichen Standard abweichendes körperliches Idealbild wird als erstrebenswert stilisiert und dadurch eine Arbeit am Körper im Sinne einer kaum erreichbaren Selbstoptimierung propagiert. Andreas Reckwitz interpretiert diese Prozesse der ästhetischen Normalisierung des vormals Außergewöhnlichen als Ausdruck eines am Leitbild der Kreativität ausgerichteten Subjektivierungsregimes, in dessen Rahmen in der Regel das Neue und Außergewöhnliche prämiert wird.[29] Katrin Keller verweist in ihrer Studie zu »Starkult und Identität in der Mediengesellschaft« auf Formen der medialen Vermittlung des Kreativitätsimperativs sowie auf unterschiedliche Anwendungsmodelle vonseiten der Nutzer.[30] Die Wirkung der Fernsehshow *Germany's Next Topmodel* auf Jugendliche wie Anna liefert einen Hinweis auf die gegenseitige Verstärkung von medial produziertem Starkult und einem an Kreativität orientierten Subjektivierungsregime.

Die Model-Show wurde von deren Moderatorin Heidi Klum, die selbst als erfolgreiches Model gilt, nach dem Vorbild der amerikanischen Show *America's Next Topmodel* konzipiert und beschert ihr und dem TV-Sender *ProSieben* einen großen ökonomischen Erfolg.[31] Die bei einem Casting, dem von Anna beschriebenen Auswahlverfahren, ausgewählten Kandida-

---

29 Vgl. Reckwitz: Die Erfindung der Kreativität.
30 Vgl. Keller: Der Star und seine Nutzer.
31 Elisabeth Raether/Matthias Kalle: »Germany's Next Topmodel. Ware Schönheit«, in: Zeit-Magazin, 24. Juni 2010.

tinnen müssen im Verlauf der Show in unterschiedlichen Aufgaben ihr Talent für eine Modelkarriere unter Beweis stellen. Eine Jury legt schließlich am Ende jeder Episode fest, wer die nächste Runde erreicht, bis schließlich im Finale die Siegerin als »Germany's Next Topmodel« gekürt wird. Die Sendung wurde dafür kritisiert, dass sie Frauenklischees verbreite, Sexismus propagiere und Mädchen in die Magersucht treibe, dennoch hatten sich bis zum Sommer 2010 für die bis dahin fünf Staffeln der Sendung insgesamt 90.789 junge Frauen beworben.[32]

Und eine dieser Frauen war Anna. Sie weiß spätestens nach ihrem Scheitern beim Casting um die geringen Chancen, ihren Traum von einer Modelkarriere zu verwirklichen und verfolgt deshalb noch alternative Zukunftspläne: Sie träumt davon, einmal im Büro einer »großen Firma« zu arbeiten, wobei sie auch hier ihrem Aussehen eine besondere Bedeutung beimisst:

Anna: »Wenn ich im Büro arbeite oder mit Leuten, also so höhere Sachen mache, dann werde ich da nicht mit Schlabbersachen ins Büro kommen. Man hört auch, das Aussehen der erste Eindruck ist. Wenn man passende Sachen anhat und auch so ein bisschen mehr so geschminkt und gestylt, dann gucken dich die Leute an, nicht weil du ein Penner bist, sondern weil du vielleicht aufgestylt bist.«

Sozialer Aufstieg bedeutet für Anna in einem »Büro« mit anderen Menschen zu arbeiten, wobei sie keine spezifischen Tätigkeiten im Sinn hat, sondern diese allgemein als »höhere« und somit erstrebenswerte Arbeiten begreift. Sie möchte im späteren Berufsleben mit positivem Aussehen und der passenden Kleidung auf sich aufmerksam machen. Ein nachlässiges Aussehen soll vermieden und stattdessen durch Styling und Kosmetik bewundernde Blicke provoziert werden. Ihr Idealbild von sich selbst konstruiert sie in der Abgrenzung vom »Bettler«, der für sie vor allem durch ein unachtsames Äußeres gekennzeichnet ist. Dabei muss man berücksichtigen, dass Abhängigkeit von staatlichen Sozialleistungen im Rahmen des Hartz-IV-Programmes, die Anna, wie vielen ihrer Mitschülern, am Ende ihrer Schullaufbahn droht, als zeitgenössische Version des Bettler-Motivs – als aktuelle Version der »*undeserving poor*« – verstanden werden kann.[33]

---

32 Ebd.
33 Vgl. Lindner: »Unterschicht«.

Sowohl im Traum von der Model- als auch von der Bürokarriere misst Anna ihrem körperlichen Auftreten eine zentrale Rolle bei. Sie scheint sich folglich in ihren Zukunftsplänen vor allem auf ihr körperliches Kapital zu stützen, auf ihr im Bezug auf gegenwärtig vorherrschende Schönheitsnormen positiv zu bewertendes körperliches Erscheinungsbild. Andere Kapitalsorten, wie beispielsweise ein durch Bildung erworbenes kulturelles Kapital oder ein durch anerkannte Bildungsabschlüsse verliehenes symbolisches Kapital, spielen für sie als Hauptschülerin dagegen eine geringere Rolle. Im Anschluss an den französischen Soziologen Pierre Bourdieu, der in seinem Begriffsapparat unterschiedliche Kapitalsorten voneinander unterscheidet,[34] lässt sich körperliches Kapital wie beispielsweise Schönheit, Schlankheit oder Fitness als ein Instrumentarium begreifen, das in spezifischen gesellschaftlichen Handlungsbereichen eingesetzt wird, um soziale Gewinne wie Anerkennung oder materiellen Erfolg zu erzielen.[35] Körperliches Kapital dient dabei zunächst als Mittel, um Aufmerksamkeit zu gewinnen, und bietet damit vor allem die Möglichkeit an, es in soziales und darauf folgend in ökonomisches Kapital umzuwandeln.

Der Körper ist für einige Hauptschülerinnen folglich ein Medium, mit dessen Hilfe sie sich größere Chancen auf eine erfolgreiche berufliche Karriere ausrechnen. Annas körperbetontes Auftreten, das besondere Styling, ihre körperbetonte Kleidung oder ihre häufigen Besuche im Sonnenstudio, dienen folglich dem Streben nach sozialem Aufstieg. Soziologische Studien geben ihr zunächst Recht, denn sie belegen übereinstimmend, dass sozialer Erfolg im Bereich der Partner- aber auch bei der Berufswahl von körperlicher Attraktivität positiv beeinflusst wird.[36] Trotz dieser Bedeutung von Schönheit müssen körperliche Verschönerungsmaßnahmen, beispielsweise durch Kosmetik, jedoch weitgehend verschleiert werden. Schönheitshandeln ist zwar eine Form der sozialen Positionierung, wird ideologisch dennoch dem Bereich der Freizeit und des Privaten zugerechnet.[37] Besonders Frauen aus unteren sozialen Schichten sehen Schönheit jedoch tendenziell weniger als ein inneres und privates, sondern als ein äußeres und ge-

---

34 Vgl. Bourdieu: Ökonomisches Kapital, kulturelles Kapital, soziales Kapital.
35 Gugutzer: Soziologie des Körpers, S. 66ff.
36 Koppetsch: Die Verkörperung des schönen Selbst S. 99; Degele: Sich schön machen, S. 14f./22.
37 Degele: Sich schön machen, S. 16ff.

schlechtsrollenspezifisches Merkmal an und versuchen deshalb ihre Verschönerungsversuche weniger zu verschleiern.[38] Dies kann dazu beitragen, dass Körperschönheit nicht immer die gewünschten Effekte erzielt. So klagte Anna darüber, dass sie von fremden Männern mit Sprüchen wie »hey geiler Arsch« angesprochen werde und attraktive junge Frauen, die wie sie osteuropäischer Herkunft sind, vor allem als Prostituierte betrachtet werden.

An diesen Wahrnehmungen von Annas Schönheitshandeln lässt sich eine ähnliche Spannung zwischen angestrebten Selbstpositionierungen und Fremdzuschreibungen beobachten, wie in den vorangegangenen Beispielen. Im Umgang mit Markenprodukten, Goldketten und Handys, in hypermaskulinen und hyperfemininen Praktiken – die hier ausgewählten Körper- und Konsumpraktiken bieten Identifikationsangebote, die in einer von fehlender Anerkennung und von Verachtung geprägten Situation besonders attraktiv erscheinen. Sie verheißen Unterhaltung und Ablenkung, vermitteln den Schein von materiellem Wohlstand und sozialer Wertschätzung oder versprechen Bewunderung für physische Stärke und körperliche Attraktivität. In den Augen der Mehrheitsgesellschaft gelten jedoch genau diese Praktiken häufig als Markierungen von »Unterschicht«, weshalb in der Abgrenzung von ihnen soziale Hierarchien beständig neu konstruiert werden. Aufgrund ihrer ästhetischen und sinnlichen Komponenten prägen diese Körper- und Konsumpraktiken gleichsam spezifische, teilweise stilbildende Formen des In-der-Welt-Seins. Prozesse sozialer Klassifikation müssen deshalb sowohl in Bezug zur materiellen und körperlichen Dimension kultureller Praktiken als auch unter Berücksichtigung gesellschaftlicher Zuschreibungen verstanden werden.

---

38 Koppetsch: Die Verkörperung des schönen Selbst, S. 110.

Hauptschule

Formationen von Klasse, Ethnizität und Geschlecht

Nachdem in den bisherigen Kapiteln zunächst das Problem der Anerkennung dargestellt und anschließend anhand von jugendlichen Körper- und Konsumpraktiken diskutiert wurde, soll in den beiden folgenden Kapiteln die gesellschaftliche Produktion von Verachtung im Kontext von Schule und Ausbildung behandelt werden. Berliner Hauptschüler werden am Ende ihrer Schulzeit massiv mit Formen gesellschaftlicher Ausgrenzung konfrontiert. Doch wie nehmen die Schüler ihre Situation wahr? Betrachten sie sich selbst als sozial, geschlechtlich oder ethnisch diskriminiert? Artikulieren sie Kritik oder resignieren sie? Und wie lassen sich ihre alltäglichen Interaktionen im Kontext ihrer sozialen Situation besser verstehen? In diesem Kapitel geht es demnach um die »großen« Fragen der Verteilung von Macht und Aufstiegschancen, jedoch nicht im Sinne einer rein statistischen Distribution, sondern mit dem Fokus auf die Alltagspraktiken und Selbstwahrnehmungen einer gesellschaftlich marginalisierten Gruppe: von Hauptschülern im Berliner Stadtteil Wedding.

Gemeint sind vor allem Schüler einer Weddinger Hauptschule – ich nenne sie die Anna-Seghers-Schule – die mir bei meiner Ankunft von den dort arbeitenden Lehrern als »Problemschule im Problembezirk« mit einem Anteil an Schülern nichtdeutscher Herkunft von über 80 Prozent vorgestellt wurde. An dieser Schule nahm ich ein Jahr am Schulleben teil, indem ich die beiden zehnten Klassen, also die Abschlussklassen, sowohl während des Unterrichts als auch auf dem Schulhof und bei verschiedenen Veranstaltungen begleitete. Zu den Unterrichtsstunden kamen in der Regel etwa 15 bis 20 Schüler, die entweder von einem oder von zwei Lehrern betreut wurden. Während des Schuljahres 2008/09 saß ich in den Klassenräumen der 10a und 10b zumeist in der letzten Bankreihe und beobachtete das Geschehen, traf mich jedoch auch außerhalb der Schule mit einigen Schülern. Anhand von Momentaufnahmen aus dem Schulalltag sollen Fragen gesellschaftlicher Ausgrenzung diskutiert und dabei gleichzeitig Einblicke in die Alltagswelt Schule vermittelt werden. Die Beschreibungen werden an einigen Stellen durch Beobachtungen an anderen Schulen, zwei Hauptschulen in Berlin-Neukölln und Berlin-Lichtenberg sowie einem Ostberliner Gymnasium, an denen ich jeweils deutlich weniger Forschungszeit verbracht habe, ergänzt oder mit diesen konfrontiert.

Mein Ziel ist es, die Diskussionen um soziale, ethnische und geschlechtliche Ausgrenzung um eine ethnografische Perspektive zu bereichern, welche sowohl die Auswirkungen von gesellschaftlichen Ausschlussmechanismen auf die Schüler, als auch deren aktive Rolle bei der alltäglichen Reproduktion von Ungleichheitsstrukturen im Blick behält. In den Sozialwissenschaften bietet bisher vor allem das Konzept der Intersektionalität eine mögliche Zugangsweise zu den komplexen Zusammenhängen sozialer Ungleichheit, die verspricht die Analyse von Sozialstrukturen, symbolischen Repräsentationen und Identitäten miteinander zu verbinden.[1] Das dem Intersektionalitätsmodell, zumindest in seiner frühen Fassung bei Kimberlé Crenshaw,[2] zugrunde liegende Kreuzungsschema führt jedoch tendenziell eher dazu, Klasse, Ethnizität und Geschlecht zunächst als getrennte Einheiten wahrzunehmen. Deshalb wird der Begriff im Folgenden – in Anlehnung an Beverly Skeggs[3] – durch den der Formation ersetzt. Nur wenn Ungleichheitskategorien als »interdependente Kategorien« gedacht werden, lässt sich ein Denken in separaten Entitäten vermeiden.[4] Dieses Kapitel beruht folglich auf einem Ungleichheitsverständnis, das diese Kategorien bereits selbst als miteinander verwoben betrachtet und daran anschließend nach den Konstruktionsprozessen kategorialer Differenzierung im Alltag fragt. Geschlecht, Ethnizität und Klasse werden zwar nacheinander beleuchtet, nicht aber als sich bündelnde oder einander abschwächende Einzelkräfte, sondern als aufeinander bezogene Dimensionen komplexer Formationen.

---

1   Vgl. Winker/Degele: Intersektionalität, S. 15ff.
2   Vgl. Crenshaw: Demarginalizing the Intersection of Race and Sex.
3   Vgl. Skeggs: Formations of Class and Gender.
4   Vgl. Walgenbach/Dietze/Hornscheidt/Palm: Gender als interdependente Kategorie.

Das ethnografische Potential liegt weniger darin, die getrennten Wirkungsweisen einzelner Ungleichheitsdimensionen zu bestimmen, beispielsweise um nachzuvollziehen, wie soziale Klasse, ethnische Herkunft und Geschlecht jeweils die Chancen von Schulabgängern auf dem Arbeitsmarkt beeinflussen. Auf teilnehmender Beobachtung basierende Feldforschung bietet vielmehr die Chance zu einem verstehenden Zugang zu für Außenstehende zunächst kaum sichtbaren Verschränkungen von Klasse, Ethnizität und Geschlecht, zu kategorialen Verknüpfungen, die Akteure selbst im Alltag formulieren oder praktizieren und somit letztlich zu einer Perspektive, die nicht nur Differenzen »findet«, sondern deren Reproduktion im Alltag kenntlich macht.

GESCHLECHT: AGGRESSIVE MÄNNLICHKEIT ALS OPPOSITIONSHALTUNG UND MACHTREGIME

Wenn ich – wie jeden Montagmorgen – zum gemeinsamen Frühstück der 10b in die Anna-Seghers-Schule kam, setzte ich mich in der Regel an das linke Ende der langen Frühstückstafel, wo die männlichen Schüler ihren Platz hatten. Am rechten Ende der Frühstückstafel saßen die zahlenmäßig etwa gleich stark vertretenen Mädchen sowie die zwei Lehrerinnen. Die Sitzverteilung spiegelte gleichzeitig die Disziplinarverhältnisse wider: Während die beiden Lehrerinnen und die »folgsameren« Schülerinnen am äußersten rechten Ende platziert waren, trafen sich in der Mitte die eher »gehorsameren« Jungen mit den weniger »strebsamen« Mädchen, ganz am linken Ende, in maximaler Distanz zum Lehrpersonal, frühstückte dagegen eine größere Gruppe von »aufmüpfigen« jungen Männern. Zu Beginn meiner Feldforschung platzierte ich mich einige Male auf der Seite der Mädchen und wunderte mich anschließend, dass diese sich kaum mit mir unterhalten wollten, obwohl ich sie bei Einzel-Interviews bereits als durchaus mitteilungsfreudig erlebt hatte. Nach einigen Wochen erkannte ich, dass engere persönliche Kontakte zwischen Jungen und Mädchen in der Hauptschule kaum vorkommen und dass eine Gruppe von dominant auftretenden jungen Männern diese Geschlechtertrennung äußerst aufmerksam überwacht. Fortan beschränkte ich mich in der Schule auf Smalltalk mit den Mädchen und traf mich lieber außerhalb der Schule mit ihnen zu Interviews. Beim montäglichen Frühstück saß sich nun künftig immer auf der

Seite der jungen Männer, wo wir uns viel über Fußball unterhielten. Dort wurde mir meist bereits ein Platz freigehalten, den ich im Verlauf des Schuljahres immer selbstverständlicher einnahm.

Aufgrund der auffälligen Sitzordnung stellt sich die Frage nach der Bedeutung des Geschlechterarrangements in der Anna-Seghers-Schule in Berlin-Wedding. Warum die Trennung zwischen Jungen und Mädchen? Und welche Rolle spielen die sich betont von dem Lehrpersonal distanzierenden Jungen am linken Ende des Tisches? Die klassische Studie *Learning to Labour* von Paul Willis aus dem Jahr 1977 eröffnet Perspektiven, um diesen Fragen nachzugehen. Der Fokus auf eine Gruppe weißer, männlicher Jugendlicher aus der englischen Arbeiterklasse auf ihrem Weg von der Schule in das Berufsleben ermöglichte Willis eine Perspektive auf die Verschränkungen von Klasse, Ethnizität und Geschlecht. Willis zufolge ist es die oppositionelle Haltung dieser im Englischen als »lads« bezeichneten Jugendlichen gegenüber den Lehrern und dem Ausbildungssystem Schule, dessen Aufstiegsversprechen sie misstrauen, welche ihnen den Weg in die Welt der manuellen Arbeit ebnet. Willis beschreibt einen zentralen Mechanismus sozialer Reproduktion, den durch Bildungshierarchien, aber auch durch Selbstpositionierungen der Jugendlichen in Opposition zu geistiger Arbeit vermittelten Weg zu körperbetonten Tätigkeiten, zu »klassischen Arbeiterjobs« in Fabriken oder auf Baustellen.

Die »lads« in Willis' Studie definieren sich selbst nicht nur in Abgrenzung zu staatlichen Autoritäten, sondern auch gegenüber Mädchen und Migranten.[5] Ein oft gewalttätiger maskuliner Chauvinismus steht im Zentrum ihres kulturellen Selbstverständnisses. »Echte Männer« wollen sie sein. Frauen betrachten sie als Sexobjekte oder Hausfrauen, Einwanderer als Konformisten oder Idioten. *Learning to Labour* beschreibt damit bereits Konstellationen von Klasse, Ethnizität und Geschlecht, wobei der Autor sich besonders auf die Wechselwirkungen von sozialer Klasse und Geschlecht konzentriert: »to see class categories as always inseparably intertwined with and conditioned by gender and that gender, in turn, is profoundly shaped by class«.[6] Praktiken sozialer Klasse sind diesem Verständnis zufolge untrennbar mit Geschlechterrollen und Geschlechterarrangements verwoben. *Whiteness* und eine demonstrative, körperbetonte Männ-

---

5   Willis: Learning to Labour, S. 43ff.
6   Willis: Twenty-Five Years On: Old Books, New Times, S. 181.

lichkeit dienen Willis in den 1970er Jahren implizit als traditionelles Signum der britischen Arbeiterklasse, deren Zentrum die Figur des männlichen Arbeiters symbolisiert. Migranten und Frauen grenzt er deshalb »for the sake of clarity« aus seiner Studie aus.[7]

Diese Beschränkung und der empathische Blick auf männliche Macho-Jugendliche wurden von feministischer Seite kritisiert,[8] dennoch gewährt Willis' Studie wichtige Einblicke in zentrale Zusammenhänge zwischen maskulinen Lebensformen und sozialer Reproduktion. Da industrielle Arbeit traditionell mit Männlichkeit assoziiert wird, bekommt intellektuelle Arbeit im Selbstverständnis der »lads« eine genuin feminine und somit auch minderwertige Konnotation. Die Mobilisierung von Männlichkeit, vor allem durch rebellisches und aggressives Verhalten in der Schule, ermöglicht ihnen einerseits die Aufrechterhaltung der männlichen Dominanz gegenüber den Mädchen, sie reproduziert aber gleichzeitig Klassenstrukturen, denn die »harten Jungs« versperren sich letztlich selbst den Weg in besser bezahlte und sozial angesehenere Berufe.

Versucht man die Forschungen von Willis in einer englischen Industriestadt aus den 1970er Jahren auf die Geschlechterordnung in der Anna-Seghers-Schule zu übertragen, lässt sich die Frage nach den alltäglichen Konstruktionsprozessen von Formationen von Klasse, Ethnizität und Geschlecht etwas differenzierter formulieren: Inwieweit kommt in einer demonstrativen Männlichkeit eine oppositionelle Haltung gegenüber der staatlichen Institution Schule, repräsentiert von zumeist weiblichen Lehrkräften, zum Ausdruck? Auf welche Weise dient eine betont aggressive Männlichkeit als Herrschaftsinstrument innerhalb der Schule, beispielsweise gegenüber weiblichen oder weniger aggressiven männlichen Mitschülern? Wie wird vonseiten der Lehrerinnen und der Schülerinnen auf das dominierende Verhalten einiger männlicher Schüler reagiert?

Während meiner Feldforschung artikulierten männliche Hauptschüler ihre oppositionelle Haltung gegen die Schule so vehement, dass ein Unterricht im Sinne einer kontinuierlichen Vermittlung von Lehrinhalten kaum

---

7 »[...] the book presents an ethnography of the male white working class counter-school culture. For the sake of clarity and incision, and in no way implying their lack of importance, other ethnic and gender variants are not examined.« Willis: Learning to Labour, S. 2.

8 McRobbie: Feminism and Youth Culture, S. 18.

stattfinden konnte. Aggressiven Schülern gelang es durch gezielte Störversuche immer wieder, die Lehrerinnen so zu provozieren, dass der Unterricht unterbrochen werden musste:

Feldtagebuch: Frau Zahn kam heute besonders motiviert in die Klasse, statt nur Arbeitsblätter zu verteilen, wollte sie mit den Schülern im Gespräch den Unterrichtsstoff erarbeiten, doch ihr Vorhaben scheiterte schon bei den ersten Wortwechseln. Als sie gut gemeint zu Sarah sagte, »Ich staune, wie hübsch du heute aussiehst«, springt einer der Schüler auf und antwortet mit einem Freestyle-Rap: »Die Sarah ist hip, ihr Körper ist fit ...« Mehr und mehr eskaliert der Unterricht. Sarah selbst schreit schließlich die Jungen an: »Ich habe die Faxen dicke, wo sind wir denn hier gelandet.« »Wir sind nicht auf der Sonderschule, wir müssen etwas lernen«, pflichtet ihr Frau Zahn bei und entscheidet sich das Gespräch zugunsten einer schriftlichen Übung abzubrechen. Doch auch dies beruhigt die Atmosphäre nicht wirklich. Einige Jungen verweigern das ausgeteilte Arbeitsblatt auszufüllen, stattdessen werden weiterhin ständig Bemerkungen gemacht und mehrere Papierzettel kursieren durch den Raum. Einer der Schüler meldet sich und fragt, ob er sich ein Taschentuch holen könne, was anschließend mehrere Minuten in Anspruch nimmt. Als ein anderer Schüler »du Schlampe« zu einem Mädchen ruft, wird er ermahnt, verteidigt sich jedoch damit, er hätte lediglich »Dusch-Lampe« gesagt. Ein Schüler wirft darauf ironisch ein: »Ich bitte euch, ich möchte lernen«, was mit Gelächter quittiert wird.

Die Szene beginnt mit einer gut gemeinten, jedoch seine intendierte Wirkung verfehlenden geschlechtlichen Rollenzuschreibung der Lehrerin gegenüber Sarah. Eine Gruppe männlicher Schüler reagiert schlagfertig auf die sich bietende Kommunikationssituation, die ihnen sowohl eine Störung des Unterrichts als auch einen Angriff auf Sarah ermöglicht, und weiß sich bei Ermahnungen geschickt zu verteidigen. In einer sexuell aufgeladenen Atmosphäre entladen sich Spannungen nicht nur in Bezug auf die Lehrerin, sondern auch zwischen Jungen und Mädchen. Letztere erscheinen deutlich motivierter dem Unterricht zu folgen, werden aber von ihren Mitschülern durch Provokationen und persönliche Beleidigungen (»du Schlampe«) immer wieder daran gehindert. Schülerinnen beschweren sich deshalb in Interviews immer wieder, dass sie aufgrund des Verhaltens der männlichen Unruhestifter im Unterricht kaum etwas lernen könnten. Der Wutausbruch eines Mädchens angesichts der ständigen Provokationen findet in dieser

Stunde zwar Zustimmung vonseiten der Lehrerin, wird jedoch wenig später von einem männlichen Schüler auf ironische Weise untergraben (»Ich bitte euch, ich möchte lernen.«). Die angespannte Atmosphäre an der Schule hatte für Sarah letztlich weitreichende Konsequenzen: Sie musste mehrfach wegen Nervenzusammenbrüchen zur ärztlichen Behandlung und kam schließlich nur noch selten zum Unterricht. Bei den Abschlussprüfungen am Ende des Schuljahres, den Prüfungen zum »Mittleren Schulabschluss« (MSA), gelang es ihr zwar als einziger Schülerin ihrer Schule den Realschulabschluss zu erwerben, dieser wurde ihr aber letztlich aufgrund zu vieler Fehlstunden nicht anerkannt.

Die Aufrechterhaltung der Disziplin steht in diesem Fall über den individuellen Leistungen der Schülerin. Letztlich konfrontiert Sarah durch ihren Prüfungserfolg die Anna-Seghers-Schule mit ihrer eigenen Absurdität. Selbst wenn sie öfter zum Unterricht gekommen wäre, hätte sie wohl nur wenig gelernt, denn das Ausfüllen eines einzigen Arbeitsblattes kann unter den geschilderten Umständen eine gesamte Doppelstunde von 90 Minuten in Anspruch nehmen. Die meisten Lehrer verwenden deshalb keine Schulbücher mehr, denn das darin vorgesehene Lehrpensum wäre ohnehin kaum zu bewältigen. Eine Gruppe von renitenten Schülern verhindert den Lehrbetrieb und somit sowohl ihren eigenen möglichen Lernerfolg als auch den ihrer Mitschüler und Mitschülerinnen. Die Lehrer interpretieren dies in der Regel als »Faulheit« und schreiben den Schülern somit selbst die Schuld an der Misere zu. Während dies aus der Perspektive einer engagierten und immer wieder enttäuschten Lehrkraft durchaus nachvollziehbar erscheint, könnte man mit Paul Willis argumentieren, dass diese Schüler deshalb keine Lernmotivation entwickeln, da ihnen die Hauptschule kein glaubhaftes Aufstiegsversprechen mehr vermitteln kann. Die Schüler in dieser Szene verweigern einfach das Ausfüllen des Arbeitsblattes und stören gezielt auch die anderen dabei, was in der Regel die Androhung der Note Sechs oder eine fünfminütige Strafpause vor dem Klassenraum zur Folge hat. Diese trotzige Widerständigkeit einiger Schüler stößt dabei auf eine Lehrerschaft, die im Laufe des letzten Schuljahres strenge Disziplinarregeln durchsetzt, was bis zum endgültigen Schulverweis für besondere Unruhestifter führt.

»Machokult« und demonstrative Männlichkeit dienen nicht nur der Provokation des Lehrpersonals innerhalb der Schule, sondern auch der Etablierung eines Machtregimes, in dem vor allem die Mädchen aber auch eher schüchterne und strebsame Jungen unterdrückt werden. Angriffslustige Jungen beherrschen lautstark die Gespräche im Klassenraum und prahlen offen mit ihrer Männlichkeit und ihrer sexuellen Potenz. Mädchen, die verdächtigt werden einen Freund zu haben, werden selbst im Unterricht mit Bemerkungen wie »schäm dich« oder »Schlampe« attackiert. Geschlechterarrangements werden durch die Überwachung einer rigiden Sexualmoral kontrolliert. »Unsere Religion verbietet das«, begründete ein Schüler mir gegenüber die Ansicht, der zufolge seine Mitschülerinnen vor vorehelichem Sexualverkehr »beschützt« werden müssten und deutsche Mädchen meist »Schlampen« seien. Alltagsgespräche über Sexualität sind je nach Geschlecht sehr unterschiedlich ausgerichtet: Bei den Jungen dominiert Imponiergehabe, bei den Mädchen eine defensive Haltung. So prahlte ein Schüler mir gegenüber auf dem Schulhof damit, dass er gestern mal wieder »Weiber ficken« war, ein anderer erzählt, dass er jetzt den Führerschein habe und natürlich »gleich in den Puff« gefahren sei, um das zu feiern: »Ich hatte eine Polin mit Riesen-Titten, für 40 Euro!« Viele Gespräche der Mädchen drehen sich – so lässt sich zumindest aus indirekten Nachfragen und kleinen Andeutungen vermuten – häufig um die für eine spätere Hochzeit möglicherweise bedeutsame Bewahrung ihrer Jungfräulichkeit, beispielsweise um die Angst das Jungfernhäutchen beim Sportunterricht zu verletzen.

Die männliche Dominanz umfasst demnach nicht nur den Bereich der Schule, sondern auch das Privatleben der Schüler, was sich durch einen Zwischenfall bei der privaten Abschlussfeier der beiden zehnten Klassen illustrieren lässt.

Feldtagebuch: Das Restaurant liegt an einem betonierten Platz mit Springbrunnen, um den herum Familien sitzen und viele Kinder spielen. Es gibt deutsche Bars wie die »Kegler-Klause« und ethnische Restaurants wie das »Dubrovnik«, außerdem zwei große Casinos mit blauroter Neonbeleuchtung. Als ich am frühen Abend hereinkomme, bin ich von der Kleidung der Schüler überrascht. Die Mädchen tragen auffallende Kleider mit eindrucksvollen Frisuren und alle Jungen Anzüge mit Krawatte, auch wenn diese manchmal ein paar Nummern zu groß gewählt sind, sodass die Hände fast in den Ärmeln verschwinden. Die Stimmung ist ausgelassen und nach dem Essen wird bald getanzt. Ein paar Jungen führen gekonnte Breakdance- oder Rap-Performances vor und Mädchen, die das ganze Schuljahr meist stumm in ihrer Bank saßen, präsentieren plötzlich Bauch- und Gruppentänze. Alkohol ist offiziell verboten, manche trinken zwar dennoch ein bisschen, doch niemand ist wirklich betrunken. Im Laufe des Abends tauchen auch einige Schüler auf, welche die Schule verlassen mussten oder freiwillig lange nicht mehr gekommen waren. Unruhe entsteht als der ältere Bruder eines Mädchens hereinkommt und diese beschuldigt, sie hätte mit einem Jungen getanzt. Die anderen Jungen beruhigen die Situation, indem sie ihm versichern, sie würden jeden zusammenschlagen, der es wage, sie anzufassen. Anscheinend diente der Besuch nur der Einschüchterung, denn als ich den Bruder des Mädchens frage, warum er sich so benehme, obwohl er wisse, dass gar nichts vorgefallen sei, antwortet dieser: »Ich weiß, dass nichts passiert ist, aber sicher ist sicher. Außerdem, wie sie sich angezogen hat, einfach lächerlich. Wenn sie wenigstens das Abitur feiern würde, aber das ist ja nur Hauptschule.«

Die Abschlussfeier war für die Schüler und Schülerinnen der Anna-Seghers-Schule, welche diese selbst in einem nahe gelegenen türkischen Restaurant organisiert hatten, der Höhepunkt des Schuljahres. Sie schien ihnen deutlich wichtiger als die Zeugnisvergabe und offizielle Verabschiedung am folgenden Tag, die sie eher gleichmütig absolvierten. An diesem Abend jedoch wirkten die Schüler wie verwandelt und vor allem so diszipliniert wie das gesamte Schuljahr zuvor nicht. Gegen Ende des Abends überließ der DJ den Schülern mehr und mehr das Mikrofon für spontane Abschiedsworte oder kleine Rap-Performances. Auch die Klassenlehrerin Frau Schnur, der Sozialarbeiter Herr Lotringer und ich wurden nacheinander auf die Bühne gerufen um sich von den Schülern zu verabschieden.

Vor allem die Schülerinnen nutzten die neue Situation zu einem deutlich weniger zurückhaltenden Auftreten, ohne dass es dabei jedoch zu engeren Kontakten zwischen Jungen und Mädchen gekommen wäre. Die private Abschlussparty ermöglichte diesen Mädchen zwar der Aufsicht der Lehrer, aber nicht jener ihrer Mitschüler und Familien zu entkommen. Der Einschüchterungsbesuch eines Bruders und die anschließende demonstrative Gewaltandrohung der anwesenden jungen Männer dienten der symbolischen Aufrechterhaltung eines Geschlechterregimes, in welchem eine Gruppe machtvoll auftretender männlicher Schüler ihre weiblichen Mitschülerinnen beherrscht und kontrolliert. Das Missbehagen gegenüber der Kleidung der Schwester ging in diesem Fall mit einer Abwertung ihres Hauptschulabschlusses einher, geschlechtliche Dominanz und soziale Herabsetzung vermischen sich auf diese Weise zu einer demütigenden Geste. Die meisten Schülerinnen verließen wenig später, gegen 23 Uhr, die Party.

Einige wurden von Familienangehörigen abgeholt, andere gingen alleine oder in kleinen Gruppen nach Hause.

Das Geschlechterregime an der Anna-Seghers-Schule zielt nicht nur auf eine Dominanz der männlichen Schüler gegenüber den Schülerinnen, sondern ist auch gegen schüchterner auftretende männliche Schüler gerichtet, was vor allem in Anfeindungen gegen alles vermeintlich »Schwule« zum Ausdruck kommt:

Feldtagebuch: Mehmet hat einen Ohrring und wird deshalb von zwei anderen Jungen im Unterricht als »schwul« beschimpft, andere Jungen stimmen mit ein und attackieren Mehmet: »Jetzt mal ehrlich, sag, ob du schwul bist?« »Nein!« »Alles klar, er ist schwul. Jeder, der einen Ohrring trägt, ist schwul.« Die Lehrerin greift ein, doch ihre Bemerkung »Bei euch in der Türkei gibt es auch Schwule und selbst wenn er schwul ist, wäre es auch egal.« trägt nicht wirklich zur Beruhigung der Situation bei. Die Jungen sind so aufgebracht, dass sie Mehmet auch in der nächsten Stunde immer wieder attackieren. Bemerkungen wie »Alle, die Ohrringe tragen, sind schwul« oder »Geh doch in den Schwulenclub« werden in die Klasse gerufen. Auch die Kunstlehrerin ist empört. Sie verweist darauf, dass auch männliche »Sinti und Roma oder Zigeuner, wie sie früher hießen,« Ohrringe tragen. »Zigeuner sind schwul«, schallt es prompt zurück. Die Anspannung will sich einfach nicht lösen, weshalb sich die Lehrerin schließlich entscheidet zwei der aggressivsten Jungen nach Hause zu schicken, allerdings ohne einen Eintrag in das Klassenbuch, denn offensichtlich schreibt sie deren Schwulenfeindlichkeit weniger ihrer individuellen Verantwortung als ihrem kulturellem Hintergrund zu.

Die Ablehnung alles »Schwulen« durch eine Gruppe dominant auftretender junger Männer veranschaulicht, wie fragil die Geschlechterarrangements und die damit verbundenen Machtverteilungen an der Hauptschule sind. Männliche Herrschaft muss beständig bestätigt und bewacht sowie gegen Lehrerinnen, Schülerinnen und schwächere Mitschüler aggressiv verteidigt werden. Scheinbar »schwules« Verhalten von männlichen Jugendlichen migrantischer Herkunft wird gerade deswegen so vehement attackiert, weil es die behauptete machtvolle Überlegenheit auf der Seite der männlichen Schüler selbst infrage stellt. Homophobie dient demnach der Betonung und Durchsetzung von männlichen Dominanzansprüchen. Den Opfern solcher Attacken wird kaum eine Möglichkeit der Verteidigung gegeben, da jede Rechtfertigung bereits als heimliches Eingeständnis interpretiert wird.

»Schwulenfeindlichkeit« ist gleichzeitig eines der wichtigsten und plakativsten Themen der hier etwas überfordert wirkenden Lehrerinnen, da darin in ihren Augen ethnische Zuschreibungen von zivilisatorischer Rückständigkeit (»bei euch in der Türkei«) ihre quintessentielle Bestätigung finden.

Das alltägliche *doing gender* an einer Hauptschule in Wedding lässt sich nicht mit einem kulturalisierenden Verweis auf den ethnischen Hintergrund der jeweiligen Elternhäusern verstehen, vielmehr muss gerade die Bedeutung dieser kulturellen Zuschreibung für den Verlauf von Identitätsprozessen analysiert werden. Zudem gilt es die Logiken von Abgrenzungen und Identifikationen nachzuvollziehen, die Identitätsbildungen zugrunde liegen. Der französische Psychoanalytiker Jacques Lacan geht in seinem Text *Das Spiegelstadium als Bildner der Ich-Funktion* davon aus, dass Menschen sich in Bildern als Einheit vorstellen, es sich bei dem auf diese Weise konstruierten imaginären Ich aber stets um eine artifizielle Einheit handelt, welche die Widersprüchlichkeit und Triebhaftigkeit des Subjekts negiert.[9] In der beschriebenen rigorosen Abgrenzung von allem »Schwulen« imaginieren sich die migrantischen Jugendlichen als machtvolle heterosexuelle Männer. Der »Schwule« fungiert dabei als das spiegelverkehrte Eigene, über ihn wird versucht eine Geschlossenheit und Festigkeit herzustellen, die in einer Lacanschen Lesart letztlich jedoch eine besondere Fragilität verbirgt.

Welches Geschlechtermodell in einer Gesprächssituation artikuliert wird, hängt darüber hinaus stark von den Interaktionsbedingungen und Machtverhältnissen in der Schule selbst ab. So deuten deutsche Lehrer im Unterrichtsgespräch gegenüber den Schülerinnen mit Migrationshintergrund immer wieder an, dass diese nach der Schule ohnehin nur ein Schicksal als Hausfrau und Mutter erwarten würde. Während die Jungen dies in Erwartung ihrer künftigen Rolle als Familien-Patriarchen amüsiert und lautstark kommentieren, beispielsweise mit der Bemerkung, dass auch Sex zur Hausarbeit gehöre, bleiben die betroffenen jungen Frauen in solchen Situationen in der Regel stumm. Dieses Schweigen ist aber weniger Ausdruck von Einverständnis gegenüber einer kulturellen Zuschreibung, sondern Resultat einer beinahe ausweglosen Kommunikationssituation, in welcher den Schülerinnen gegenüber den dominant auftretenden Lehrkräften und den aggressiven jungen Männern kaum die Möglichkeit gelassen wird, ihre

---

9 Vgl. Lacan: Das Spiegelstadium als Bildner der Ichfunktion.

Position differenziert darzustellen. Traf ich die Mädchen dagegen einzeln zu Interviews, artikulierten sie neben dem Familienwunsch auch Wünsche nach beruflichem Erfolg. Sie erzählten einerseits begeistert von den Babys ihrer älteren Schwestern, fragten aber andererseits auch nach Hilfe für laufende Bewerbungen. Während einige bereits ihre Hochzeit planten, wollten andere diese möglichst lange hinauszögern. Obwohl auch das ethnografische Interview kein herrschaftsfreies Gespräch darstellt, sondern sich die Probleme der Machtungleichheit sowie der sozialen Erwünschtheit in Bezug auf den Ethnologen neu stellen, wird dennoch deutlich, dass alltägliche Konstruktionsprozesse von Formationen von Klasse, Ethnizität und Geschlecht nicht nur als Folge von Sozialisationsprozessen, sondern auch in Bezug auf die jeweilige Situation verstanden werden müssen.

Wie lokal verschieden diese Formationen selbst innerhalb einer Stadt wie Berlin sein können, lässt sich im Vergleich mit anderen Hauptschulen sowie anderen Schultypen andeuten. An einer Ostberliner Hauptschule in Lichtenberg, in der ethnisch-deutsche Schüler deutlich in der Mehrheit waren, begegneten mir Freundeskreise von Mädchen, die sich selbst als die »Pöbelatzen« bezeichneten: »freche Mädchen«, die keine Lust hatten, »mit Schleifchen im Haar« herumzulaufen, und die sich von den Jungen in ihrer Klasse keine Vorschriften machen ließen. Im Vergleich mit Gymnasiasten fällt dagegen die relativ strikte Trennung zwischen den Geschlechtern sowohl in Ost- als auch in Westberliner Hauptschulen auf. Hauptschüler selbst erkennen Gruppen von Gymnasiasten unter anderem daran, dass Mädchen und Jungen gemeinsam ungezwungen auf der Straße herumlaufen. »Wenn Mädchen und Jungen aus Hauptschulen oder Realschulen zusammen sind, dann sind sie auch zusammen«, klärte mich ein Hauptschüler auf. Die Freundeskreise von Gymnasiasten sind geschlechtlich deutlich stärker gemischt als die von Hauptschülern. Gymnasiastinnen, die einen Freund haben, können in der Regel weiterhin mit anderen Jungs befreundet sein, Jungs und Mädchen feiern zusammen Geburtstag und sind mitunter sogar beste Freunde. Einige wenige Mädchen pflegen sogar mehr Freundschaften mit Jungen als mit Mädchen, was in der geschlechtlich deutlich stärker segregierten Alltagswelt »Hauptschule« kaum denkbar wäre. Die spezifische Verbindung von Bildungsmilieus mit Geschlechterverhältnissen führt also dazu, dass die strikte Trennung der Geschlechter in der Alltagspraxis zu einem Abgrenzungsmerkmal werden kann, entlang dessen die eigene soziale Position als Hauptschüler markiert wird.

Geschlechtsbezogene Praktiken, wie eine betont aggressive Männlichkeit und die Ablehnung alles »Schwulen«, dienen sowohl als Oppositionsstrategie gegen die Institution Schule als auch als Machtressource gegenüber weiblichen und männlichen Mitschülern. Im Schulvergleich zeigt sich, dass lokale Geschlechterformationen bereits ethnisch und sozial gefärbt sind. Statt kulturelle und historische Prägungen zu betonen, habe ich vor allem situative Aushandlungsprozesse in den Blick genommen. Eine kulturalisierte Wahrnehmung von Geschlechterverhältnissen, wie sie von manchen Lehrerinnen als Distinktions- und von einigen Schülern als Legitimationsstrategie verwendet wird, wurde vermieden, da dies letztlich den Blick auf die ihnen zugrunde liegenden Kommunikations- und Machtverhältnisse innerhalb der Schule versperrt, in welche die entsprechenden Lehrerinnen und Schüler selbst involviert sind.

ETHNIZITÄT:
BEDEUTUNG VON ETHNISCHER ZUGEHÖRIGKEIT
IM ALLTAG UND UMGANG MIT RASSISMUS

Ähnlich wie bei den »lads« in Paul Willis Studie *Learning to Labour* basiert das Selbstverständnis vieler männlicher Schüler der Anna-Seghers-Schule auf einer aggressiven Männlichkeit, die sowohl als Auflehnung gegen die Institution Schule als auch als Machtinstrument gegenüber männlichen und weiblichen Mitschülern eingesetzt wird. Die Situation dieser Gruppe von Hauptschülern unterscheidet sich jedoch in zwei entscheidenden Aspekten von den von Paul Willis beschriebenen englischen Arbeiterjugendlichen aus den 1970er Jahren: Zum einen stammen die Weddinger Hauptschüler mehrheitlich aus Migrantenfamilien und zum anderen stehen diesen Jugendlichen kaum noch relativ gut bezahlte manuelle Arbeitsplätze in der industriellen Produktion zur Verfügung.

Zunächst zur veränderten Situation auf dem Arbeitsmarkt: Im Zuge der Deindustrialisierung sowie der Verlagerung vieler Produktionsstätten in sogenannte »Billiglohnländer« veränderte sich der Arbeitsmarkt in Westeuropa und den USA und mit dem Verlust angesehener und »klassischer Arbeiterjobs« sowie der Ausbreitung eines breiten Billiglohnsektors geriet auch das traditionelle Verständnis einer von männlicher Fabrikarbeit dominierten Arbeiterklasse in die Krise. Eine Reihe von ethnografischen Studien vor allem aus dem angloamerikanischen Raum beobachteten in Anschluss an Willis die sich seit den 1970er und 80er Jahren grundlegend wandelnden Konstellationen von Klasse, Ethnizität und Geschlecht. Sherry Ortner[10] und Lois Weis[11] beispielsweise spürten in lokalen Langzeitstudien den Veränderungen der sogenannten »Arbeiterklasse« im Kontext einer postfordistischen Regulationsweise der Gesellschaft nach.[12] Weis zeigt dabei, wie sich in den unteren sozialen Schichten im Zuge der gestiegenen Beschäftigungsmöglichkeiten für Frauen in der wachsenden Dienstleistungsbranche und dem gleichzeitigen Absinken der Reallöhne ein neues dominantes Geschlechtermodell entwickelt, in dem sowohl Männer als auch Frauen erwerbstätig sind und zum Familieneinkommen beitragen müssen. Beverly Skeggs[13], Simon Winlow[14] und Sabine Hess[15] beschreiben wie historische »Unterschichts«-Figuren, wie etwa das Hausmädchen, unter den Bedingungen einer postfordistischen Ökonomie aktualisiert und transformiert werden. Während Skeggs junge britische Frauen in der Ausbildung zu Pflegeberufen begleitet und Hess osteuropäische Arbeitsmigrantinnen im Au-Pair-Bereich, konzentriert sich Winlow auf Türsteher im Nachtclub-Gewerbe, die ihre niedrigen Gehälter in der Regel mit kleinkriminellen Aktivitäten aufbessern und von denen eine Mischung aus aggressiver Männlichkeit und cleverer Geschäftemacherei erwartet wird. Philippe Bourgois[16] veranschaulicht am Beispiel von Crackdealern in Harlem, wie deren aus ethnischen, klassenbedingten und geschlechtsbezogenen Versatzstücken zusammengesetztes Machoverhalten sie daran hindert im sogenannten FIRE-Sektor (*Finance, Insurance, Real Estate*) erfolgreich zu sein. Ihre Art zu gehen wird in den Bürotürmen von *Downtown* New York bereits als Provokation und sexuelle Belästigung empfunden. Umgekehrt sind die jungen Männer irritiert vom

---

10 Vgl. Ortner: New Jersey Dreaming.
11 Vgl. Weis: Class Reunion.
12 Für einen Überblick zu den Diskussionen um Postfordismus siehe Harvey: The Condition of Postmodernity; Amin (Hg.): Post-Fordism; sowie Häußermann/ Läpple/Siebel: Stadtpolitik.
13 Vgl. Skeggs: Formations of Class and Gender.
14 Vgl. Winlow: Badfellas.
15 Vgl. Hess: Globalisierte Hausarbeit.
16 Vgl. Bourgois: In Search of Respect.

informellen Auftreten weiblicher Vorgesetzter. John Jackson[17] und John Hartigan[18] gelingt es in ihren Studien über Harlem und Detroit aufzudecken, wie stark sowohl die afro-amerikanische Minderheit als auch die weiße Mehrheitsgesellschaft von Klassen- und Statuskämpfen durchzogen sind. Dies führt zu dem scheinbaren Paradoxon, dass erfolgreiche Afro-Amerikaner in Harlem einen – manchmal beneideten, manchmal missachteten – »weißen« Lebensstil führen können, während die von Hartigan beschriebenen Weißen in Detroit als »white trash« von der weißen Mehrheitsgesellschaft ausgeschlossen werden. Der Vergleich mit dem von Kathleen Stewart[19] eindrucksvoll beschriebenen »white trash« im ländlichen West-Virginia verdeutlicht wiederum die enorme Variationsbreite innerhalb dieser Kategorie von Marginalisierten.

Sicherlich lassen sich die Ergebnisse dieser Arbeiten zu ökonomisch marginalisierten Gruppen vor allem in britischen und amerikanischen Großstädten nur eingeschränkt auf die Lage von Hauptschülern in Berlin beziehen, denn unter anderem handelt es sich um unterschiedliche nationale Bildungssysteme und zudem sind die Auswirkungen der im Jahr 2007 einsetzenden Wirtschafts- und Finanzkrise noch nicht berücksichtigt. Dennoch liefern die erwähnten Studien wichtige Anregungen, um jene Exklusionsdynamiken zu erfassen, innerhalb derer die in dieser Studie beschriebenen Jugendlichen agieren. Die postfordistische Umstrukturierung bietet diesen Analysen nach tendenziell eher den Schülerinnen neue Beschäftigungsmöglichkeiten, während zumindest einige ihrer männlichen Altersgenossen in die Kleinkriminalität gedrängt werden, in die auch tatsächlich bereits einige der Weddinger Schüler involviert sind. Ähnliche wie die männlich-proletarische Ablehnung geistiger Arbeit durch die »lads«, versperrt zudem ein »migrantisches Machoverhalten« den Protagonisten mögliche Aufstiegschancen. Verstärkt wird dieser Exklusions-Effekt durch die ohnehin massive Benachteiligung von Migranten im deutschen Bildungs- und Ausbildungssystem: So besuchten im Jahr 2000 mehr als 48 Prozent der Jugendlichen türkischer Herkunft, aber nur etwa 16 Prozent der Jugendlichen deutscher Herkunft die Hauptschu-

---

17 Vgl. Jackson: Harlemworld.
18 Vgl. Hartigan: Odd Tribes.
19 Vgl. Stewart: A Space on the Side of the Road.

le, was sich nach Verlassen der Schule in einer eklatanten Ungleichverteilung der Ausbildungschancen fortsetzte.[20]

Die Frage stellt sich, wie Hauptschüler selbst diese Ausschlussmechanismen wahrnehmen und – damit sind wir beim zweiten Unterschied im Vergleich zu den »lads« – welche Rolle ihr Status als ethnische Minderheit dabei spielt. Neben dem Geschlechterarrangement bildet Ethnizität für die Jugendlichen der Anna-Seghers-Schule eine weitere wichtige Orientierung im Schulalltag. Wenn ich während der Pausen auf dem Schulhof umher lief, wurde ich nicht nur häufig gefragt, ob ich »Schüler oder Lehrer«, sondern auch ob ich »Pole oder Russe« sei. Offensichtlich hatten diese Schüler unterer Jahrgänge, die mich nicht persönlich kannten, das Bedürfnis neben meiner Position an der Schule auch meine ethnische Zugehörigkeit einzuordnen. Gleichzeitig wird daran deutlich, dass diese Schüler die Hauptschule als selbstverständlichen Ort für Zugewanderte unterschiedlicher Ethnizitäten wahrnehmen. Die Gruppe ethnisch deutscher Schüler wird von ihnen dagegen anscheinend kaum noch an der eigenen Schule vermutet.

Die Freundeskreise innerhalb der Schule spiegeln ebenfalls oft die ethnische Zugehörigkeit der Schüler wider, wobei es häufig zu Spannungen zwischen Schülern mit kurdischem, türkischem und arabischem Familienhintergrund kommt. »Scheiß Kurden« oder »Scheiß Türken« sind dementsprechend häufig auftauchende Beleidigungen bei Streitigkeiten zwischen den Schülern. Auf dem Schulhof begrüßen sich befreundete arabische Jungen mit vier Wangenküssen, was bei größeren Gruppen zu einer recht langwierigen aber auch demonstrativen Zeremonie der Zusammengehörigkeit führen kann. Jugendliche aus türkischen oder kurdischen Familien grüßen sich mit zwei Wangenküssen, die übrigen Schüler verzichten dagegen auf derartige Begrüßungsrituale.

Die besondere Bedeutung von Ethnizität an der Anna-Seghers-Schule kann man nicht nur sehen, sondern auch hören. Viele Schüler vermischen im alltäglichen Sprachgebrauch deutsche Wörter und grammatikalische

---

20 Für einen statistischen Überblick über die schichtspezifischen, migrationsbedingten und geschlechtlichen Ungleichheiten im deutschen Bildungssystem siehe Solga/Dombrowski: Soziale Ungleichheit in schulischer und außerschulischer Bildung. Für eine Analyse habitusbedingter Ausgrenzungsprozesse in der Schule siehe Mecheril: Die Schlechterstellung Migrationsanderer.

Formen mit denen ihrer Herkunftssprache. So ist immer wieder der arabische Ausruf »Wallah« zu hören, der mit »ich schwöre«, aber auch mit »bei Gott« übersetzt werden kann, und einer Aussage besonderen Nachdruck verleihen soll. Häufig wechseln Schüler auch komplett für einige Momente die Sprache, beispielsweise wenn sie verhindern wollen das Lehrkräfte ihre Gespräche verstehen. Wie bewusst und spielerisch Schüler mit der Vielsprachigkeit an der Anna-Seghers-Schule umgehen, erwies sich in einer Geografie-Stunde, in welcher die Schüler ein Arbeitsblatt mit dem Thema »Ein Überblick über unsere Heimat« ausfüllen sollten. Bei der anschließenden Besprechung machten sich die Schüler über einen Mitschüler lustig, welcher »Bochum« auf der falschen, der zweiten Silbe betont hatte und sprachen die Namen deutscher Städte fortan mit Absicht betont »falsch« aus, etwa indem sie »Schustüffeldorf« statt »Düsseldorf« sagten. Die Lehrerin reagierte auf die Selbstironie ihrer Schüler und deren spielerischen Umgang mit Sprache, indem sie diese auf die besondere Bedeutung einer korrekten deutschen Aussprache bei der ohnehin schwierigen Suche nach einem Arbeitsplatz erinnerte. Sie verdeutlichte damit, dass über Sprachkenntnisse signalisierte ethnische Zugehörigkeiten eine entscheidende Rolle für die spätere Berufskarriere spielen können. Gleichzeitig wird deutlich, dass eine kontrollierte sprachliche Unterkorrektheit im Sprachgebrauch den Hauptschülern nicht als positives Distinktionsmerkmal zugestanden wird, da die Schüler von der die Situation beurteilenden Lehrerin bereits von vornherein negativ klassifiziert werden.[21]

In welchen Situationen dies geschehen kann und wie die Jugendlichen selbst ihre Situation auf dem Arbeitsmarkt vor dem Hintergrund einer starken Selbst-Ethnisierung im Schulkontext erleben, zeigt sich beispielhaft in folgendem Unterrichtsgespräch:

Frau Schnur: »Ich weiß nicht, wie ihr euch das Leben vorstellt. Wollt ihr nach der Schule immer noch von Mama und Papa ernährt werden?«
Ugur zu Marian: »Deine Füße stinken voll.«
Marian: »Ich schwöre auf Kuranyi.«
Ali: »Wir sind Ausländer.«
Frau Schnur: »Das hat damit nichts zu tun, ihr seid lange genug in Deutschland.«

---

21 Bourdieu: Was heißt Sprechen?, S. 91.

Mehmet: »Ich habe heute Morgen wegen Praktikum angerufen und sie haben erzählt, es gibt Praktikumsplätze, aber als sie bemerkt haben, ich bin Ausländer, haben sie gesagt, die sind schon vergeben. Das war nur, weil ich Ausländer bin.«
Serda: »Aber alle Betriebe sind nicht so.«
Frau Schnur: »So etwas gibt es sicher, aber auch wegen der schlechten Erfahrungen der Betriebe. Sogar manche ausländische Betriebe stellen deswegen keine Ausländer mehr ein. Wenn ihr euch nicht benehmt, müsst ihr eben von Hartz IV leben.«
Imad (singt laut): »Haaartzz IV!«

Der Gesprächsrahmen und die provozierende Frage der Klassenlehrerin implizieren bereits, dass sich das Gespräch um die Zukunftsaussichten der Schüler drehen wird. Die Antworten von Ali und Mehmet machen deutlich, dass sie sich als Migranten in der Berufswahl benachteiligt sehen: Das Problem einer ethnischen oder rassistischen Diskriminierung wird von ihnen also selbst in das von der Lehrerin initiierte Gespräch eingeführt, da es anscheinend für die Einschätzung ihrer beruflichen Zukunft von besonderem Gewicht ist. Die Schüler sind wütend, denn sie fühlen sich auf ungerechte Weise benachteiligt. Sie spüren die Wirkungen von Rassismus und Ausgrenzung unmittelbar. Gleichzeitig wird deutlich, dass Fragen von Rassismus und ethnischer Diskriminierung im Kontext eines Schulgesprächs parallel zum Problem stinkender Füße und Fußballleidenschaften zur Sprache kommen. Sie werden in der Regel nicht in einem isolierten Rahmen systematisch erörtert, sondern gehören vielmehr zur alltäglichen Erfahrung vieler Hauptschüler und finden deshalb immer wieder Eingang in Gespräche während und außerhalb des Unterrichts.

In der Wahrnehmung Mehmets hängt die Ursache für den kürzlich gescheiterten Versuch, einen Praktikumsplatz zu finden, unmittelbar mit seinem Status als »Ausländer« zusammen. Serda entgegnet, dass sich der Rassismus-Verdacht nicht auf alle Betriebe verallgemeinern ließe, und die Lehrerin, die zunächst das Rassismus-Argument zurückgewiesen hatte, räumt zwar schließlich diese Möglichkeit ein (»So etwas gibt es sicher.«), sucht aber die Ursache weniger in der rassistischen Einstellungspraxis der Betriebe, sondern bei den Migranten selbst, die ihren Ruf bei den Arbeitgebern durch ihr Verhalten ruiniert hätten. Ihr Appell an ein diszipliniertes Verhalten ist sofort mit der Drohung »Hartz IV« gekoppelt, dass für alle im Raum unmissverständlich für ein Leben in Arbeitslosigkeit und in Abhängigkeit von sozial stigmatisierender staatlicher Überlebenshilfe steht. In einer Mischung aus Galgenhumor und Provokation stimmt Imad daraufhin laut eine Melodie zum Text »Hartz IV« an und zieht dabei das »a« mehrfach in die Länge. Imad wurde wenige Wochen später infolge weiterer als Disziplinlosigkeiten eingestufter Vorfälle der Schule verwiesen.

An Mehmets Aussage wird deutlich, dass das Problem einer rassistisch motivierten Diskriminierung auf dem Arbeitsmarkt für Hauptschüler mit Migrationshintergrund aufgrund ihres Sprachgebrauchs schon bei der Suche nach einem unbezahlten Praktikum seine Wirkung entfaltet. Die Benachteiligung von Hauptschülern wird in diesem Fall durch die Diskriminierung von Jugendlichen mit Migrationshintergrund verstärkt. Die symbolischen Stigmata »Ausländer« und »Hartz IV« folgen in der Logik des Gesprächs unmittelbar aufeinander und verdeutlichen, wie eng ethnische und soziale Ungleichheit miteinander verwoben sind. In der Regel werden ethnische Ungleichheiten von den Akteuren jedoch direkter und unmittelbarer thematisiert, denn es handelt sich um ein erfahrungsnahes Konzept, das für die Schüler unmittelbar und körperlich spürbar und somit deutlich leichter fassbar ist. Hauptschüler verfügen zudem über ein Artikulations- und Ausdrucksrepertoire, das es ihnen ermöglicht, rassistische Mechanismen nicht nur wahrzunehmen, sondern diese auch zu kritisieren.

Ethnizität ist innerhalb der Anna-Seghers in doppelter Hinsicht von Bedeutung: Zum einen haben ethnische Zuschreibungen eine Ordnung stiftende Funktion, mit deren Hilfe der Alltag strukturiert wird, beispielsweise indem Freunde durch Begrüßungszeremonien markiert oder mittels Sprachwechsel unliebsame Zuhörer von Gesprächen ausgegrenzt werden. Die Selbstwahrnehmung als »Ausländer« verweist zugleich auf erlebte Formen rassistischer Ausgrenzung in der postfordistischen Arbeitswelt. In beiden Fällen wirkt Ethnizität im Sinne einer Markierung von Identität, nur gibt sie den Schülern auf die Frage »Wer bin ich?« einmal eine positive Antwort im Sinne von Zugehörigkeit und einmal eine negative, ausgrenzende Antwort.

SOZIALE KLASSE: DIE UNSICHTBARKEIT SOZIALER DISKRIMINIERUNG

Obwohl eng mit Ethnizität und Geschlecht verbunden, sind klassenbedingte Ausschlussmechanismen für die Schüler deutlich schwerer zu erfassen. Diese erstaunliche Sprachlosigkeit im Angesicht der Allgegenwärtigkeit des Klassengefüges lässt sich nur mit Verweis auf die Verschleierung sozialer Diskriminierungen innerhalb eines Schulsystems begreifen, das selbst systematisch auf Prozessen sozialer Selektion basiert. Hauptschüler stammen zu einem großen Teil aus Elternhäusern mit geringem sozioökonomischem Status und diese nachteiligen Herkunftsbedingungen übersetzen sich nach dem Verlassen der Schule in beruflichen Misserfolg und geringere Erwerbschancen.[22] Diese Form der Diskriminierung wird den Schülern gegen Ende ihrer Schulzeit, beispielsweise bei Bewerbungsversuchen, immer stärker bewusst. Die ohnehin vorhandene soziale Distanz zwischen Hauptschülern und Schülern anderer Schultypen wie Realschulen oder Gymnasien wird durch die institutionelle Segregation, deren Logik zufolge die Hauptschule am unteren Ende der Bildungshierarchie verortet ist, weiter verfestigt. Zusätzlich verschlechtert werden die Berufschancen von Hauptschulabgängern durch den Strukturwandel des Arbeitsmarktes: manuelle Tätigkeiten in der industriellen Produktion werden immer weniger nachgefragt. Die Gruppe der Geringqualifizierten scheint auf dem einheimischen Arbeitsmarkt ökonomisch zunehmend »überflüssig« zu werden. Der damit verbundene Standpunkt des »Exkludierten«[23] ermöglicht jedoch entscheidend weniger Widerstands- oder kritische Artikulationsmöglichkeiten, als sie beispielsweise der Arbeiterbewegung früherer Jahrzehnte in den Kämpfen für ihr zwar »unten« stehendes aber dennoch für die Gesamtgesellschaft notwendiges Klientel zur Verfügung standen. Mit dem Ende der Arbeiterbewegung ging für die unterbürgerlichen Schichten gleichsam ein Repertoire an Respektabilität und somit Ressourcen eines positiven Selbstbildes verloren.

Das deutsche Bildungssystem selbst fördert dabei keineswegs Chancengleichheit, sondern institutionalisiert Selektionsmechanismen. Es produziert durch die frühe und die im Alltag nur schwer reversible Trennung zwischen Gymnasiasten, Realschülern und Hauptschülern selbst soziale Ausgrenzung. Schließlich legitimiert es die auf diese Weise reproduzierte Ungleichheit durch die verliehenen Bildungstitel und übersetzt so eine gesellschaftlich konstruierte soziale Hierarchisierung in ein individuelles

---

22 Solga: Ausbildungslose und die Radikalisierung ihrer sozialen Ausgrenzung, S. 141.

23 Für eine umfassende Betrachtung des Exklusionsbegriffs siehe Kronauer: Exklusion; sowie Bude/Willisch (Hg.): Exklusion.

Leistungsmerkmal mit nachhaltigen Folgen für den späteren Berufsweg. Bildungsabschlüsse und die damit verbundenen Berufschancen gelten als meritokratisch erworben. Hauptschüler erscheinen nach diesem Verständnis als faul und defizitär.

Auf sozialer Klasse basierende Ungleichheitserfahrungen sind den Schülern jedoch weniger zugänglich als rassistische oder sexistische Diskriminierungen, deren Wirkungen sie bewusster wahrnehmen und entsprechend leichter beschreiben können. Die amerikanische Anthropologin Sherry Ortner spricht deshalb vom »hidden life of class«.[24] Soziale Klasse und die darauf basierenden Ausschlussmechanismen haben demnach zwar eine äußerst wirkungsmächtige Existenz, doch gibt es im Alltag keine adäquate Sprache für diese Mechanismen, weshalb sie häufig eher indirekt artikuliert werden. In der zuletzt beschriebenen Szene etwa über die Wut angesichts von scheiternden Bewerbungen oder als Angst vor der dauerhaften Abhängigkeit von staatlichen Sozialleistungen. Die folgende Szene aus dem Büro eines Sozialarbeiters vermittelt einen Eindruck von dem verdeckten Charakter einer mittels Bildungsabschlüsse reproduzierten Form klassenbedingter Ausgrenzung:

Feldtagebuch: Herr Lotringer, mit dem ich mich ganz gut verstehe und der sehr an meiner Forschung interessiert zu sein scheint, hat mich nach einem Gespräch heute eingeladen, ihm mal einen Nachmittag bei der Arbeit als Bewerbungshelfer zuzusehen. Eigentlich wollte ich mich eher in eine Ecke des Raumes zurückziehen, doch sein Büro ist ziemlich klein und neben mir sitzt noch eine andere, mir unbekannte, junge Sozialarbeiterin, weshalb wir alle ziemlich eng beieinander positioniert sind und uns gegenseitig angucken. Noch bevor wir uns richtig kennenlernen können, kommt Aysel herein, mit der ich mich schon einigen Male getroffen habe und erzählt, dass sie ein Praktikum bei einer Bank absolvieren möchte. Herr Lotringer meint, dies sei ohne Abitur sowieso aussichtslos, doch Aysel möchte es trotzdem probieren und erwähnt, sie habe am Telefon nicht verraten, dass sie auf eine Hauptschule gehe. Ihr wurde gesagt, sie solle ihre Bewerbungsunterlagen schicken, weshalb sie nun gekommen sei. Herr Lotringer interpretiert dies bereits als Absage, was Aysel sichtlich überrascht, willigt dann aber dennoch ein, die Bewerbung für sie zu schreiben. Aysel ist so aufgeregt, dass sie zittert und sich erst nach mehrmaliger Aufforderung hinsetzt. Die Szene ist etwas abstrus, da wir zu dritt um Aysel herum-

---

24 Ortner: Anthropology and Social Theory, S. 63.

sitzen und keiner sich besonders wohlzufühlen scheint. Vor allem der jüngeren Sozialarbeiterin scheint meine Präsenz nicht geheuer zu sein. Ich habe den Eindruck, sie befürchte, ich wolle ihr ihren Platz streitig machen. Besonders abstrus wird die Szene beim Schreiben der Bewerbung. Den beiden Sozialarbeitern fallen häufig keine passenden Wörter ein. Ich versuche mich zurückzuhalten, schlage dann aber doch gelegentlich ein paar Formulierungen vor, die dann von Herr Lotringer auch immer prompt angenommen werden. Als die beiden zunächst erfolglos ein Äquivalent für »sich auf einer weiterbildenden Schule weiterzubilden« suchen und ich »sich auf einer weiterbildenden Schule zusätzlich zu qualifizieren« empfehle, meint die Sozialarbeiterin, dass man »zusätzlich« nicht nehmen könne, da ja ein Hauptschulabschluss eigentlich »nichts« sei. Bei beiden schwingen immer wieder negative Wertungen in unbedachten Äußerungen mit. So bezeichnet Herr Lotringer den Hauptschulabschluss in Gegenwart der Schülerin als »Schrott« und vergleicht die meisten Bewerbungen mit »Sputniks im Weltall«.

Neben den komplexen Beziehungen zwischen Forscher und Feld kommt in dieser Episode vor allem eines zum Vorschein: Die negative Sichtweise auf die Hauptschule. Sozialarbeiter bezeichnen den zu erwartenden Hauptschulabschluss in Gegenwart der Schülerin als »nichts« oder als »Schrott«. Bewerbungsbemühungen scheinen aufgrund der Stigmatisierung der Hauptschule auf dem Arbeitsmarkt kaum Chancen auf Erfolg zu haben, selbst wenn es sich wie in diesem Fall nur um eine Bewerbung für ein unbezahltes Praktikum handelt. Die abfälligen Bemerkungen der Sozialarbeiterin und die Tatsache, dass Aysel im Telefongespräch verschweigt, auf welche Schule sie geht, lassen sich als jene Formen verborgener persönlicher Verletzungen klassenbedingter Ungleichheit verstehen, die Richard Sennett und Jonathan Cobb in ihrem Buch *The Hidden Injuries of Class* am Beispiel US-amerikanischer Arbeiter in Boston zu Beginn der 1970er Jahre beschreiben.[25] Der Wunsch nach sozialem Aufstieg stellt diese Arbeiter und ihre Kinder vor das Dilemma, ihre eigene Herkunft und die damit verbundenen Werte verleugnen zu müssen. Die damit verbundenen persönlichen Verwundungen sind Sennett und Cobb zufolge letztlich der alltägliche Ausdruck der Brutalität des Klassensystems.

Aysel, die in der Türkei eine erfolgreiche Schülerin war, schämt sich für ihre Schulkarriere und verschweigt diese im Telefongespräch mit einem

---

25 Vgl. Sennett/Cobb: The Hidden Injuries of Class.

Angestellten der Bank wohl auch deshalb, weil sie die Benachteiligung von Hauptschülern auf dem Arbeitsmarkt bereits erahnt. Ihr ungläubiges Erstaunen auf die Reaktion des Sozialarbeiters, der die Szene bereits als Ablehnung interpretiert und ihr Wunsch sich dennoch zu bewerben, verdeutlichen jedoch, dass sie das Ausmaß ihrer Ausgrenzung eher noch unterschätzt. Ihr Gesprächspartner aufseiten der Bank fragt nicht nach dem von ihr besuchten Schultyp, sondern ermuntert sie, sich schriftlich zu bewerben, was in diesem Fall wenig später zu einer Ablehnung führen wird. Klassenbedingte Ausschlussmechanismen sind offenbar so heikel, dass sie nicht im persönlichen Gespräch diskutiert, sondern bevorzugt indirekt geregelt werden. Dem britischen Sozialtheoretiker Andrew Sayer nach ist soziale Klasse deshalb ein so beunruhigendes und unangenehmes Gesprächsthema, da darin einerseits die Ungerechtigkeit der gesellschaftlichen Chancenverteilung verborgen liegt und klassenbedingte Ausgrenzungen andererseits immer auch die moralische Bewertung einer Person umfassen.[26]

Auch über diese Episode hinaus kann man immer wieder beobachten, wie das überwältigend negative Bild der Hauptschule und die moralische Abwertung von Hauptschülern in alltäglichen, medialen und politischen Diskursen indirekt die Selbsteinschätzungen der Schüler und Lehrer sowie die gesamte Atmosphäre innerhalb der Schule prägen. Lehrer betiteln ihre eigene Schule als »Hilfsschule«, »Irrenhaus«, »Idiotenschule« oder »Behindertenschule«, Schüler bezeichnen sich häufig selbst als »zu dumm«. Die Ursachen für das schlechte Bild der Hauptschule liegen in den strukturellen Bedingungen des deutschen Bildungssystems, aber auch in den begleitenden und zumeist legitimierenden Mediendiskursen begründet. Hauptschüler gelten medial als Sinnbild für die »Unterschicht« – ein pejorativer Begriff, der nicht nur auf eine unterprivilegierte soziale Lage verweist, sondern auch auf negative Eigenschaften seiner Träger, wie »bildungsresistent«, »dumm« und »moralisch verwahrlost«.[27] Selbst wenn die von mir begleiteten Hauptschüler die Bezeichnung »Unterschicht« selbst nicht verwenden, so werden sie doch auf vielfältige Weise mit diesen Zuschreibungen konfrontiert.[28]

---

26 Vgl. Sayer: The Moral Significance of Class.
27 Lindner: »Unterschicht«, S. 15.
28 Für eine genaue Analyse der Entstehung und Wirkung von medialen Repräsentationen siehe die Kapitel zu Encoding und Decoding.

Bildungssoziologische Studien in Deutschland haben in den letzten Jahren nachdrücklich auf die Stigmatisierungserfahrungen von Hauptschülern hingewiesen: Michel Knigge[29] machte auf eine stark stigmatisierte kollektive Identität von Hauptschülern aufmerksam, die sich zudem negativ auf die Motivation im schulischen Bereich auswirke und häufig deviantes Verhalten zur Folge habe. Gisela Unterweger[30] und Sabine Mannitz[31] haben darüber hinaus die besonders starken Akzeptanzprobleme von Schülern mit Migrationshintergrund im deutschsprachigen Raum herausgearbeitet. Die von Andrea Lange-Vester und Miriam Redlich[32] interviewten Hauptschüler berichteten von Anerkennungsproblemen vor allem infolge von demütigendem und respektlosem Verhalten der Lehrer, sodass es nicht verwundert, dass Matthias Fink für Hauptschüler generell eine geringere Schulzufriedenheit sowie eine geringeres Selbstwertgefühl im Vergleich zu gleichaltrigen Schülern anderer Schultypen konstatiert.[33]

Wie die Mehrzahl der Hauptschüler in Deutschland werden auch die Schüler der Anna-Seghers-Schule in Berlin-Wedding massiv mit klassenbedingten Ausschlussmechanismen und den sie begleitenden moralischen Delegitimierungen konfrontiert. Sie sind den negativen Wirkungen sozialer Ausgrenzung ungeschützt ausgeliefert, denn es fehlt ihnen weitgehend die Möglichkeit, ein vages Ungerechtigkeitsgefühl zu artikulieren und ihr Selbstwertgefühl auf diese Weise zu verteidigen. Soziale Herabsetzung wird gleichzeitig gesellschaftlich kaum sanktioniert, so können die beiden Sozialarbeiter die Schülerin in deren Gegenwart und bei gleichzeitiger Präsenz eines Forschers ungehemmt demütigen, ohne dass ihnen die Wirkungen ihres Handelns bewusst werden. Die gesellschaftliche Verachtung von Hauptschülern funktioniert auf eine so alltägliche und scheinbar selbstverständliche Weise, dass sie selbst von denjenigen unbewusst fortgeschrieben wird, die den Schülern versuchen zu helfen. Die soziale Akzeptanz moralischer Herabwürdigung und die gleichzeitige Verschleierung ihrer strukturellen Ursachen führen tendenziell zu einer individualisierten Wahrneh-

---

29 Vgl. Knigge: Hauptschüler als Bildungsverlierer?
30 Vgl. Unterweger: Klasse und Kultur.
31 Vgl. Mannitz: Die verkannte Integration.
32 Vgl. Lange-Vester/Redlich: Soziale Milieus und Schule. Siehe auch Lange-Vester: Teufelskreis der Nichtachtung.
33 Vgl. Fink: Jugendliche in erschwerten Lebenslagen.

mung von Ausgrenzungserfahrungen. Formen klassenbedingter sozialer Ausschließung fließen demnach besonders häufig in die Selbstbeschreibungen der Akteure ein. Einzelne Schüler, wie die zitternd im Büro stehende Aysel, wirken deshalb besonders hilflos und verletzlich.

FORMATIONEN VON KLASSE, ETHNIZITÄT UND GESCHLECHT

Die wissenschaftliche sowie die alltagsweltliche und mediale Verwendung von Kategorien wie Klasse, Ethnizität oder Geschlecht sind diskursiv miteinander verbunden. Mediale Beschreibungen von jungen Migranten arabischer, kurdischer oder türkischer Herkunft implizieren beispielsweise in der Regel bereits einen niedrigen Bildungsstand dieser Jugendlichen. Gleichzeitig enthält die Verwendung der Kategorie »Unterschicht« häufig eine ethnische Konnotierung, wobei diese – je nach räumlicher Verortung – entweder auf eine weiße, vornehmlich ostdeutsche »Unterschicht« oder eben auf Jugendliche aus migrantischen Familien verweist. Ethnische, soziale und geschlechtliche Kategorien sind von vornherein miteinander verwoben, sodass es wenig sinnvoll erscheint, zu versuchen, diese in ihrer »reinen« Form darzustellen. Die Herausforderung besteht vielmehr darin, die alltäglichen Artikulationen, Vermischungen und Naturalisierungen von kategorialen Zuschreibungen nachzuvollziehen. Dies gelingt am ehesten, indem man die formativen Praktiken und kategorialen Selbstzuschreibungen der Akteure ernst nimmt und auf diese Weise die Kontingenz und Dynamik von Kategorisierungsprozessen sichtbar macht.

Formationen von Klasse, Ethnizität und Geschlecht sind nicht statisch, sondern werden im Alltag beständig produziert und reproduziert. Im Prozess ihrer kontinuierlichen Neuformierung aus kategorialen Zuschreibungen, individuellen Aneignungen und kontextspezifischen Artikulationen ergibt sich, wie die folgende U-Bahn-Szene andeutet, ein Spielraum für Variationen:

Feldtagebuch: Rückweg vom Berliner Olympiastadion – Schülerländerspiel Deutschland gegen Frankreich: Ich fahre mit einer kleinen Gruppe von Jungen zurück. Am überfüllten U-Bahnhof werden andere Schüler permanent »angemacht«. Wenn ein Mädchen vorbeikommt wird es mit »Du hast voll schöne Augen« oder

»Gib mal deine Nummer« angesprochen, anderen Jungs werden dagegen eher Schläge angeboten. In der U-Bahn übernehmen wir ein eigenes kleines Abteil, die Jugendlichen, die dort vorher saßen, räumen freiwillig und ohne Widerrede ihre Plätze. Die Jungen sind aufgedreht, sie schunkeln Arm in Arm und rufen lautstark »Anna Seghers«. Die anderen Fahrgäste halten trotz des vollen Waggons einen beträchtlichen »Sicherheitsabstand« zu uns, ab und zu werden sie mit Sprüchen wie »Hurensöhne« oder »mach mal den Mund zu, es stinkt« attackiert. Später müssen wir in eine andere U-Bahn in Richtung Wedding umsteigen, die Jungs haben sich mittlerweile etwas beruhigt, doch die übrigen Fahrgäste bevorzugen es nach wie vor, zu stehen, anstatt sich neben uns zu setzen. Als ein paar ältere Deutsche einsteigen, rutschen die Schüler zur Seite und bieten mit einer demonstrativen Geste einen Platz an: »Wollen Sie sich nicht setzen?«, doch die Angesprochenen wenden sich erschrocken ab. »Man will ja nur freundlich sein«, rufen ihnen die amüsierten Schüler in gestelztem Deutsch hinterher.

Die Hauptschüler in dieser Szene haben ein Bewusstsein für die ihnen entgegengebrachten Zuschreibungen als männliche Migranten aus der »Unterschicht«. Da von ihnen ohnehin kein diszipliniertes Verhalten erwartet wird, nehmen sie das mit männlichen Hauptschülern aus Berlin-Wedding assoziierte Verhalten zunächst an und nutzen ihr körperliches und akustisches Einschüchterungspotential dazu, sich einen Platz in einer überfüllten U-Bahn zu sichern. Sie haben ihren Spaß am Proll- und Machogehabe und vor allem an den erschrockenen Distanzierungsbemühungen der übrigen Fahrgäste. Die Art und Weise, wie sie nur wenige Minuten später älteren Personen einen Platz in der U-Bahn anbieten, demonstriert einen spielerischen und ironischen Umgang mit kategorialen Zuschreibungen, der die übrigen Fahrgäste merklich irritiert. Die Reaktion der älteren Deutschen, die darauf verzichten, sich neben die plötzlich betont freundlich agierenden Jugendlichen zu platzieren, verdeutlicht gleichzeitig, dass ein vorübergehender subversiver Umgang mit Zuschreibungen zwar die Fahrgäste mit deren eigenen Vorurteilen konfrontiert, diese aber keineswegs aufhebt. Formationen von Klasse, Ethnizität und Geschlecht haben eine über den Moment hinausgehende Wirkmächtigkeit, sie werden von den Schülern aber im Verlauf einer U-Bahn-Fahrt sowohl reproduziert als auch konterkariert.

In diesem Kapitel konzentrierte ich mich darauf, wie die Schüler der Anna-Seghers-Schule, die mit diversen Formen gesellschaftlicher Ausgrenzungen konfrontiert sind, diese wahrnehmen, vermischen, ausblenden, neu arrangieren oder kritisieren, aber auch wie sie im Umgang miteinander selbst Ungleichheitsstrukturen reproduzieren. Machtbedingte Ungleichheitsverhältnisse haben für Schüler grundsätzlich brutale Wirkungen, egal auf welchen Ausschlussmechanismen diese beruhen. Ethnische, soziale und geschlechtliche Diskriminierung werden jedoch auf unterschiedliche Weise wahrgenommen, rassistische und sexistische Ausgrenzungen über klar erkennbare körperliche Zuschreibungen, klassenbedingte Benachteiligungen dagegen eher indirekt über Bildungszertifikate. Auch der Bewusstseinsgrad in Bezug auf ihre machtbedingte Fundierung unterscheidet sich, während die Hauptschüler im Schulalltag eine rassismuskritische Sprache verwenden und zumindest theoretisch auch auf eine sexismuskritische Sprache zurückgreifen könnten, fehlt ihnen, wie der gesamten Gesellschaft, derzeit ein entsprechendes kritisches »Klassismus«-Vokabular. Die Frage drängt sich auf, was diese Verschleierung von sozialstrukturellen Problemlagen bei gleichzeitiger Betonung ethnischer oder geschlechtlicher Fragen zur Folge hat. Auf der individuellen Ebene führt sie tendenziell zu einer verstärkten Selbstzuschreibung von schulischen oder beruflichen Misserfolgen, während sie auf der gesellschaftlichen Ebene eine Privatisierung und Kulturalisierung von sozialer Ungleichheit zur Folge hat.

Mein Fokus auf Praktiken und Selbstwahrnehmungen Berliner Hauptschüler veranschaulicht die Situativität von Formationen von Klasse, Ethnizität und Geschlecht. Die im Intersektionalitätsansatz von Gabriele Winker und Nina Degele vertretene schematische Trennung von Strukturen, Repräsentationen und Identitäten[34] erweist sich aus dieser Perspektive als wenig fruchtbar, da diese – wie zuletzt die Szene in der U-Bahn verdeutlichte – sich in der Praxis nicht voneinander unterscheiden lassen. Selbstwahrnehmungen und Identitätszuschreibungen entstehen im alltäglichen Zusammenspiel dieser Ebenen und sollten diesem Prozess daher nicht analytisch vorgelagert werden. Der hier vertretene ethnografische Zugang geht nicht von wechselseitigen Interaktionen zwischen Klasse, Ethnizität und Geschlecht als getrennt gedachten Ungleichheitssträngen aus, sondern favorisiert ein Interdependenzmodell, mit dessen Hilfe das komplexe Zusammen-

---

34 Winker/Degele: Intersektionalität, S. 18ff.

spiel von Ungleichheitsbeziehungen sowohl zwischen den Kategorien als auch innerhalb dieser Kategorien selbst in den Blick genommen wird.[35]

Statt einzelne Ungleichheitsstränge isoliert voneinander zu betrachten, begriff ich Klasse, Ethnizität und Geschlecht als zusammenhängende sowie wiederum intern differenzierte Dimensionen komplexer Formationen. Im Begriff der »Formation« versuchte ich deutlich zu machen, dass Hauptschüler nicht nur mit bestehenden Formen klassenbedingter, ethnischer und geschlechtlicher Zuschreibungen konfrontiert werden, sondern selbst an deren Formierung beteiligt sind. In diesen Momenten kultureller Praxis und Selbstverortung verbirgt sich einerseits die machtvolle Existenz dieser Formationen von Klasse, Ethnizität und Geschlecht, im mitunter spielerischen und ironischen Umgang mit komplexen Zuschreibungen liegt jedoch auch die Möglichkeit ihrer allmählichen Transformation verborgen.

---

35 Walgenbach/Dietze/Hornscheidt/Palm: Gender als interdependente Kategorie, S. 64.

Nach der Schule
Wege und Zukunftsvorstellungen

Der seit dem Jahr 2006 an der Anna-Seghers-Schule in Berlin-Wedding arbeitende Sozialarbeiter Hans Lotringer wurde zu seinem Amtsantritt mit der Bemerkung begrüßt, dass an dieser Schule seit zehn Jahren kein Schüler mehr einen Ausbildungsplatz gefunden habe. Seitdem hat sich die Situation nicht wesentlich verbessert, was beispielhaft verdeutlicht, wie miserabel die Ausbildungschancen und Berufsaussichten der von mir begleiteten Hauptschüler sind. Im vorhergehenden Kapitel stand die Frage im Mittelpunkt, auf welche Weise Hauptschüler an der Anna-Seghers-Schule soziale, ethnische und geschlechtliche Diskriminierungen wahrnehmen und selbst wiederum im Schulalltag Ungleichheitsstrukturen reproduzieren. In diesem Kapitel werde ich der Frage nachgehen, wie Berliner Hauptschüler aus den Bezirken Wedding, Neukölln und Lichtenberg den Übergang von der Hauptschule in das Berufs- und Ausbildungssystem erleben. Welche Hoffnungen haben die Schüler angesichts ihrer schwierigen Ausgangslage? Was sind ihre Ängste oder Befürchtungen? Und welche Erfahrungen sammeln sie schließlich in dieser Transitionsphase?

Die Übergangszeit nach dem Ende der Schullaufbahn spielt für Jugendliche in der Regel eine zentrale Rolle im Prozess der Formierung und Festigung von Identität.[1] Die Frage »Wer bin ich?« stellt sich nach dem Verlassen der Schule mit besonderem Nachdruck und wird häufig gekoppelt mit der Frage »Was möchte ich werden?«. Identitätsbildungsprozesse sind folglich eng mit den Vorstellungen und Erwartungen an die eigene Zukunft

---

1 Harter: Self and Identity Development, S. 377.

verbunden, welche ihrerseits wiederum maßgeblich auf der Basis zurückliegender Erfahrungen sowie der aktuellen Situation konstruiert werden. Die Analyse von Zukunftsvorstellungen Berliner Hauptschüler kann demnach nicht losgelöst von deren vergangenen und gegenwärtigen Lebensumständen erfolgen, sondern zielt vielmehr auf eine Integration dieser Bereiche im Kontext von Anerkennungsverweigerung und Verachtung.

Einen konzeptionellen Zugang zu einer solchen Analyse von Zukunftsvorstellungen bietet das von den US-amerikanischen Psychologen Hazel Markus und Paula Nurius in den 1980er Jahren im Rahmen ihrer Untersuchungen zu den Selbst- und Zukunftsvorstellungen von College-Studenten entwickelte *Possible-Selves*-Modell: »Possible selves represent individuals' ideas of what they might become, what they would like to become, and what they are afraid of becoming«.[2] Markus und Nurius unterscheiden demnach zwischen einem idealen Selbst (*would like to become*), einem realistischen oder möglichen Selbst (*might become*) und einem gefürchteten oder zu vermeidendem Selbst (*afraid of becoming*). An diese Unterscheidung anschließend untersuche ich in diesem Kapitel die Zukunftsträume, die Zukunftswege und die Zukunftsängste von Berliner Hauptschülern, wobei ich unter Zukunftswegen weniger abstrakte Selbsteinschätzungen als konkrete Schritte der Schüler nach Verlassen der Schule und ihre dabei gesammelten Erfahrungen betrachte. *Possible Selves* implizieren ein gewisses Maß an *Agency*, denn es handelt sich dabei um eine aktive Projektion des Selbst in Bezug auf mögliche zukünftige Aktivitäten.[3] Der Handlungsspielraum der Schüler wird dabei stark von den ihnen von der Gesellschaft zur Verfügung gestellten Handlungsoptionen begrenzt, von den Wegen, die ihnen versperrt, und den Türen, die ihnen verschlossen bleiben. In den Spannungen zwischen Zukunftsträumen, Zukunftsängsten und den letztlich eingeschlagenen Zukunftswegen enthüllen sich die von Machtverhältnissen durchzogenen Verhältnisse zwischen Individuum und Gesellschaft sowie die Dialektik von *Structure & Agency*. Aus diesem Grund bietet die Betrachtung von Zukunftsvorstellungen eine besonders aufschlussreiche Perspektive auf die Verschränkungen zwischen Prozessen der Identitätsbildung mit denen der Reproduktion von Ungleichheiten.

---

2   Markus/Nurius: Possible Selves, S. 954.
3   Eriksson: The Meaning of the Future, S. 352.

Zukunftsträume:
Familie – Beruf – gesicherte Existenz

Wenn Berliner Hauptschüler sich ihre Zukunft vorstellen, formulieren sie meist recht bescheidene Wünsche nach einer gesicherten Existenz. Ein sicherer Beruf, der hoffentlich Spaß macht, ein festes Einkommen, mit dem man sich kleine Annehmlichkeiten leisten kann, und eine eigene Familie, in der man sich gegenseitig liebt und viel Zeit miteinander verbringt – die Zukunftsträume vieler Hauptschüler klingen fast »spießig« oder »kleinbürgerlich«, sie scheinen seltsam aus der Zeit gefallen und sind doch gleichzeitig die Ausdrucksformen von sozialen Situationen, in denen die Sicherung grundlegender ökonomischer und sozialer Existenzbedürfnisse infrage steht. Die von mir interviewten Hauptschüler träumten keineswegs, wie viele gleichaltrige Gymnasiasten, von großen Weltreisen oder Auslandsabenteuern. Ihr dringendster und gleichzeitig am schwersten zu erreichender Wunsch ist der nach einem Ausbildungsplatz und einem daran anschließenden sicheren Arbeitsplatz.

Diese Schüler hoffen auf Anstellungen als Bankkauffrau oder Hotelfachfrau, als Kindergärtnerin, Krankenschwester oder Pflegerin, als Polizist oder Fachkraft für Sicherheit, als Computerprogrammierer, Koch, Kraftfahrzeug-Mechaniker oder Veranstaltungsmanager. Einige wenige wollen weiterhin zur Schule gehen, das Abitur machen und möglicherweise studieren. Auf der Basis eines gesicherten Einkommens planen sie – meist mit etwa 25 oder 27 Jahren – eine Familie zu gründen. Neben dem Kinderwunsch sehnen sich Jungen und Mädchen zumeist auch nach einer eigenen Wohnung und einem eigenen Auto, wobei einigen »ein kleiner VW« genügen würde, während andere von einem »großen Auto«, einem »BMW oder Mercedes« träumen, »weil das die besten Marken« seien: »Mit meinem Cousin reden wir auch so über Autos, dass er sich voll das teure Auto holen will. Und halt so in einer großen Firma arbeiten, wo man auch die Chance hat sich hochzuarbeiten, gut Geld verdienen und solche Sachen halt.« Der Wunsch nach dem Erwerb eines »teuren Autos« wird hier von einer in Kasachstan geborenen Lichtenberger Schülerin parallel zur erhofften Anstellung in einer »großen Firma« artikuliert. Das »teure Auto« steht symbolisch vor allem als Sinnbild für die ökonomisch gesicherte Existenz und die »große Firma« für eine auch in ökonomischen Krisenzeiten ungefährdete Anstellung sowie für firmeninterne Aufstiegsmöglichkeiten, also letztlich für Karrierechancen die Berliner Hauptschülern am Ende ihrer Schulzeit in der Regel verwehrt bleiben.

Viele Schüler orientieren sich bei ihren Berufswünschen an ihren Eltern oder Verwandten, vor allem wenn diese, wie bei Niklas, selbst in einer »großen Firma« arbeiten:

Niklas: »Ich hatte auch so meine Träume, zum Beispiel, wo ich mich hier bei *BMW* beworben habe, wo Papi auch arbeitet. Da hab ich dann auch gedacht, ›ach wär das schön, wenn du da auch wärst‹. Und dann halt schön Geld verdienen und dann halt ein paar Sachen so leisten, paar schöne Sachen: in Urlaub fahren oder eine schöne Wohnung, irgend sowas in die Richtung. Und vielleicht mal irgendwann eine Familie gründen. Oder bei *Porsche* genau das gleiche, da habe ich auch gedacht, es wäre doch schön, wenn man da jetzt endlich einmal eine schöne Ausbildung hätte und sich dann auch mal auf was anderes konzentrieren könnte. Also, manchmal ist es ja so, du musst immer zu den Tests hin und her und da hast du keine richtige Zeit mehr für Schule oder so. Aber manchmal träumt man da schon so ein bisschen, wenn man da sieht, ja cool, jetzt arbeite ich halt in so einem großen Unternehmen und habe da vielleicht auch so meine Zukunft.«

Die bekannten deutschen Autohersteller *BMW* und *Porsche* werden in dieser Passage als sichere Arbeitgeber, als zukunftsträchtige Institutionen mit Bezug zur eigenen Familie imaginiert. Bei »Papi« handelt es sich um den Stiefvater von Niklas, sein biologischer Vater ist aufgrund einer bei einem Motorradunfall zugezogenen Querschnittslähmung nicht mehr arbeitsfähig. In Niklas' Ausspruch »ach wär das schön« schwingt bereits die Melancholie eines fernen, aber leider unerreichbaren Wunschbildes mit, denn – wie die meisten Hauptschüler – hat er bei den Einstellungstests großer Firmen kaum eine Chance. Das »schöne« Leben, welches er sich in einer Art Tagtraum ausmalt, umfasst die Erfüllung von Konsumwünschen, die Möglichkeit, in den Urlaub zu fahren, sich eine eigene Wohnung leisten zu können und schließlich die Gründung einer eigenen Familie. Niklas träumt von jenen Dingen, deren Vorenthaltung ihm als Mangel erscheint: Seiner Familie fehlen die finanziellen Ressourcen für Urlaubsreisen und ihm das Geld für eine eigene Wohnung oder teurere Konsumgüter, zudem leidet er zum Zeitpunkt des Interviews nicht nur darunter, keinen Ausbildungsplatz zu haben, sondern auch daran, keine Freundin zu finden.

Eine Zukunft zu haben, bedeutet für Niklas, nicht mehr den mit der Suche nach einem Ausbildungsplatz verbundenen beständigen Druck zu verspüren. Dieser äußert sich in Formen von zeitlicher und psychischer Belastung: Zum einen bedeutet das Schreiben von Dutzenden Bewerbungen und die Anreise zu Einstellungstests und Bewerbungsgesprächen in Berlin und dem Berliner Umland, dass für andere Tätigkeiten wie Schule oder Freizeit weniger Zeit bleibt. Zum anderen ist die gerade für Hauptschüler zumeist mit Misserfolgen verbundene Ausbildungsplatzsuche häufig mit negativen psychischen Begleiterscheinungen wie Alpträumen und Depressionen verbunden. Wie stark dieser Druck empfunden wird, lässt sich anhand der folgenden Aussage eines anderen Lichtenberger Hauptschülers erahnen:

Eric: »Wichtig ist mir ein festes Einkommen. Vielleicht später eine kleine Familie. Einfach keine Angst mehr. Wohlstand halt, dass es einem gut geht und man sich halt um nichts mehr wirklich Sorgen machen muss. So wie wenn man kein Geld hat und sehen muss, das man überlebt.«

Auch in diesem Fall meint »Wohlstand« weniger Reichtum, sondern bescheidenere Wünsche nach einer durch ein festes Einkommen und familiäre Geborgenheit gesicherten ökonomischen und sozialen Existenz. Die Ängste und Sorgen dieses Schülers wirken besonders existentiell, da sie sein nacktes Überleben zu betreffen scheinen. Sie werden verständlicher und gleichsam bedrückender, wenn man berücksichtigt, dass Eric im Heim wohnt, da seine Mutter früh verstorben und der Kontakt zu seinem Vater abgebrochen ist.

Für Berliner Hauptschüler migrantischer Herkunft, mit denen ich gesprochen habe, spielt – von zwei Ausnahmen abgesehen[4] – eine dauerhafte Rückkehr in die Heimat keine Rolle in den eigenen Zukunftsplänen. Sie sind in Deutschland zur Schule gegangen, imaginieren hier ihre Zukunft und sehen sich mit den Zumutungen des deutschen Bildungs- und Ausbildungssystems konfrontiert. Soziologische Gegenwartsautoren wie Ulrich

---

4 Eine Neuköllner Schülerin zog nach der Schule in den Libanon, da sie sich dort bessere Berufsperspektiven versprach. Ihre Schulfreundin heiratete ein Jahr nach dem Schulabschluss ihren Verlobten in Jordanien und begleitete ihren Ehemann anschließend nach Dubai. Als ich das letzte Mal von ihr hörte, war sie kurzzeitig zurück in Berlin, da sie ihr Kind in Deutschland und in der Nähe ihrer Eltern zur Welt bringen wollte.

Beck[5] und Peter Berger[6] kritisieren dagegen ein nationalstaatliches Verständnis sozialer Ungleichheit, sie wenden sich gegen einen »methodischen Nationalismus«, dessen Blick verborgen bleibe, dass soziale Positionen und Ungleichheitslagen sich im Zeitalter der Globalisierung zunehmend im Weltmaßstab herstellen. Zu den sozialen »Aufsteigern« gehören in dieser Perspektive auch jene Migranten, die transnationale familiäre Bindungen als Ressource einsetzen können. Diese an sich begrüßenswerte »Neuvermessung« der Ungleichheit erscheint leider mitunter so kosmopolitisch, dass sie für Deutschland von einem »im historischen und internationalen Vergleich nach wie vor bemerkenswert hohen Niveau materiellen Wohlstandes und sozialer Sicherung«, von einem »Fahrstuhleffekt« nach oben und einem »allgemeinen Niveauanstieg« ausgeht.[7] Für Berliner Hauptschüler mit Migrationshintergrund, die häufig auf vielfältige Weise Kontakt zu ihren Familienangehörigen im Herkunftsland halten und dabei auch die Armut im Herkunftsland der Eltern registrieren, bedeuten die transnationalen Vernetzungen jedoch zumeist keine grundlegende Veränderung der negativen Wahrnehmung ihrer sozialen Lage in Deutschland. Mehr noch: Ihr Fahrstuhl ist nicht nach oben gefahren, denn Ausbildungschancen bleiben ihnen häufig vorenthalten, von materiellem Wohlstand träumen sie lediglich und soziale Sicherung begegnet ihnen vor allem in Hartz-IV-Albträumen.

Gleichsam ist das Herkunftsland der Eltern als Reise- oder Sehnsuchtsort in ihren Imaginationen präsent. Junge Migranten träumen von ihren Freunden, Verwandten oder Verlobten, die sie häufig bei ihrer Ausreise nach Deutschland zurücklassen mussten. Vor allem bei Vertriebenen und Bürgerkriegsflüchtlingen vermischt sich diese Nostalgie häufig mit Sorgen um das Wohlergehen der Zurückgebliebenen, wie das folgende Narrativ eines kurdischen Flüchtlings veranschaulicht:

Brahim: »Ab und zu, wenn mir langweilig ist, denke ich, dass ich seit acht Jahren nicht mehr in Syrien war. Da würde ich gerne mal meine Oma besuchen, aber sie ist leider vor einem Jahr gestorben. Ich habe immer davon geträumt, dass ich sie mal wieder besuchen kann, aber es hat leider nicht geklappt.«

---

5 Vgl. Beck: Die Neuvermessung der Ungleichheit unter den Menschen.
6 Vgl. Berger/Weiß (Hg.): Transnationalisierung sozialer Ungleichheit.
7 Vgl. Berger: Soziale Unterschiede auf hohem Niveau.

Im Zustand der Langeweile, in jenen Momenten in denen Brahim dem Alltag für einige Momente entrissen scheint, stellt er sich einen Besuch bei seiner mittlerweile verstorbenen Großmutter vor. In einem kurzen, wehmütigen Tragtraum imaginiert er das, was zwar vorstellbar, aber doch nicht realisierbar erscheint.[8] Ein Tagtraum bedeutet in dieser Lesart eine vorübergehende Befreiung von den Anforderungen des »Realitätsprinzips«, womit der Psychoanalytiker und Traumdeuter Sigmund Freud die Logik von bewussten und kontrollierten Lebensäußerungen bezeichnet. Auffallend an dieser kurzen, auf Erinnerungen an die Kindheit in Syrien basierenden Traumnarration erscheint jedoch nicht nur die temporäre Suspendierung, sondern die gleichzeitige Dominanz des Realitätsprinzips, denn letztlich überwiegt trotz aller mitschwingenden Wehmut im Bericht eine sachliche Einschätzung der Gegebenheiten. Freud begriff Träume als Ausdrucksformen von unterdrückten Wünschen, wobei er die Sorge um das Leben oder Träume vom Tode eines Familienmitgliedes vor dem Hintergrund einer ödipedalen Grundkonstellation als heimliche Wünsche nach dem Tode dieser geliebten Person interpretierte.[9] Hinter Brahims Traum steckt dagegen wohl kaum der Wunsch nach dem Tod der »Oma«, vielmehr eröffnet sich ein durch die Migrationssituation bedingter Imaginationsraum, in dem die verstellte Möglichkeit, die Großmutter vor ihrem Tode noch einmal zu sehen, in kurzen Tagträumen imaginär überwunden wird.

Sucht man nach den am häufigsten verborgenen Wünschen in den Zukunftsträumen von Berliner Hauptschülern, wird man schnell fündig: sowohl ethnisch deutsche als auch migrantische Hauptschüler sehnen sich überwiegend nach familiärer Geborgenheit und beruflicher Sicherheit, nach einem Leben in Wohlstand und frei von Existenzsorgen. In diesen Wunschstrukturen spiegeln sich gleichzeitig soziale Strukturen wider, denn Hauptschüler träumen vor allem von den Dingen, die ihnen weitgehend vorenthalten werden: gute Arbeitsplätze, stabile Familienverhältnisse und ökonomische Sicherheit. Es deutet sich also bereits an, dass viele dieser, relativ bescheiden anmutenden Zukunftsträume unerfüllt bleiben werden. Um den möglichen Konflikten zwischen dem erwünschten und dem realistischen

---

8 Vgl. Schiffauer: Transnationale Solidaritätsgruppen, Imaginäre Räume, Irreale Konditionalsätze, S. 164.
9 Freud: Die Traumdeutung, S. 254ff.

Selbst nachzuspüren, werde ich als nächstes darstellen, wie die von mir begleiteten Berliner Hauptschüler die ersten Monate nach Verlassen der Schule erlebt haben.

ZUKUNFTSWEGE: MISSERFOLGE UND DEMÜTIGUNGEN

Die Auseinandersetzung mit der beruflichen Zukunft beginnt für Hauptschüler bereits während der Schulzeit im Rahmen von berufsorientierenden Maßnahmen sowie der Suche nach einem unbezahlten Schülerpraktikum in der neunten und zehnten Klasse. Nach dem Verlassen der Schule folgt die Suche nach einem Arbeits- oder Ausbildungsplatz, welche in der Regel erfolglos bleibt, sodass die meisten Schüler entweder auf die Überbrückungsangebote von Oberstufenzentren und Jobcentern angewiesen sind oder sich ganz aus dem System staatlicher »Fürsorge« zurückziehen. Zu diesem – hier stark vereinfacht skizzierten – typischen Transitionsprozess von der Hauptschule in das »Berufsleben« gibt es immer wieder Ausnahmen, beispielsweise wenn einzelne Schüler das Abitur anstreben. Die Mehrzahl der Lichtenberger, Neuköllner und Weddinger Hauptschüler, die mir im Verlauf meiner Forschung begegneten, gingen jedoch einen solchen Weg, dessen außerschulische Wegmarken scheiternde Bewerbungen, erfolglose Praktika und gefürchtete Termine im Jobcenter bildeten und den ich mit Blick auf die Selbstwahrnehmungen der Schüler etwas genauer nachzeichnen möchte.

Dafür kehren wir zunächst noch einmal in die Anna-Seghers-Schule zurück, wo an jedem Montag das Fach »Berufsorientierung« nach dem gemeinsamen Frühstück mit einer Doppelstunde auf dem Stundenplan stand.

Feldtagebuch: Als Hausaufgabe sollten die Schüler in dieser Woche einen Lebenslauf mitbringen, was jedoch nur drei Schüler getan haben. Als Frau Schnur darauf hin die Wichtigkeit des Lebenslaufes für eine erfolgreiche Bewerbung betont, wird dies von den Schülern mit Bemerkungen wie »ich kann ihnen doch nicht meinen Liebeslauf abgeben« oder »das braucht dich nicht zu interessieren, ob ich einen Job bekomme« kommentiert. Die drei Schüler und Schülerinnen, die einen Lebenslauf mitgebracht haben, werden von der Lehrerin gelobt und von einer Gruppe männlicher Schüler lautstark ausgebuht. Frau Schnur mahnt zu Disziplin und erzählt von Esma als mahnendem Beispiel, einer Mitschülerin, die kürzlich bei einem Bewerbungsgespräch in einer Arztpraxis nicht erfolgreich war, da auf ihrem Zeugnis zwei Fehltage und einige Verspätungen entdeckt wurden.

Die meisten Schüler hatten, wie in fast jeder Stunde, ihre Hausaufgaben nicht erledigt und die wenigen, die einen Lebenslauf mitgebracht hatten, wurden von einer Gruppe schulresistenter Jungen verbal attackiert. Der Lebenslauf kann als eines der zentralen Instrumente des »unternehmerischen Selbst« angesehen werden – einem Begriff, mit dem der Soziologe Ulrich Bröckling das Bündel der am ökonomischen Leitbild ausgerichteten Deutungsschemata der Gegenwartsgesellschaft beschreibt.[10] Die Herstellung marktförmiger Biografien gilt als einer der zentralen Imperative des mit dem »unternehmerischen Selbst« verbundenen Subjektivierungsregimes. Der Lebenslauf fungiert in diesem Kontext als ein Mittel der Selbstvergewisserung sowie als ein möglicher Schlüssel zum erfolgreichen Berufsweg. Das Unterrichtsfach »Berufsorientierung« dient hier der Propagierung einer am Verhaltensmodell des Unternehmers orientierten Lebensführung, welche durch Selbstverantwortung, Kreativität, Eigeninitiative und Durchsetzungsvermögen gekennzeichnet ist.[11] Angesichts ihrer nahezu aussichtslosen Lage auf dem Ausbildungsmarkt wirken die Erfolgsverheißungen des »unternehmerischen Selbst« für Hauptschüler jedoch wie blanker Hohn. Der schriftliche Lebenslauf erscheint unter diesen Voraussetzungen als ein Dokument ihres drohenden beruflichen Scheiterns und der darauf zu verzeichnende zu erwartende Schulabschluss als dessen vorweggenommene Signatur. Vor diesem Hintergrund erschließt sich die geringe Motivation der Schüler, einen Lebenslauf anzufertigen.

Die Schüler reagieren auf die doppelt unangenehme Situation, eine schamvolle Hausaufgabe aufgetragen zu bekommen und diese nicht erledigt zu haben, auf unterschiedliche Weise: Einer der Schüler reagiert mit Ironie, indem er die Wörter »Lebenslauf« und »Liebeslauf« absichtlich verwechselt, wobei er impliziert, dass sein »Liebeslauf« deutlich ausführlicher und erfolgreicher sei als sein »Lebenslauf«. Ein anderer Schüler, der im Übrigen deutlich erkennbar unter den Folgen des Todes seines Vaters leidet, reagiert trotzig und wütend. Er scheint zu ahnen, dass er kaum Aussichten auf einen Ausbildungsplatz hat, und lehnt doch gleichzeitig die als

---

10 Bröckling: Das unternehmerische Selbst, S. 7.
11 Ebd., S. 74 ff.

demütigend empfundenen Hilfsbemühungen und das Mitleid der Lehrerin ab. Stattdessen buht er diejenigen Schüler aus, welche den Forderungen der Lehrerin nachgekommen sind und einen Lebenslauf angefertigt haben. Die Lehrerin wiederum versucht durch den Bericht von Esmas scheiterndem Bewerbungsgespräch den Schülern einerseits Hoffnung für ihre eigenen Bewerbungsversuche zu machen und sie gleichzeitig zu mehr Disziplin zu ermahnen. Dabei bleibt letztlich unklar, ob Esmas Misserfolg allein an den im Vergleich zu ihren Mitschülern eher geringen Fehlzeiten liegt oder sich auch auf andere negative Einflussfaktoren zurückführen lässt.

Einige Monate später, an einem Montag gegen Ende des zehnten Schuljahres, beginnt das Fach »Berufsorientierung«, kurz »BO« genannt, mit folgender Szene:

Feldtagebuch: Zu Beginn der Stunde fragt Frau Schnur, wofür denn die Abkürzung »BO« stehe, doch die Antwort lässt eine Weile auf sich warten. Frau Schnur nutzt dies zu einem düsteren verbalen Rundumschlag: Sie erzählt von den vielen Schülern, die in den letzten Monaten »weggebrochen« oder »fast weggebrochen« wären, prophezeit, dass »maximal drei Schüler« das Probehalbjahr auf dem OSZ bestehen werden, dass alles »ziemlich traurig« sei und dass Hartz IV »kein Beruf« sei. »Aber man kriegt Geld«, antwortet ihr einer der Schüler. Ein anderer fragt, warum er einen »Abgang« bekomme, das höre sich so negativ an. Frau Schnur erläutert darauf hin, dass er den einfachen Hauptschulabschluss ja schon mit dem Bestehen der 9. Klasse erworben habe und den erweiterten, also das Bestehen der 10. Klasse, nicht geschafft habe und deshalb nur einen »Abgang« erhalte: »Ich frage mich, warum manche von euch nicht nach der Neunten abgegangen sind, denn eigentlich seid ihr ein Jahr umsonst zur Schule gegangen.« Anschließend lässt Frau Schnur an jeden Schüler Hefte des Ausbildungsmagazins »Planet Beruf« austeilen und beginnt daraus vorzulesen, doch viele Schüler scheinen wenig motiviert, ihr zu folgen und stören so lange den Unterricht bis Frau Schnur entnervt aufgibt: »Eigentlich interessiert euch das einen Scheißdreck! Was wollt ihr denn mal arbeiten?« Einige Schüler rufen zunächst »Baustelle« oder »Saubermachen«, doch als Frau Schnur fragt, ob sie das ihr »ganzes Leben« machen wollen, antwortet einer von ihnen: »Nein, wozu bin ich an der Schule.«

Die Lehrerin eröffnet die Unterrichtsstunde mit der rhetorischen Frage nach der Bedeutung der Abkürzung »BO«. Sie will die Schüler aufrütteln und sich mit dem folgenden Monolog gleichsam selbst vom eigenen Frust über die trostlosen Zukunftsaussichten ihrer Schüler, die sie fast alle seit dem siebten Schuljahr als Klassenlehrerin betreut, emotional befreien. Mit den Schülern, die »weggebrochen« oder »fast weggebrochen« sind, meint sie diejenigen, die in den letzten Monaten und Wochen kaum oder nur noch selten zum Unterricht erschienen waren, weshalb in der BO-Stunde mittlerweile etwa die Hälfte der Plätze leer bleiben. Die Bemerkung eines Schülers, dass man für Hartz IV wenigstens Geld erhalte, ist besonders aufschlussreich, denn sie wurde von demselben Schüler artikuliert, der am Ende der Szene andeutet, dass er eigentlich genau deshalb zur Schule gehe, um später einmal einen qualifizierten Beruf ausüben zu können. Die scheinbare Widersprüchlichkeit der Antworten lässt sich nur unter Berücksichtigung der Kommunikationssituation im Klassenraum verstehen: Die Bemerkung der Lehrerin konfrontiert die Schüler bereits mit der Erwartung, diese würden Hartz IV als Beruf betrachten. Ein Schüler könnte nun – hypothetisch – zum einen reagieren, indem er darauf hinweist, wie viel Angst er vor Hartz IV habe und dass er gerne einen besseren Schulabschluss erwerben würde, um diesem Schicksal zu entgehen. Dieser Schüler würde damit jedoch genau auf die gezielte Provokation der Lehrerin eingehen, auf ihren verbalen Trick, um die Schüler zu mehr Engagement zu bewegen. Statt auf diese Weise zum Verlierer im Spiel der gegenseitigen Provokationen zu werden, entscheidet sich der Schüler in dieser Szene stattdessen dafür, die aufbrausende Lehrerin mit der Bemerkung, mit Harz IV erhalte man wenigstens Geld, weiter anzustacheln. Die Antwort des Schülers bedeutet also nicht, wie in vergleichbaren Szenen häufig vorschnell vermutet wird, dass er es sich in einem Leben in staatlicher Abhängigkeit bequem zu machen gedenkt, sie verbirgt vielmehr das genaue Gegenteil. Hartz IV gilt, wie wir in den folgenden Abschnitten noch sehen werden, für diesen wie auch für die Mehrzahl seiner Mitschüler als ein Schreckbild für der eigenen Zukunft, als der Zukunftsweg, der einerseits am wahrscheinlichsten erscheint und andererseits unbedingt vermieden werden soll.

Auch die Antworten auf die provozierende Frage, was die Schüler eigentlich werden wollen (»Baustelle«, »Saubermachen«), sollten in ähnlicher Weise verstanden werden, denn die jeweiligen Schüler wissen – wie ich in Gesprächen mit ihnen erfahre – von ihren Eltern, Verwandten und Bekannten nur allzu gut, dass auf Berliner Baustellen kaum noch attraktive Arbeitsplätze zur Verfügung stehen und dass eine Anstellung als Reinigungskraft selten ein zufriedenstellendes Berufsleben ausmacht. In ihren

Zukunftsträumen stellen sich die Schüler, wie bereits gesehen, vielmehr einen Beruf vor, der ihnen sowohl Spaß macht als auch einen bescheidenen Wohlstand ermöglicht. Gleichzeitig wird den Schülern spätestens im Verlauf des zehnten Schuljahres immer wieder vor Augen geführt, dass sie ihre Zukunftsträume auf Basis eines Berliner Hauptschulabschlusses kaum verwirklichen können. In der eben beschriebenen Szene wird ihnen darüber hinaus nicht nur ihr schlechter Schulabschluss, sondern der komplette Besuch des letzten Schuljahres von der Lehrerin als biografischer Fehler vorgehalten. Erstaunlich erscheint dies insbesondere deshalb, da die Lehrerin anscheinend selbst weder dem Aufstiegsversprechen des deutschen Schulsystems zu glauben, noch ihren eigenen Lehrmethoden und Motivationsstrategien zu vertrauen scheint. Hauptschüler, die einen solchen Schul-»Abgang« erhalten – bei der Zeugnisvergabe heißt es später euphemistischer »ein Zeugnis für ...« – werden also erneut in mehrfacher Weise gedemütigt: zunächst dafür ein Hauptschüler zu sein und anschließend dafür die Hauptschule nicht erfolgreich abgeschlossen zu haben. Die ideologischen Botschaften des Ausbildungsmagazins »Planet Beruf«, welche ich im letzten Kapitel noch genauer analysieren werde, werden zwar im Unterricht noch verlesen, ihnen wird aber kein Gehör mehr geschenkt, denn sie haben für diese Schüler bereits ihre Glaubwürdigkeit verloren.

Die Schüler sind zu diesem Zeitpunkt bereits durch ihre Versuche einen unbezahlten Praktikumsplatz für die während der neunten und zehnten Klasse an den meisten Berliner Hauptschulen obligatorischen Schülerpraktika mit der Stigmatisierung des Hauptschulabschlusses auf dem Arbeitsmarkt konfrontiert worden. Veranschaulicht wurde dies bereits im vorigen Kapitel an Aysels vergeblichen Versuch einen unbezahlten Praktikumsplatz bei der einer Bank zu erhalten. Aysel absolvierte ihr Praktikum schließlich in einem nahe gelegenen Tele-Café, einem in der Regel vor allem von Migranten genutzten Ort, um Verwandte oder Bekannte außerhalb Deutschlands telefonisch zu erreichen. Ihre Mitschüler und Mitschülerinnen an der Anna-Seghers-Schule verbrachten ihre Praktika unter anderem in Kindergärten, Friseursalons und Imbissstuben.

Die betreuenden Lehrer äußerten sich im Verlauf der Praktikumssuche mehrfach abfällig über Praktikumsanbieter dieser Art, denen sie unseriöse oder sogar illegale Geschäfte unterstellten. Als ein Schüler der Anna-Seghers-Schule ankündigte, er werde sein Praktikum bei einem Autohändler absolvieren, unterstellte ihm Frau Mischke, dies wäre doch »nur

Schwarzmarkt« und als ein Schüler in der Parallelklasse von seinem Praktikum in einem Café berichtete, äußerte Frau Schnur den Verdacht, dort würden lediglich »krumme Geschäfte« gemacht. Jedoch blieben den Schülern prestigeträchtigere Praktikumsplätze aufgrund ihrer Schulzugehörigkeit sowie ihrem Migrationshintergrund weitgehend verwehrt. Gleichzeitig wirkte die Sorge der Lehrer vor einer kriminellen Karriere ihrer Schüler nicht gänzlich unberechtigt, denn einige Schüler der Anna-Seghers-Schule schienen fraglos in illegale Aktivitäten verwickelt zu sein, deren Ausmaß von Ladendiebstählen bis zu Banküberfällen reichte. Vor allem aufgrund mangelnder Chancen auf dem legalen Arbeitsmarkt droht – wie sich in folgendem Dialog erahnen lässt – einigen, vor allem den schulresistenten männlichen Schülern, eine kriminelle Laufbahn.

Frau Schnur: »Was tuschelt ihr denn da?«
Imad: »Geld ist im Spiel.«
Frau Schnur: »Ihr denkt doch nur daran, schnell das große Geld zu machen. Das kann nichts Gutes sein. Wie wollt ihr das Geld denn machen?«
Imad: »Mit krummen Dingern, das darf ich nicht weiter verbreiten.«
Frau Schnur: »Mit solchen Dingern kommt man auf die krumme Bahn.«
Imad: »Und dann fährt man mit der Bahn weiter.«
Frau Schnur: »Dann lass wenigstens Mohamad in Ruhe, in ihm steckt noch ein Fünkchen Gutes.«
Imad: »Warten Sie noch zwei Wochen, dann ist er so wie ich.«
Frau Schnur: »Wenn er bei dir in die Lehre geht bestimmt.«

Die Szene, welche ich im Klassenraum der Anna-Seghers-Schule beobachtete, beginnt zunächst mit einem Spiel von gegenseitigen Zuschreibungen: Die Lehrerin, welche den männlichen Schülern regelmäßig eine Zukunft als Kleinkriminelle und den Schülerinnen eine als Hausfrau und Mutter prophezeit, vermutet im heimlichen Flüstern männlicher Schüler mit arabischen Migrationshintergrund von vornherein nichts Gutes. Der Schüler nimmt diesen gegen ihn im Raum stehenden Verdacht auf und artikuliert das implizite Vorurteil der Lehrerin. Unabhängig vom eigentlichen Gesprächsanlass zwischen ihm und seinem Banknachbarn Mohamad entspannt sich daraufhin ein »gespielter« Dialog zwischen ihm und der Lehrerin. Diese reagiert prompt auf die Bestätigung ihres Verdachts und konkretisiert ihre negativen Vorannahmen, indem sie den Schülern Geldgier unterstellt, wobei sie im Plural spricht und Mohamad somit implizit einbezieht. Die Zuschreibungen steigern sich im folgenden Wortwechsel in dramatischer Weise: Von den »krummen Dingern«, gemeint sind illegale Aktivitäten, geht es weiter zur »krummen Bahn«, auf der man immer weiter fährt und in dessen Bann auch die Mitschüler gezogen werden, bis schließlich auch deren letztes »Fünkchen Gutes« verloschen ist.

Unter Berücksichtigung der beschriebenen Schwierigkeiten für Hauptschulabgänger, einen Ausbildungsplatz zu erhalten, verdeutlicht der mehrfach auftretende Verweis auf eine Krümmung (»krumme Dinger«, »krumme Bahn«), dass diesen Schülern ein »gerader« Karriereweg im Sinne eines erfolgreichen Eintritts in das Berufsleben nach dem Ende der Schulzeit weitgehend verwehrt bleibt. Das Wort »Lehre«, üblicherweise als Bezeichnung für eine betriebliche Ausbildungsphase während des Übergangs von der Schule in das Berufsleben verwendet, wird dabei im Sinne einer Ausbildung krimineller Instinkte und Fertigkeiten umgedeutet. Der Dialog wirkt noch beunruhigender, wenn man berücksichtigt, dass Imad zwar einerseits den Kriminellen in dieser Szene nur spielt, andererseits aber außerhalb der Schule bei den »Bandidos« aktiv ist, einer berüchtigten, in den 1960er Jahren in den USA zunächst als Motorradgang gegründeten Gruppe, die mittlerweile im Berliner Rotlicht- und Drogenmilieu aktiv ist und zunehmend junge Migranten rekrutiert.

Nach Verlassen der Schule und der anschließenden Suche nach einem Ausbildungsplatz müssen sich viele Berliner Hauptschüler bereits von ihren Zukunftsträumen verabschieden. Manche Schüler, wie Marco, der eigentlich Koch werden wollte, verzichten bereits von vornherein auf eine Bewerbung, da sie voraussahnen, mit ihren Noten und ihren Schulabschlüssen keine realistische Chance auf einen Ausbildungsplatz zu haben. Marcos ehemalige Neuköllner Mitschülerin Angelika, die gute Abschlussnoten sowie einen Realschulabschluss vorweisen kann, schreibt dagegen 75 Bewerbungen, um ihren Traum, eine »sehr gute Hotelfachfrau« zu werden, verwirklichen zu können. Obwohl sie daraufhin bei fünf Hotels zu einem Vorstellungsgespräch eingeladen wird, erhält auch sie keinen Ausbildungsplatz:

Angelika: »Ich glaube, das lag an den Leuten, dass es nicht geklappt hat. Die waren so anstrengend und haben so dagesessen (setzt sich mit verschränkten Armen hin und lehnt sich zurück). Die haben immer gesagt ›ja‹, ›ja‹, ›sehr gut‹, ›ich weiß nicht‹ und so. Das waren einfach komische Leute, die waren überhaupt nicht locker drauf.

Manche waren gute Hotels, 5-Sterne-Hotels, 4-Sterne-Hotels – ist doch klar, welche Leute da sind. Egal, ich habe da trotzdem eine Woche Probepraktikum gemacht, eine Woche ausgenutzt.«

Angelika nimmt ihren Misserfolg bei der Ausbildungsplatzsuche nicht als Folge gesellschaftlicher Ausschlussmechanismen wahr, sondern rechnet ihn den Personen zu, bei denen sie sich im Bewerbungsgespräch vorgestellt hat. Klassenbedingte Unterschiede scheinen dabei eher indirekt, in Form unterschiedlicher Habitusformen, wirksam zu werden. Angelika fühlt sich nicht zugehörig zur prunkvollen Welt luxuriöser Hotels, deren Vertreter sie als steif, abweisend und unverbindlich wahrnimmt. Deren offiziöse Art zu Sitzen, ihre abweisende Körperhaltung sowie ihre floskelhaften Aussagen empfindet sie als unangenehm und unehrlich. Vonseiten des Hotels erhält Angelika keine Angaben über die Gründe für ihre letztlich nicht bestandene Probezeit. Für sie scheint es so, als hätte sie von vornherein keine Chance gehabt und sollte lediglich als kostenlose Arbeitskraft vorübergehend »ausgenutzt« werden.

Wie schwierig es für Berliner Hauptschulabgänger sein kann, einen Ausbildungsplatz zu finden, wurde bereits am Anfang des Kapitels an der vom Sozialarbeiter Lotringer berichteten Aussage deutlich, der zufolge an der Anna-Seghers-Schule in Berlin-Wedding in den zehn Jahre vor seiner Einstellung kein Absolvent einen Ausbildungsplatz erhalten habe. Zwar konnte er seitdem in den letzten drei Jahren jeweils etwa zwei bis drei Schülern pro Abschlussjahrgang einen Ausbildungsplatz vermitteln, doch ändert dies nichts an der generell schwierigen Lage von Hauptschülern auf dem Arbeits- und Ausbildungsmarkt:

Herr Lotringer: »Wir haben einen Schüler ins duale System in eine Tischlerausbildung gebracht. Das ist schon ein Kuckucksei. Das gelingt normalerweise überhaupt nicht, normalerweise nimmt kein Handwerksmeister einen Schüler mit erweitertem Hauptschulabschluss und Migrationshintergrund. Es ist auch überhaupt nur über den Hausmeister hier gelungen, also eine Tischlerfirma, die hier sehr viele Aufträge in der Schule kriegt. Die haben wir so ein bisschen unter Dampf gesetzt und gesagt: ›Wir haben da einen‹. Der hat dann erst einmal Praktikum gemacht, hat sich dann da aber auch bewährt. Dass er überhaupt ein Praktikum machen konnte, ist schon eine Sensation und dann haben wir gesagt ›hier und so‹ und dann haben die den genommen. Wir haben natürlich nicht gesagt, wenn ihr den nicht nehmt, bekommt ihr keine Aufträge mehr, aber ihr müsst jetzt schon auch mal was für uns tun. Und dann haben sie ihn genommen!«

Herr Lotringer scheint sichtlich stolz auf seine geschickte Strategie der sanften Erpressung, mit deren Hilfe er einem der Absolventen der Anna-Seghers-Schule einen Ausbildungsplatz in einer Tischlerfirma vermitteln konnte, die häufig zu Handwerksarbeiten in die Schule bestellt wird. Der Hauptschulabschluss und der Migrationshintergrund werden von ihm als sich gegenseitig verstärkende Haupthindernisse bei der Suche nach einem Praktikums- oder Ausbildungsplatz angeführt und die Gewährung einer, in diesem Fall ernst gemeinten, Probezeit bereits als »Sensation« gefeiert. Die Verwendung des Wortes »Kuckucksei«, das umgangssprachlich für die Unterschiebung eines falschen Kindes verwendet wird, deutet darauf hin, dass Hauptschüler auch von ihm nicht als natürliche und legitime Anwärter auf dem Arbeitsmarkt angesehen werden, sondern nur in besonderen Ausnahmefällen einen Ausbildungsplatz erhalten. Im Schuljahr 2008/09 galt dies für zwei Schulabgänger der Anna-Seghers-Schule, neben dem hier geschilderten Fall noch für eine Schülerin, die eine Ausbildungsstelle als Sprechstundenhilfe bei einem Frauenarzt erhielt, der eine fremdsprachenkundige und migrationserfahrende Verstärkung für seine Arztpraxis suchte.

Zusätzlich verschlechtert wird die ohnehin schwierige Situation von Hauptschülern auf dem Arbeitsmarkt durch die Auswirkungen der seit 2007 einsetzenden Finanzkrise, die ein Lichtenberger Hauptschüler im Jahr 2009, ein Jahr nach Verlassen der Schule, wie folgt einschätzt:

Niklas: »Ich hoffe noch auf einen Ausbildungsplatz, aber manchmal glaube ich es nicht mehr so richtig. Wegen der Finanzkrise und so. Ich finde, es ist jetzt schwieriger geworden. Die sagen zwar immer Ausbildungsplätze sind davon nicht betroffen, halt so im Fernsehen die Nachrichten, aber man merkt es trotzdem irgendwie. Es gibt einfach weniger Angebote. Man guckt immer nach und findet nicht mehr so viele Adressen wie vor einem Jahr. Ich habe das Gefühl, dass es damals mehr Angebote waren, aber vielleicht ist das auch nur eine Täuschung. Also, es war generell nie viel gewesen, aber irgendwie ist es jetzt noch weniger. [...] Ich hatte jetzt wieder ein Bewerbungsgespräch und danach drei Wochen Probepraktikum in einem Maschinenlager. Aber die haben sich danach einfach nicht mehr bei mir gemeldet. Ich habe dann mal angerufen und nachgefragt und dann haben sie halt gesagt, es sieht schlecht aus wegen wirtschaftlicher Gründe. Da habe ich gemerkt, es ist halt jedes

Mal wieder das Gleiche. Und da verliert man halt so ein bisschen die Hoffnung. Man strengt sich an und irgendwie kommt nichts dabei raus, weil jedes Mal die Betriebe eine andere Ausrede haben. Das läuft immer gleich ab.«
S.W.: »Glaubst du, es war eine Ausrede mit den ›wirtschaftlichen Gründen‹ oder dass es stimmte?«
Niklas: »Ich glaube schon, dass es stimmt, weil man hat auch gemerkt, es war nicht so viel zu tun, als ich da war. Man hat zwar gearbeitet, aber sie hatten nicht so viel zu tun, wie es vielleicht normal ist.«

Die Finanz- und die ihr folgende Wirtschaftskrise machen sich für Niklas zunächst durch eine Verringerung der ohnehin wenigen Stellenangebote, auf die er sich bewerben könnte, bemerkbar. Zusätzlich spürt er bei einem Praktikum die geringere Auslastung der Betriebe, was seine Chancen auf einen Verbleib im Betrieb weiter verringert. Niklas wird, wie zuvor bereits Angelika, in seiner ohnehin schwierigen ökonomischen Lage von potentiellen Arbeitgebern respektlos behandelt, indem diese ihn ohne ein anschließendes Gespräch wochenlang unentgeltlich arbeiten lassen. Trotz schwindenden Glaubens versucht Niklas zu Beginn der zitierten Passage die Hoffnung auf einen Ausbildungsplatz aufrecht zu erhalten, doch nach der Schilderung eines erneuten Misserfolges fällt ihm dies zunehmend schwerer. Die Hoffnung zu verlieren, würde für Niklas bedeuten, sich und seinen Traum von einem glücklichen Leben, von einem gesicherten Arbeitsplatz, einer Familie und der Erfüllung von Konsumwünschen aufzugeben.

Niklas empfindet seine Situation als arbeits- und ausbildungsloser Schulabgänger als Mangel und sieht das Erreichen eines Ausbildungsplatzes als erstrebenswert an. Niklas nimmt das dominante Leistungs- und Arbeitsimperativ der Gesellschaft in seinen Selbstentwurf auf, wird jedoch gleichzeitig durch gesellschaftliche Ausschlussmechanismen daran gehindert, die erforderlichen Schritte zur Realisierung dieses Selbstentwurfes zu gehen. Über die Gründe für seinen bisherigen beruflichen Misserfolg spekuliert er in der folgenden Interviewpassage:

Niklas: »Also ich würde mir schon gerne wünschen, dass ich es schaffe, aber man weiß ja immer nicht. Die Tests sind ja manchmal schwer oder da sind dann manchmal Studenten und die nehmen einem dann manchmal die Leistung so weg, weil ist ja klar, die sind dann besser, das ist ja logisch. Dann gibt es wieder andere, die gehen auf die Realschule und dann sehen sie bei mir nur ›Hauptschule‹ und dann sagen sie bei mir vielleicht manchmal auch ›nein, zu schlecht‹ oder so. Keine Ahnung wie die das sehen, aber manche sind halt einfach ein Stück besser. Oder halt zu viele Bewerber.«

Eine Reihe von Gründen für die Erfolglosigkeit bei der Suche nach einem Ausbildungsplatz werden von Niklas angeführt: Er verweist indirekt auf seine möglicherweise mangelnden Kompetenzen, die ihm schwer erscheinenden Tests erfolgreich zu bewältigen, auf die starke Konkurrenz durch Studenten und Realschüler und somit auf eine Inflation von Ausbildungszertifikaten sowie auf die Vielzahl von Bewerbern, also letztlich auf die allgemeine Wirtschaftssituation, in der anscheinend nicht für alle Jobsuchenden ausreichend Arbeitsplätze zur Verfügung stehen. Darüber hinaus wird eine Stigmatisierung als Hauptschüler als entscheidendes Hindernis für eine erfolgreiche Bewerbung wahrgenommen. Niklas gelingt es nicht, sich von seiner Vergangenheit als Hauptschulabgänger loszureißen, da er im Blick der Anderen immer wieder auf seine Position als Hauptschüler reduziert wird. Für diese Anderen, welche darüber entscheiden, ob er einen Ausbildungsplatz erhält oder nicht, steht »Hauptschule« als Sinnbild für »zu schlecht«. Niklas fühlt sich diesem Blick, der ihn gleichzeitig selektiert und reduziert, unweigerlich ausgeliefert.

Niklas bleibt in dieser Situation, wie vielen der von mir auf ihrem Weg nach dem Verlassen der Schule begleiteten Hauptschüler, kaum eine andere Wahl als auf die Weiterbildungs- und Überbrückungsangebote von Oberstufenzentren und Jobcentern zurückzugreifen.

Niklas: »Jetzt bin ich bei ›Winkler & Partners‹, das ist so ein Bildungsträger und da mache ich halt in der Werkstatt so ein bisschen Metall. Eigentlich ist das bloß Zeitbeschäftigung, dass man halt was zu tun hat, sonst wäre man ja zu Hause und so kriege ich wenigstens ein bisschen Geld, sonst würde ich ja nichts kriegen. Das wird finanziert vom Arbeitsamt, ist aber ein privater Bildungsträger, die machen halt Weiterbildung und auch richtige Ausbildung für Anlagemechaniker oder irgendwie so. Das ist ein relativ großer Komplex, die machen außer Metall auch noch Bau, Maler und Holz. Ich bin da jeden Tag acht Stunden lang, bis 15.45 Uhr. Wir feilen da in den Werkstätten so ein bisschen an Metall rum, so Metallbearbeitung, eigentlich nichts Interessantes. Aber was soll's, halt dass man nicht zu Hause sitzt und irgendwas vorweisen kann. Und manchmal haben wir Stützunterricht, halt Bewerbungstraining und so was. Mit der Werkstatt ist es halt ein bisschen langweilig, weil du da eigentlich immer nur das

Gleiche machst. Irgendwie deprimiert einen das eher, als dass es einen weiterbringt. Ich gucke halt schon immer nach anderen Sachen. Eigentlich hat mir Metall schon gefallen, aber danach kann man jetzt gar nicht mehr gehen, es geht irgendwie nur noch darum einen Beruf zu finden. Wenn man sich mal einen Beruf ausgesucht hat, den man sich wünscht, geht das irgendwie nie in Erfüllung.«

Niklas empfindet die Betätigung in dieser »Maßnahme« als »bloße Zeitbeschäftigung«, die ihn zwar täglich stark beansprucht, ihm aber darüber hinaus keinen Sinn vermitteln kann, da ihm weder die sich ständig wiederholenden Tätigkeiten einen Lernerfolg ermöglichen, noch ein erfolgreicher Abschluss bessere Chancen auf dem Arbeitsmarkt verspricht. Letztlich scheint es aus seiner Sicht vor allem darum zu gehen, seinen Tag nicht »zu Hause« zu verbringen. Niklas wird dabei mit den Zumutungen eines staatlichen Sozialsystems konfrontiert, das selbst immer stärker an den Imperativen des »unternehmerischen Selbst« anstelle einer Idee »sozialer Fürsorge« ausgerichtet ist. Arbeitssuchende werden demnach beständig »aktiviert«, sodass Jugend-Arbeitslosigkeit in diesem Fall letztlich wie Arbeit erscheint, ohne jedoch entsprechend bezahlt und respektiert zu werden.[12]

Das Beschäftigungsangebot wird von einem staatlich geförderten privaten Bildungsträger, von »Winkler & Partners«, zur Verfügung gestellt, was sowohl für die privatwirtschaftliche als auch die staatliche Seite vorteilhaft zu sein scheint. Ersterer ermöglichen die miserablen Berufsperspektiven von Hauptschülern dauerhafte Profitmöglichkeiten und letzterer eine Beschönigung der Arbeitslosenstatistiken, da die so beschäftigen Schulabgänger offiziell nicht als arbeitslos, sondern als »in der Ausbildung« befindlich gelten. Die Leidtragenden dieses Bündnisses sind Hauptschüler wie Niklas, der im Rahmen verschiedener Praktika bereits deutlich anspruchsvollere Metallarbeiten durchgeführt hat und nun, aufgrund der ihm weitgehend sinnlos erscheinenden Beschäftigung, zunehmend »deprimiert« wirkt. Von seinem bescheidenen Berufswunsch, einmal einen zufriedenstellenden Arbeitsplatz, möglicherweise im Metallbereich, innezuhaben, musste er sich mittlerweile bereits schmerzlich verabschieden. Für ihn geht es angesichts seiner Ausbildungslage nur noch um das nackte ökonomische Überleben, darum überhaupt irgendeinen Beruf zu finden.

---

12 Vgl. Rose: Inventing our Selves, S. 160ff. Siehe auch Lessenich: Die Neuerfindung des Sozialen.

Die Bildungssoziologin Heike Solga argumentiert, dass die eben beschriebenen staatlich vermittelten Überbrückungsmaßnahmen für Hauptschüler und Schulabbrecher letztlich nicht die Erfolgsaussichten der betroffenen Jugendlichen erhöhen, sondern im Gegenteil zu einer weiteren Marginalisierung dieser Schüler beitragen.[13] Sie zielen zwar nach offizieller Deutung darauf, den Übergang in das Berufs- und Ausbildungssystem zu erleichtern, führen aber aufgrund ihres Selektionscharakters und ihres negativen Rufes sowohl bei potentiellen Arbeitgebern als auch bei den Schülern selbst tatsächlich eher zu einer sich vergrößernden Distanz gegenüber erfolgreicheren Schulabgängern, zu einer immer größeren Kluft auf dem Weg zu einer normativen »Normalbiografie«. Hauptschulabgänger absolvieren häufig bis zu einem halben Dutzend solcher »Maßnahmen«, die ihnen zunehmend als »Niederlagen« oder als »Abstellgleis« erscheinen. Gerade die Bemühungen seine Karriere voranzubringen und sich in den Arbeitsmarkt zu integrieren, führen demnach Schüler wie Niklas zunehmend in das gesellschaftliche »Abseits«. Diese Paradoxie staatlich geförderter Aktivierungsmaßnahmen tritt in der tragischen Sozialfigur des »aktiven Verlierers« exemplarisch hervor, mit der sich diejenigen Hauptschüler beschreiben lassen, deren aktive Bemühungen um einen Arbeitsplatz nicht in das selektive Erfolgsraster der Aktivgesellschaft passen.[14]

Während Niklas in einer von einem Jobcenter vermittelten »Maßnahme« tätig ist, werden andere Hauptschüler in sogenannten Oberstufenzentren (OSZ) betreut. Diese werden von den Schülern in der Regel ebenfalls überwiegend negativ beurteilt und deshalb häufig vorzeitig abgebrochen. Oberstufenzentren sollen – idealerweise – einerseits eine Verbesserung des bisherigen Schulabschlusses ermöglichen und parallel dazu Einblicke in Arbeitsbereiche wie »Wirtschaft und Verwaltung«, »Metall-, Elektro- und Drucktechnik«, »Textil- und Bekleidungstechnik«, »Ernährung und Hauswirtschaft« oder »Sozialwesen« gewähren.[15] Die verschiedenen Angebote der Oberstufenzentren sind jedoch für alle Beteiligten, Sozialarbeiter und Bewerbungshelfer inklusive, nur schwer zu überschauen: So gibt es unterschiedlichste »Berufsqualifizierende Lehrgänge« (BQL) und »modulare duale Qualifizierungsmaßnahmen« (MDQM I) für diejenigen

---

13 Vgl. Solga: Increasing risks of stigmatization.
14 Dörre/Lessenich/Rosa: Soziologie – Kapitalismus – Kritik, S. 170.
15 Senatsverwaltung für Bildung, Wissenschaft und Forschung: Bildung für Berlin.

Schüler, die ihren einfachen oder erweiterten Hauptschulabschluss nachholen wollen, sowie verschiedene Berufsfachschulen (OBF) mit ihren jeweiligen MDQM-II-Angeboten für diejenigen, die einen Realschulabschluss erwerben möchten. Neben den Angeboten unterscheiden sich auch die Anforderungen der einzelnen Schulen, so verlangen beispielsweise einige gedruckte und andere handschriftliche Bewerbungen.

Hauptschüler haben demnach in Oberstufenzentren, genau wie am Ende ihrer Schulzeit, die Möglichkeit den Real- oder den Hauptschulabschluss zu erwerben, wobei dies – wie in diesem Fall bei Cigdem – in der Mehrheit der Fälle misslingt.[16]

Cigdem: »Wir haben jetzt die Prüfungen geschrieben und ich dachte sofort, schon während der Prüfung: ›Oh Gott, nicht dass es wieder wie letztes Jahr passiert und ich es nicht schaffe.‹ Der Gedanke ist immer da. Ich muss den Abschluss schaffen! Das ist mir wichtig, weil ich will einen Beruf haben, der auch Zukunft hat, und da braucht man zurzeit eigentlich immer einen Mittleren Schulabschluss. Jetzt habe ich eigentlich ein gutes Gefühl, dass ich es schaffe. Aber letztes Jahr war es auch so, da hatte ich auch ein gutes Gefühl und auf einmal hatte ich nicht bestanden. Meine Gefühle, die spielen immer verrückt. Ich war wütend auf mich, aber auch ein bisschen auf den einen Lehrer – nur drei Punkte!«

Cigdem, eine Neuköllner Schülerin, wird den Mittleren Schulabschluss auch im zweiten Versuch verpassen. Das Jahr auf einem Oberstufenzentrum und ihre eigenen Lernmöglichkeiten schätzte sie, unabhängig vom Prüfungsergebnis, im gleichen Interview aufgrund ständig störender Schü-

---

16 Die Nachholquote schwankt zum Zeitpunkt meiner Forschung zwischen etwa 15 und 40 Prozent. Den 3127 Schülern, die im Schuljahr 2007/08 ohne Schulabschluss die allgemeinbildende Schule in Berlin verlassen hatten, stehen im Jahr 2008/09 insgesamt 409 Schüler gegenüber, welche den Hauptschulabschluss auf Berufsschulen nachgeholt haben. Den 2287 Schülern, welche die Schule mit einem Hauptschulabschluss verließen, stehen 777 Schüler gegenüber, die im folgenden Jahr auf Berufsschulen einen erweiterten Hauptschulabschluss erwarben. Den 4313 Schülern, die mit einem erweiterten Hauptschulabschluss die Schule verließen, stehen insgesamt 1782 Schüler entgegen, welche im folgenden Jahr auf einer Berufsschule oder Fachschule den Realschulabschluss erwarben. Angaben von Amt für Statistik Berlin-Brandenburg.

ler und unmotivierte Lehrer deutlich negativer als die vorhergehende Zeit an einer Hauptschule ein. Dort scheiterte sie in den MSA-Prüfungen, da ihr im Fach Deutsch, welches nicht ihre Muttersprache ist, letztlich drei Punkte fehlten, was sie auch im Abstand von einem Jahr noch als einen entscheidenden biografischen Tiefpunkt wahrnimmt. Diese Negativerfahrung scheint seitdem ständig präsent und erreicht bei der wiederholten Prüfungsteilnahme einen erneuten emotionalen Höhepunkt. Cigdem hat Angst um ihre Zukunft, sie wünscht sich einen zukunftsträchtigen Beruf und weiß doch gleichzeitig, dass sie mit ihrem bisherigen Hauptschulabschluss kaum eine Chance hat, einen solchen zu erreichen. Ihre Gefühle erscheinen ihr selbst als übermächtig und irreführend, neben Zukunftsangst und Prüfungspanik artikuliert sie dabei auch Wut, die sie sowohl gegen sich selbst als auch gegen den Deutschlehrer, der ihr vor einem Jahr die für ein Bestehen der Prüfung erforderlichen Punkte verweigerte, richtet.

»Diese zwei, drei Punkte begleiten mich immer weiter«, meint die mittlerweile 20-jährige Cigdem als ich sie zwei Jahre später, im Sommer 2011, wiedertreffe. Sie hat gerade die theoretische Fahrprüfung ähnlich knapp nicht bestanden und ärgert sich nun darüber. Wir sitzen vor einem Imbiss in Neukölln, in dem sie an zwei bis drei Tagen in der Woche nachmittags als Verkäuferin arbeitet. Außerdem absolviert sie seit einem Jahr eine Ausbildung zur Bürokauffrau in einer Berufsschule. Eigentlich wollte sie medizinische Fachangestellte werden, doch wurde sie mit der Begründung abgelehnt, dass dafür keine Hauptschüler genommen werden. Cigdem hat noch ihre Schulfreundin Aynur mitgebracht, die von Sozialleistungen lebt. Sie hatte versucht im gleichen Lebensmittelgeschäft wie Cigdem zu arbeiten, hätte dafür jedoch ihr Kopftuch ablegen müssen. »Hier sind sowieso lauter Frauen mit Kopftuch die Kunden«, regt sie sich über diese als ungerecht wahrgenommene Behandlung auf. Zurzeit pflegt Aynur ihren im Libanon-Krieg verwundeten und seitdem im Rollstuhl sitzenden Vater. Während der Rest der Familie im Libanon geblieben sei, werde der Vater zunehmend einsam und depressiv, berichtet Aynur besorgt. Wir werden von einem freundlichen jungen Mann mit Kuchen, heißer Schokolade und Cola bedient und ich kann endlich mein Buchmanuskript vorzeigen. Cigdem besteht darauf mich einzuladen. Als ich sie erinnere, dass sie bei früheren Treffen immer nur Wasser zu sich genommen hat, erwähnt sie, dass sie nun nicht mehr magersüchtig sei und mehr für ihre Gesundheit tue, durch regelmäßiges Joggen, viel Obst und Vollkornprodukte.

Einige Wochen später treffen ich Cigdem am gleichen Ort wieder. Sie hat das gesamte Manuskript gelesen, besonders die Stellen über Zukunftsvorstellungen, die »große Liebe«, die negativen Medienberichte und andere junge Frauen haben ihr gefallen. Auch Freunden und Bekannten hat sie den Text weitergereicht, einige haben sich Stellen markiert, zum Beispiel zum Umgang mit Rassismus, und Aynur würde gerne später mit mir eine Tour durch Neuköllner Schulen organisieren, um das Buch nach der Veröffentlichung zu promoten. Die Fahrprüfung hat Cigdem im zweiten Versuch bestanden, doch stattdessen mittlerweile viel größere Sorgen. Der junge Mann, der uns beim letzten Mal bedient hatte, ist seit einem halben Jahr ihr Freund. Doch wird die Beziehung von äußeren Problemen belastet: Ihr Freund hat Probleme mit seinem Aufenthaltsstatus und seine Eltern haben die Liebesbeziehung strikt verboten, da diese mit Cigdems Familie zerstritten sind. Sowohl Cigdem als auch ihr Freund wechselten daraufhin ihren Arbeitsplatz und treffen sich nun nur noch heimlich.

Die Zeit nach Verlassen der Schule ist für die Jugendlichen, welche uns in diesem Abschnitt begegneten, von Sorgen, Misserfolgen und Demütigungen geprägt. Bereits in der Hauptschule wird ihnen lediglich eine Karriere als Hausfrau, Krimineller oder Hartz-IV-Empfänger prophezeit, nach der Hauptschule scheitern sie in der Regel bei Bewerbungsgesprächen, Einstellungstests oder dem Versuch ihren Schulabschluss zu verbessern. Sie fühlen sich als Praktikanten oder kostenlose Arbeitskräfte ausgebeutet und von der Wirtschaftskrise benachteiligt. Hauptschüler werden mit dem Anforderungskatalog des »ökonomischen Selbst« konfrontiert, doch gleichzeitig wird ihnen Respekt sowie eine Belohnung für die Befolgung der Marktregeln – für fleißiges Bewerbungsschreiben, für die Absolvierung von Aktivierungsmaßnahmen und für Leistungsbereitschaft – weitgehend verweigert. Sighard Neckel hat in dem Buch »Flucht nach vorn. Die Erfolgskultur der Marktgesellschaft« passend dazu einen gegenwärtigen Trend zur Aushöhlung des Leistungsprinzips bei gleichzeitiger Konjunktur der Leistungsrhetorik beobachtet.[17] Die Aufrechterhaltung eines positiven Selbstentwurfes erscheint unter diesen Umständen fraglich, da Hauptschulabgängern systematisch Handlungsoptionen verstellt und Gratifikationen verweigert werden. Viele von ihnen machen daraufhin Erfahrungen im Scheitern. Sie werden aufgrund mangelnder Ressourcen und fehlender Anerkennung im-

---

17 Neckel: Flucht nach vorn. Die Erfolgskultur der Marktgesellschaft, S. 45ff.

mer wieder in mitunter existentiell wahrgenommene Problemlagen verwickelt. Einige Schüler reagieren daraufhin trotzig, andere wütend oder zunehmend deprimiert. Manche finden schließlich einen Ausbildungsplatz, andere haben sich von ihren Zukunftsträumen bereits fast verabschiedet. Ihre Zukunftsvorstellungen werden zunehmend von Ängsten vor einem »Abrutschen« in die Arbeitslosigkeit dominiert.

ZUKUNFTSÄNGSTE:
DREI FORMEN DES UNHEIMLICHEN

Fast alle Hauptschüler, die ich im Rahmen meiner Forschung kennengelernt habe, fürchten sich vor einem Leben in Arbeitslosigkeit und der Angewiesenheit auf staatliche Sozialleistungen. Diese Ängste verdichten sich häufig in visuellen Szenarien sowie in Schreckbildern wie »Hartz IV«, »Arbeitsamt« oder »Jobcenter«:[18]

Eric: »So ein besoffener, alter Sack unten auf der Straße, dit will ick auf gar keinen Fall sein. Jeder will später mal irgendwas arbeiten gehen. Und nicht zu Hause wohnen und Hartz IV kriegen. Dit wäre halt schlecht.«

Ein mit Sozialleistungen finanziertes Leben ist für Eric mit Arbeitslosigkeit sowie dem Bild eines älteren, auf der Straße sitzenden Alkoholikers verbunden. Eric nimmt tradierte, moralisch beladene Negativbilder vom Leben in sozialer Abhängigkeit auf, von den *undeserving poor* des 19. Jahrhunderts, deren zeitgenössische Version der Hartz-IV-Abhängige verkörpert. Ein Leben in Abhängigkeit von staatlichen Sozialleistungen wird als zu vermeidendes Schreckensszenario gesehen, als Gegenleben zu den beschriebenen Zukunftsträumen von einem sicheren Arbeitsplatz, einer eigenen Wohnung und einer Familie:

---

18 Die Bezeichnung »Hartz IV« bezieht sich auf ein seit dem 1. Januar 2005 gültiges Gesetz »für moderne Dienstleistungen am Arbeitsmarkt«. Dieses beinhaltete unter anderem eine Zusammenführung von Arbeitslosen- und Sozialhilfe unter dem Niveau der vorigen Sozialhilfe, eine Kürzung der Bezugsdauer von Arbeitslosengeld sowie eine Veränderung der Zumutbarkeitskriterien bei der Arbeitsvermittlung.

Justine: »Ich habe richtig Angst, dass ich später einmal auf der Straße sitze, dass ich um Geld betteln muss. Dass ich später gar keinen Job haben werde, gar keine Familie, gar nichts.«

Auch in dieser Passage taucht das Motiv des auf der Straße sitzenden und um Geld bettelnden Arbeitslosen als Schreckensszenario für die Vorstellung vom eigenen Leben auf. Eine Arbeit zu haben und, eng damit verbunden, eine Familie ernähren zu können, steht im Zentrum des eigenen Selbstverständnisses von einem guten und erfüllten Leben. Bliebe beides unerreicht, würde das zukünftige Leben wertlos – als einfach »nichts« – erscheinen. Die Angst vor Arbeitslosigkeit und der Angewiesenheit auf staatliche Sozialleistungen ist gerade deshalb besonders virulent, da sie gleichzeitig besonders real zu sein scheint. Viele Hauptschüler fürchten sich demnach vor genau dem beruflichen Zukunftsweg, auf den viele von ihnen ungewollt zusteuern:

Angelika: »Ich will auf keinen Fall zum Jobcenter. Eigentlich nur Jobcenter, dass ich irgendwann einen Brief kriege: ›Was ist jetzt los? Sie müssen zum Jobcenter. Sie haben keine Arbeit.‹ Davor habe ich am meisten Angst.«
S.W.: »Warst du schon einmal da?«
Angelika: »Nein, aber ich habe einen Termin am 13., die wollen einfach wissen, was ich nach der Schule mache. Aber ich stehe nicht darauf, ich war noch nie im Jobcenter, und ich will auch nicht da sein. Überhaupt will ich gar nichts damit zu tun haben. Und mit Arbeitsamt genauso.«

Angelika artikuliert panische Angst davor einen Brief zu bekommen, in dem ihr mitgeteilt wird, sie müsse sich bei der staatlichen Behörde für Arbeitsvermittlung vorstellen, da sie keine Ausbildungs- oder Arbeitsstelle gefunden habe. Nur kurze Zeit später stellt sich heraus, dass sie genau diesen Brief bereits erhalten und in etwa einer Woche einen Termin in dem von ihr so gefürchteten Jobcenter hat. Sie unterscheidet in ihrer Ablehnung nicht zwischen »Jobcentern« und »Arbeitsämtern«, sondern misstraut staatlichen Behörden dieser Art generell. Ihre rigorose Ablehnung hängt eng mit familiären Erfahrungen zusammen: Ihre ältere Schwester fand nach dem Ende ihrer Schulzeit ebenfalls keinen Arbeitsplatz, musste schließlich einen

»Ein-Euro-Job«[19] annehmen und zwischenzeitlich als Putzfrau arbeiten, bevor sie eine Anstellung als Zimmermädchen in einem Hotel fand. Angelika, deren berufliches Ziel es ist, eine »sehr gute Hotelfachfrau« zu werden, fürchtet sich, wie sie im Verlauf des Interviews berichtet, davor, genau wie ihre Schwester »einfach zu irgendwelcher Arbeit« verpflichtet zu werden und die eigenen Berufsträume auf diese Weise nicht mehr verwirklichen zu können: »Ich will nicht wie sie landen. Auf gar keinen Fall.«

Die Angst vor »Hartz IV«, dem »Jobcenter« und den »Ein-Euro-Jobs« hat eine unheimliche Komponente. Angelika erscheint nicht mehr als autonomes und handlungsmächtiges Individuum, sondern wird maßgeblich von Ängsten und Kräften außerhalb ihrer Kontrolle beeinflusst. Sigmund Freud spielt in seinem Text über »Das Unheimliche« auf aufschlussreiche Weise mit der Bedeutung des Wortes »unheimlich«, in dem sowohl das Wort »Heim«, also das Familiäre und bereits Bekannte, als auch das Wort »heimlich« verborgen liege, welches eher auf etwas Verdrängtes oder Verstecktes hindeute.[20] Das Unheimliche bezeichnet demnach nichts Neues oder Fremdes, sondern etwas nur allzu Bekanntes, das jedoch eine Zeit lang verdrängt wurde. Es tritt häufig in der Figur eines Doppelgängers auf, einer Figur, die mit der sich vor dem Unheimlichen fürchtenden Person identisch oder ihr zumindest sehr ähnlich zu sein scheint. Angelikas Schwester, mit der sie sich eng verbunden fühlt, erfüllt offenbar diese Funktion eines Doppelgängers, in ihrem Schicksal als »Ein-Euro-Jobberin« erscheint Angelika unweigerlich die vertraute und doch eine Zeit lang verdrängte Angst vor einem beruflich gescheiterten Leben.

Das Unheimliche hat noch eine weitere Komponente, denn einige Hauptschüler ängstigen sich nicht allein vor beruflichem Misserfolg, sondern in gewisser Weise auch vor sich selbst. So fürchtet sich Ali, ein Weddinger Schüler, der vor einigen Jahren eine Vorstrafe wegen Diebstahl erhalten hatte, die jedoch mittlerweile wohl gelöscht worden ist, davor, die Zeit bis zur gewünschten Ausbildung im Sicherheitsgewerbe nicht ohne eine weitere Vorstrafe zu überstehen. Eric, ein Lichtenberger Hauptschüler, der seit dem

---

19 Als »Ein-Euro-Jobs« werden zu diesem Zeitpunkt besonders umstrittene, von Jobcentern zugewiesene Aktivierungsmaßnahmen bezeichnet. Diese können jede legale, nicht sittenwidrige Tätigkeit von bis zu 30 Stunden in der Woche umfassen. Ihre Ablehnung ist mit der Kürzung von Sozialleistungen verbunden.
20 Vgl. Freud: Das Unheimliche.

Tod seiner Mutter in einem Heim wohnte, sehnt sich einerseits danach mit 18 Jahren endlich aus diesem Heim auszuziehen zu dürfen, hat aber gleichzeitig mit Blick auf die Erfahrungen anderer ehemaliger Heimbewohner große Angst davor, die Verantwortung für die eigene Wohnung »nicht auf die Reihe zu kriegen«. Safa, eine Neuköllner Schülerin, fürchtete sich dagegen vor allem davor, sich ihrem Schicksal zu fügen und ihre eigenen Zukunftsträume aus dem Blick verlieren: »Ich habe Angst, dass ich mit dem Lernen aufhöre. Ich will eigentlich weiter machen, aber zurzeit bin ich ein bisschen faul geworden. Irgendwie will ich nicht mehr Lernen und hab keine Lust drauf.« Safa artikulierte am Ende der Schulzeit noch ehrgeizige Ziele, sie träumte davon nach dem Mittleren Schulabschluss das Fachabitur zu machen und danach entweder Innenarchitektur oder Modedesign zu studieren, wusste zu dieser Zeit aber bereits auch, dass es »hart wird, sein Ziel zu erreichen«. Letztlich verpasste sie den MSA aufgrund einer schlechten Mathematik-Note und entschied sich das Jahr vor der geplanten Heirat in einem Oberstufenzentrum für »Hauswirtschaft und Ernährung« zu verbringen.

Vor einem ähnlichen Dilemma steht Aysel, deren ehrgeizige Pläne für eine Karriere als Bankkauffrau, wie im vorigen Kapitel gesehen, bereits bei der Suche nach einem unbezahlten Praktikumsplatz einen Rückschlag erlitten haben. Auch sie fürchtet sich davor, ihre Zukunftspläne nicht verwirklichen zu können:

Aysel: »Ich habe jetzt Angst, weil bei Bank man braucht perfekt Deutsch. Deshalb will ich noch ein Jahr weitermachen, damit ich dann keine Angst mehr habe. [...] Ich kann diese Sprache nicht, ich kann gar nichts machen. Ich bin wie tot. Weil ich später gekommen bin.«

Aysel, die während ihrer Schulzeit aus der Türkei nach Berlin gekommen war und noch nicht fließend Deutsch spricht, fürchtet, aufgrund ihrer mangelnden Sprachkenntnisse, beruflich zu scheitern. Sie vergleicht ihre Situation mit der eines Toten, sie fühlt sich handlungsunfähig und paralysiert, da sie ohne »perfekte« Deutschkenntnisse nur unzureichend an der deutschen Mehrheitsgesellschaft und ihren Institutionen partizipieren kann. Um diese Angst zu überwinden, plant sie ein Jahr auf einem »Oberstufenzentrum für Banken und Versicherungen« in Berlin-Wedding zu absolvieren. Wie groß ihre Motivation und Durchhaltewille ist, zeigt sich auch daran, dass sie ein halbes Jahr nach dem Verlassen der Hauptschule zu den wenigen ehemaligen Schülern der Anna-Seghers-Schule gehört, welche das Oberstufenzentrum nicht abgebrochen haben. Zukunftsangst äußerte sich jedoch nicht allein im Hinblick auf ein mögliches berufliches Scheitern, sondern auch allgemeiner als Angst vor dem Schicksal, vor unvorhersehbaren Zwischenfällen, welche die eigene Existenz bedrohen. Auffallend an den Lebensgeschichten der Hauptschüler, die ich begleitete, war die Vielzahl an dramatischen, traurigen und potentiell traumatischen Lebensereignissen: Scheidungen, Todesfälle im engeren Familien- und Freundesumfeld, Geschichten von Flucht und Vertreibung, schwere Krankheiten, Unfälle oder Straftaten waren nicht die Ausnahme, sondern schienen eher die Regel zu sein. Um dies zu verdeutlichen, hier noch einige Hinweise zu einigen der Schüler, die bisher in diesem Buch erwähnt wurden: Mohamad wuchs in einer palästinensischen Flüchtlingsfamilie auf, seine Eltern trennten sich nach seiner Ankunft in Deutschland und er wird häufig von seinem Vater geschlagen. Eric lebt in einem Heim, seitdem seine Mutter an einer nicht behandelten Leberzirrhose starb. Die Eltern der Lichtenberger »Pöbelatzen« – Justine und Josefine – sind geschieden und der Kontakt zu ihren Vätern seitdem komplett oder weitgehend abgebrochen. Anna wohnt getrennt von ihren aus Kasachstan immigrierten und nun in Süddeutschland arbeitenden Eltern. Ibo berichtete von der Flucht seiner kurdischen Familie aus Syrien und Berat von leidvollen Erfahrungen an einer Ostberliner Schule. Niklas litt unter einem Aufmerksamkeitsdefizitsyndrom und Marco unter Legasthenie sowie dem Tod seiner ehemaligen Freundin. Ali berichtete von Ladendiebstählen und Imads kriminelle Karriere bei den »Bandidos« nahm nach dem Tod seines Vaters ihren Lauf. Es wirkt nicht verwunderlich, dass diese negativen Erfahrungen in Form von Zukunftsängsten immer wieder auftauchen. So fürchtete sich Niklas, um nur ein Beispiel herauszunehmen, davor, dass einmal »irgendwas schief geht« oder er »später mal nicht so mit dem Geld umgehen kann«. Seine eigenen Zukunftsängste hängen dabei eng mit dem Schicksal seines Vaters zusammen, der nach einem Motorrad-Unfall querschnittsgelähmt ist und mehrmals versucht hat, Selbstmord zu begehen, sowie dem seines hochverschuldeten Bruders, der aufgrund mehrerer Unfälle ebenfalls arbeitsunfähig geworden ist.

Viele Hauptschüler werden durch die geschilderten persönlichen Katastrophen in einer entscheidenden Phase der Bildungsbiografie »aus der Bahn« geworfen. Durch die nur schwer reversiblen Selektionsmechanismen des dreigliedrigen deutschen Schulsystems verfestigen und wandeln sich diese Negativerlebnisse zu dauerhaften Exklusionserfahrungen, die wiederum weitreichende Folgeprobleme für den späteren Lebensweg mit sich bringen. Manche Hauptschüler zeigen angesichts dieser Konstellation eine Tendenz zu einer fatalistischen oder resignierenden Weltsicht. Nach dem *Grid-Group*-Schema der Anthropologin Mary Douglas sind »Fatalisten« einerseits von der Einbindung in Gruppen weitgehend ausgeschlossen, ihr Handeln wird aber andererseits stark durch Normen, Regeln und Vorschriften bestimmt.[21] Verortet man Hauptschüler in dieser Kategorie, wären sie demnach von entscheidenden gesellschaftlichen Gruppenzusammenhängen exkludiert und hätten dennoch wenig individuellen Handlungs- und Gestaltungsspielraum. Mit dieser Lebenssituation korrespondiert wiederum eine Weltsicht, nach der die Natur als schicksalhaft und unkontrollierbar und das Leben als ständiger Kampf oder als unbarmherzige Lotterie wahrgenommen werden. Angesichts des Gefühls, aufgrund von Schicksalsschlägen keine Kontrolle mehr über die Lebenssituation zu haben, konzentrieren sich viele Hauptschüler darauf, sich gegen eine feindlich wahrgenommene Umwelt »durchzuboxen«, um auf diese Weise »irgendwie über die Runden« zu kommen. Niklas äußert sich beispielhaft in dieser Hinsicht, wenn er wie folgt über das Leben sinniert: »Meistens hat man Pech, zum Beispiel bei Einstellungstests. Oder jetzt bin ich schon wieder erkältet. Dabei hatte ich doch gerade erst einen Schnupfen. So was denke ich manchmal, aber was soll's.«

Die Zukunftsängste Berliner Hauptschüler treten in den diskutierten Beispielen in drei eng miteinander verbunden Formen des Unheimlichen auf, wobei sowohl kulturelle Figuren wie die des »Bettlers« als auch Personen aus dem unmittelbaren Lebensumfeld die Funktion eines Doppelgängers übernehmen können, in denen die eigenen Ängste stellvertretend hervortreten. Die erste Form des Unheimlichen äußert sich in der Angst vor beruflichem Scheitern, vor »Hartz IV«, »Jobcentern« und »Ein-Euro-Jobs«. Die zweite Form des Unheimlichen artikuliert sich als Angst vor sich selbst, vor dem Aufgeben der Zukunftsträume und davor sich in eine scheinbar ausweglose berufliche Situation zu fügen. Die dritte Form des

---

21 Douglas: Natural Symbols, S. 54ff. Für eine Zusammenfassung und Weiterentwicklung des Grid-Group-Ansatzes siehe Thompson/Ellis/Wildavsky: Cultural Theory.

Unheimlichen kann schließlich als Angst vor dem Schicksal umschrieben werden, als Furcht vor unvorhersehbaren doch scheinbar immer möglichen Zwischenfällen, welche die eigene Existenz unmittelbar bedrohen.

Die Identitätsfrage nach dem »Wer bin ich?« stellt sich, wie wir in diesem Kapitel über Zukunftsvorstellungen und Zukunftswege gesehen haben, für Berliner Hauptschulabgänger unter erschwerten Bedingungen. Einerseits träumen sie von einer gesicherten Existenz auf der Basis eines festen Arbeitsplatzes und familiärer Geborgenheit, sie werden jedoch bereits vor dem Verlassen der Schule und bei dem anschließenden Versuch, ihre Träume zu verwirklichen, vor allem mit Misserfolgen und mit Demütigungen konfrontiert, was Ängste vor einem gescheiterten Leben hervorbringt. Die Zukunftsträume zerplatzen angesichts ökonomischer Ausschlussmechanismen und sozialer Stigmatisierung und verwandeln sich in Zukunftsängste, in die Angst davor, die Hoffnung und somit letztlich sich selbst aufzugeben. Prozesse der Identitätsbildung, die eigentlich nach einer Konsolidierung von gesellschaftlichen Rollenzuschreibungen und Selbstattributen verlangen, werden dabei von negativen Zuschreibungen gegenüber Hauptschülern, beispielsweise als Kriminelle oder Hartz-IV-Abhängige, maßgeblich erschwert.

Identitätsbildung erscheint in dieser alltagspraktischen Perspektive weniger als heroischer Akt des sich selbst entwerfenden autonomen Individuums, sondern vielmehr als ein von Brüchen, Barrieren und Enttäuschungen bestimmter Prozess. Die Hauptschüler wirken nicht als Herrscher über sich und ihre Situation, sie werden stattdessen mit Ängsten und Selbstzweifeln konfrontiert und stoßen schon bei der Realisierung ihrer bescheidensten Wünsche an die Grenzen ihrer Handlungsfähigkeit. Identitätsverletzungen sind die Folge, welche sich im Modus des Denkens, des Fühlens und des Handelns artikulieren. Im Denken in Form einer als kränkend empfundenen Diskrepanz zwischen Selbst- und Fremdeinschätzungen, im Fühlen in Form affektiver Zustände und Emotionen wie Wut, Angst, Resignation und Verzweiflung und schließlich auf der Handlungsebene in Form von versperrten Wahlmöglichkeiten und einem weitgehenden Entzug der eigenen Handlungsfähigkeit.

Bürgerlichkeit?

Lebensformen von Berliner Gymnasiasten im Vergleich

Nachdem in den bisherigen Kapiteln die Selbstwahrnehmungen und kulturellen Praktiken von Hauptschülern im Kontext von Anerkennungsverweigerung und gesellschaftlicher Verachtung betrachtet wurden, steht in diesem Kapitel die Frage im Mittelpunkt, inwieweit sich die Lebensformen Berliner Gymnasiasten von denen Berliner Hauptschüler unterscheiden. Ein Vergleich zwischen Gymnasiasten und Hauptschülern gleichen Alters ist tückisch und vielversprechend zugleich. Auf der einen Seite besteht die Gefahr der Festschreibung von Differenzen zwischen beiden Gruppen sowie einer homogenisierenden und stereotypisierenden Darstellung von Gymnasiasten. Auf der anderen Seite verspricht ein Vergleich die Möglichkeit, die Selbstwahrnehmungen und kulturellen Praktiken beider Schülergruppen aufeinander zu beziehen und sie auf diese Weise in einem gesellschaftlichen Machtgefüge zu verorten.

Mir geht es in diesem Kapitel nicht um eine möglichst umfassende Darstellung der Vielfalt der Lebensformen von Gymnasiasten, sondern darum, an ausgewählten Beispielen einen Kontrast herauszuarbeiten, an dem sich eine besondere Differenz oder eine Beziehung zwischen Berliner Gymnasiasten und Hauptschülern beobachten lässt: Ich werde anhand der Bezeichnungen »Proll« und »Öko« die sozialen Funktionen von Geschmack und Distinktion diskutieren, am Beispiel von politischem Engagement, klassischer Musikausbildung und längeren Auslandsaufenthalten auf die Aktualität bürgerlicher Lebensformen hinweisen und schließlich von persönlichen Kontakten zwischen Gymnasiasten und Hauptschülern berichten. Der Vergleich zielt nicht auf eine möglichst systematische Gegenüberstellung von als festen Blöcken verstandenen sozialen Einheiten, sondern soll anhand ausgewählter Beispiele ein Bewusstsein dafür schaffen, wie klassenbedingte Habitusformen sich jeweils in Auseinandersetzung mit einem sozialen Gegenüber konstituieren.[1]

Die in diesem Kapitel vorgestellten Gymnasiasten gehen in einem bürgerlich geprägten Stadtviertel im Ostteil Berlins zur Schule – hier anonymisiert und »Erwin-Piscator-Gymnasium« genannt – jener Schule, auf der ich selbst etwa zehn Jahre zuvor meine Abiturzeit verbrachte. An dieser Schule liegt die Anzahl der Schülerinnen deutlich über der Anzahl der Schüler, was sich auch in diesem Kapitel bemerkbar machen wird. Die Wahl der Schule als Ausgangspunkt für eine Vergleichsforschung war den Umständen geschuldet: An einem Neuköllner Gymnasium wurde mein Forschungsanliegen abgewiesen, an meiner ehemaligen Schule konnte ich dagegen auf Kontakte zurückgreifen, die mir den Zugang erleichterten. Dem Vergleich liegt somit unfreiwillig bereits eine räumliche Dimension zugrunde, die den Umstand widerspiegelt, dass die Wohn- und Schulorte von Hauptschülern und Gymnasiasten im Berliner Stadtraum ungleich verteilt sind.

Angeleitet wird der Vergleich von der Frage, ob sich bei Gymnasiasten am Ende ihrer Schulzeit Formen eines bürgerlichen Lebensstils erkennen lassen. Im Anschluss an die Sozialtheorie Pierre Bourdieus analysiere ich Bürgerlichkeit als eine Habitusform und frage – gegenwärtige Diskussionen zur Aktualität bürgerlicher Lebensformen in Deutschland aufgreifend[2] – danach, welchen Unterschied es macht, in einem bürgerlichen oder in einem postproletarischen Umfeld aufzuwachsen. Bourdieu versteht Habitus als ein dauerhaftes System klassenspezifischer Denk- und Handlungsschemata, in dem soziale Differenzen zugleich abgebildet und reproduziert werden und das sowohl den Praxisformen als auch deren Wahrnehmung zugrunde liegt.[3] Ein bürgerlicher Habitus wäre somit, wie Wolfgang Kaschuba bemerkt hat, sowohl ein »Identitätsmodell« als auch ein »Distinktionsmittel«.[4] Bürgerlichkeit selbst wird in diesem Zusammenhang nicht als

---

1 Zur Methodik des Vergleichens siehe Kaschuba: Anmerkungen zum Gesellschaftsvergleich aus ethnologischer Perspektive.
2 Vgl. Bude/Kauffmann/Kaiser (Hg.): Bürgerlichkeit ohne Bürgertum.
3 Vgl. Bourdieu: Zur Soziologie der symbolischen Formen, S. 125ff.; Bourdieu: Die feinen Unterschiede, S. 277ff.
4 Vgl. Kaschuba: Deutsche Bürgerlichkeit nach 1800.

homogene, sondern als eine »hybride Subjektkultur« begriffen, die gerade aufgrund ihrer Fähigkeit zur Integration unterschiedlicher Versatzstücke und der Anpassung an sich verändernde Umgebungen zum dominierenden gesellschaftlichen Leitbild der Moderne avancieren konnte.[5]

»PROLL« UND »ÖKO« –
ÜBER GESCHMACK UND DISTINKTION

Klassenbedingte Unterschiede in den Lebensformen basieren für Bourdieu auf der Inkorporation ungleicher Lebensbedingungen in entsprechende Habitusformen, die wiederum die Grundlage für verschiedene Lebensstile bilden. Den im jeweiligen Habitus gründenden Geschmack, verstanden als eine alltägliche Form des Einordnens, Wertens und Beurteilens, bezeichnet Bourdieu als die »Erzeugungsformel«, die einem bestimmten Lebensstil zugrunde liegt.[6] Geschmacksfragen sind demnach nicht einfach Privatangelegenheiten, sondern als Arenen sozialer Kämpfe zu verstehen. Bei der Frage nach dem »guten« und »richtigen« Geschmack geht es immer auch um Überlegenheitsansprüche und darum, welche Gruppe den »legitimen« Geschmack, den dominierenden Klassifikationsmaßstab einer Gesellschaft, vertritt. Bourdieu zufolge bestimmen in der Regel die oberen sozialen Schichten die geschmacklichen Norm- und Normalitätsvorstellungen einer Gesellschaft und üben auf diese Weise »symbolische Gewalt« auf die unteren Schichten aus. Ausgehend von einer Gegenüberstellung der Geschmacksentscheidungen von Gymnasiasten und Hauptschülern sollen in diesem Abschnitt Formen symbolischer Grenzziehungen nachgezeichnet werden.

Im Rahmen meiner Interviews mit Gymnasiasten und Hauptschülern zeigte ich beiden Gruppen jeweils Fotografien anderer Gymnasiasten und Hauptschüler, die ich im Internet gefunden hatte, und bat sie – ohne Hinweis auf die Herkunft der Abgebildeten – diese zu kommentieren. Hier zunächst der Kommentar einer Ostberliner Gymnasiastin zu einem Bild von Schülern einer Neuköllner Hauptschule:

---

5 Vgl. Reckwitz: Wie bürgerlich ist die Moderne? Siehe auch Reckwitz: Das hybride Subjekt; sowie Schulz: Lebenswelt und Kultur des Bürgertums im 19. und 20. Jahrhundert.
6 Bourdieu: Die feinen Unterschiede, S. 283.

138 | HAUPTSCHÜLER

Abbildung 10: Neuköllner Hauptschüler

Quelle: dpa

Hannah: »Ne, dass sind so welche, mit denen ich nichts zu tun haben will: generell halt so die Typen, natürlich die Frisur, dann die Blicke. Halt so Leute, die sich total geil finden, es aber nicht sind. Generell so sehr prollig mag ich nicht. Dieses Möchtegern-cool und Möchtegern-teure-Sachen. [...] Ich habe Angst vor solchen Typen. Ich habe halt das Gefühl, die pöbeln immer jeden an und machen Mädchen so von der Seite an oder starren einem hinterher.«

Hannah, die selbst in einer wohlhabenden Familie aufwächst und sich mitunter über den behütenden Erziehungsstil ihrer Eltern beschwert, distanziert sich von den auf diesem Foto abgebildeten Hauptschülern. Sie klassifiziert sie in Anspielung an die altmodische Bezeichnung »Proletarier« als »prollig« und verortet sie somit in den aus der Arbeiterklasse hervorgegangenen postproletarischen Milieus. Hannahs Sichtweise auf die Jugendlichen ist von Abwehr und Missbilligung geprägt: Sie vermeidet den Kontakt zu derartigen Personen, sie mag ihre dem Boxerschnitt ähnelnden Frisuren nicht und sie fürchtet sich vor ihren Blicken. Sie setzt »Prolls« mit »Möchtegerns« gleich, also mit Menschen, die ihrer Ansicht nach ihre persönlichen und materiellen Defizite durch Konsumstrategien und demonstrative Coolness zu kaschieren versuchen. Zudem unterstellt Hannah ihnen einen aggressiven Umgang mit jungen Frauen. Hannahs Narrativ kann als eine klare Grenzziehung, als Distinktion und Abwertung des Gegenübers verstanden werden. Auffallend erscheint, wie vehement die Distanzierung erfolgt, vor allem wenn man berücksichtigt, dass die abgebildeten Schüler auf den ersten Blick keine furchteinflößenden Gesten vollziehen. Distinktion wird folglich wesentlich von Emotionen und Affekten angeleitet. Diese emotional begründete Ablehnung enthält eine ästhetische Komponente (»Frisur«), eine performative Seite (»pöbeln«, »anmachen«, »starren«) und eine moralische Dimension im Sinne einer Geringschätzung der gesamten Person (»generell halt so die Typen«).

Peter Stallybrass und Allon White argumentieren in ihrem Buch *The Politics and Poetics of Transgression*, dass gesellschaftliche Kategorien wie »oben« und »unten« nicht voneinander zu trennen sind, sondern sich gegenseitig konstituieren. Das bürgerliche Subjekt definiert sich ihnen zufolge in der Abgrenzung von einem mit Gefahr, Schmutz und Ansteckungsgefahr assoziierten »unten«, welches auf diese Weise immer schon im bürgerlichen Selbstverständnis enthalten ist. Die Ambivalenz des »unten« besteht darin, beim bürgerlichen Betrachter einerseits Abscheu, andererseits eine gewisse, häufig sexuell konnotierte, Faszination auszulösen. Gerade im urbanen Raum werden die Blicke der sozial »unten« Stehenden als aggressiv und beschämend und somit als unangenehm wahrgenommenen. Auch Hannah fürchtet sich vor dem Kontakt mit dem abgebildeten Jugendlichen, insbesondere vor deren Blicken, die sie als sexuell motivierte Angriffe auf ihren Körper wahrnimmt.

Hannahs missachtender Blick basiert auf einer hierarchisierenden Vorstellung von Gesellschaft. Ihre Emotionen wie Abscheu und Angst können als das Produkt von abwertenden Zuschreibungen gegenüber dem sozialen »Unten« verstanden werden, ihre Gefühle reflektieren diese Negativbilder aber nicht nur, sondern reproduzieren selbst soziale Hierarchien. Dass die sichtbare Existenz sozial marginalisierter Gruppen im städtischen Raum ausreicht, um sie in Unruhe zu versetzen, deutet auf die Fragilität ihres auf der Abwertung anderer Personengruppen basierenden Selbstbildes hin. Auf welche Weise Selbstbilder in Abgrenzung von oder durch Identifikation mit anderen konstruiert werden, zeigt sich auch an Hannahs kurz darauf folgendem Kommentar zu einer Abbildung einer Gruppe von Gymnasiasten:

Abbildung 11: Gymnasiasten

Quelle: unbekannt

Hannah: »Die sehen besser aus. Das sind halt so Leute, mit denen ich wahrscheinlich auch etwas machen würde. Die sehen halt alle sehr offen und freundlich aus und halt nicht so prollig und, wie sagt man jetzt, halt nicht zu schlampig, oder was weiß ich, sondern halt normale, ordentliche und nette Menschen.«

Die auf dieser Abbildung zu sehende Gruppe von Gymnasiasten unterscheidet sich von den vorher abgebildeten Hauptschülern unter anderem durch ihre vermutlich ethnisch-deutsche Herkunft, durch ein gemischtgeschlechtliches Arrangement, durch das offensive Lächeln aller Beteiligten, durch die längeren Haare eines männlichen Jugendlichen sowie durch spezifische Kleidungselemente wie Hemdkragen oder Schal. Hannah identifiziert sich mit den abgebildeten Gymnasiasten, deren Aussehen sie als Normalfall klassifiziert. Ihre positive Einschätzung entwickelt sie in Abgrenzung zu einem Negativ-Bild vom sozialen Unten. Die zur Charakterisierung der Jugendlichen verwendeten Begriffe »offen«, »nett«, »ordentlich« und »freundlich« gewinnen erst im Kontrast zu Bezeichnungen wie »prollig« und »schlampig« ihre Trennschärfe. »Normal« – das sind in ihrem Verständnis all jene Jugendliche, die »nicht so prollig« sind, wobei sich in der Vorstellung von Normalität stets auch eine Normvorstellung verbirgt, in der das außerhalb der Norm liegende als minderwertig erscheint. Umgekehrt wecken Bezeichnungen des Nicht-Normalen, wie das von Hannah verwendete Adjektiv »schlampig« nicht nur Assoziationen von Schmutz, Unordentlichkeit und Verunreinigung, sondern spielen auch auf sexuelle Unmoral an. Hannahs Klassifikationsschema basiert folglich auf moralisch konnotierten Vorstellungen vom Eigenen und Fremden, von einem als normal und positiv besetzten »Oben« und einem mit Schmutz, Gefahr und Unmoral in Beziehung gesetzten »Unten«.

Für Bourdieu lassen sich divergierende Normalitätsvorstellungen und Geschmacksneigungen auf unterschiedliche Habitusformen zurückführen. Doch wie lassen sich geschmackliche Vorlieben von Gymnasiasten im Kontrast zu Hauptschülern erkennen? Um dieser Frage weiter nachzugehen, erinnern wir uns zunächst an jene zwei Ketten – die prunkvolle aus Silber und Gold und die schlichte aus Schnur und Stein – von denen im Kapitel zu Körper- und Konsumpraktiken die interviewten Hauptschüler stets die Silber-Gold-Kette bevorzugt haben. Gymnasiasten favorisierten dagegen einhellig die Steinkette:

Paula: »Die würde ich am ehesten tragen. Sie sieht auch eher schlicht aus. Nicht so prunkvoll und nicht so viel Glitzer und Klimbim. Einfach schön. Ich mag auch so Steinschmuck. Ich habe solche Steinketten zu Hause. Die andere wäre mir zu aufgesetzt.«

Paula entscheidet sich nicht nur für die Steinkette, sondern verweist auch auf den Besitz ähnlicher Ketten. Sie distinguiert sich in ihrer Begründung vom prätentiösen Geschmack der Goldkettenträger. Deren Selbstinszenierung bezeichnet sie als »aufgesetzt« und »prunkvoll«, als eine rein äußerliche und scheinhafte Präsentation von Reichtum, dem sie ihren eigenen »schlichten« Geschmack entgegen setzt. Ihr eigener Geschmack gewinnt erst in dieser Negation (»nicht so prunkvoll«, »nicht so viel Glitzer und Klimbim«) des prätentiösen Geschmacks seine Konturen, das vermeintlich Andere ist in ihm also immer schon enthalten. Der scheinbar nebensächlichen und selbsterklärenden Bezeichnung »einfach schön« liegt somit bereits eine komplexes Klassifikationsraster und eine Verinnerlichung von klassenspezifischen Wahrnehmungsmustern zugrunde. Die Geschmäcker von Hauptschülern und Gymnasiasten lassen sich somit zwar deutlich voneinander unterscheiden, sollten aber deshalb gerade nicht als feste Substanz begriffen werden. Klassenspezifisch bestimmte Geschmacksgrenzen sind fließend und dynamisch, denn sie bilden sich jeweils in Relation zum dominierenden Geschmack in anderen sozialen Schichten.

Hauptschüler bezeichnen Gymnasiasten mitunter abfällig als »Ökos« – eine Bezeichnung, die sie mit einem »ungepflegten«, wenig schmuckvollen

Äußeren assoziieren. Der Öko-Stil ist eine Gymnasiasten zugeschriebene zeitgenössische Geschmacksform, die sich besonders markant von den Geschmacksneigungen von Hauptschülern unterscheidet, jedoch keineswegs von der Mehrheit der Gymnasiasten am Piscator-Gymnasium geteilt wird. Bourdieu zufolge ist zwar jede sozia-le Klasse durch einen relativ einheitlichen, durch den Habitus vermittelten Geschmack, also durch eine gewisse Abgestimmtheit der individuellen Vorlieben, charakterisiert. Gleichzeitig besteht jedoch innerhalb jeder sozialen Klasse eine Varianz an Geschmacksformen, weshalb man sich auch unter Gymnasiasten trefflich über Geschmack streiten kann:

Sophie: »Irgendwann habe ich mir mal eingebildet einen eigenen, alternativen Stil zu haben und dann habe ich mich mit einem Bekannten getroffen, der meinte: ›Ja, so eine totale Öko-Tussi, so wie Sophie.‹ [...] Ich persönlich hasse Klamotten-Einkaufen. Ich gehe total gerne Eis essen, aber ich habe so ein totales Problem mit Konsum und Geld ausgeben. Also ich nähe total gerne und eigentlich auch eine ganze Menge, den Beutel hier zum Beispiel habe ich selbst gemacht. Das mache ich halt einerseits, weil es mir Spaß macht und man frei und kreativ ist, das zu nähen, was man möchte. Andererseits, weil ich mir nicht immer überlegen muss, wenn ich etwas anhabe, welches Kind das genäht hat und wo das letztlich herkommt und wie viele Stunden das Kind dafür arbeiten musste und wie viel Geld es dafür bekommen hat.«

Sophie nimmt ihren Kleidungsstil zunächst als individuell war und erschrickt ein wenig, als sie in den Augen eines Beobachters als »Öko-Tussi« klassifiziert wird. »Tussis« gelten, ähnlich wie »Frutten«, im Sprachgebrauch vieler Gymnasiasten des Piscator-Gymnasiums als das weibliche Äquivalent zu »Prolls«. Diese Bezeichnung wird in der Regel für Mädchen mit einem als besonders »aufgesetzt« erscheinenden Kleidungsstil verwendet und tendenziell mit niedrigem Bildungsstand assoziiert. Eine »Öko-Tussi« kann als die Inversion der unterschichtig markierten »Tussi« verstanden werden: als eine junge gebildete Frau, die gerade ihre Konsumverweigerung und ihr ökologisches Bewusstsein offensiv zur Schau stellt.

Sophie steht einer auf Massenkonsum basierenden Bekleidungsindustrie nicht nur aus ökologischen Gründen kritisch gegenüber. Sie verweist in der zitierten Interviewpassage auf Kinderarbeit und Ausbeutungsverhältnisse und versteht ihre Konsumverweigerung somit auch als eine moralische Haltung. Ihre Kleidung kauft sie häufig bei Second-Hand-Läden wie *Humana* oder fertigt sie in Handarbeit selbst an. Dieser politisch motivierte und ökologisch orientierte Lebensstil hilft Sophie, sich »frei«, »kreativ« und »alternativ« zu fühlen. In ihrem Konsumverhalten geht es ihr, im Unterschied zu vielen Hauptschülern, nicht darum, durch Konsumtion Zugehörigkeit und gesellschaftliche Teilhabe anzustreben, sondern darum, die eigene Individualität durch eine demonstrative Konsumverweigerung zu betonen. Ihr Konsumverhalten basiert nicht auf der Erfahrung von sozialer Marginalisierung und ökonomischer Depriveligierung, sondern auf einer elitären Massenkulturkritik. Etwas zugespitzt könnte man sagen: Sie verzichtet genau deshalb demonstrativ auf teure Konsumprodukte, da sie es sich leisten kann, auf diese zu verzichten.

Individualität und Kreativität spielen nicht nur im Selbstverständnis von Sophie, sondern auch für viele ihrer Mitschüler am Piscator-Gymnasium eine entscheidende Rolle. Dies hängt zunächst einmal damit zusammen, dass es sich um ein musikbetontes Gymnasium handelt, und basiert darüber hinaus auf kulturellen Entwicklungstendenzen, die der positiven Bewertung von künstlerischem Schaffen im Rahmen der gymnasialen Ausbildung selbst zugrunde liegen. So zeichnet der Kultursoziologe Andreas Reckwitz in seinem Buch *Die Erfindung der Kreativität* die Genese und die Konturen eines eng mit Individualisierungstendenzen und Ästhetisierungsprozessen zusammenhängenden Kreativitätsdispositivs nach. Als ein Dispositiv versteht er im Anschluss an Michel Foucault ein heterogenes Bündel von in einer Gesellschaft verstreuten Praktiken, Diskursen und Wissensformen, die einer gewissen kulturellen Logik folgen und sich an einem bestimmten, in einer spezifischen historischen Zeitspanne dominierenden, Zielhorizont orientieren. Reckwitz argumentiert, dass ein am Modell des Schöpferischen orientiertes Verständnis von Kreativität seit den 1980er Jahren von den Rändern der Gesellschaft in deren Zentrum gerückt ist und auf diese Weise zum Leitbild eines neuen hegemonialen Subjektmodells avancierte. Die »postmateriellen Mittelschichten«, zu denen man auch Gymnasiasten wie Sophie zählen kann, gelten als die wichtigste Trägergruppe des Kreativitätsdispositivs. Der Wunsch, kreativ zu sein, ist folglich gesellschaftlich ungleich verteilt und tendenziell bei Gymnasiasten stärker ausgeprägt als bei Hauptschülern. Kreativität wird somit selbst zu einem Vehikel sozialer Differenzierung, zu einem Erkennungszeichen derjenigen, die sich von der Masse der Bevölkerung absondern wollen.

In diesem Abschnitt wurden am Beispiel der Distinktionsbemühung von Hannah gegenüber »Prolls« sowie der Vorliebe von Sophie für »Öko« Prozesse sozialer Klassifizierung nachgezeichnet. Im Rückgriff auf Bourdieus relational konzipierter Gesellschaftstheorie und den von ihm verwendeten Begriffen wie »Habitus«, »Geschmack« und »Distinktion« habe ich darauf hingewiesen, dass soziale und symbolische Grenzziehungen stets als Abgrenzungsversuche von einem vermeintlich Anderen verstanden werden sollten. Das bürgerliche Selbstbild einer mit Normalität und Moralität assoziierten gesellschaftlichen »Mitte« enthält deshalb immer auch eine Vorstellung von einem mit Devianz und Unmoral verknüpften »Unten«. Diese Distinktionskämpfe, bei denen die jeweils hegemoniale Definition von Normalität erstritten wird, werden von spezifischen Emotionen und Affekten, vor allem von Ängsten und Aversionen, begleitet. Soziale Strukturen erweisen sich aus diesem Blickwinkel als dynamische Gebilde, die im Alltag beständig reproduziert und transformiert werden. Die politische Dimension dieser hier nachgezeichneten Prozesse sozialer Grenzziehung wird auch im folgenden Abschnitt zur Aktualität bürgerlicher Lebensformen im Mittelpunkt stehen.

AKTUALITÄT BÜRGERLICHER LEBENSFORMEN: POLITISCHES ENGAGEMENT UND KLASSISCHE MUSIK

Politisches Engagement und ein Interesse an Klassischer Musik gehören zu den traditionellen Elementen bürgerlicher Kultur, wie sie sich seit dem 18. Jahrhundert vor allem im westlichen Europa herausgebildet hat.[7] Doch inwiefern lassen sich daran heute noch soziale Differenzen nachvollziehen? Zunächst lässt sich anhand der Orientierung an Politik und Musik ein Kontrast zwischen Hauptschülern und Gymnasiasten feststellen: Die Hauptschüler, die mir im Verlauf meiner Forschung begegneten, interessierten sich kaum für den politischen Betrieb. Mehr noch, sie lehnen Politiker häufig ganz allgemein als verlogen ab und erhoffen sich von ihnen keinerlei Verbesserung ihrer Situation. Auch zu Klassischer Musik hatten sie wenig Bezug, was nicht verwunderlich ist, wenn man berücksichtigt, dass Berliner

---

7 Zur Genese bürgerlicher Subjektkulturen in Deutschland siehe Kaschuba: Deutsche Bürgerlichkeit nach 1800; sowie Reckwitz: Das hybride Subjekt.

Hauptschulen kaum noch Musikunterricht anbieten. Anders die Situation am Piscator-Gymnasium, denn hier spielt Klassische Musik eine besondere Rolle für das Selbstverständnis vieler Schüler sowie der Repräsentation der Schule nach außen. Einige Schülerinnen der musikbetonten Klassen berichteten mir, dass sie seit ihrem zweiten Geburtstag ein Instrument spielen oder bereits im Kindergarten das Mandolinen-Spiel erlernt hätten. Zudem gibt es eine Reihe von politisch engagierten Gymnasiasten, die aktive Mitglieder in politisch linksorientierten Vereinen wie den »Jusos« und den »Falken« sind, regelmäßig zu Demonstrationen gehen oder an feministischen Lesekreisen teilnehmen. Im Folgenden soll das musikalische und politische Engagement dieser Jugendlichen nachgezeichnet und dabei der Frage nachgegangen werden, ob eine Orientierung an Bürgerlichkeit einen möglichen Einfluss auf die berufliche Orientierung von Gymnasiasten hat.

Sophie, eine Schülerin der 11. Klasse, die uns bereits im vorigen Abschnitt begegnete, ist in diversen politischen Vereinen aktiv. Als »Öko« versuchte sie sich zunächst bei der Umweltschutzorganisation *Greenpeace*, später ging sie zur *Antifa* und zu den *Jusos*, wobei ihr erstere derzeit als zu unorganisiert und letztere als zu wenig aktionsorientiert erscheinen. An einem Nachmittag begleite ich sie zum wöchentlichen Treffen einer Ostberliner Bezirksgruppe der *Jusos*, dem Jugendverband der SPD:

Feldtagebuch: An der Wand hängt ein Gemälde von Willy Brandt und ein Wahlposter des Berliner Bürgermeisters Klaus Wowereit. In der Mitte steht ein großer Tisch, um den herum etwa 15 Personen platziert sind. Sophie ist als Schülerin eine der jüngsten von ihnen, die meisten anderen sind Anfang oder Mitte 20. Viele von ihnen studieren Jura, BWL oder Politik. Einige tippen auf ihren *Blackberrys* herum, andere unterhalten sich oder sortieren ihre Unterlagen für die kommende Sitzung. Diese beginnt um 18.35 Uhr, »mit fünf Minuten Verspätung«, wie einer der beiden amtierenden Bezirksgruppenvorsitzenden bemerkt. Am Tag zuvor wurde ein Zeitplan mit den aktuellen Programmpunkten per E-Mail an die Teilnehmer verschickt. Zu Beginn der Sitzung wird zunächst das Protokoll des letzten Treffens vorgelesen und verabschiedet. Anschließend verkündet einer der Vorsitzenden, er habe aus aktuellem Anlass – dem Schulmassaker in Winnenden – einen Antrag zur Verschärfung des Waffengesetzes formuliert. Bevor dieser Antrag diskutiert werden kann, muss jedoch zunächst über eine Änderung des Zeitplanes abgestimmt werden. Anschließend beginnt die Diskussion des Antrages: Manche Beiträge sind kurz und impulsiv (»Wenn man alle Waffen verbietet ...«), andere lang und umständlich und enthalten viele »sozusagen«. Im Verlauf der Diskussion rücken allgemeine gesellschaftliche Problemstellungen mehr und mehr in den Mittelpunkt, so bemerkt der Juso-Vorsitzende: »Der Antrag ist natürlich nicht die Lösung des Problems. Das Problem muss in seiner Komplexität aufgegliedert werden in Fragen wie: Wie sind Schulklassen organisiert? Wie ist das Schüler-Lehrer-Verhältnis?« Der zweite Vorsitzende stimmt zu und äußert sich besorgt über die soziale Situation der Jugend, »vor allem in Neukölln und Wedding«: »Geh dort mal in die Sekundarstufe I. Da fallen so viele Beleidigungen. Die begrüßen sich mit ›Hey Schlampe‹. Das muss man von klein auf unterbinden, besonders an Haupt- und Realschulen, wo die Kinder gar nichts anderes mehr kennenlernen.« Andere Wortbeiträge nehmen das Thema auf und ergänzen es um weitere Facetten: »Kinder sitzen heute nur noch vor Fernseher, Computer und Playstation. Zehnjährige laufen schon mit einem Handy herum. Wir vermüllen unsere Kinder!« Schließlich wird nach etwa einer Stunde Diskussion beschlossen, zum Thema Jugend in den kommenden Wochen einen separaten Antrag auszuarbeiten und den Vorschlag zur Verschärfung des Waffengesetzes in seiner jetzigen Form zu Abstimmung zu stellen. Der Antrag wird mit kleinen Wortänderungen angenommen. Die Bezirksgruppe der Jusos fordert somit eine Verschärfung des Waffengesetzes.

Die Teilnehmer des Juso-Treffens üben sich im politischen Räsonieren, im vernunftgeleiteten und verantwortlichen Kommunizieren, wobei im Anschluss an die eben geschilderte Diskussion noch Themen wie der Religionsunterricht an Berliner Schulen, die Finanzkrise der Berliner Bezirksbibliotheken und der geplante Ausbau der Autobahn 100 diskutiert werden. Die Zusammenkunft des Parteinachwuchses dient folglich der Teilhabe an öffentliche Debatten, in diesem Falle der an das Schulmassaker in Winnenden vom 11. März 2009 anschließenden Diskussionen um eine Verschärfung des Waffengesetzes und den Einfluss von Computerspielen auf Jugendliche.

Öffentlichkeit entsteht in West- und Mitteleuropa im Verlauf des späten 18. und des 19. Jahrhunderts zunächst als ein »Diskursraum der Gebildeten« und beschreibt seitdem eine dominante Form von gesellschaftlicher Selbstverständigung über Deutung und Bedeutung von Ereignissen und Entwicklungen. Wolfgang Kaschuba hat deshalb darauf hingewiesen, dass öffentliche Kultur und die darin stattfindenden Diskussionen keineswegs offen für alle sind, sondern als eine zur Leitkultur avancierte bürgerliche Kultur verstanden werden sollten, die nichtbürgerliche Bevölkerungsgruppen von der Teilhabe am gemeinsamen Gespräch ausschließt, da die Partizipationsmöglichkeiten eng mit dem Erwerb von Bildungszertifikaten und einer spezifischen Form der Kommunikation verbunden sind.[8] Diese Formen der öffentlichen Kommunikation müssen antrainiert werden und Veranstaltungen wie die eben beschriebene haben genau diese Funktion. Die ritualisierte Form der öffentlichen Auseinandersetzung mit gesellschaftlichen Fragen, vor allem das mit großen rhetorischen Gesten verbundene analytische Aufgliederns von Problemstellungen, beherrschen die etwas älteren Bezirksgruppenvorsitzenden deutlich besser als jüngere Teilnehmer wie Sophie, die sich in der Diskussion merklich zurückhält.

Darüber hinaus scheinen die Kontaktpflege und der Aufbau von sozialem Kapital wichtige Motive für ein Engagement bei den Jusos zu sein, denn vor allem einige der älteren Teilnehmer planen bereits eine politische Karriere oder spekulieren zumindest auf eine Anstellung im öffentlichen Dienst, für die sich parteipolitisches Engagement als hilfreich erweisen könnte. So werden im Verlauf der Sitzung die gesellschaftspolitischen Themen allmählich von Formen des sozialen Austauschs verdrängt: inoffizielle Informationen aus den Parteigremien werden weitergegeben, das gemeinsame Badminton-Spielen besprochen und die kommende Seminarfahrt geplant, die sich um das Thema »regenerative Energien« drehen soll. Nach der Beendigung der etwa dreieinhalbstündigen Sitzung treffen sich die Teilnehmer zum weiteren Gespräch in einem indischen Restaurant.

Einige der Teilnehmer der Juso-Sitzung setzen das Schulmassaker in einer Realschule in Baden-Württemberg mit der Verrohung der Umgangsformen an Berliner Haupt- und Realschulen in Beziehung, wobei zeitliche Markierungen wie »Sekundarstufe I«, gemeint sind die Schulstufen der »mittleren Bildung« von der siebten bis zur zehnten Klasse, oder räumliche Verortungen wie »Neukölln und Wedding« als klare Grenzmarkierungen dienen, entlang derer die eigene Position als Ostberliner Abiturient oder Student konturiert wird. Einige Tage später beschwerte sich ein Hauptschüler in einem Gespräch mit mir über die öffentlichen Diskussionen zum Schulmassaker in Winnenden. Er argumentierte, dass »jetzt Hauptschüler wieder die Dummen sind«, obwohl Schulmassaker bisher nicht an Hauptschulen, sondern immer an Gymnasien und Realschulen stattgefunden hätten, wobei er auf das Schulmassaker am Erfurter Gutenberg-Gymnasium

---

8   Vgl. Kaschuba: Öffentliche Kultur – Kommunikation. Siehe auch Habermas: Strukturwandel der Öffentlichkeit.

vom April 2002 anspielte. Sowohl Gymnasiasten als auch Hauptschüler nutzen folglich das Schulmassaker an einer Realschule zur Grenzziehung gegenüber anderen Statusgruppen, wobei Realschüler einmal den Gymnasiasten und einmal den Hauptschülern zugerechnet werden.

Neben politischem Engagement können ein Interesse und Kenntnisse im Bereich Klassischer Musik als Hinweise für einen bürgerlichen Habitus interpretiert werden. Für Gymnasiastinnen wie Lara, die gerade ihr Abitur erworben hat, sind Musik, Kunst und Politik eng miteinander verbunden, denn ihre Freunde sind meist ebenfalls musikalisch oder künstlerisch aktiv und haben, wie die folgenden Interviewpassage demonstriert, auch ähnliche politische Überzeugungen:

Lara: »Der Freundeskreis ist halt so entstanden. Es ist nicht zufällig, dass wir bei den Falken sind, es drückt ja schon etwas von uns aus, dass wir in einem linken Kinder- und Jugendverband tätig sind. Dadurch hat man halt schon eine gemeinsame Ebene. Ich habe zwar auch Freunde, die nicht bei den Falken sind, aber da fühle ich mich schon am wohlsten. Wenn ich jetzt Freunde aus der Schule wieder treffe, freue ich mich zwar total, die zu sehen, aber es ist nicht so ein Verhältnis wie zu meinen Falken-Freunden, weil da kommen dann irgendwelche rassistischen Witze. Die sind nicht böse gemeint, aber die Leute denken halt irgendwie nicht so politisch. Und man will ja dann auch nicht immer die dumme linke Ökotante sein, die ihnen den Spaß verdirbt. Und das passiert mir halt bei meinem Freundeskreis bei den Falken nicht. Wenn da einer einen solchen Witz macht, ist klar, das ist ironisch gemeint und dann kann ich auch darüber lachen. Das ist halt total der Unterschied und da fühle ich mich viel wohler.«

Lara interpretiert ihr freiwilliges Engagement bei den *Falken* als Ausdruck ihrer Persönlichkeit. Politisches Bewusstsein und politisch motivierte Aktivitäten spielen für Laras Selbstverständnis folglich eine entscheidende Rolle. Sie beschäftigt sich intensiv mit Themen wie Sexismus und Rassismus, organisiert Feriencamps, betreut eine Kindergruppe und ist im Landesvorstand der *Falken* aktiv. Sie unterscheidet sich damit von der Mehrheit ihrer ehemaligen Mitschüler, in deren Augen sie als »linke Ökotante« gilt, etabliert aber gleichzeitig enge soziale Bindungen zu einem kleinen Kreis von Mitschülern, die gemeinsam im linksorientierten Jugendverband tätig sind. Diese Gymnasiasten bezeichnen sich mitunter selbst als »Hippies« und sehen sich somit in der Tradition der linken Alternativbewegungen der

1960er und 1970er Jahre. Gemeinsamer Humor ist dabei für Lara ein wichtiger Gradmesser dafür, ob eine gemeinsame Basis für engere Freundschaft existiert. Es sind kleine aber entscheidende Unterschiede, beispielsweise ob ein rassistischer Witz ironisch gemeint ist oder nicht, anhand derer sie enge Freunde von den übrigen Personen aus ihrem Umfeld unterscheidet. Über Witze auf die gleiche Art und Weise lachen zu können, signalisiert eine Abgestimmtheit des Habitus, die sich für Bourdieu nur auf der Grundlage ähnlicher materieller Lebensumstände entwickeln kann.

Auch ihren Freund Albert lernte sie bei den *Falken* kennen, bevor dieser wenig später an das Piscator-Gymnasium wechselte. Lara und Albert interessieren sich für alternative Beziehungsmodelle und beschließen nach dreijähriger Partnerschaft ihr Verhältnis zueinander neu zu definieren und fortan eine »polyamouröse Beziehung« zu bilden. Bevor sich die beiden »Schritt für Schritt« vom etablierten Modell der »romantischen Zweierbeziehung« entfernen, diskutieren sie im linksorientierten Freundeskreis lange und ausgiebig Begriffe wie »Treue«, »Ehe«, »Fremdgehen«, »Eifersucht« und »romantische Liebe«, sie lesen Texte zu diesen Themen und tauschen sich mit Älteren über ihre Erfahrungen mit alternativen Beziehungsmodellen aus. Lara geht wenig später eine sexuelle Beziehung mit einem gemeinsamen Freund aus dem Kreis der *Falken*-Jugend ein und diskutiert ihre Erfahrungen intensiv mit Albert, der selbst sexuelle Kontakte zu anderen Frauen hat, und Laras Vorgehen auch deshalb befürwortet, da er sich diesem Freund fortan selbst stärker emotional und erotisch zugeneigt fühlt. Lara erläutert im Gespräch, dass sie »Freundschaft« und »Beziehung« künftig nicht mehr als unterschiedliche Dinge zu begreifen versucht, sondern als ein Geflecht aus Freundschaft, Liebe sowie gemeinsamen politischen und künstlerischen Interessen. Auch Albert sieht die Gestaltung seiner Intimbeziehungen als Teil eines größeren Lebensentwurfes. Er plant künftig in einer Kommune zu wohnen, um für seine Lebensvorstellungen einen angemessenen räumlichen Rahmen zu finden. Schon während seiner Schulzeit besucht er deshalb »Kommune-Interessierte-Treffen«, in denen er sich auf ein späteres Leben in einer linken, politisch engagierten und ökologisch orientierten Lebensgemeinschaft vorbereitet.

Zu den gemeinsamen Leidenschaften von Lara und Albert gehört neben politischem Engagement auch die Musik. Albert komponiert klassische Musikstücke und spielt Jazzklavier, häufig gemeinsam mit Laras Bruder. Lara bevorzugt Geige, Klassisches Klavier und Gesang. Schon während ihrer Schulzeit erhält sie im Rahmen eines Förderprogrammes für talentierte Jung-Musiker kostenfreien zusätzlichen Förderunterricht an einer Berliner Musikhochschule und bewirbt sich nach ihrem Abitur bei ihrem dortigen Lehrer für einen der begehrten Studienplätze im Bereich der Musikinstrumentenausbildung:

Lara: »Die Aufnahmeprüfungen waren total gut und dann habe ich halt mit meinem Geigenlehrer telefoniert – der ist ja von dort – und habe schon so ein bisschen mit ihm gequatscht, wie es war und dann habe ich erst erfahren, das nur zehn Leute im gesamten Studiengang genommen wurden – von allen Instrumenten. Damit hatte ich nicht gerechnet, dass nur so wenige genommen werden.«

Lara scheint sich aufgrund ihrer langjährigen Kontakte zu Vertretern des Auswahlgremiums relativ sicher zu sein, einen Studienplatz zu erhalten. Sie erschrickt im Interview darüber, wie wenig Bewerber angenommen wurden, wie privilegiert folglich ihre eigene Situation war. Wenig später zieht sie in eine linksorientierte Wohngemeinschaft in Berlin-Kreuzberg und verfolgt von dort aus weiterhin ihre politischen und musikalischen Interessen. Auf meine Bitte, Fotos von ihrem Tagesablauf zu machen, schickte sie mir unter anderem die folgende Abbildung.

Abbildung 12: Lara am Klavier

Quelle: privat

Das tägliche Klavierüben steht im Zentrum dieses Bildes. Um 1900 gehörte das Klavier zu den traditionellen Standardeinrichtungen einer gehobenen bürgerlichen Wohnung und diente in dieser Zeit vor allem der Mädchenerziehung. Dem Historiker Andreas Schulz zufolge vereinigten sich im täglichen Klavierüben Bildungsdrang und Leistungsethos des »Bildungsbürgers«, das stundenlange Training verlangte nach Selbstdisziplinierung, einer rationalen Zeiteinteilung und gleichsam nach einer immensen Hochschätzung von musikalischer Bildung.[9] Die zuhause am Klavier sitzende junge Frau ist demnach ein zutiefst bürgerliches Bild-Motiv. Die Atmosphäre der abgebildeten Szenerie ließe sich mit Worten wie »kühl«, »konzentriert«, »ernst« und »angespannt« beschreiben.[10]

Die Beispiele von Sophie und Lara verdeutlichen, dass Elemente bürgerlicher Lebensformen, wie die Betonung eines klassischen Bildungskanons und eine Tendenz zu gesellschaftspolitischem Engagement, nach wie vor die Lebensformen von Gymnasiasten im Vergleich zu Schülern anderer Schultypen kennzeichnen. Dabei zeichnen sich die Konturen einer modernisierten und vielschichtigen Bürgerlichkeit ab, die bereits Elemente der linksalternativen Gegenbewegungen der 1970er Jahre integriert. Bürgerlichkeit erweist somit erneut seine Veränderungs- und Anpassungsfähigkeit, verliert dadurch jedoch nicht seinen distinktiven Charakter. Bildungsorientierung und politisches Engagement eröffnen nach wie vor Berufswege und Karriereoptionen, die Hauptschülern weitgehend verschlossen bleiben. Durch den Habitus vermittelte kulturelle Grenzziehungen wirken auch bei zeitgenössischen Jugendlichen im Sinne einer sozialen Hierarchisie-

---

9 Vgl. Schulz: Lebenswelt und Kultur des Bürgertums im 19. und 20. Jahrhundert, S. 20ff. Zum historischen Verhältnis der Begriffe »Bildung« und »Bürgertum« siehe Koselleck: Begriffsgeschichten, S. 105-158.

10 In Deutschland hat vor allem der Philosoph Gernot Böhme zum Verständnis von Atmosphären beigetragen. Der Begriff der Atmosphäre dient ihm zunächst zu einer Ausdehnung des Begriffs des Ästhetischen über die Sphäre der Kunst hinaus auf Alltagspraktiken und darüber hinaus als Grundbegriff für eine systematische Theorie sinnlicher Erkenntnis. Böhme weist darauf hin, dass Atmosphären vor allem über Räume und Dinge in Räumen wahrgenommen werden und spricht deshalb von »gestimmten Räumen«. Böhme unterscheidet fünf miteinander verwobene Charaktere von Atmosphären: einen gesellschaftlichen Charakter (wie bürgerlich, proletarisch usw.), Synästhesien (warm, kalt), Stimmungen (ernst, heiter), einen kommunikativen Charakter (ruhig, feindlich) und Bewegungsanmutungen (drückend, weit). Siehe Böhme: Atmosphäre; sowie Böhme: Aisthetik.

rung, bei der die Zugehörigkeit zu bürgerlichen Milieus von entscheidender Bedeutung ist. Dieser Mechanismus sozialer Reproduktion lässt sich auch an einem weiteren Element bürgerlicher Lebensführung beobachten: der Bildungsreise ins Ausland.

BILDUNGSREISEN: EIN JAHR IM AUSLAND

Der Wunsch, sich nach dem Verlassen der Schule für eine längere Zeit im Ausland aufzuhalten, ist bei Berliner Gymnasiasten deutlich stärker ausgeprägt als bei Hauptschülern. Schon gegen Ende des 10. Jahrganges haben sich am Piscator-Gymnasium bis zu drei Schüler pro Klasse dafür entschieden, dass 11. Schuljahr in den USA zu verbringen. Auch während der Abiturzeit werden immer wieder die zur Verfügung stehenden Optionen für einen Auslandsaufenthalt diskutiert – *Au-pair, Work&Travel*, ausgedehnte Reise, Freiwilliges Soziales Jahr usw. – auch wenn sich letztlich nur ein Teil der Piscator-Absolventen tatsächlich auf den Weg macht, so hat zumindest in Gedanken wohl fast jeder von ihnen schon einmal seine Koffer gepackt oder wie Lara Freunde ins Ausland verabschiedet:

Lara: »Dann habe ich erst einmal die ganzen Leute verabschiedet, die abgehauen sind. Die ganzen Freunde, die in andere Städte und in andere Länder gegangen sind. Richtig viele sind gegangen. Albert ist nach Lyon gegangen. Nina ist in Amsterdam und macht Freiwilliges Soziales Jahr im Jüdischen Museum. Noemi studiert in Holland irgendwo. Lea studiert in Ludwigsburg Medien- und Kulturpädagogik. Clemens studiert in Leipzig Medizin. Luise studiert in Leipzig Soziologie. Tim und Sarah sind per Anhalter durch Europa losgefahren. Sarah ist wieder da und hat sich gleich für ein Auslandsjahr in Argentinien beworben. Tim ist noch unterwegs, der ist jetzt irgendwo in Marokko gelandet, ich habe lange nichts mehr von ihm gehört. Es sind halt so viele weg, dass ich gar keinen Überblick mehr habe.«

Der Sommer nach dem Erwerb des Abiturs wird für Lara zur Abschiedszeit. Ein großer Teil ihres Freundeskreises verlässt Berlin, um sich in »andere(n) Länder(n)« wie Frankreich, den Niederlanden, Spanien, Marokko und Argentinien oder »andere(n) Städte(n)« wie Leipzig, Ludwigsburg, Lyon und Amsterdam aufzuhalten. Manchmal handelt es sich um längere Studienaufenthalte, manchmal um kleinere oder größere Reisen. Männliche

Abiturienten können sich zudem durch soziales Engagement im Ausland von der zu dieser Zeit noch gültigen Wehrpflicht in Deutschland befreien. Die positive Bewertung von Mobilität lässt sich in die Tradition der modernen Bildungsreise einreihen, die dem bürgerlichen Nachwuchs bereits im 19. Jahrhundert während des Übergangs von der Jugendphase in die Erwachsenenwelt als berufliche Orientierungsphase und charakterliche Bildungszeit diente, wobei damals wie heute meist Eltern und Verwandte diese Aufenthalte finanzierten.[11]

Lara und Albert haben sich beide während ihrer Abiturzeit für ein Soziales Jahr im Ausland beworben. Lara versuchte es beim »Europäischen Freiwilligenjahr«, wo sie zunächst nicht angenommen wurde. Als ihr nach dem Abitur die Chance geboten wurde, sich erneut zu bewerben, entschied sie sich zugunsten ihrer Musikausbildung vorerst in Berlin zu bleiben. Alberts Wahlmöglichkeiten sind dadurch eingeschränkt, dass er in Deutschland ohnehin einen Militär- oder Zivildienst hätte absolvieren müssen. Bei der Suche nach Möglichkeiten, einen Zivilersatzdienst im Ausland zu finden, orientiert er sich auch an Personen aus seinem Freundeskreis:

Albert: »Konstantin, ein guter Freund von mir, ist jetzt nach Nicaragua gegangen. Der hat das schon gut gemacht. Der war auch immer ein cooler, kritischer, linker Typ irgendwie und hat sich dann voll das perfekte coole Projekt ausgesucht. Er arbeitet in so einer mobilen Schule, da machen sie so die ganze Zeit Projekttage. So was finde ich cool.«

---

11 Vgl. Kaschuba: Deutsche Bürgerlichkeit nach 1800. Auch heute sind viele Gymnasiasten zur Realisierung ihrer Wünsche nach einem Auslandsaufenthalt auf finanzielle Zuschüsse angewiesen. So muss beispielsweise bei einem einjährigen Schüleraustausch in die USA oder bei einem von einem privaten Trägerverein organisierten freiwilligen sozialen Jahr im Ausland mit privaten Zusatzkosten von etwa 10.000 Euro gerechnet werden. Gymnasiasten stellen die überwiegende Mehrheit unter den von diversen Vereinen für eine Zeit lang ins Ausland vermittelten Jugendlichen. Bei den »Freunden der Erziehungskunst Rudolf Steiners« beispielsweise liegt der Anteil der Hauptschulabsolventen bei etwa einem bis drei Prozent. Beim christlichen Friedensdienst Eirene, mit dessen Hilfe ich selbst von 1999 bis 2001 einen 18-monatigen »Friedensdienst« in den USA absolvierte, lag der Anteil der Abiturienten im Jahr 1998 bei 95,5 Prozent.

Konstantins Entscheidung nach Nicaragua zu gehen, dient für Albert als Vorbild für die eigene Gestaltung der Zeit nach dem Abitur. In einer ähnlichen Lebenssituation und mit vergleichbarer politischer Ausrichtung hat Konstantin – in Alberts Worten – »das perfekte coole Projekt«, in einer »mobilen Schule« gefunden, wo »die ganze Zeit Projekttage« stattfinden. Auffallend an dieser Wortwahl ist die Betonung von räumlicher Mobilität und zeitlicher Flexibilität: Die Stelle in Nicaragua ist nicht nur weit entfernt von Deutschland, sie verlangt darüber hinaus auch nach ständiger Mobilität innerhalb dieses zentralamerikanischen Landes. Zeitlich scheint sich die einjährige Phase des Sozialdienstes im Ausland, die von den Schülern in der Regel selbst als eine Zwischenphase zwischen Abitur und Studium betrachtet wird, wiederum in kurze Sequenzen befristeten Engagements zu untergliedern. Dieser Schilderung folgend verspricht der Aufenthalt in Nicaragua für die beteiligten Jugendlichen in erster Linie ständige Abwechslung.

Die ideale Art und Weise, seine Zeit im Ausland zu verbringen, wird von Albert als eine Form des ständigen Projektemachens verstanden. Albert selbst bezeichnet sich als ungeduldigen und äußerst aktiven Menschen, dessen Tage meist im Voraus mit diversen Aktivitäten verplant sind und dem es schwer fällt, sich zu entspannen. Seine ständige Selbstaktivierung und seine Vorliebe für Projekte folgen den von Ulrich Bröckling beschriebenen Handlungsimperativen des »unternehmerischen Selbst«. Bröckling versteht das Projektemachen als eine diskontinuierliche Folge von unternehmerischen Handlungen und zählt es deshalb zu den Strategien und Programmen eines am Leitbild des Ökonomischen ausgerichteten Aktivierungsprogramms.[12] Durch das ständige Engagement in Projekten werden ihm zufolge Formen der Selbstrationalisierung und der Flexibilisierung geprägt, die letztlich einem ökonomischen Imperativ – der marktkonformen Selbstoptimierung – folgen. Dabei waren es für Bröckling gerade die sozialen Experimente der Alternativbewegungen der 1970er Jahre – die der »Hippies« beispielsweise, in deren Tradition auch Albert sich sieht – die durch die Forderung nach dem Einklang von Leben und Arbeit ungewollt Kapitalisten in eigener Sache hervorbrachten.[13] Das »perfekte« linksalternative Projekt in Nicaragua kann in dieser Sichtweise als Schule unternehmerischer Tugenden verstanden werden.

---

12 Bröckling: Das unternehmerische Selbst, S. 248ff.
13 Ebd., S. 259.

Albert selbst bewarb sich schließlich erfolgreich für ein Freiwilliges Jahr bei den »Freunden der Erziehungskunst Rudolf Steiners« und ging, finanziell gefördert von einem aus Familie, Verwandten und Bekannten bestehendem »Unterstützerkreis«, für ein Jahr nach Frankreich, um in Lyon in einem Waldorf-Kindergarten zu arbeiten. Die Waldorf-Pädagogik und die ihr zugrunde liegende anthroposophische Weltanschauung entstanden im Zuge der bürgerlichen Lebensreform-Bewegung um 1900, in welcher sich in Teilen des Bürgertums eine kritische Haltung zur bürgerlich geprägten Moderne und deren Leitbildern der Rationalität und des Gewinnstrebens herausbildete.[14] Aufgrund seiner Ausrichtung an selbstunternehmerischen Idealen erscheint es wenig überraschend, dass für Albert keineswegs soziale Beweggründe, sondern Bildungsambitionen und Karriereerwägungen die Hauptmotive für sein Auslandsengagement waren:

Albert: »Ich habe Bock, viele Sprachen zu lernen. Deshalb gehe ich auch nach Frankreich. Mein einziger Grund, keine soziale Motivation – ich will Französisch lernen. Neben diesem Willen, Französisch zu lernen, will ich das Zivi-Jahr auch musikalisch nicht verlieren, weil ich etwas mit Musik studieren will und man sich da immer gut fithalten muss. Eigentlich wollte ich das vereinen, es gibt auch ein Freiwilliges Musikalisches Jahr, aber das gibt es halt nur in Deutschland.«

Albert geht es bei der Entscheidung für einen Freiwilligendienst nicht in erster Linie darum, anderen Menschen zu helfen, sondern darum, die französische Sprache zu erlernen. Die Phase zwischen dem Schulabgang und dem Beginn des Studiums erscheinen ihm als der ideale Zeitpunkt, sich intensiv dem Erwerb einer Fremdsprache zu widmen. Französisch-Kenntnisse gelten als arbeitsmarktrelevante Fähigkeiten und, vor allem für seine frankophile Familie, als Komplettierung der Allgemeinbildung. Zudem werden Auslandsjahre von vielen Arbeitgebern als Optimierung des Lebenslaufes angesehen. Dennoch ist Albert ein wenig besorgt darüber, im Verlauf des Jahres die Ausbildung seiner musikalischen Fähigkeiten zu vernachlässigen. Das Freiwillige Jahr erscheint auf diese Weise weniger als sozialer Dienst am Anderen, sondern vor allem als Arbeit am Ich-Projekt, als eine

---

14 Vgl. Schulz: Lebenswelt und Kultur des Bürgertums im 19. und 20. Jahrhundert, S. 26ff.

ständige rastlose Selbstoptimierung, ein sich »Fithalten«, bei dem stets die weiteren Karriereschritte mit bedacht werden.[15]

Ein Jahr später treffe ich Albert in Berlin wieder und unterhalte mich mit ihm in einem vietnamesischen Restaurant über sein zurückliegendes Engagement in Frankreich:

Albert: »Am Anfang war ich schon motiviert, aber dann habe ich gemerkt, so 40 Stunden arbeiten – ich habe halt auch ganz viel geputzt – ist schon ein bisschen stressig. Ich habe halt immer abgewaschen und die Erzieherin hat nie abgewaschen. Und wenn man am Sonnabend um acht Uhr auf die Kinder aufpassen musste, weil da irgendeine Feier ist, dann waren das immer die Zivildienstleistenden und nie eine Erzieherin. Das fand ich so fies, aber ich habe mich damit abgefunden und es so als unbezahltes Sprachaufenthaltsjahr gesehen.«

Albert blickt zwar insgesamt zufrieden auf sein Auslandsjahr in Frankeich zurück, empfand das ungewohnte Arbeitspensum jedoch als belastend. Häufig musste er von 8.30 bis 18 Uhr im Kindergarten arbeiten, hinzu kamen unbezahlte Überstunden am Abend und an den Wochenenden. Neben der Kinderbetreuung war er vor allem für das Aufräumen und für Putzaufgaben in der Küche zuständig. Das latente Gefühl, von seinen Vorgesetzten ausgenutzt zu werden, bekämpfte er mit dem Gedanken, dass es sich um eine vorübergehende, dem Erlernen der französischen Sprache gewidmete, Lebensphase handle. So nutzte er beispielsweise die Putzphasen, um nebenbei das Programm von »*Radio France Culture*« zu hören und sich auf diese Weise gleichzeitig weiterzubilden. Zudem spielte er in der Mittagspause regelmäßig Klavier und wurde Mitglied in einem Lyoner Laienchor. Auch politisch blieb Albert weiterhin aktiv: Er engagierte sich in einem feministischen Kollektiv, das während seiner Zeit in Lyon unter anderem die Frankreich-Tournee einer afghanischen Frauenrechtlerin und einen interaktiven Diskussionsabend zum Thema Autonomie in Liebesbeziehungen organisierte. Lediglich seine Freunde vermisste er, da er zwar viele neue Bekannt-

---

15 Hier soll selbstverständlich nicht das Engagement von Freiwilligen- oder Zivildienstleistenden für Hilfsbedürftige abgewertet werden, sondern lediglich exemplarisch die Verbindung zwischen Auslandsaufenthalten dieser Art und Prozessen sozialer Reproduktion angedeutet werden.

schaften schloss, aber kaum »richtig tiefe Freundschaften auf emotionaler Ebene« entwickeln konnte.

Alberts Auslandsjahr in Frankreich kann als eine zeitgenössische Variante der bürgerlichen Bildungsreise interpretiert werden. Im Wunsch ein Jahr im Ausland zu verbringen verschmelzen Bildungsambitionen mit unternehmerischen Tugenden und dem Drang zur ständigen Selbstoptimierung. Andreas Reckwitz hat vorgeschlagen, Bürgerlichkeit nicht als uniforme, sondern als »hybride Subjektkultur« zu verstehen, die bereits während ihrer Genese im Verlauf des 18. und 19. Jahrhunderts verschiedene, scheinbar widersprüchliche Elemente miteinander kombinierte.[16] Zum einen formte sich Bürgerlichkeit im Bereich des freien Handels, wo vor allem Kompetenzen im Bereich der Selbstdisziplinierung und der Risikokalkulation gefragt waren. Bürgerlichkeit war in diesem Sinne bereits von Beginn an eine unternehmerische Kultur. Zum anderen steht Bürgerlichkeit für eine Subjektkultur der Empfindsamkeit, die von mentaler Reflektion und elaborierter Psychologisierung gekennzeichnet ist. Und schließlich ist Bürgerlichkeit mit Bildungspraktiken verbunden, wobei sich das »Bildungsbürgertum« vor allem auf Schrift und Musik stützte. Für Reckwitz machen folglich Praktiken der Arbeit, der persönlichen Beziehungen und der Bildung den Kern der bürgerlichen Lebensform aus. Alle drei klassischen Elemente der bürgerlichen Subjektkultur sind im Verlauf der Beschreibung des Auslandsaufenthaltes von Albert aufgetaucht: sein Karrierebewusstsein und seine selbstunternehmerische Orientierung, seine Sehnsucht nach intimen Freundschaften und schließlich sein scheinbar unstillbarer Bildungshunger, der sich besonders auf Klassische Musik und das Erlernen der französischen Sprache fokussierte. Gleichzeitig ließen sich auch neuere Elemente der bürgerlichen Subjektkultur erkennen: ein »postmaterielles« Unternehmertum, dass weniger an materiellem Profit und vor allem an der Entwicklung des Ichs interessiert zu sein scheint. Eine Hinterfragung »klassischer« bürgerlicher Formen von Intimbeziehungen, vor allem von Liebe, Ehe und Treue, und schließlich eine an den gegenkulturellen Bewegungen der 1970er Jahre orientierte Form des gesellschaftspolitischen Engagements.

Die bisherige Darstellung der Lebensformen von Gymnasiasten dient als Kontrastfolie zu den in den vorhergehenden Kapiteln beschriebenen

---

16 Vgl. Reckwitz: Wie bürgerlich ist die Moderne?

Selbstwahrnehmungen und kulturellen Praktiken von Berliner Hauptschülern. Indem ich die Konturen einer sich ständig transformierenden bürgerlichen Subjektkultur an ausgewählten Beispielen nachzeichnete, versuchte ich die im Prozess der Habitualisierung verborgenen Inklusions- und Exklusionsmechanismen sichtbar zu machen. Wir lernten »Ökos« wie Sophie kennen, die sich in ihrer konsumkritischen Haltung bewusst vom Massengeschmack der »Prolls« abgrenzen. Wir erfuhren anhand von Hannahs Aversion gegenüber Hauptschülern, dass Begriffe wie »Oben«, »Mitte« und »Unten« immer auch moralisch und emotional besetzt sind. Wir trafen politisch engagierte Gymnasiasten wie Lara und Albert, die Geschlechterarrangements hinterfragen und mit »offenen Beziehungen« und homosexuellen Orientierungen experimentieren. Wir erfuhren von Laras musikalischen Neigungen, die sie schon seit der Vorschulzeit entwickelte und mit deren Hilfe sie den Übergang in eine prestigeträchtige Ausbildungsinstitution scheinbar mühelos bewältigt. Schließlich begleiteten wir Albert bei seinem Zivilersatzdienst in Frankreich, der zunächst als eine Art längere Sprachreise geplant war und sich deshalb in die bürgerlich konnotierte Tradition der Bildungsreise einreihen lässt.

TRANSGRESSIONEN: KONTAKTE ZWISCHEN GYMNASIASTEN UND HAUPTSCHÜLERN

Bürgerlichkeit wurde in diesem Kapitel als »hybride Subjektkultur« begriffen, die sich in Abgrenzung von den wahrgenommenen Lebensformen der »Unterschichten« konstituiert. Den »Unterschichten« wird von bürgerlicher Seite jedoch nicht nur mit Angst und Abscheu, sondern auch mit Mitgefühl und Faszination begegnet. Zudem wuchsen auch einige Schüler des Piscator-Gymnasiums eher in einem kleinbürgerlichen oder postproletarischen als in einem bürgerlichen Umfeld auf. Zum Abschluss dieses Kapitels stehen deshalb nicht bürgerliche Distinktionen gegenüber »Unterschichten«, sondern Kontakte zwischen Gymnasiasten und Hauptschülern im Mittelpunkt:

Katharina: »Ich habe Freunde, die Hauptschüler sind. Ich war selber auch schon mit einem Hauptschüler zusammen. Ich habe ihn bei einer Geburtstagsfeier von einer Freundin kennengelernt. Denen merkt man das teilweise überhaupt nicht an, die können sonst wie pfiffig sein in der Birne und sind einfach nur zu faul, zu lernen. Mit denen treffe ich mich noch ganz normal: Treffen, Quatschen, Ausgehen.«

Katharina betont die Normalität in ihrem Umgang mit Hauptschülern. Die besondere Hervorhebung der Alltäglichkeit ihres Umgangs mit Schülern anderer Schultypen berücksichtigt bereits, dass Freundschaften oder Liebesbeziehungen zwischen Gymnasiasten und Hauptschülern als unüblich gelten. Auch die Betonung der Intelligenz von Hauptschülern muss vor dem Hintergrund des bei ihren Mitschülern vorherrschenden Vorurteils, Hauptschüler seien dumm, verstanden werden. Katharina sieht den mangelnden Bildungserfolg von Hauptschülern vor allem in deren fehlender Motivation begründet. Sie selbst sieht sich dagegen als ehrgeizige Schülerin, deren Bildungskarriere jedoch auch von einigen Rückschlägen begleitet wurde, wie sie im Verlauf des Interviews berichtet. So wurde ihre Bewerbung am Piscator-Gymnasium abgelehnt, weshalb sie zunächst unfreiwillig ein Gymnasium besuchen musste, »wo fast alle raufkommen, egal ob man eine Haupt-, Real- oder Gymnasialempfehlung hat«. Ein halbes Jahr später bewarb sie sich erneut, dieses Mal erfolgreich, an der Piscator-Schule. Nach dem bestandenen Abitur wollte sie zunächst an der Freien Universität in Berlin studieren, doch da ihr Notendurchschnitt dort nicht für eine Zulassung ausreichte, entschied sie sich für ein Studium in Magdeburg. Die Zeit zwischen der Verleihung der Abiturzeugnisse im Juni und dem Beginn des Studiums im Oktober nutzte sie unter anderem für eine längere Sprachreise nach Australien.

Lara, die – gemessen an ihren Schulnoten – zu den erfolgreichsten Abiturienten ihrer Klassenstufe zählt, sieht die Unterschiede im Bildungserfolg zwischen Gymnasiasten und Hauptschülern vor allem in unterschiedlichen sozialen Ausgangslagen begründet. In der folgenden Interviewpassage verweist sie auf die Elternhäuser der Jugendlichen und somit auch darauf, wie stark soziale Herkunft die späteren Bildungs- und Berufswege beeinflusst:

Lara: »Allein schon aus welchem Elternhaus man kommt, hat man ja total die unterschiedlichen Möglichkeiten. Zum Beispiel mein Vater, der arbeitet als Sozialarbeiter und hat total viele Schulabbrecher in seinem Jugendclub. Und er macht jedes Jahr eine Gedenkstättenfahrt nach Polen und da war ich mit, wo auch Hauptschüler mit waren. Und man kommt ja total mit Vorurteilen aufeinander zu. Also die Hauptschüler denken ›oh die doofen Gymmies, die können ja nur Fremdwörter benutzen‹.

Und die Gymmies denken ›oh Gott, die Hauptschüler‹. Und dann haben wir gemerkt, dass wir uns alle total mochten und total ähnlich waren. Also auch in den Runden, in denen wir uns erzählt haben, was wir erlebt haben, da haben die Hauptschüler teilweise total die guten Sachen gesagt und total toll geredet und sind total begeistert gewesen. Aber sie haben halt einfach nicht so die Möglichkeit, Sachen zu machen, zu denen sie vielleicht begabt sind.«

Lara geht von der Nichtalltäglichkeit des Umganges zwischen Hauptschülern und Gymnasiasten aus. Sie verweist zunächst auf die gegenseitigen Vorurteile, wobei Gymnasiasten vor allem mit einem prätentiös erscheinenden Sprachgebrauch assoziiert werden und umgekehrt für Gymnasiasten die bloße Aussicht auf Kontakt mit »Hauptschülern« schon als Anlass für Besorgnis ausreicht. Anschließend beschreibt sie die Überwindung von sozialer Distanz im Rahmen einer von ihrem Vater organisierten Reise zu einem ehemaligen Konzentrationslager nach Polen. Im Versuch, sich mit den Grausamkeiten der deutschen Vergangenheit auseinanderzusetzen, erkennt Lara eine gemeinsame emotionale Basis jenseits sozialer Schranken und entwickelt Sympathien zu den Jugendlichen, die ihr nun nicht mehr in erster Linie als »Schulabbrecher«, sondern als Mitmenschen erscheinen. Der Kontakt mit sozial marginalisierten Jugendlichen verdeutlicht ihr gleichzeitig, wie privilegiert ihre eigene familiäre Position ist. Anders als Katharina betrachtet sie die deutsche Gesellschaft nicht als eine meritokratisch organisierte, sondern als eine von Ungerechtigkeit sowie von ungleichen Ausgangslagen geprägtes soziales Gefüge.

Paula, das dritte und letzte Beispiel für Kontaktformen zwischen Gymnasiasten und Hauptschülern, betont wie Katharina die »Faulheit« vieler Hauptschüler, verweist aber ähnlich wie Lara auch auf soziale Umstände für schulische Misserfolge. Sie führt seit zwei Jahren eine Liebesbeziehung mit Thomas, einen jungen Mann mit Hauptschulabschluss aus dem thüringischen Gera. Diesen hatte sie beim Eislaufen während der bei den Großeltern in Thüringen verbrachten Weihnachtszeit kennengelernt und später mithilfe ihrer Cousine, die Thomas Freundeskreis kannte, dessen Handy-Nummer herausgefunden. In Paulas Sichtweise ist Thomas vor allem deshalb in der Schule »untergegangen«, da seine Eltern mit der Betreuung ihrer neun Kinder überfordert waren, von denen ein behindertes Kind ihre besondere Fürsorge benötigte und zwei mittlerweile verstorben sind. Mittlerweile hat Thomas den Realschulabschluss nachgeholt und eine Ausbildung als Gießereimechaniker begonnen. Paula plant nach ihrem Abitur in Jena zu studieren um auf diese Weise mehr Zeit mit ihrem Partner verbringen zu können, doch gibt es sowohl in ihrem als auch in Thomas Umfeld Widerstände gegen ihre Liebesbeziehung:

Paula: »Seine Freunde mögen mich nicht so, die reden ja alle ihr Gersch – Thüringisch – und ich rede eben, wie sie es bezeichnen, Hochdeutsch. Als ich ihnen das erste Mal begegnet bin und wir uns unterhalten haben, war die erste Reaktion: ›Redet die immer so geschwollen?‹ Die finden mich halt so ein bisschen altklug, hochnäsig und besserwisserisch und die mögen das nicht so. [...] Meine Oma, die meckert immer rum: ›Meinst du nicht, dass du mit einem adrett gekleideten Jura-Studenten besser dran wärst?‹ Und ich sage dann immer: ›Nein, eigentlich nicht.‹ Sie kann Thomas einfach nicht akzeptieren und stichelt ständig gegen ihn oder versucht ihn immer auszugrenzen, auch so bei Familienfesten, wo meine Eltern ihm dann zusagen: ›Klar, du bist von uns eingeladen.‹ Und sie sagt dann: ›Nein, du bist es nicht.‹«

Paula muss erfahren, dass eine längerfristige Beziehung zwischen einer Gymnasiastin und einem Hauptschüler als soziale Grenzüberschreitung wahrgenommen wird. Thomas Freunde und ihre eigene Großmutter versuchen durch kaum verhüllte Diffamierungen soziale Schranken aufrechtzuerhalten. Sprachgebrauch, Kleidung und Ausbildungsgrad spielen in diesem Prozess der Konstruktion sozialer Differenz eine entscheidende Rolle. Paula, die selbst vom starken thüringischen Dialekt von Thomas Freundeskreis ein wenig überrascht wirkt, wird aufgrund ihres an den als legitim geltenden Sprachnormen orientierten Sprachgebrauchs als sozial nicht zugehörig klassifiziert. Was ihr als »normales« Deutsch vorkommt, erscheint den Anderen bereits als prätentiöser Sprachgebrauch. Umgekehrt wird der alltägliche Kleidungsstil von Thomas von Paulas Großmutter als zu nachlässig wahrgenommen und dessen Bildungsstand als mangelhaft empfunden, wobei der Vergleich mit einem »Jura-Studenten« andeutet, dass für sie ein angemessener Status nicht nur eine Frage des Geschmackes, sondern wohl auch eine des Bildungsgrades und des Geldes ist. Die Großmutter sieht in der Beziehung ihrer Enkelin die Gefahr eines sozialen Abstieges und offenbart damit ein Verständnis von Liebe und Partnerschaft, welches diese vor allem als Formen und Strategien sozialer Positionierung begreift. Paula setzt ihrer Großmutter ein »romantisches« Modell von Liebe entgegen, bei dem Bildung und sozialer Status eine geringere Rolle als Charakter oder »innere Werte« spielen. Sie liebt Thomas, weil er eine »ehrliche Seele« ist, wie sie im Verlauf des Interviews bemerkt. Gleichzeitig grenzt sie sich vom höheren sozialen Status einiger ihrer Mitschüler ab, so betont sie beispielsweise, sie wohne nicht wie andere in »krassen Häusern« im »Reichenviertel«, sondern in einer »normalen Wohnung«.

Katharina, Lara und Paula kommen jeweils auf unterschiedliche Weise mit Hauptschülern in Kontakt. Sie lernen sie über Freunde, Eltern oder Verwandte kennen, begegnen ihnen im städtischen Raum, bei Feiern oder pädagogischen Veranstaltungen. In allen drei Narrativen spielen soziale Vorurteile eine entscheidende Rolle: Vorurteile werden von Katharina bewusst überspielt und negiert, ihre Überwindung wird von Lara als besonderes Ereignis wahrgenommen oder sie werden von Paula bekämpft, da sie eine dauerhafte Beziehung zu ihrem Freund erschweren. Dem Vorurteil, Hauptschüler seien dumm, widersprechen alle drei Gymnasiastinnen. Das Vorurteil sie seien faul, bestätigen sie teilweise, verweisen jedoch gleichzeitig auf ungleiche Lebensbedingungen. Wissen, Bildung, Sprache und Kleidung fungieren als Vehikel, mit deren Hilfe soziale Unterschiede verhandelt und soziale Hierarchien etabliert werden.

II. Repräsentationen – Macht – Kritik

Encoding
Entstehungszusammenhänge medialer Repräsentationen

Goldkettenträger, Boxer, Hartz-IV-Empfänger – die im ersten Teil dieser Studie dargestellten Selbstwahrnehmungen und kulturellen Praktiken von Berliner Hauptschülern lassen sich nicht losgelöst von solchen Stereotypisierungen verstehen. Medien nehmen existierende Zuschreibungen auf und reproduzieren diese. Medial kursierende Bilder werden ihrerseits im Alltag von marginalisierten Jugendlichen auf unterschiedlichen Weisen zur Markierung der eigenen Position verwendet. Darüber hinaus produzieren Hauptschüler selbst mediale Bilder – zum Beispiel, indem sie per Mobiltelefon Fotos anfertigen und persönliche Profile in Online-Communitys pflegen. Die Produktion und Zirkulation von Medienbildern soll im Mittelpunkt des zweiten Teils dieser Studie stehen und im Kontext einer fehlenden Anerkennung von Hauptschülern analysiert werden. Dies macht zunächst einen temporären Perspektivenwechsel notwendig. Das nächste Kapitel handelt nicht von Berliner Hauptschülern in Neukölln, Lichtenberg oder Wedding, sondern von denjenigen, die über sie öffentlich reden, schreiben und diskutieren und auf diese Weise dazu beitragen, Hauptschüler als eine Problemgruppe zu konstruieren. Aus diesem Grund stehen Journalisten im Fokus des kommenden Kapitels, in dem ich nachvollziehen werde, wie negative Medienbilder über Hauptschüler zustande kommen. Mir geht es dabei nicht um eine simple Medienschelte, sondern darum, die Entstehungsmechanismen medialer Repräsentationen zu verstehen.

In seinem einflussreichen Text *Encoding/decoding* beschreibt Stuart Hall die Prozesse der Kodierung und Dekodierung als entscheidende Momente im medial vermittelten Kommunikationsprozess. Die Konstruktion von Medienbildern lässt sich nach Hall nur unter der Berücksichtigung der »Rahmenbedingungen des Wissens« (*framework of knowledge*), der »Produktionsbedingungen« (*relations of production*) und der »technischen Infrastrukturen« (*technical infrastructure*) verstehen.[1] Diese Bereiche werden in der Regel in der Medienforschung getrennt voneinander betrachtet, hier sollen sie jedoch ergänzend zueinander analysiert werden. Dafür bietet es sich an, unterschiedliche Theoriestränge und Forschungstraditionen zu berücksichtigen. Zum Verständnis der »Rahmenbedingungen des Wissens« wird eine von Michel Foucault inspirierte Diskursanalyse beitragen. Foucault versteht unter Diskurs eine geregelte Formation von anonymen Aussagesystemen, die eine »Ordnung der Dinge« herstellt, durch die bestimmt wird, was zu einem bestimmten Zeitpunkt denk- und sagbar ist.[2] Die »Produktionsbedingungen« sollen mithilfe der Feldtheorie von Pierre Bourdieu untersucht werden. Bourdieu verwendet den Begriff des Feldes, um relativ autonome und mit eigenen Gesetzen ausgestattete gesellschaftliche Mikrokosmen voneinander zu unterscheiden. Das journalistische Feld umfasst dabei jenen sozialen Raum, in dem mediale Wirklichkeitskonstruktionen geschaffen und diskursive Äußerungen produziert werden.[3] Die »technischen Infrastrukturen« gilt es aus dem Blickwinkel einer an Marshall McLuhan und Friedrich Kittler orientierten Medientheorie zu untersuchen. Marshall McLuhan, ein kanadischer Medientheoretiker und Literaturwissenschaftler, formulierte in den 1960er Jahren die These, dass die inhaltlichen Botschaften von Medien bereits durch die Medien selbst, und nicht etwa durch den Menschen, bestimmt werden.[4] »*The medium is the message*«, lautete die provokante Botschaft McLuhans, die in den 1980er Jahren vom deutschen Medientheoretiker Friedrich Kittler aufgenommen und weiterentwickelt wurde. Kittler formulierte in Büchern wie *Aufschreibesysteme*

---

1 Stuart Hall: Encoding/decoding, S. 130.
2 Vgl. Foucault: Die Ordnung des Diskurses. Siehe dazu auch Foucault: Archäologie des Wissens. Meine Vorgehensweise unterscheidet sich von anderen Formen der Diskursanalyse dahingehend, dass ich nicht möglichst viele mediale Texte auf ihre internen Regelmäßigkeiten hin untersuche, sondern an jeweils einem Beispiel für Fernsehen, Radio und Print diskursive Mechanismen detailliert nachvollziehe.
3 Vgl. Bourdieu: Über das Fernsehen.
4 Vgl. McLuhan: Understanding Media.

1800/1900 eine technikzentrierte Position, der zufolge Medien nicht nur Bedeutungen abbilden oder übertragen, sondern die Produktion von Bedeutungen selbst anleiten und möglich machen.[5] Diskurs-, Feld- und Medientheorie überschneiden sich an mehreren Punkten: Diskurse werden durch technische und soziale Strukturen bedingt und gleichzeitig sind diskursive Elemente in das Soziale und die Technik sowie deren Gebrauch eingeschrieben. Der hier skizzierte theoretische Rahmen zur Analyse medialer Repräsentationen umfasst demnach die drei von Stuart Hall vorgeschlagenen Analysebereiche und fokussiert den Blick auf die Wechselverhältnisse von diskursiven, sozialen und technischen Strukturen.

Dieses Kapitel handelt vom Kodieren – von der Produktion von Medienberichten über Hauptschulen sowie von öffentlichen Anschuldigungen gegenüber marginalisierten Jugendlichen, die ich anhand von Fallstudien aus dem Jahr 2006 nachvollziehen werde.[6] Danach widme ich mich Prozessen des Dekodierens und werde der Frage nachgehen, auf welche unterschiedlichen Weisen Hauptschüler mit medialer und sozialer Stigmatisierung umgehen. In Erweiterung des von Stuart Hall entwickelten Forschungsansatzes frage ich anschließend, ob sich im Zuge der durch den Aufstieg neuer Medientechnologien ermöglichten zunehmenden Bildproduktion durch Jugendliche Formen der Rekodierung medialer Repräsentationen abzeichnen. Darüber hinaus sollen die komplexen Prozesse des *Encoding*, *Decoding* und *Recoding* als zentrale Momente der medialen und visuellen Durchdringung des Alltags erfasst sowie als Instanzen der Reproduktion von Machtverhältnissen und Ungleichheit diskutiert werden.

DIE RÜTLI-SCHULE IN DER *SÜDDEUTSCHEN ZEITUNG*

Die Rütli-Schule, eine Hauptschule im Berliner Stadtteil Neukölln, geriet im März und April des Jahres 2006 in den Fokus einer Mediendebatte. Die

---

5 Vgl. Kittler: Aufschreibesysteme 1800/1900.
6 Das Kapitel fasst einige wesentliche Befunde meines im Jahr 2008 im LIT-Verlag publizierten Buches »Migration und Medien. Wie Fernsehen, Radio und Print auf die Anderen blicken« zusammen. Aufgrund der hier notwendigen Kürzungen habe ich unter anderem auf eine Differenzierung innerhalb der einzelnen Medienformate verzichtet.

Schule gilt seither bundesweit als Symbol für die Krise der Hauptschule und zugleich als mediales Sinnbild für die als problematisch betrachteten Integrationsprozesse von Migranten arabischer, türkischer oder kurdischer Herkunft. Auslöser war ein vom Lehrerkollegium der Schule verfasster offener Brief, in dem auf die Gewaltbereitschaft und Aggressivität der Schüler hingewiesen und eine Auflösung der Hauptschule in seiner bisherigen Form gefordert wurde.[7] In dem Schreiben der Lehrer wird der hohe Anteil von Schülern nichtdeutscher Herkunft von über 80 Prozent als besonders problematisch hervorgehoben.[8] Dutzende Fernseh-, Radio- und Printbeiträge widmeten sich daraufhin den Themen Schule und Migration, darunter die *Süddeutsche Zeitung* und das ZDF-Politik-Magazin *Frontal21*, deren Berichterstattung ich hier analysieren werde.

Die *Süddeutsche Zeitung* (*SZ*) gilt, gemeinsam mit der *Frankfurter Allgemeinen Zeitung (FAZ)*, als die einflussreichste Tageszeitung in Deutschland. In der *Süddeutschen Zeitung* zählten die Diskussionen um die Rütli-Schule in zwei aufeinander folgenden Ausgaben, der vom 31. März sowie dem 1. April 2006, zu den Topthemen des Tages. Am 30. März, dem Tag, an dem die Presseagentur *dpa* erstmals über den Brief der Neuköllner Lehrer informierte, bot die im Berliner Büro der *Süddeutschen Zeitung* tätige Constanze von Bullion der in München ansässigen Nachrichtenredaktion zunächst an, eine kurze Meldung über die Rütli-Schule zu schreiben, was aber mit Verweis auf die lokal begrenzte Bedeutung des Themas abgelehnt wurde. Nur eine Stunde später, nach neuen Agentur- und ersten Medienmeldungen, wurde das Thema Rütli-Schule als Aufmacher für die Ausgabe des nächsten Tages ausgewählt. Bullion wurde darauf hin zur Rütli-Schule geschickt, wo ihr – zusammen mit einem Pulk anderer Journalisten – der Zugang zum Schulgelände verwehrt wurde. Unter der Titelzeile »Dramatischer Hilferuf im Stadtteil Neukölln: Berliner Lehrer geben ihre Schule verloren« wurden am Freitag, dem 31. März, der Inhalt des Briefes und die ersten Positionierungen im Rahmen der sich formierenden Diskussion über die Integration von Migrantenkinder zusammengefasst. Zudem wurde eine

---

7   Der Brief wurde zunächst an Berliner Behörden verschickt. Als die erwünschte Reaktion ausblieb, wurde er an den Tagesspiegel weitergeleitet. Medien wurden folglich bewusst mobilisiert, um den Handlungsdruck auf die Politik zu erhöhen.

8   dpa: »›Wie sind ratlos‹. Der Hilferuf der Lehrer«, in: Süddeutsche Zeitung, 31. März 2006.

Reihe von begleitenden Artikeln mit Titeln wie »Problemkiez Nummer eins« oder »SOS – Schule – SOS« veröffentlicht. Am folgenden Morgen, dem 1. April 2006, erschienen in der *Süddeutschen Zeitung* zwei weitere Beiträge zur Rütli-Schule, eine längere Reportage von Constanze von Bullion und Annette Ramelsberger auf der »Seite Drei« sowie ein von Cathrin Kahlweit verfasster Leitartikel mit der Überschrift »Neukölln, fremdes Land« auf der Meinungsseite, deren Entstehungsbedingungen im Folgenden genauer untersucht werden sollen.

Die von zwei Berliner Autorinnen der *SZ* gemeinsam verfasste Reportage über die Rütli-Schule und seine Umgebung auf der »Seite Drei« trägt den Titel »Allein im Sog der Gewalt«. Sie beginnt mit einer Beschreibung des durch den Medientrubel verursachten Chaos vor dem Schuleingang. Anschließend kommen zwei Schüler, der 16-jährige Bilal und der 14-jährige Moshin, beides Söhne palästinensischer Flüchtlinge, zu Wort, erzählen von ihrem Alltag und dass sie »kein' Bock auf Schule« haben. Danach ein abrupter Szenenwechsel: Schulstadtrat Schimmang wird vorgestellt und berichtet von der sozialen Lage im »Brennpunkt« Neukölln, von den hohen Ausländerquoten an Grund- und Hauptschulen und davon, dass er seine eigenen Kinder heute in dieser Gegend nicht mehr zur Schule schicken würde. Unterbrochen werden seine Ausführungen durch Impressionen vom Neuköllner Stadtleben, ein Überfall auf offener Straße wird beschrieben, zwei etwa zehnjährige Jungen rennen den erfolgreichen Gewalttätern anschließend »mit leuchtenden Augen« hinterher. Die Reportage endet, nach der Beschreibung einer 17-Jährigen, die mit der Erziehung ihres Kindes überfordert scheint und weder eine Arbeit noch eine Wohnung hat, mit einem pessimistischen Zukunftsszenario: »Die nächste Generation, die Neukölln zum Brennpunkt macht.«

Illustriert wird die Reportage von einer Abbildung jugendlicher Rütli-Schüler mit der *Bild*-Zeitung in der Hand. Einer der Schüler blickt den Betrachter mit ernstem Blick an und hält ihm die *Bild*-Titelzeile »Hass-Randale an Berlins schlimmster Schule« entgegen. Die im Bildmotiv enthaltene Kritik am Medienrummel um die Rütli-Schule wird durch die Bildunterschrift »*Alle paar Wochen gibt es schon mal eine Prügelei:* Schüler der Rütli-Schule wundern sich über die Aufmerksamkeit, die ihnen plötzlich zuteil wird« ergänzt. Die Kritik an der plötzlich einsetzenden und dramatisierenden Berichterstattung der sogenannten Boulevardpresse wirkt wenig überzeugend, wenn man bedenkt, wie die Meldung um die Rütli-

Schule in der als seriös geltenden *Süddeutschen Zeitung* innerhalb einer Stunde von einer Nicht-Meldung zum Aufmacher über den »dramatischen Hilferuf« aus Neukölln avancierte. Das in der Bildbeschreibung verwendete Zitat eines Rütli-Schülers weist darauf hin, dass Gewalt in Neukölln keine Ausnahme, sondern ein alltäglich zu beobachtendes Phänomen sei. Letztlich bleibt die Botschaft des Bildes ambivalent; sie enthält eine deutliche Kritik an der Dramatisierung der Ereignisse, trägt aber angesichts der finsteren Blicke der Schüler und dem herausgehobenen Hinweis auf die regelmäßig stattfindenden Prügeleien kaum zu einer entdramatisierten Wahrnehmung der Geschehnisse bei.

Die in der Bildgestaltung evozierte unangenehme Stimmung erhält durch die Gestaltung der Überschriften eine beunruhigende Note. Unter der Ankündigungszeile »Berlin Neukölln und die Rütli-Schule: Eine Welt, die nichts zu bieten hat« erscheint, deutlich hervorgehoben, die Überschrift »Allein im Sog der Gewalt«. Von der dem Artikel vorangestellten Feststellung, Neukölln sei nicht lebenswert, wird also direkt auf die in diesem Stadtteil herrschende Gewalt verwiesen. Das auf diese Weise konstruierte Bedrohungsszenario wirkt deshalb besonders beunruhigend, da im Verlauf des Artikels unklar bleibt, wer sich denn allein im »Sog der Gewalt« befindet und was damit genau beschrieben werden soll. Selbst die Autorin Constanze von Bullion weiß auf meine Nachfrage hin nicht, wie sie die Überschrift ihres eigenen Artikels deuten soll. Überschriften wie diese haben nicht nur wichtige textliche, sondern auch kognitive Funktionen.[9] Sie fassen einerseits die Bedeutung eines Textes zusammen, bevor dieser gelesen wird, und sie aktivieren andererseits, gerade aufgrund ihrer Stichwortform, kollektiv vorhandenes Wissen. Auf diese Weise signalisieren sie dem Leser wie die beschriebenen Ereignisse einzuordnen sind, wecken sein Interesse und ziehen ihn in den Artikel hinein. Die Überschrift »Allein im Sog der Gewalt« stellt die gewalttätigen Aspekte der beschriebenen Geschehnisse besonders hervor, sie enthält darüber hinaus die beunruhigende visuelle Vorstellung eines unaufhaltsamen Strudels, in dem der Einzelne hoffnungslos untergeht. In der auf diese Titelzeile folgenden Zwischenzeile wird der Stadtteil Neukölln als »Brennpunkt« bezeichnet und auf diese Weise erneut die Assoziation mit einer zerstörerisch wirkenden Naturkraft evoziert.

---

9 Dijk: Racism and the Press, S. 50f.

Die Verwendung von negativ konnotierten Naturmetaphern wird bereits im ersten Satz der folgenden Reportage wieder aufgenommen: »Wer verstehen will, wie eine Welle entsteht, die sich ganz schnell zu so etwas wie einem Tsunami auftürmt, der kann die Rütli-Straße in Berlin-Neukölln besuchen.« Der Tsunami-Vergleich, gemeint ist die mehr als 200.000 Menschenleben kostende Flutkatastrophe vom Dezember 2004, enthält eine makabre Note. Einerseits lässt sich die offensichtliche Übertreibung des Vergleiches als Kritik an der medialen Aufregung um die Rütli-Schule lesen, gleichzeitig wird auf diese Weise die Reihe sensationalistischer Einstiegsszenarien fortgeschrieben, wie sie in der Berichterstattung über die Rütli-Schule in der *Süddeutschen Zeitung* am 31. März und 1. April mehrfach zu beobachten ist. Im Text selbst wird die Flutmetapher doppelt verwendet, einmal um zu beschreiben, wie die »wütende Flut« der Rütli-Schüler aus dem Schulgebäude »herausbricht«, und andererseits um zu veranschaulichen, wie sich diese »kleine, aber steile Welle« mithilfe der Medien »zu einem wahren Brecher ausgewachsen« hat. Letztlich bleiben trotz des ambivalenten Gebrauchs der Flutmetapher die Assoziationen mit einer unkontrollierbaren und lebensgefährlichen Naturkatastrophe erhalten, werden durch den Einstieg in die Reportage kollektive Ängste aktiviert. Im Zusammenhang mit der Überschrift und den später beschriebenen Prügelszenen auf Neuköllner Straßen bleibt die bildliche Vorstellung einer bedrohlich wirkenden Naturgewalt erhalten.

Im zweiten Teil der Reportage ändert sich die in der Beschreibung verwendete Bildsprache. Die zuvor allseits präsente Flutmetapher taucht nicht mehr auf, stattdessen erscheint die Straße als Raum der Bedrohung, vor der nur ein »Sprung zurück ins sichere Haus« schützt. Entworfen wird erneut ein Bedrohungsszenario, das Bild eines öffentlichen Raumes im Zustand des Chaos und des Bürgerkrieges. Ein Junge wird auf offener Straße überfallen, es wird gebrüllt, geprügelt und gekeift. »Die hamse nicht mehr alle, kloppen sich hier mitten auf der Straße«, fasst eine deutsche Passantin den Aufruhr zusammen. Nur wenige Straßen entfernt organisieren sich Eltern zu einer Art Bürgerwehr, um die Spielplätze vor gewalttätigen Jugendlichen zu schützen. Gleichzeitig setzt sich der »große Treck« derjenigen in Bewegung, die »aus gutem Grund« die Gegend verlassen, um die Zukunftschancen ihrer Kinder zu wahren. Wie die Spirale der Gewalt im öffentlichen Raum sich unaufhaltsam fortsetzt, wird am eindrücklichsten im

Bild zweier etwa zehnjähriger Jungen beschrieben, die jugendlichen Gewalttätern mit »leuchtenden Augen« hinterher rennen.

Jürgen Link hat auf die visuelle Seite der von Foucault beschriebenen Ordnungsstrukturen thematischer Felder hingewiesen. Mit seinem Konzept der Kollektivsymbole beschreibt er die in einer Kultur vorhandenen Bilder als die Gesamtheit der am weitesten verbreiteten visuellen Vorstellungen. Geht man davon aus, dass Diskurse von einem System kollektiver Symbole zusammengehalten werden, dann haben Kollektivsymbole für jede Form der Welterzeugung eine enorme Bedeutung. Wie die Diskurse selbst sind auch Kollektivsymbole nicht statisch, sondern kulturell verschieden und historisch wandelbar.[10] Im Rahmen des modernen westlichen Migrationsdiskurses wird Link zufolge das kulturell Eigene meist mit der Vorstellung eines fest umrissenen Menschenkörpers oder eines Hauses assoziiert, dessen Kontrolle durch von außen kommende Bedrohungen wie Fluten, Viren oder Brände bedroht wird.[11] Die in der *SZ*-Reportage verwendete visuelle Beschreibung einer sich aus einem »frisch gestrichene(n) Schulhaus aus Kaisers Zeiten« ergießenden »wütende(n) Flut« wirkt gerade deshalb so bedrohlich, da die Gefahr aus einer als sicher geltenden deutschen Institution hervorbricht und direkt auf den Betrachter der Szene zuläuft. Die Bedrohung hat diesem Bild zufolge schon das Innere erfasst, die Schule ist kein deutsches Haus mehr. Es scheint »eigentlich schon alles zu spät«, wie es Bullion in ihrem Bericht vom Vortag bei der Beschreibung einer ähnlichen Szene formuliert.

Die Verwendung von Kollektivsymbolen befreit Printjournalisten aus dem Dilemma, in einem im Vergleich zum Fernsehen bildarmen Medium wie der Tageszeitung mit den Mitteln der Schrift anschauliche Beschreibungen zu schaffen. Aus diesem Grund sind Anspielungen auf kollektiv geteilte Bilder besonders in Reportagen, in denen es darum geht, einen möglichst lebendigen Eindruck vom Ort des Geschehens zu vermitteln, ein häufig verwendetes stilistisches Mittel. Kollektivsymbole aktivieren visuelle Vorstellungen im Kopf des Lesers, sie evozieren Vorstellungen von den

---

10 Für eine historische Analyse der visuellen Darstellungen von Migration in den USA siehe Chavez: Covering Immigration. Für einen europäischen Vergleich der mithilfe von Kollektivsymbolen evozierten Ängste in Bezug auf Migration zu Beginn der 1990er Jahren siehe Schiffauer: Fremde in der Stadt, S. 71ff.

11 Link: »Der irre Saddam setzt seinen Krummdolch an meine Gurgel!«, S. 79.

Anderen und Ängste vor dem kulturell Fremden, die immer auch Wertungen in sich tragen. Das in der *SZ*-Reportage zur Beschreibung der über den Schulhof strömenden Masse von Rütli-Schülern verwendete Kollektivsymbol der Flut wird beispielsweise meist in negativen Zusammenhängen, für die Beschreibung von Bedrohungen oder Chaos, verwendet. Demgegenüber ist der die Flut abwehrende Damm visuell vorwiegend positiv konnotiert. Der von Constanze von Bullion verwendete Einstieg in die Reportage impliziert demnach bereits eine negative Wertung der beschriebenen Geschehnisse.

In beiden Beschreibungen, dem »Tsunami« an der Rütli-Schule und dem Chaos auf den Neuköllner Straßen, werden sich gegenseitig ergänzende und verstärkende visuelle Bedrohungsszenarien entworfen. Als ich die *SZ*-Redakteurin Constanze von Bullion im Interview darauf anspreche, scheint sie völlig überrascht und betont, dass es ihr keineswegs darum ging, mit den Ängsten der Leser zu spielen, sondern um eine möglichst realistische Beschreibung des gegenseitigen Hochschaukelns zwischen Gewalterwartungen vonseiten der Medien auf der einen und den aggressiven Gegenreaktionen der Schüler auf der anderen Seite, wie sie es an der Rütli-Schule beobachtet hatte. Ihre Aufgabe sah sie ganz im Gegenteil eher darin, auch in der eigenen Redaktion die Wogen zu glätten. Ausgehend von dieser erstaunlichen Diskrepanz zwischen den Intentionen der Autorin und meiner Interpretation der unter ihrem Namen veröffentlichten Reportage gilt es weitere Fragen an den medialen Text und seine Produktionsbedingungen zu stellen.

Constanze von Bullion wurde von ihrem Arbeitgeber an dem Tag zur Rütli-Schule geschickt, an dem diese von einem medialen Aufruhr erschüttert wurde. Sie hatte deshalb von Anfang an »ein ungutes Gefühl« bei den Recherchen, da sie wusste, dass die vorgefundene Wirklichkeit maßgeblich durch die zahlreich anwesenden Journalisten deformiert sein würde. Ihre Reportage sieht sie als den Versuch mit diesem Dilemma auf eine ehrliche Art umzugehen, indem sie einerseits das an diesem Tag tatsächlich entstandene Chaos beschreibt, andererseits aber auch den Beitrag der Medien bei der Entstehung dieser Situation mit berücksichtigt. Betrachtet man nur den ersten, den von ihr verfassten Teil der Reportage, lässt sich dies durchaus nachvollziehen, gedruckt wurde die Reportage aber in anderer Form. Der Leser weiß nicht, dass ausschließlich der erste Teil der Reportage von Bullion stammt, der zweite Teil, die Beschreibungen der Straßenszenen und das Interview mit Schulstadtrat Schimmang, aber von Annette Ramelsberger verfasst wurde. Die Autorin Bullion wusste, bis sie am nächsten Morgen die gedruckte Zeitung in der Hand hielt, selbst nicht, was ihre Kollegin geschrieben hat. Sie hatte zudem keinerlei Einfluss auf die Überschrift sowie die Bildgestaltung ihres Beitrages. Die Journalistin musste sich demnach einem Thema widmen, dass ihr nicht behagte und einen Text abliefern, dessen Gestaltung ihr vollständig aus der Hand genommen wurde. Angesichts dieser Beschränkungen des journalistischen Handlungsspielraumes stellt sich die diskurs-, feld- und medientheoretisch relevante Frage nach den Bedingungen der Autorschaft bei der Erzeugung medialer Produkte.

Michel Foucault lehnt die Idee einer Einheit von Autor und Werk, einer Rückführung von Texten auf die Intentionen ihres Verfassers, ab.[12] Schreiben ist in seinen Augen ein Zeichenspiel, das erst die Gegenstände produziert, von denen es handelt. Das Individuum ist demzufolge nicht der Ausgangspunkt des Diskurses, sondern Subjektpositionen werden vom Diskurs vorgegeben und durch diskursive Praktiken produziert. Roland Barthes spricht angesichts der elementaren Diskrepanz zwischen den Intentionen des Schreibers sowie der kollektiven Verankerung seiner Gedanken und der Vieldeutigkeit von Texten sogar vom »Tod des Autors«.[13] Im Fall der hier diskutierten Reportage führt der beschränkte Handlungs- und Interpretationsspielraum der Journalistin zu der paradoxen Situation, dass Constanze von Bullion als Berliner Autorin für einen in München zusammengefügten Artikel aufgeführt wird, in dem Nord-Neukölln als öffentliche Gefahrenzone beschrieben wird, obwohl sie selbst zu diesem Zeitpunkt mit ihrem Kind nur wenige Straßenzüge von der Rütli-Schule entfernt lebt. Die Frage der Autorschaft bedingt demnach nicht nur die Frage nach den Regeln des Diskurses, sondern auch nach der feldspezifischen Organisation der Arbeitsprozesse und den technischen Bedingungen des Mediums. Die redaktionelle Aufspaltung der Autorfunktionen entsteht durch die Abkoppelung des Recherche- und Schreibprozesses von der darauf folgenden Phase der Komposition der vorliegenden Fragmente zu einem Zeitungstext. Diese Form der Arbeitsteilung führt zu einer Art kollektiver Autorschaft und lässt sich als eine organisatorische Antwort auf die zeitungsspezifische Herausforderung verstehen, bereits früh am Morgen möglichst aktuell und aus-

---

12 Foucault: Was ist ein Autor?, S. 30.
13 Barthes: The Death of the Author, S. 142ff.

führlich über die Ereignisse des zurückliegenden Tages zu berichten. Die mediale Kopplung der Schrift an digitale, computergestützte Formen der Verbreitung erleichtert den für die Phase der Komposition maßgeblichen Vorgang des Kombinierens und Zusammenfügens von Textfragmenten erheblich.

Das für aktuelle Tageszeitungen konstitutive Prinzip der Zeitknappheit bringt für den Arbeitsalltag der Journalisten viel Stress mit sich. Der Redaktionsschluss am Nachmittag dient in diesem Zusammenhang als ordnungsstiftende Referenz und als tägliche Mahnung zur Zeitmaximierung, die immer auch eine Aufwandsminimierung mit sich bringt. Am Beispiel der Produktion der Reportage »Allein im Sog der Gewalt« lassen sich diese Vorgänge gut veranschaulichen. Die Redakteurin Bullion wird in diesem Fall morgens um acht Uhr angerufen und erhält einen Rechercheauftrag, anschließend fährt sie, genau wie am Tag zuvor, zur Rütli-Schule. Dort will sie eigentlich mit Schülern ins Gespräch kommen, doch die meisten Mädchen sind angesichts der ihnen gegenüber stehenden Pressemeute zu eingeschüchtert und die meisten Jungen zu aufgeregt. Für ein privat vereinbartes Treffen an einem anderen Ort fehlt der Autorin aber die Zeit, weshalb sie lediglich zwei posierende Jungs, Bilal und Moshin, die eigentlich versuchen ins Fernsehen zu kommen, interviewt. Gegen 13 Uhr kommt Bullion ins Berliner Büro der *Süddeutschen Zeitung* und hat anschließend zwei bis drei Stunden Zeit, bevor sie, spätesten um 16 Uhr, ihren Text abliefern muss. Auf diese Weise besucht Bullion an zwei aufeinander folgenden Tagen die Rütli-Schule und schreibt drei größere Artikel, neben zwei Beiträgen für die *Süddeutsche Zeitung* noch einen für den Berliner *Tagesspiegel*, bei dem sie ebenfalls als freie Pauschalistin engagiert ist. Ihr Handlungsspielraum erstreckt sich angesichts dieses enormen Arbeitspensums weitgehend darauf, die Anforderungen zu bewältigen und den Text rechtzeitig abzugeben. Sowohl die Themenfindung als auch der weitere Umgang mit den von ihr abgelieferten Textbeiträgen liegen nicht in ihrem Gestaltungsspielraum. Die Botschaft des Textes wird unter diesen Umständen weniger durch die Autorin selbst bestimmt als durch das organisierte Zusammenwirken unterschiedlicher Redakteure, das darauf ausgerichtet ist, die Vorgaben des Medienverbundsystems Tageszeitung zu erfüllen. Der eigentliche Autor der Reportage »Allein im Sog der Gewalt« ist, etwas zugespitzt formuliert, nicht mehr Constanze von Bullion, sondern die *Süddeutsche*

Zeitung. Das Medium wird auf diese Weise im Sinne McLuhans selbst zu einem Teil der Botschaft.

Die Reportage erscheint angesichts der beschriebenen Umstände weniger als heterogenes Werk von zwei unterschiedlichen Autorinnen, sondern als der Beitrag der *Süddeutschen Zeitung* zur aktuellen Debatte um die Rütli-Schule. Als solcher steht die Reportage in Verbindung mit den Berichten vom Vortag sowie dem am gleichem Tag erschienenem Leitartikel von Cathrin Kahlweit. Dieser trägt den Titel »Neukölln, fremdes Land« und offeriert dem Leser der Reportage bereits auf der folgenden Seite, der Meinungsseite, ein Angebot, die dargestellten Szenen aus Neukölln einzuordnen. Am Beginn wird erneut das Chaos vor der Rütli-Schule beschrieben und als »Ausnahmezustand« definiert, der aber keineswegs zufällig, sondern dauerhaft sei. Die chaotischen Zustände werden vielmehr als Ausdruck einer vermeintlichen Ghettoisierung Neuköllns begriffen:

»Überraschend ist das nicht – denn die Hauptschule liegt, aus Sicht der deutschen Mehrheit, in einer unzugänglichen Gegend, in der Berliner Bronx, wo andere Gesetze gelten als in bürgerlichen Vierteln. Neukölln ist Fremdenland, wer noch dort lebt und einen deutschen Pass besitzt, hat – so sehen es diejenigen, die fortgegangen sind – die Flucht nicht geschafft.«[14]

Der Berliner Bezirk Neukölln, der für die Autorin als Sinnbild für massenhafte Einwanderung steht, wird als fremdes Land beschrieben, als ein Ort jenseits der deutschen Ordnung, als Paralleluniversum und als »Ghetto«, wie es an einer anderen Stelle heißt.[15] Welche anderen Gesetze in dieser »Berliner Bronx« gelten, bleibt zunächst unbestimmt, jedoch wird mithilfe der Anspielung auf einen ehemals für seine hohe Kriminalitätsrate berüchtigten New Yorker Stadtteil implizit deutlich, dass es sich um die Gesetze der Gewalt und der Einschüchterung handelt. Die Probleme der Neuköllner Rütli-Schule werden als »stellvertretend« und »typisch« für Großstädte mit »multiethnischer Bevölkerung« und »sich abschottenden Stadtvierteln« beschrieben. Kahlweits Textkompositionen beinhalten stark sinnliche Kom-

---

14 Cathrin Kahlweit: »Neukölln, fremdes Land«, in: Süddeutsche Zeitung, 1. April 2006.
15 Zum Ghettodiskurs siehe Caglar: Constraining metaphors and the transnationalisation of spaces in Berlin.

ponenten, sie stehen für visuelle Vorstellungen von in Gewalt versinkenden amerikanischen Großstädten, sie deuten ein akustisches Unbehagen angesichts lautstark gebrüllter »Obszönitäten« an und kreieren auf diese Weisen ein körperliches Empfinden des »Klimas der Angst«. Wie in der Reportage auf der Seite zuvor wird Fremdheit mit einem örtlich lokalisierbaren Verlust der öffentlichen Ordnung in Verbindung gebracht und als Grund für eine vermeintliche Massenflucht der deutschstämmigen Bevölkerung angeführt. Als Moral und mögliche Lösungswege aus der beschriebenen Misere werden eine stärkere Anpassungsleistung der Migranten, aber auch integrative Maßnahmen vonseiten der Mehrheitsgesellschaft gefordert.

Während die in Berlin ansässige freie Autorin Constanze von Bullion in den Tagen nach dem 30. März 2006 eher versucht, das Thema »herunterzukochen«, ist die in München arbeitende Cathrin Kahlweit als festangestellte Journalistin für Jugend und Schule maßgeblich daran beteiligt, dass die Diskussionen um die Berliner Rütli-Schule als Hauptthema der *SZ*-Ausgaben vom 31. März und 1. April 2006 ausgewählt werden. Mangels persönlicher Anschauungen und angesichts des von Bourdieu beschriebenen Problems des *»fast thinking«* greift Kahlweit dabei auf Schlagwörter wie »Ghetto« zurück, um die Geschehnisse einordnen zu können.[16] Die unterschiedliche Bewertung der Situation spiegelt darüber hinaus grundsätzliche Differenzen zwischen den im Berliner Büro der *Süddeutschen Zeitung* und in der *SZ*-Zentrale in München angestellten Redakteuren wider, die durch mangelnde Kommunikation weiter verstärkt werden. Welche Position sich am Ende durchsetzt, lässt sich als das Ergebnis von Aushandlungsprozessen innerhalb des journalistischen Feldes begreifen, das Bourdieu als »eine zerrissene Welt, eine Welt voller Konflikte, Konkurrenz und Feindseligkeiten« beschreibt.[17] Wenn die *SZ*-Redakteurin Kahlweit die redaktionelle Entscheidung, sie von München aus einen Leitartikel über Berlin-Neukölln schreiben zu lassen, mit ihren »schreiberischen Qualitäten« und ihrer »Argumentationskraft« begründet und damit implizit die journalistischen Fähigkeiten anderer Redakteure abwertet, werden die von Bourdieu beschriebenen Strategien der Konkurrenz nachvollziehbar. Als in München festangestellte Redakteurin mit klarem Themenprofil hat Kahlweit innerhalb des journalistischen Feldes

---

16 Bourdieu: Über das Fernsehen, S. 37ff.
17 Ebd., S. 30.

die strategisch deutlich günstigere Position gegenüber der in Berlin ohne feste Themenspezialisierung arbeitenden Bullion.

Die in den besprochenen Artikeln der *Süddeutschen Zeitung* sichtbar werdende Einordnung und Gewichtung der Geschehnisse rund um die Rütli-Schule sind letztlich das Ergebnis von konflikthaften Aushandlungsprozessen zwischen Journalisten mit verschiedenen Anschauungen und unterschiedlichen Kapitalausstattungen. Das für täglich erscheinende Tageszeitungen wie die *Süddeutsche Zeitung* konstitutive Prinzip der Zeitknappheit und die daraus resultierende Aufteilung der Autorfunktionen innerhalb der Redaktion führt tendenziell zu einer Zurückdrängung der Positionen einiger Autoren gegenüber der sich innerhalb der Zeitung durchsetzenden alarmistischen Grundstimmung. Im Fall der unter enormen Zeitdruck arbeitenden *SZ*-Journalistin Constanze von Bullion, deren Meinung zur Rütli-Schule innerhalb der Zeitung marginalisiert ist, führt dies dazu, dass sie schließlich nicht mehr die Überschrift der unter ihrem eigenen Namen gedruckten Reportage erklären kann.

FRONTAL21 ÜBER »VERWEIGERTE INTEGRATION« AN BERLINER SCHULEN

Am 4. April 2006 flimmerte ein Fernseh-Beitrag mit dem Titel »Verweigerte Integration – Ausländerpolitik am Ende« in die deutschen Wohnstuben. Das *ZDF*-Politikmagazin *Frontal21* positionierte sich mit dem von Reinhard Laska und Güner Balci produzierten Bericht einige Tage nach der *Süddeutschen Zeitung* in der medialen Debatte um die Rütli-Schule in Berlin-Neukölln. Der Bericht steht beispielhaft für eine in diesem Zeitraum zu beobachtende Wandlung der medialen Diskussion um die Rütli-Schule hin zu Fragen von Migration, Ethnizität und Religion.

Bereits in der Ankündigung des Beitrages »Verweigerte Integration« durch den Moderator Theo Koll wird die zentrale Intention deutlich: »Um es einmal klipp und klar auszusprechen: In diesem Land leben viele Einwanderer, die sich und ihre Kinder nicht eingliedern, nicht integrieren wollen.« Die These, einige Migranten würden die Integration bewusst verweigern, gibt letztlich den Hauptschülern aus Migrantenfamilien die Schuld an der Berliner Schulmisere. Der anschließende Beitrag beginnt zunächst mit dem Besuch einer Grundschule in Berlin-Neukölln. Die Journalisten wählten, wie Reinhard Laska im Interview mit mir betont, bewusst nicht die Rütli-Schule aus. Zum einen um auf die allgemeine Relevanz des Themas hinzuweisen, zum anderen hatten sie zu anderen Schulen bereits Kontakte und wussten demnach, welche Meinungen sie dort vorfinden würden. Beispielsweise jene der Schulleiterin Marion Berning, die auf den geringen Zuspruch von Schülern und Eltern zu den angebotenen Integrationsangeboten verweist. Als Begründung dieses Desinteresses wird ein konservativ verstandener Islam herausgestellt und auf die Aktivitäten »islamistischer Eiferer« in Neukölln verwiesen, die wiederum »sich abschottende Parallelgesellschaften« zur Folge hätten.[18] Anschließend bestätigt eine andere Schulleiterin, Astrid Busse, das mangelnde Bildungsengagement der Migranten, bevor die Soziologin Necla Kelek dieses Manko erneut mit religiösen Überzeugungen in Verbindung setzt. Gegen Ende des acht Minuten langen Beitrages verweist die lokale Quartiersmanagerin Ayten Köse auf erste Erfolge durch eine engere Kooperation mit der Polizei und zusätzliche Videoüberwachung und schließlich vermittelt ein Besuch bei der aus der Türkei stammenden Familie Yildirim den Eindruck, dass eine gelungene Integration bei entsprechendem Willen durchaus möglich sei. Darauf folgt die Abmoderation: »Wo bitteschön sind all die ausländischen Eltern, die sich für die Vermittlung von Wörtern und in der Folge auch von Werten verantwortlich zeigen? Integration verpflichtet beide Seiten.«

Die Ursache der Bildungsmisere an deutschen Schulen wird nicht in den strukturellen Problemen des Bildungssystems gesucht, sondern im kulturellen und religiösen Hintergrund der Schüler verortet. Eine soziale Frage wird durch diese Herangehensweise zu einer kulturellen Frage von ethnischer und religiöser Zugehörigkeit umgedeutet. In »Verweigerte Integration« geht es demnach nicht um eine Kritik an den Zuständen im deutschen Bildungssystem, sondern um vermeintlichen Islamismus. Die visuelle Sprache des Beitrages unterstützt diese negative Fokussierung auf den Islam.

---

18 Der Begriff »Parallelgesellschaft« wurde von dem Bielefelder Soziologen Wilhelm Heitmeyer geprägt. Er versuchte damit Prozesse sozialer Abschließung von türkischen und arabischen Migranten in deutschen Städten zu erfassen. Für eine kritische Diskussion des Begriffes siehe Schiffauer: Parallelgesellschaften.

Abbildungen 13-20

Marion Berning: »Sind die Eltern überhaupt an Schule interessiert?«

»Islamistische Eiferer«

Ayten Köse: »... dass sie sich hier niemals integrieren wollen«

»Die Folge: eine sich abschottende Parallelgesellschaft«

Astrid Busse: »Schule ist nicht so wichtig, Mama und Papa müssen da auch nicht hin.«

»... bleiben sie wieder unter sich und in ihrer Religion«

Necla Kelek: »versuchen Gehorsam und Respekt über die Religion zu vermitteln.«

Sevil Yildirim: »eine erfolgreiche Schülerin, hat Abitur gemacht, will studieren.«

Quelle: Szenenbilder aus: Verweigerte Integration – Ausländerpolitik am Ende, Regie: Reinhard Laska/Güner Balci, ZDF/Frontal21, 4. April 2006.

Die Bildfolge entspricht den im Beitrag praktizierten Schnittfolgen, bei denen jeweils die Erklärung einer namentlich vorgestellten Person durch Straßenimpressionen und einen dazugehörigen Kommentar des Sprechers ergänzt werden. Diese Vorgehensweise veranschaulicht ein in der Gestaltung des Beitrages enthaltenes Ungleichgewicht: Diejenigen, die über Parallelgesellschaften und vermeintliche Islamisten reden, werden dem Zuschauer als Personen mit einem Namen, einem festen Ort und einer Funktion vorgestellt, was ihren Aussagen zusätzliche Glaubwürdigkeit verleiht. Ihre Gesichter sind dem Auge des Betrachters zugewendet, während die namenlosen Anderen meist den Blick abgewendet haben, als dunkle Gestalten durch die Straßen schleichen, verstohlen unter ihrem Schleier hervorblicken oder sogar neben einem martialisch wirkenden Totenkopf-Graffiti abgebildet werden. Während der einen Seite eine individuelle Stimme und ein eigenes Gesicht verliehen werden, wird den Anderen lediglich eine kollektive Identität zugeschrieben. Sie gehören zum Typus des islamischen Fremden, egal ob dies für die zufällig abgebildeten Individuen zutrifft oder nicht. Dietrich Busse hat darauf hingewiesen, dass dem kollektiv Anderen meist schlechte Eigenschaften angehängt werden, da der Fremde oft als negatives Abziehbild für die eigene diskursiv konstruierte Identität dient.[19] Je stimmloser der Fremde dabei bleibt, desto weniger kann er sich diesem Zuschrei-

---

19 Busse: Das Eigene und das Fremde, S. 31.

bungsprozess widersetzen. Im Bericht werden die Anderen als potentiell gewalttätig, als bildungsfern und als religiöse Eiferer portraitiert. Die Sprecher, die häufig vor einer Bücherwand sitzen, gelten dagegen implizit als das Gegenteil: als gebildet, säkular und friedlich.

Die Kleidung, insbesondere das Kopftuch der Frauen, fungiert als Stigma, als öffentliches Zeichen um die nichtintegrierten Migranten zu markieren. Das Stigma dient Zygmunt Bauman zufolge durch seine Betonung der Differenz als Waffe gegen die unwillkommene Ambiguität des Fremden.[20] Dessen Ambivalenz, so Baumann, bedroht die gewohnte Opposition zwischen Freunden und Feinden. Stigmatisierungen helfen diese Ordnung wieder herzustellen, indem sie Migranten auf der Seite des Feindes verorten und ihre Lebensformen öffentlich diskreditieren. Den in »Verweigerte Integration« dargestellten Migranten fehlt dabei jede Möglichkeit sich dieser Kategorisierung zu widersetzen, sie bleiben stumm und dienen als Projektionsfläche für negative Zuschreibungen.[21] Die Ambivalenz des Fremden und seine kulturelle Hybridität werden bei *Frontal21* als belastend und bedrohlich dargestellt. Die einzige Alternative, die den Migranten in »Verweigerte Integration« zugestanden wird, ist die bedingungslose Integration. Sie haben folglich nur die Wahl, ein Freund zu werden oder ein Feind zu bleiben.

Die türkischstämmige Familie Yildirim dient schließlich als Kronzeugin dafür, dass, wenn der Wille zur Integration vorhanden ist, diese auch gelingen kann. Die Abiturientin Sivil Yildirim wird als Erfolgsbeispiel vorgestellt und schimpft auf das Verhalten anderer Migranten, während ihr Vater beteuert: »Für mich ist echte Heimat hier, ich kenn die Türkei nicht so gut wie Deutschland.« Gleichzeitig wird damit ein individualistischer Zuschreibungsmodus konstruiert, der umgekehrt die Schuld für eine nicht gelungene Integration dem mangelnden Willen der übrigen Migranten zuschreibt und somit die These von der verweigerten Integration stützt. Nachdem die These einer religiös bedingten Verweigerungshaltung der Schüler und ihrer Eltern als Ursache der Probleme an Berliner Schulen herausge-

---

20 Vgl. Bauman: Moderne und Ambivalenz, S. 91ff.
21 Für die teilweise völlig konträren Interpretationen des Kopftuchs von muslimischer Seite siehe Nökel: Die Töchter der Gastarbeiter und der Islam. Für eine historische Betrachtung des Kopftuchsymbols siehe Braun/Mathes: Verschleierte Wirklichkeit.

arbeitet wurde, soll nun der Frage nachgegangen werden, wie diese Form der medialen Repräsentation entstehen konnte.

Das Thema Migration begleitet den seit dem Jahr 2001 bei *Frontal21* angestellten Redakteur Reinhard Laska schon seit Beginn seiner journalistischen Karriere beim *WDR* im Jahr 1985. Auch seine Kollegin Güner Balci, die selbst aus einer türkischstämmigen Familie stammt, beschäftigt sich bevorzugt mit Migrationsthemen.[22] Die beiden für den Beitrag »Verweigerte Integration« verantwortlichen Redakteure sind also erfahrene Journalisten mit breitem Hintergrundwissen im Bereich Migration. Als ich Reinhard Laska in seinem Büro interviewte, grenzte er seine persönliche Einschätzung von seiner professionellen Haltung ab. Laska verteidigte zwar seinen Beitrag, sah die Ursachen für die fehlende Integration von Migrantenkindern aber keineswegs ausschließlich im Verhalten der Einwanderer, sondern auch in massiven Versäumnissen der deutschen Schulpolitik begründet. Er betonte, dass er den Islam nicht für ein grundsätzliches Integrationshindernis halte und zudem die Gefahren des islamistischen Terrorismus medial überbewertet seien. Ähnlich wie zuvor bei Constanze von Bullion lässt sich demnach auch bei Reinhard Laska eine auffallende Divergenz zwischen der im Interview artikulierten Position und der Botschaft des Medienbeitrages beobachten.

Als angestellter Redakteur des Nachrichtenmagazins *Frontal21* ist der Handlungsspielraum des Journalisten Laska im medialen Feld deutlich eingegrenzt. Seine primäre Aufgabe besteht darin, Beiträge zu liefern, die dem Profil der Sendung entsprechen – die also, wie es der Name der Sendung bereits verrät, frontal und nicht ausgewogen sind. »Kritisch«, »investigativ«, »unerschrocken« lauten die Selbstbezeichnungen auf der Website von *Frontal21*, der Nachfolgesendung des in den 1990er Jahren erfolgreichen politischen Fernsehmagazins *Frontal*. Zu den spezifischen Eigenarten der Fernsehberichterstattung in politischen Magazinen gehört die explizit subjektive, die dramatisch fokussierte und auf neue Zusammenhänge verwei-

---

22 Güner Balci errang durch ihre wiederholte Islam- und Migrantenkritik in den Folgejahren zunehmend öffentliche Aufmerksamkeit. Vor allem die von ihr veröffentlichten Bücher »Arabboy« und »ArabQueen« wurden von einem breiten Medienecho begleitet. Zudem drehte sie unter anderem den Dokumentarfilm »Kampf im Klassenzimmer« und provozierte durch einen von ihr organisierten TV-Spaziergang mit Thilo Sarrazin durch Kreuzberg mediale Diskussionen.

sende Argumentation. Zu den Auswahlkriterien gehören weniger die Aktualität und Neuigkeit der Nachrichtenwerte als ihre Brisanz. Ziel der Recherchen ist das Aufdecken von Skandalen, journalistisches Kapital bemisst sich vor allem an dem dadurch verursachten Aufruhr. Der Interpretationsspielraum in Bezug auf Themen wie Schule und Migration wird durch diese Vorgaben des Sendeformats maßgeblich eingeschränkt:

Reinhard Laska: »Sie haben schon recht, dass das Thema Einwanderung bei *Frontal* oft in einem sehr negativen Zusammenhang erscheint. Da muss man auch aufpassen, dass, ob man will oder nicht, nicht am Ende alle Einwanderer als integrationsunwillige religiöse Fanatiker erscheinen. Aber wir sind ja nicht die einzige Sendung und bei vielen Sendungen wird über Migration unter ganz anderen Vorzeichen berichtet. Diese negative Konnotierung teilt das Thema Einwanderung aber mit einer Reihe von anderen Themen. Wenn Sie beispielsweise die Berichterstattung von *Frontal21* über das Gesundheitswesen, die Pharma-Industrie oder über das Schicksal der Hartz-IV-Empfänger ansehen, dann werden Sie wohl kaum einen Beitrag finden, indem etwas Positives dargestellt wird. Wir glauben, dass wir über Dinge berichten sollen, die ein Problem oder Skandal in sich tragen. Das ist das Konzept unserer Sendung.«

Das Konzept der Sendung, die Fokussierung auf Problemthemen, beschreibt den Rahmen, in dem sich Reinhard Laska mit den von ihm produzierten Beiträgen bewegen muss. Laska identifiziert sich mit den vom *ZDF* vorgegebenen Formatvorgaben. Er glaubt an das gemeinsame Sendekonzept sowie an die journalistische Aufgabe, Skandale zu enthüllen und Probleme aufzudecken. Die in der Interviewpassage ebenfalls vorkommende kritische Reflexion der eigenen Vorgehensweise ist zum einen wohl der Interviewsituation geschuldet, schließlich hatte ich Laska zu diesem Zeitpunkt bereits meine Bedenken über die Einseitigkeit seiner Berichterstattung mitgeteilt. Siegfried Weischenberg hat zum anderen darauf aufmerksam gemacht, dass Journalisten sich in Selbstdarstellungen auffällig oft politisch weiter links verorten als ihre Medien.[23] Auch Laska nahm, wie bereits erwähnt, im Interview deutlich moderatere Positionen ein als in seinen Medienbeiträgen. Im Rahmen des Sendeformats *Frontal21* ist für abwägende Beurteilungen jedoch selten Platz.

---

23 Weischenberg/Malik/Scholl: Die Souffleure der Mediengesellschaft, S. 70.

Die Wirkungsweisen des medialen Feldes üben folglich auf die Vorgehensweise des Journalisten eine maßgebliche Wirkung aus und beschränken dessen individuellen Gestaltungsspielraum weitgehend. Laska ist sich dieser Beschränkung bewusst und sie scheint ihm etwas unangenehm zu sein. Um die einseitig negative Auseinandersetzung mit Themen wie Migration oder Hartz IV bei *Frontal 21* zu relativieren, verweist er in der hier zitierten Interviewpassage auf die Vielfalt des medialen Feldes. Allerdings gilt *Frontal21* als eine besonders quotenstarke Sendung und im Jahr 2006 mit durchschnittlich 3,76 Millionen Zuschauern als der Marktführer unter den politischen Magazinen im deutschen Fernsehen.[24] Die Sendung vom 4. April 2006 erreichte durchschnittlich 3,94 Millionen Zuschauer. Diesen Quotenerfolg verdankt die Sendung wohl gerade seiner Fokussierung auf Problemthemen und Negativereignisse. So hat Marshall McLuhan mit seiner These – »only bad news are good news« – verdeutlicht, dass schlechte Nachrichten und Skandale stets mediale Konjunktur haben, da sich mit ihnen die Aufmerksamkeit des Rezipienten besonders gut mobilisieren lasse.[25]

Zwar wird das Gestaltungselement der negativen Zuspitzung bereits durch die Vorgaben des medialen Feldes vorbestimmt, dennoch überrascht die Verbindung von Schulproblemen mit dem Thema Islamismus. Das ausgerechnet der Islam schuld an den Integrationsproblemen an Berliner Schulen sein soll, lässt sich durch Verschiebungen im diskursiven Umfeld, in dem über das Thema Migration und Schule nachgedacht wird, verstehen. Bestimmten in den 1960er und 1970er Jahren noch Klassenfragen die Diskussion um die Integration von Migranten im Schulsystem, so wurde in den 1980er Jahren verstärkt auf die mit dem Migrationskontext verbundenen sozialen Schwierigkeiten hingewiesen, während in den letzten Jahren die religiösen Orientierungen der Migranten als vermeintliches Hauptproblem herausgestellt wurden. Die generelle Tendenz der Fokussierung von Migrationsproblemen auf »das neue Feindbild Islam«[26] ist seit den 1990er Jahren zu beobachten und wurde durch die Folgen des 11. Septembers 2001 zusätzlich verstärkt.[27] Reinhard Laska und Güner Balci folgen mit ihrer Deutung demnach den vom dominanten Diskurs bereitgestellten Erklärungs-

---

24 http://www.zdf.de vom 01.01.07.
25 McLuhan: Understanding Media, S. 205.
26 Schiffer: Die Darstellung des Islams in der Presse, S. 54.
27 Ates: Das Islambild in den Medien nach dem 11. September 2001, S. 154.

mustern. An der Themenwahl des Fernsehmagazins *Frontal21* ist die Tendenz einer negativen Fokussierung auf den Islam besonders deutlich abzulesen. Allein in den Jahren 2005 und 2006 sendete *Frontal21* mehr als ein halbes Dutzend alarmierender Beiträge im Bezug auf eine vermeintliche Bedrohung durch den Islam, darunter Berichte über illegale Koranschulen, über kriminelle Moscheevereine, über muslimische »Judenhetze« sowie über islamistische Terroristen in Deutschland.

Diskurspositionen werden ihrerseits über Medien artikuliert, im Fall von *Frontal21* besonders über Bilder. Wenn man folgerichtig davon ausgeht, dass die in »Verweigerte Integration« verwendeten Bilder eine Bedeutung über den Kontext einer einzelnen *Frontal21*-Sendung hinaus haben, stellt sich die diskurs- und medientheoretisch relevante Frage nach dem Wechselverhältnis zwischen materiellen und mentalen Bildern. Der Kunsthistoriker Hans Belting geht davon aus, dass auch unsere inneren Bilder nicht individueller Natur sind, sondern einen kollektiven Ursprung haben, der jedoch von uns so verinnerlicht wird, dass wir sie für unsere eigenen Bilder halten.[28] Journalisten nehmen die Welt nicht als isolierte Individuen wahr, ihre Wahrnehmung ist vielmehr dem aktuell verfügbaren Bild- und Assoziationsreservoir unterworfen. Fernsehbilder, wie sie bei *Frontal21* produziert werden, stehen immer in einem Wechselverhältnis zu mentalen Bildern und aktivieren ihrerseits beim Zuschauer visuelle Assoziationen in Bezug auf Themen wie Hauptschule oder Migration. Sie wirken im Sinne Marshall McLuhans als Ergänzung für die individuelle Vorstellungskraft der Mediennutzer, wobei persönliche und kollektive Symbolisierungen ineinander verschmelzen. Die eben gezeigten Bilder schreiben sich, unbewusst und millionenfach, den Wahrnehmungen ein und verändern diese. Stuart Hall hat in diesem Zusammenhang jedoch betont, dass das Kodieren aufseiten des Senders und das Dekodieren von medialen Botschaften durch den Empfänger zwar aufeinander bezogene aber keineswegs identische Prozesse medialer Kommunikation sind, da beide kontextbezogen verlaufen.[29]

Medienbilder wie jene von *Frontal21* sind gleichzeitig an Trägermedien gebunden, in diesem Fall an den Fernsehbildschirm als einem der dominanten Medien, in denen heute Bilder transportiert werden. Fernsehbilder, wie die vom grauen Neukölln, haben eine enorme diskursive Prägekraft, denn

---

28 Belting: Bild-Anthropologie, S. 21.
29 Hall: Encoding/decoding, S. 202.

sie liefern unseren Sinnen Zugang zu Plätzen, zu denen die meisten Zuschauer keinen Kontakt haben und prägen die Vorstellung von diesen Orten. Fernsehbilder werden, anders als Kinobilder, als besonders authentisch und glaubwürdig wahrgenommen, da das Fernsehen während seiner Institutionalisierung im sozialen Alltag der Bundesrepublik Deutschland in den 1950er Jahren vor allem als Medium zur Wiedergabe von Alltagswirklichkeiten, als »Fenster zur Welt«, galt.[30] Zwar brachte die massive Vervielfachung der Fernsehkanäle seit den 1980er Jahren im Zuge des Aufstiegs privater Fernsehanstalten eine Aufsplitterung dieses Welterlebens sowie eine wachsende Skepsis aufseiten der Zuschauer mit sich, doch gelten Fernsehbilder auch heute noch weitgehend als Abbilder der Realität.

Die Journalisten Reinhard Laska und Güner Balci reproduzieren in »Verweigerte Integration« jene These, die sie bereits zwei Jahre zuvor gemeinsam in dem Beitrag »Integration, nein danke« aufgestellt haben. Die Zuspitzung auf eine provokante Formel, die Zuschreibung von schulischen Integrationsproblemen auf eine religiös begründete Verweigerungshaltung, passt ideal in das Konzept des politischen Magazins *Frontal21*. Die negative Fokussierung auf den Islam bietet eine Möglichkeit den durch das Sendeformat vorgegebenen Handlungs- und Interpretationsvorgaben zu entsprechen, wobei die Journalisten mit dem Islam verbundene Assoziationen und Bilder aufnehmen und diese materiell und diskursiv reproduzieren. Stark aufgeladene religiöse Motive ermöglichen den Autoren eine visuelle Beschreibung kultureller Differenzen und liefern somit das ideale Material für ein Fernsehmagazin, in dem frontale Gegensätze betont werden.

RADIOEINS ÜBER DIE »VORFÄLLE IM WRANGELKIEZ«

Debatten über Hauptschulen und marginalisierte Jugendliche in der Stadt werden in den letzten Jahren verstärkt als Migrationsdebatten geführt. Dies zeigt sich auch an der Berichterstattung über einen Zusammenstoß jugendlicher Passanten mit der Polizei im Berliner Bezirk Kreuzberg im November 2006, der unter anderem im öffentlich-rechtlichen Lokalsender *Radioeins* eine erneute Diskussion über die Integration jugendlicher Migranten auslöste. Welche Karriere dieses Thema im Programm von *Radioeins*

---

30 Elsner/Gumbrecht/Müller/Spannenberg: Zur Kulturgeschichte der Medien, S. 180.

machte, auf welche Weise die Ereignisse zunächst gewichtet und eingeordnet wurden und warum aus den »Zwischenfällen« im Wrangelkiez allmählich die »Missverständnisse« im Wrangelkiez wurden, soll im folgenden Abschnitt geklärt werden.

Die Nachricht von einem Zwischenfall im Kreuzberger Wrangelkiez erreichte in der Nacht vom 14. zum 15. November 2006 zunächst die Nachrichtenredaktion von *Radioeins*, wo sie zu folgender Meldung verarbeitet wurde.

Nachrichtensprecher: »Eine Gruppe von etwa 80 bis 100 Menschen hat gestern Abend in Berlin-Kreuzberg Polizisten angegriffen und zwei Beamte verletzt. Die Angreifer hatten versucht, zwei zuvor wegen eines Überfalls festgenommene Zwölfjährige aus einem Polizeiauto zu befreien, teilte die Polizei mit. Die beiden gehörten zu einer Gruppe von vier Kindern, die ein anderes Kind überfallen und geschlagen hatten.«

Mit dieser Nachrichtenmeldung, gesendet am Morgen des 15. November 2006 kurz nach 6.30 Uhr, beginnt bei *Radioeins* die Berichterstattung über die »Vorfälle im Wrangelkiez«, wie sie künftig im Programm des Senders bezeichnet werden. Auslöser der Nachricht waren Zusammenstöße zwischen der Polizei und Jugendlichen am Abend des 14. November 2006 im Berliner Bezirk Kreuzberg. Die Berliner Polizei verschickte daraufhin eine Presseerklärung, die als Grundlage dieser ersten Nachrichtenmeldungen diente. In der ersten Meldung über die »Vorfälle im Wrangelkiez« wird zunächst ausschließlich die Perspektive der Polizei, der für Zwischenfälle dieser Art zuständigen staatlichen Einrichtung, wiedergegeben. Die sehr sachlich wirkenden Sätze des Nachrichtensprechers verbergen eine ungeheure Botschaft, die Vorstellung eines städtischen Raumes, der von der Polizei nur noch bedingt kontrolliert werden kann, in dem sich Jugendliche gemeinsam gegen die staatliche Ordnung auflehnen und bereits Kinder von der herrschenden Gewaltbereitschaft erfasst werden. Die klare Ortsbestimmung verbindet das Ereignis mit einem Bild, denn Kreuzberg gilt als das »Klein-Istanbul« von Berlin. Appelliert wird in diesem Fall an die visuell-assoziative Vorstellung einer räumlich markierten migrantischen Gegenkultur, einer »Parallelgesellschaft«. Die Art und Weise, wie das Thema Wrangelkiez im Programm des Senders eingeführt wird, die Kategorisierung der Ereignisse als illegitimen Überfall auf die Polizei, impliziert bereits eine erste Deutung und Wertung der Ereignisse.

Die folgende Tabelle bietet eine Übersicht über die Präsenz des Themas im *Radioeins*-Programm der folgenden Tage.

Tabelle 1: Die Vorkommnisse im Wrangelkiez auf Radioeins

Datum	Uhrzeit	Sendung	Beitrag
15.11.2006	halbstündig ab 6.30 Uhr	*Nachrichten*	Meldung über Vorkommnisse im Wrangelkiez (siehe oben)
16.11.2006	zwischen 16 und 19 Uhr	*Der Tag*	Interview mit Dieter Glietzsch, Polizeipräsident von Berlin
17.11.2006	7.10 Uhr	*Der schöne Morgen*	Interview mit SPD-Politiker Stefan Zackenfels
17.11.2006	8.10 Uhr	*Der schöne Morgen*	Kommentar von Henryk M. Broder (Publizist)
20.11.2006	9.40 Uhr	*Der schöne Morgen*	Interview-Reportage von Amélie Ernst (*Radioeins*), kurze O-Töne von beteiligten Jugendlichen, einer Passantin und SPD-Politiker Ahmet Iyidirli
21.11.2006	6.50 Uhr	*Der schöne Morgen*	Interview mit Bernhard Schodrowski, Pressesprecher der Berliner Polizei
21.11.2006	8.10 Uhr	*Der schöne Morgen*	Kommentar von Lorenz Maroldt (Tagesspiegel)
22.11.2006	17.48 Uhr	*Der Tag*	Interview mit Frank Schulz (Grüne) über den Runden Tisch im Wrangelkiez

Die chronologische Aufzählung der in der Regel zwischen vier bis fünf Minuten langen Beiträge zeigt eine Lücke in der Berichterstattung am 18.

und 19. November 2006. An diesen Tagen, es handelte sich um einen Sonnabend und einen Sonntag, fand wie an Wochenenden üblich keine aktuelle politische Berichterstattung statt. Auffällig an der zeitlichen Streuung der *Radioeins*-Berichte ist vor allem die relativ späte journalistische Auseinandersetzung mit den Geschehnissen im Wrangel-kiez im aktuellen Programm. Es stellt sich die Frage, wieso *Radioeins* erst am 17. November, drei Tage nach den eigentlichen Ereignissen, mit eigenen Beiträgen in die Diskussion um den Wrangelkiez einstieg. Doch zunächst gilt es den Verlauf der Debatte noch etwas genauer zu rekonstruieren.

Die von der Berliner Polizei unmittelbar nach den Zwischenfällen verschickte Pressemitteilung bestimmt, wie bereits angedeutet, maßgeblich die ursprüngliche mediale Deutung der Ereignisse, sie ordnet die Vorgänge als Angriff gegen die Polizei ein und gewichtet sie als einen mitteilenswerten Vorgang. Die Sichtweise der Polizei wird am 16. November in einem ursprünglich in längerer Form im *Inforadio* gesendeten Interview mit dem Berliner Polizeipräsidenten Dieter Glietzsch noch einmal neu formuliert. Glietzsch spricht von »Zusammenrottungen junger Männer überwiegend nicht-deutscher Herkunft«, von einer sozial bedingten Überrepräsentation dieser Bevölkerungsgruppe bei Gewaltdelikten und entsprechend notwendigen Gegenmaßnahmen der Polizei. Er betont, die Zwischenfälle nicht dramatisieren zu wollen, ordnet sie aber als »Alarmzeichen« ein und plädiert für integrative Maßnahmen, wobei seiner Ansicht nach in Berlin keine Institution »so viel« und »so glaubwürdig« für Integration kämpfe wie die Polizei.

Bis zum Freitag, dem 17. November, dominiert die Polizeiperspektive, zunächst durch Bekanntmachungen oder Stellungnahmen der Berliner Polizei selbst und schließlich auch in den Interviews mit SPD-Politiker Stefan Zackenfels und Publizist Henryk M. Broder, wobei ersterer eher versucht zu beschwichtigen und letzterer zu dramatisieren, indem er dazu aufruft, Gewalt mit Gegengewalt zu bekämpfen. Broder spricht unter anderem von »national befreiten Zonen« in Kreuzberg, in denen das staatliche Herrschaftsmonopol infrage steht und sich Gewalt als »sexy« durchgesetzt hat. Als Lösung des Problems fordert er ein Ende der »begütenden Einstellung« und eine Rückkehr zu staatlicher Gewalt und Repression. In den Gesprächen und den Fragen der Moderatoren dominiert die Angst vor gewalttätigen Jugendbanden und Befürchtungen um den Erhalt des staatlichen Gewaltmonopols, die letztlich in der Frage gipfeln, ob uns in Berlin Verhältnisse wie in den Pariser *Banlieues*, gemeint ist eine nachhaltige Ghettobildung mit hohem Gewaltpotential, drohen.

Ab Montag, dem 20. November, beginnt mit der Interview-Reportage von Amélie Ernst eine Neugewichtung der Ereignisse im Programm des Senders. Neben dem SPD-Politiker Ahmet Iyidirli, mit dem sich Amélie Ernst verabredet hat und der auf »total entstellte Darstellungen der Polizei« hinweist, versucht die Redakteurin auch Anwohner und Beobachter der Ereignisse für ein Gespräch zu gewinnen, indem sie Passanten auf der Straße anspricht. Diese Vorgehensweise erweist sich zunächst als nicht besonders erfolgreich. Als sie schließlich auf eine Gruppe an den Geschehnissen beteiligter Jugendliche trifft, sind diese misstrauisch gegenüber der Redakteurin. Schließlich argumentieren sie, dass statt, wie von der Polizei behauptet, 80 bis 100 gewaltbereiten Jugendlichen, lediglich 20 meist unbeteiligte Passanten anwesend gewesen seien, die jedoch von der Polizei als feindselig wahrgenommen wurden.

In anderen Medien wird zudem von einem unverhältnismäßig harten Eingreifen der Polizei und rassistischen Beleidigungen gegenüber jugendlichen Migranten berichtet. So schreibt Constanze von Bullion in der Wochenendausgabe der *Süddeutschen Zeitung* (SZ) vom 18./19. November 2006 über neu aufkommende Stimmen zu den Ereignissen im Wrangelkiez:

> »Bis ein gewisser Mehmet S. sich zu Wort meldete: mit verschwollenem Gesicht, sichtlich vom Kampf gezeichnet und in Halskrause gab er Reportern zu Protokoll, die Polizei sei unverhältnismäßig hart gegen die beiden Zwölfjährigen vorgegangen und habe sie wie Terroristen in Handschellen an die Wand gedrückt. Als er nachgefragt habe, ob das sein müsse, hätten sie geantwortet, er solle sich zurück in seine Heimat scheren, dann habe man ihn im Polizeiauto geschlagen.«[31]

Aussagen wie diese führen zu einem medialen Stimmungswandel in der Debatte über den Wrangelkiez. Polizeipräsident Dieter Glietzsch spricht gegenüber Pressevertretern künftig nur noch von »einigen wenigen« Störern und kündigt ein Ermittlungsverfahren an, um den Vorwurf rassistischer Beleidigungen vonseiten der Polizei zu klären. Die *Radioeins*-Moderatoren sprechen von nun an von den »Missverständnissen im Wrangelkiez« und

---

31 Constanze von Bullion: »Kleinkriege im Kiez«, in: Süddeutsche Zeitung, 18./19. November 2006.

der Pressesprecher der Berliner Polizei, Bernhard Schodrowski, muss sich in einem fünf Minuten langen Interview kritischen Fragen zum Verhalten der Polizei stellen. Um die Wogen zu glätten, räumt er unterschiedliche Sichtweisen ein, verweist auf das eingeleitete Ermittlungsverfahren und betonte die Wichtigkeit mit der Gegenseite ins Gespräch zu kommen. Schodrowski bittet um Verständnis für die Arbeit der Polizei und lobt den am Vorabend stattgefundenen »Runden Tisch«, dessen wichtigste Botschaft seiner Meinung nach die Einsicht ist, dass alle Beteiligten an einem friedlichen Zusammenleben interessiert seien.[32] Auch Kommentator Lorenz Maroldt und Bezirksbürgermeister Frank Schulz bemühen sich in ihren Beiträgen am 21. November darum, möglichst ausgewogen auf Versäumnisse beider Konfliktparteien zu verweisen und die unternommenen Gesprächsbemühungen zu unterstützen.

Neben der Frage nach dem späten Einstieg des Senders in die Diskussion um den Wrangelkiez stellt sich zusätzlich die Frage nach den Gründen für den sich verändernden Blick auf die Ereignisse in Berlin-Kreuzberg. Letztere Frage ließe sich wie folgt umformulieren: Warum folgen die *Radioeins*-Redakteure der Interpretation der Polizei, ohne diese, wie man es von Journalisten eigentlich erwarten würde, zu hinterfragen? Ein Blick auf die diskurs-, feld- und medienspezifischen Hintergründe der *Radioeins*-Berichterstattung soll einige Hinweise zur Beantwortung dieser Fragen liefern.

Beginnen wir mit den feldspezifischen Bedingungen, den strukturellen Vorgaben innerhalb derer Redakteure sich mit aktuellen Themen wie dem Wrangelkiez auseinandersetzen. Die typische Form der Darstellung tagespolitischer Ereignisse bei *Radioeins* ist das Live-Interview. Auch die werktags jeweils um 8.10 Uhr ausgestrahlten Kommentare werden in Interviewform angeboten und selbst Reportagen, wie die von Amélie Ernst über den Wrangelkiez, haben meist die Form einer Interview-Reportage, also eines Gesprächs mit gelegentlich eingespielten Originaltönen. Interviews erlauben eine schnelle Reaktion auf tagespolitische Ereignisse, wobei darauf geachtet wird, verschiedene Personen zu Wort kommen zu lassen, um ein

---

32 Zum »Runden Tisch« im Wrangelkiez waren neben Lokalpolitikern wie Zackenfels und Iyidirli die Jugendstadträtin von Friedrichshain-Kreuzberg, Monika Herrmann, Vertreter des Polizei-Abschnitts 53 und des Quartiersmanagements sowie die betroffenen Jugendlichen eingeladen.

möglichst ausgewogenes Bild der Geschehnisse zu vermitteln und den Ansprüchen des öffentlich-rechtlichen Informationsauftrages zu genügen. Die Redakteure von *Radioeins* befassen sich inhaltlich nur wenig mit aktuellen Ereignissen, ihr Handlungsspielraum beschränkt sich stattdessen weitgehend darauf, Meinungen und Deutungen von außerhalb der Redaktion einzuholen. Dementsprechend existiert, zumindest in dem für die politische Berichterstattung zuständigen Teil der Redaktion, keine Ressortaufteilung, es gibt also beispielsweise keine Experten für Schule, Migration oder Lokalpolitik. Entscheidend für die medial verbreitete Botschaft sind demnach vor allem die Auswahl der Interviewpartner und die Formulierung der ihnen gestellten Fragen.

Unter den sieben Personen, die im Programm von *Radioeins* über die Vorfälle im Wrangelkiez berichten oder urteilen, befinden sich zwei Polizeibeamte, zwei Politiker sowie drei Journalisten, hinzu kommen die nur wenige Sekunden langen O-Ton-Einspielungen von einem Jugendlichen und einer Passantin aus Berlin-Kreuzberg. Während die Polizei als unmittelbar an den Geschehnissen beteiligte Partei als logischer Ansprechpartner für eine Berichterstattung über die Zwischenfälle im Wrangelkiez erscheint, verwundert neben der weitgehenden Abwesenheit der anderen Partei, den beteiligten Migranten und Passanten, die starke Präsenz von Politikern und Journalisten bei der Deutung der Ereignisse. Schauen wir zunächst auf die Politiker, repräsentiert durch die SPD-Lokalpolitiker Zackenfels und Iyidirli sowie den Bezirksbürgermeister von Kreuzberg-Friedrichshain Frank Schulz von den Grünen. Diese werden meist im Zusammenhang mit dem Kreuzberger »Runden Tisch« interviewt, der von ihnen selbst angeregt wurde, und bemühen sich durchweg um eine ausgewogene Darstellung der medial vorhandenen Deutungen.

Die starke mediale Präsenz von Politikern im Programm von Radioeins hat feldspezifische und medienhistorische Gründe. Offensichtlich profitieren sowohl die erwähnten Politiker als auch *Radioeins* voneinander, denn indem die Lokalpolitiker den öffentlichen Nachweis erbringen, sich um die Probleme in ihrem Wahlkreis zu kümmern, löst sich für die Radioredakteure das logistische Problem, kurzfristig Interviewpartner zu finden, die auch um 7.10 Uhr am Morgen für ein Gespräch zur Verfügung stehen. Die von den *Radioeins*-Redakteuren angestrebte Ausgewogenheit in der Berichterstattung besteht unter diesen Bedingungen nur noch darin, möglichst unterschiedliche Journalisten oder Politiker zu Wort kommen zu lassen.

Aus praktischen Gründen, den von den Bedingungen des medialen Feldes vorgegebenen journalistischen Handlungsspielräumen, kommt es auf diese Weise zu jener häufig zu beobachtenden starken Orientierung der medial vermittelten Meinungen am offiziellen System, die Stuart Hall in seiner Rede über *Die strukturierte Vermittlung von Ereignissen* so vehement beklagte.[33] Zwar tauchen schon am Freitag, dem 17. November, erste polizeikritische Stimmen auf, doch erst am Wochenende vom 18. und 19. November 2006 nutzt die als freie Pauschalistin arbeitenden Amélie Ernst die Möglichkeit, selbst in den Wrangelkiez zu fahren, um die bis dahin dominierenden Deutungen der Polizei zu überprüfen. Pierre Bourdieu spricht zudem von einer historisch bedingten engen strukturellen Bindung zwischen dem politischen und den Feldern der kulturellen Produktion wie dem journalistischen Feld. Zwar löste sich der Journalismus im 19. Jahrhundert aus seiner Funktionseinheit mit der Politik, doch verweist Jörg Requate darauf, dass dieser Prozess in Deutschland langsamer verlief als beispielsweise in England oder den USA und sich Spuren des parteinahen Journalismus bis heute erhalten haben.[34] Die Verbindung zur Politik äußert sich nicht nur in einem relativ parteinahen Journalismus, sondern ist durch die staatliche Finanzierung von *Radioeins* und die politische Kontrolle der Programmgestaltung des *Rundfunks Berlin-Brandenburg* (*RBB*) auch institutionell verankert.

Auch das überraschend zahlreiche Auftreten von Journalisten anderer Medien hat seine Ursachen in einer Besonderheit des journalistischen Feldes, seinen starken selbstreflexiven Tendenzen. Bei *Radioeins* kann der Hörer an jedem Wochentag um 8.10 Uhr zuhören, wie Journalisten andere Journalisten zu gesellschaftspolitischen Fragen interviewen. Bei der Aus-

---

33 Hall: Die strukturierte Vermittlung von Ereignissen, S. 144.
34 Requate: Journalismus als Beruf, S. 407. Der Prozess der Loslösung vom politischen Feld verlief in den Bereichen Print, Radio und Fernsehen sehr unterschiedlich. Während sich die Printbranche im Verlauf des 19. Jahrhunderts vom politischen Feld löste, sich zunehmend privatisierte und auf diese Weise eine gewisse Autonomie bei der Deutung politischer Ereignisse erkämpfte, diente die Etablierung des öffentlich-rechtlichen Rundfunks nach dem Ersten Weltkrieg gerade dazu, die demokratischen Potentiale der sich neu entwickelnden Hörfunks hinsichtlich einer Beeinflussung der öffentlichen Meinung staatlich zu kontrollieren. Siehe Hagen: Das Radio, S. 68ff.

wahl der Kommentatoren orientierten sich die Programmverantwortlichen von *Radioeins* an den von Siegfried Weischenberg als journalistische »Alphatiere« bezeichneten Vertretern der Medienbranche, an »bekannten und erfolgreichen Journalisten«, die meist in einem einflussreichen deutschen Medienorgan Führungspositionen innehaben und ihre Meinungen vielfältig medial vermarkten.[35] Für *Radioeins* kommentieren zu diesem Zeitpunkt von Montag bis Freitag der freie Journalist Friedrich Küppersbusch, der Chefredakteur des Berliner *Tagesspiegels*, Lorenz Maroldt, der *SZ*-Autor Hans Leyendecker, der stellvertretende Chefredakteur des *Sterns* Hans-Ulrich Jörges und der unter anderem für den *Spiegel* schreibende Kolumnist Henryk M. Broder die politischen Ereignisse des Tages, wobei bei der Verteilung der Themen auf die Interessen und Kenntnisse der Kommentatoren Rücksicht genommen wird.

Die anfängliche Orientierung an der von der Polizei, Journalisten und Politikern vertretenen Sichtweise hängt stark mit den eben geschilderten feldspezifischen Problemen der Verfügbarkeit von Interviewpartnern zusammen. Bleibt noch die Frage nach dem späten Einstieg in die Diskussionen um den Wrangelkiez zu beantworten. Amélie Ernst gibt dazu im Interview folgende Auskunft:

Amélie Ernst: »Es hat ein bisschen gebraucht, bis wir eine Richtung gefunden haben. Wir haben das in den Nachrichten behandelt, aber am Mittwoch danach hätten wir, glaube ich, noch mehr machen können. Aber es war eher so, dass wir da noch gewartet haben und geguckt haben, wie viel ist dran oder wird da wieder was hochgespielt, also wir haben erst einmal gewartet, um selber eine Orientierung zu suchen und zu gucken, fahren wir das jetzt hoch, indem wir es mit zwei, drei Interviews besetzen oder warten wir erst einmal ab, ob das wirklich so ein außergewöhnlicher Vorgang war, weil es ja auch so widersprüchliche Informationen gab. Also man hätte, wenn man vorher einen echten Blick gehabt hätte, das Ganze etwas früher machen können. Ansonsten war, was wir gemacht haben, das, was für uns machbar war und für das wir uns bewusst redaktionell entschieden haben.«

Ernst begründet den für einen an Aktualität orientierten Radiosender relativ späten Einstieg in die Berichterstattung mit Unsicherheiten über die Deutung der Ereignisse im Wrangelkiez. Den *Radioeins*-Reportern stehen an-

---

35 Vgl. Weischenberg/Malik/Scholl: Die Souffleure der Mediengesellschaft, S. 51ff.

fänglich mangels eigener Recherchekapazitäten lediglich die Pressemeldungen der Polizei zur Verfügung. Ernst weiß um die Limitierung der ihr zur Verfügung stehenden Perspektive, sie beklagt keinen »echten Blick« zu haben und vor allem die fehlende Möglichkeit, die zunächst kursierenden Deutungen zu überprüfen. Zudem wird ein Unbehagen der Journalistin gegenüber einem möglicherweise dramatisierenden Umgang mit Themen wie Migration und Jugend innerhalb des journalistischen Feldes deutlich. Die *Radioeins*-Redakteure sind sich unsicher, ob es sich lediglich um eine alltägliche Pöbelei in der Großstadt handelt oder ob das Thema intensiver besprochen werden soll und reagieren deshalb zunächst mit Zurückhaltung. Die Entscheidung wird den Redakteuren schließlich von anderen Sendern abgenommen, denn mit der zunehmend intensiver werdenden Berichterstattung in anderen Medien, Ernst verweist im Verlauf des Interviews insbesondere auf Berichte im *RBB-Inforadio* und in den Berliner Tageszeitungen, ist der Wrangelkiez bereits zu einem Medienthema geworden, dem sich auch *Radioeins* nicht mehr entziehen kann. Zudem verleiht das allmähliche Auftauchen polizeikritischer Stimmen der Debatte eine zusätzliche Dynamik.

Da sich *Radioeins* als ein Forum für aktuelle Debatten versteht, kann die einsetzende Diskussion um den Wrangelkiez nach anfänglichem Zögern nicht weiter ignoriert werden. Die Art und Weise der Auseinandersetzung wird jedoch nicht ausschließlich von strukturellen Vorgaben, von dem durch das Sendeformat vorgegebenen journalistischen Handlungsrahmen, sondern auch von diskursiven Ordnungsstrukturen, dem verfügbaren und kursierenden Wissen über die Ereignisse im Wrangelkiez, beeinflusst. Dabei spielen diskursgeschichtliche Prägungen eine wichtige Rolle: So gilt die »Straße« im bürgerlichen Kollektivbewusstsein als »Lehranstalt der Verwilderung« sowie als »Tribüne des Volkes« – als symbolischer Ort niedriger Herkunft und als Arena des Widerstandes.[36] Passend dazu wird die Figur des »Straßenjungen«, die im Zuge des Strukturwandels der Arbeiterklasse in den letzten Jahrzehnten eine migrantische Färbung erhalten hat, meist aus einer Devianz- und Defizitperspektive wahrgenommen. Straßenjugendliche gelten demnach vor allem in den Augen staatlicher Autoritäten

---

36 Siehe dazu Rolf Lindner: Straße – Straßenjunge – Straßenbande; Warneken: »Die Straße ist die Tribüne des Volkes«; sowie Werner Lindner: Jugendliche in der Stadt.

tendenziell als aufmüpfig, verwahrlost und bedrohlich. In den *Radioeins*-Berichten über den Wrangelkiez lässt sich ein Verschmelzen von räumlichen, moralischen, sozialen und ethnischen Zuschreibungen beobachten, wie es für die mediale Darstellungen von »Unterschichten«, Migranten und Hauptschülern charakteristisch ist.

Feldspezifische und diskursive Vorgaben sind dabei eng miteinander verknüpft, so bestimmt beispielsweise die Verfügbarkeit von Interviewpartnern maßgeblich über die im Gespräch mit diesen artikulierten Meinungen, andererseits drängt die Neubewertung der Ereignisse im Wrangelkiez die Redakteure dazu, nach neuen Interviewpartnern abseits von Politik und Polizei Ausschau zu halten. Dies gelingt jedoch nur teilweise, stattdessen konfrontieren die *Radioeins*-Redakteure Politiker und Polizeivertreter ab dem 20. November 2006 mit deutlich kritischeren Fragen. An der Deutungsmacht offizieller Behörden und ihrer PR-Agenten ändert diese Vorgehensweise letztlich nur wenig.

Wer von welcher Position aus über ein Ereignis spricht, ist Michel Foucault zufolge für die Formation von Diskursen von entscheidender Bedeutung.[37] Die Verknappung der sprechenden Subjekte, wie sie bei *Radioeins* offensichtlich ist, hält er für ein Mittel der Kontrolle von Diskursen und spricht in diesem Zusammenhang von einer doppelten Unterwerfung: »(der) Unterwerfung der sprechenden Subjekte unter die Diskurse und (der) Unterwerfung der Diskurse unter die Gruppe der sprechenden Individuen«.[38] Die feldspezifisch bedingte Privilegierung offizieller Deutungen innerhalb des öffentlich-rechtlichen Rundfunks bedingt eine Beschränkung der sprechenden Subjekte, die wiederum in Wechselwirkung mit einer Beschränkung der im medialen Diskurs möglichen Positionierungen steht. Sie wirkt einer Öffnung des Diskurses gegenüber anderen Sprecherpositionen entgegen und limitiert gleichzeitig die inhaltlichen Optionen der Sprecher selbst.

Diese diskursive Wechselwirkung lässt sich in den medialen Diskussionen um den Wrangelkiez deutlich beobachten. Aus feldspezifischen Gründen können jene Personen, die aus persönlichen Erfahrungen über die Ereignisse im Wrangelkiez hätten berichten können, nur selten eine mediale Sprecherposition einnehmen. Stattdessen dominiert die Perspektive der

---

37 Foucault: Archäologie des Wissens, S. 75.
38 Foucault: Die Ordnung des Diskurses, S. 29.

Polizei, die zur Legitimierung der eigenen Vorgehensweise ein unmittelbares Interesse an einer negativen Darstellung des Verhaltens der jugendlichen Migranten hat. Auf diese Weise lässt sich verstehen, dass die Diskussion um den Wrangelkiez anfangs ausschließlich Züge eines Gefahren- und Polizeidiskurses trägt, in dem urbane Jugendliche in erster Linie hinsichtlich einer möglichen Gefährdung der öffentlichen Ordnung diskutiert werden. Auch die später auftauchenden polizeikritischen Stimmen bewegen sich im Rahmen dieser ursprünglichen Kategorisierung, sie können diese zwar kritisch hinterfragen und auf Missverständnisse hinweisen, doch keine neue Deutung der Ereignisse mehr etablieren.

Im Radio tritt das diskursive Problem der Limitierung der Sprecherpositionen besonders deutlich hervor. Radio nimmt gleichzeitig eine bedeutende Funktion bei der medialen Deutung von Ereignissen ein, da es schneller als Printmedien und weniger aufwendig als das Fernsehen über aktuelle Geschehnisse berichten kann. Im Radio findet häufig eine erste Kategorisierung aktueller Ereignisse statt, es wird bestimmt, ob es sich bei den Zwischenfällen im Wrangelkiez um einen Angriff auf die Ordnungskräfte oder um ein illegitimes Vorgehen der Polizei handelt. Die Redakteure von *Radioeins* können im Gegensatz zu Printjournalisten, die für die mediale Verbreitung ihrer Deutungen auf den nächsten Morgen warten müssen, oder Fernsehredakteuren, die materielle Bilder vom Ort des Geschehens benötigen, ohne größere zeitliche Verzögerung und ohne das Redaktionsgebäude zu verlassen, über ein Ereignis berichten. Sie benötigen dafür lediglich ein Telefon und einen Interviewpartner. Im Medium Radio dominiert daher eine einschätzende Form der Berichterstattung, wobei die Einschätzungen im Fall von *Radioeins* meist von außerhalb der Redaktion stammen. Da es keine Bilder sendet, eignet sich das Radio kaum zum Skandalisieren von Meldungen. Die im Radio ausgestrahlten gesprochenen Bewertungen verfügen dagegen über eine besondere Plausibilität, die mit den Folgen der Übertragung der menschlichen Stimme auf den Hörer zu tun haben. Wolfgang Hagen hat argumentiert, dass das Stimmenhören im Radio immer auch ein Akt der Interpellation ist, ein Angesprochenwerden durch den Radiosprecher, das dem Hörer keine Möglichkeit zur Antwort lässt.[39] Die Meinungsäußerungen von Polizeibeamten, Politikern und Journalisten über die Geschehnisse im Wrangelkiez sind also zu einem gewissen Grad autori-

---

39 Hagen: Das Radio, S. 266.

täre Deutungsakte, die sich dem Hörer aufdrängen und seine künftige Wahrnehmung der Ereignisse prägen.

Diese Prägung vollzieht sich weitgehend unbewusst, denn Radio ist das Medium des Nebenbeihörens. Zwar hören in Deutschland 95 Prozent der über 18-Jährigen regelmäßig Radio, doch während dessen gehen sie meist einer anderen Tätigkeit nach, sie fahren Auto, ziehen sich an oder frühstücken.[40] Radio ist kein Leitmedium im eigentlichen Sinne, es dominiert in der Regel nicht die medialen Diskussionen und es produziert zudem keine eigenen Bilder. Dennoch greift das Radio bestimmte visuelle Vorstellungen auf, Assoziationen die gewissermaßen nebenher laufen, die mitgesagt werden und auf diese Weise die mediale Berichterstattung begleiten. In den Beiträgen über den Wrangelkiez sind es Äußerungen wie »Jugendliche, die das Messer ein bisschen locker haben« oder »Zusammenrottung junger Männer überwiegend nichtdeutscher Herkunft«, die *en passant* kollektiv vorhandene Imaginationen, in diesem Fall das Bild des jungen männlichen Migranten als einem auf den Straßen herumlungernder Kleinkriminellen, fortschreiben und im medialen Diskurs etablieren. Gerade in seiner oft unbewusst vollzogenen Rezeption scheint die Wirkungskraft des Radios verborgen zu liegen.

Die Berichterstattung über den Wrangelkiez bei *Radioeins* ist durch eine feldspezifisch bedingte Nähe zu Deutungen vonseiten der Polizei, der Politik sowie sogenannter journalistischer Alphatiere bestimmt. Die dadurch verursachte Beschränkung der sprechenden Subjekte bleibt nicht ohne Folgen für die Deutung der Geschehnisse im Wrangelkiez, die anfänglich vor allem als aggressives Verhalten gewalttätiger Jugendlicher gegenüber der Polizei interpretiert werden. Räumliche Zuschreibungen der Ereignisse machen implizit deutlich, dass es sich bei den Jugendlichen nur um die Kinder von Einwanderern handeln kann. Die mit dieser Gruppe assoziierten visuellen Vorstellungen und negativen Stereotype sind in der medialen Diskussion um den Wrangelkiez präsent. Da das Medium Radio schneller als Fernsehen und Zeitungen berichten kann, hat es einen wesentlichen Einfluss auf die ursprüngliche mediale Deutung von Ereignissen. Das spätere Auftauchen polizeikritischer Stimmen führt zwar zu einem Wandel in der Berichterstattung über den Wrangelkiez, kann aber letztlich keine neue Sichtweise der Ereignisse mehr etablieren.

---

40 Vgl. Hagen: Nur So Als Ob und Neben Her.

Der in den drei Fallstudien zur Berichterstattung über Hauptschulen und marginalisierte Jugendliche bei *Frontal21*, in der *Süddeutschen Zeitung* und im *Radioeins*-Programm praktizierte mediale Vergleich veranschaulichte die unterschiedlichen Herstellungsweisen von Medienberichten in Fernsehen, Print und Radio sowie die verschiedenen Übertragungsweisen medialer Botschaften durch das Bild, die Schrift und die Stimme. Dies hat jeweils unterschiedliche journalistische Vorgehensweisen zur Folge: Fernsehjournalisten vertrauen auf die suggestive Kraft von Symbolen, Printjournalisten nutzen massiv die suggestive Wirkung von Kollektivsymbolen und Radiojournalisten arbeiten mithilfe von oralen Beschreibungen und Einschätzungen. Darüber hinaus wurde auf die vielfältigen Überschneidungen von diskursiven, feldspezifischen und technologischen Bedingungen bei der Produktion von Medienbildern hingewiesen. Auf diese Weise wird eine differenzierte Perspektive auf die Handlungsspielräume von Journalisten und die Entstehungszusammenhänge medialer Repräsentationen möglich. Gleichzeitig zeichnen sich jedoch auch medienübergreifende Konturen medialer Zuschreibungen von Hauptschülern ab: Die Berichterstattung ist überwiegend negativ konnotiert und wird von einer alarmierenden und bedrückenden Grundstimmung bestimmt. Soziale Problemlagen werden zu Migrationsproblemen und Fragen der individuellen Einstellung umgedeutet. Die Jugendlichen erhalten dabei selbst kaum die Möglichkeit alternative Position zu artikulieren. Machtbedingte Ungleichheiten in der Verteilung von Sprecherpositionen werden medial reproduziert und marginalisierten Gruppen gleichsam mit negativen Attributen versehen.

Decoding
Umgangsweisen mit medialer Stigmatisierung

In den beiden vorigen Kapiteln wurden zunächst die Lebensformen Berliner Gymnasiasten betrachtet und anschließend die Entstehungsmechanismen negativer Medienbilder dargestellt. Nach diesen Exkursen kehre ich in den nun folgenden Kapiteln zu den Berliner Hauptschülern zurück, die im Alltag immer wieder mit den Zumutungen einer ihnen mit Verachtung begegnenden Öffentlichkeit konfrontiert sind. Ich möchte zunächst der Frage nachgehen, auf welche Weisen sie selbst mit kursierenden Negativbildern umgehen. Für die Beantwortung dieser Frage greife ich erneut auf das *Encoding/decoding*-Modell von Stuart Hall zurück, konzentriere mich dieses Mal jedoch nicht auf die Formen des Kodierens, sondern die des Dekodierens von medialen Botschaften. Dabei wechsle ich gelegentlich zwischen der Betrachtung von Reaktionen auf spezifische mediale Darstellungen und einer Analyse des Umgangs mit einer generellen sozialen Stigmatisierung. Mediale und soziale Stigmatisierung sind im Alltag der Schüler eng miteinander verbunden, da Negativbilder über einzelne Medienberichte hinaus eine enorme Wirkungskraft entfalten.

Der von Stuart Hall maßgeblich geprägte *Cultural-Studies*-Ansatz der Medienforschung[1] ist für meine Fragestellung deshalb besonders relevant, da mit dessen Hilfe sowohl die Herstellung und Wirkungskraft dominanter symbolischer Ordnungen als auch die komplexen Aneignungsformen und Bedeutungsneuzuschreibungen vonseiten der Medienrezipienten in den

---

1 Für einen Überblick zur Medienforschung der Cultural Studies siehe: Hepp: Cultural Studies und Medienanalyse.

Blick genommen werden können. Der Kodierungsvorgang legt demnach bestimmte Interpretationen medialer Produkte nahe, die jedoch im aktiven Prozess der Medienrezeption auf vielfältige Weise umgedeutet werden können, wobei die Arbeiterklasse tendenziell zu widerständigen Aneignungsformen neige. Hall unterscheidet am Beispiel des Fernsehens zwischen drei verschiedenen Lesarten: der hegemonialen Position, bei der die dominanten Deutungen weitgehend übernommen werden; der ausgehandelten Position, bei der zwar der hegemonialen Sichtweise zugestimmt wird, jedoch auf situative Ausnahmen verwiesen wird; und der oppositionellen Position, bei der abweichende Perspektiven entwickelt werden.[2]

Halls Ansatz wurde seit den 1970er Jahren vielfach angewendet, weiterentwickelt und kritisiert. Vor allem in Großbritannien wurden eine Reihe von empirischen Studien zu den Rezeptionsweisen von Medienangeboten durchgeführt.[3] So betonte John Fiske in seinen Studien zur Populär- und Medienkultur vor allem die widerständige Seite der Umgangsweisen mit Medien- und Konsumprodukten, was ihm den Vorwurf einbrachte, er würde den Medienumgang von »Unterschichten« auf eine verkürzte und verklärte Weise politisch überinterpretieren.[4] Medienwissenschaftler gehen heute in der Regel eher von einer »Rezeptions-Bricolage« aus sowie davon, dass die gleichen Personen verschiedene Lesarten in unterschiedlichen Kontexten anwenden, wodurch die Medienaneignungen zwischen den Polen der Routine und des Widerstandes changieren.[5] Stuart Hall selbst bezeichnete seinen Ansatz im Rückblick weniger als ein strenges und kohärentes analytisches Modell, sondern betonte, dass er vor allem eine bestimmte Zugangsweise anregen wollte, bei der den komplexen Prozessen der Medienrezeption mehr Beachtung zukommen sollte.[6]

Bei der Analyse der Umgangsweisen von Berliner Hauptschülern mit medialer und sozialer Stigmatisierung werde ich in Anlehnung an Stuart Hall drei unterschiedliche Perspektiven unterscheiden: Hegemonial-ausgehandelte Lesarten, unter denen ich die von Hall vorgeschlagene hegemoniale und ausgehandelte Position zusammenfasse und somit herausstelle, dass

---

2 Vgl. Hall: Encoding/decoding, S. 136ff.
3 Siehe unter anderem: Morley: Television Audiences and Cultural Studies.
4 Vgl. Fiske: Lesarten des Populären.
5 Vgl. Göttlich: Kreativität in der Medienrezeption?, S. 180f.
6 Vgl. Hall: Reflections upon the Encoding/Decoding Model.

»reine« hegemoniale Lesarten eher selten vorkommen, dafür aber auch ausgehandelte Lesarten zumeist in Richtung dominanter Deutungen tendieren.[7] Wütende und kritische Lesarten, die weitgehend der von Hall beschriebenen oppositionellen Position entsprechen, jedoch besonders durch ihre Emotionalität oder eine explizite Kritik an der Vorgehensweise von Journalisten gekennzeichnet sind. Und schließlich ironische Lesarten, die von Hall nicht erwähnt werden, jedoch im Bereich der von ihm skizzierten oppositionellen Interpretationen verortet werden könnten. Ich habe diese Lesarten als eine eigene Beschreibungskategorie herausgestellt, da Berliner Hauptschüler immer wieder mit schlagfertigen Witzen und verspielter Ironie auf negative Zuschreibungen reagieren.

»STIMMT SCHON IRGENDWIE« – HEGEMONIAL-AUSGEHANDELTE LESARTEN

Die überwiegende Mehrheit der von mir begleiteten Berliner Hauptschüler war sich des negativen Images der Hauptschule und ihrer Schüler in den Medien bewusst. So war ich immer wieder aufs Neue überrascht, auf welche vielfältigen Weisen aktuelle mediale Diskussionen im Alltag der Schüler aufgegriffen, diskutiert und gedeutet wurden. Am Beispiel der Umgangsweisen mit Fernsehberichten über die Rütli-Schule, Zeitungsmeldungen über gewalttätige Jugendliche auf den Straßen Berlins sowie einer TV-Talkrunde über die Situation von Jugendlichen möchte ich in diesem Abschnitt zunächst drei Beispiele für hegemonial-ausgehandelte Lesarten beschreiben. Anschließend gilt es, sich mit der Frage zu beschäftigen, welche Auswirkungen die partielle Übernahme negativer Deutungen auf das Selbstverständnis der Jugendlichen hat.

Die Mediendebatte über die Neuköllner Rütli-Schule im Frühjahr 2006 erwies sich auch zum Zeitpunkt meiner Forschung in den Jahren 2008 und 2009 noch als besonders wirkmächtig. Während sich Lichtenberger Jugendliche gelegentlich mit Verweis auf die Rütli-Schule herablassend über die Zustände in Neukölln äußerten, sorgten sich Neuköllner Hauptschüler vor allem über ihren schlechten Ruf in der Öffentlichkeit:

---

7 Vgl. Fiske: Die britischen Cultural Studies und das Fernsehen, S. 34.

Brahim: »Das mit der Rütli-Schule habe ich in den Nachrichten gesehen. Ich war geschockt, wie die Jugendlichen da – einer hat, glaube ich, Stühle aus dem Fenster geworfen – da dachte ich mir: ›Was soll das denn?‹. Ich habe mir gedacht, wie kann man an einer Schule so etwas machen. Wir sind ja an einer Schule, um etwas zu lernen und nicht um irgendwelche Gegenstände herumzuwerfen.«
S.W.: »Die Schüler wurden aber wohl auch dafür bezahlt, die Stühle herauszuschmeißen.«
Brahim: »Ja, davon habe ich auch schon gehört. Das war ganz sicher so gewesen. Das war schon übertrieben. In Amerika ist das vielleicht so, aber hier nicht. Auf jeden Fall machen die ihren Ruf kaputt, auch wenn sie ein bisschen Geld dafür bekommen.«

Brahim berichtet von einem Schock-Moment, den er beim Betrachten der Rütli-Berichte im Fernsehen erlebte. Anscheinend kann er die mediale Repräsentation der Hauptschule nicht mit seinen eigenen Erfahrungen als Neuköllner Hauptschüler abgleichen. Das Bild der aus dem Fenster geworfenen Stühle scheint visuell besonders einprägsam gewesen zu sein, auch wenn Brahim selbst – wie sich nach meiner Zwischenbemerkung herausstellt – davon ausgeht, dass die Bilder gezielt für das Fernsehen inszeniert worden seien. Dessen ungeachtet verurteilt Brahim weiterhin eher das Verhalten der Schüler als jenes der Journalisten. Er hebt den schulischen Bildungsauftrag hervor und man kann beim Lesen dieser Zeilen vielleicht erahnen, warum Brahim an seiner Schule zum Liebling des Direktors und zum Schulsprecher avancierte. Gerade aufgrund seines vorbildhaften Benehmens und seiner positiven Einstellung gegenüber der Schule überraschen ihn die negativen Medienberichte über bildungsresistente und aufmüpfige Hauptschüler.

Die Sorge, eine solche Form der medialen Stigmatisierung könne den eigenen Hauptschulabschluss entwerten, wird in einem anderen Interview von Brahims Mitschülerin Patricia artikuliert:

Patricia: »Oft werden Hauptschulen auch im Fernsehen schlecht gemacht. Zum Beispiel als der Bericht über die Rütli war, das war ja überall gewesen. Das finde ich Scheiße, dass die jetzt mit jeder Schule diesen Vergleich machen, weil unsere Schule ist gar nicht so. OK, bei uns ist auch schon mal ein Stuhl oder ein Mülleimer aus dem Fenster geflogen, aber so schlimm, wie die das machen, ist das nicht. So schlimm wird es da auch nicht sein. Aber wenn unsere Schule dadurch schlecht gemacht wird, haben wir dann später schlechte Karten. Weil die dann denken, wir machen nur Scheiße.«

Patricia fühlt sich durch den Vergleich ihrer Schule mit dem medialen Bild der Rütli-Schule abgewertet und befürchtet wohl nicht zu Unrecht, als Neuköllner Hauptschulabsolventin auf dem Arbeitsmarkt benachteiligt zu werden. Ihre Bewertung der Medienberichte ist etwas widersprüchlich, denn zunächst verweist sie auf die besseren Bedingungen an ihrer Schule, erwähnt aber schon im nächsten Atemzug, dass auch an ihrer Schule gelegentlich Stühle aus dem Fenster fliegen würden. Anschließend betont sie jedoch, dass die Medienberichte über die Rütli-Schule, von denen sie das visuelle Motiv der aus dem Fenster fliegenden Stühle übernommen hat, selbst übertrieben gewesen seien. Sowohl Brahim als auch Patricia gehen von übertriebenen Darstellungen aus und differenzieren mit Blick auf die Situation an ihrer eigenen Schule, an der sie Parallelen und Kontraste zum medialen Bild der Rütli-Schule feststellen. Auf diese Weise entsteht eine ambivalente und teilweise widersprüchliche Lesart, die sowohl hegemoniale Deutungen als auch medienkritische Momente enthält, die Medienberichte über Hauptschulen jedoch grundsätzlich als Beschreibungen der Wirklichkeit auffasst.

Auffallend ist besonders die Wirkungsmacht des in beiden Narrativen auftretenden visuellen Motivs der aus dem Fenster geworfenen Stühle, welches sowohl kritisiert als auch auf die eigene Situation übertragen wird. Die Ausführungen von Brahim und Patricia deuten darauf hin, dass eine im Modus der Sprache vorgetragene rationale Kritik die Suggestionskraft von einprägsamen Medienbildern nicht vollständig eindämmen kann, da visuelle Darstellungen dieser Art weitgehend unbewusst wirken. Der französische Semiotiker Roland Barthes hat am Beispiel der Fotografie auf den Naturalismus-Effekt von visuellen Darstellungen hingewiesen, der seiner Ansicht nach aus einer Analogiebeziehung zwischen visuellem Code und der dargestellten Wirklichkeit resultiere.[8] Auch wenn die postmoderne Bildkritik mittlerweile die Manipulationsmöglichkeiten visueller Darstellungen herausgearbeitet hat, so erscheinen Fotografien oder Fernsehbilder im Alltag für viele immer noch als Abbildung der Realität und können ihre Wirkmacht selbst dann entfalten, wenn ihre Herstellungsweisen infrage gestellt werden.

---

8   Barthes: Die Fotografie als Botschaft.

Neben den Diskussionen um die Rütli-Schule hatte ich im Kapitel zu medialen Repräsentationen am Beispiel von *Radioeins* auf die Entstehungsweisen von Berichten über gewalttätige Jugendliche auf den Straßen Berlins hingewiesen. Hauptschüler sind schon deshalb besonders häufig mit medialen Diskussionen über Gewalt konfrontiert, da diese auch im Rahmen des Unterrichts oder in Anti-Gewalt-Trainings als Anschauungsmaterial eingesetzt werden. So wurden während meiner Forschungszeit an einer Neuköllner Hauptschule Berichte des Privatsenders *RTL* über gewalttätige Jugendliche im Rahmen der Klassensozialstunden angesehen und gemeinsam diskutiert. »Stimmt schon irgendwie«, meinte eine Schülerin anschließend zu mir und andere ergänzten, dass die Berichte über Gewalt zwar »eigentlich stimmen« würden, aber auch »ein bisschen übertrieben« seien. Über seine Blickweise auf einen konkreten Fall von urbaner Gewalt unter Jugendlichen berichtete ein Lichtenberger Hauptschüler in folgender Interviewpassage:

Eric: »Im *Berliner Kurier*, da war vor kurzem ein Bericht über eine Prügelei in der Siegfriedstraße, und da war ich halt auch dabei gewesen. Da wollten sich zwei verschiedene Crews prügeln, weil der eine hat den anderen übertaggt und so einen Scheiß. Irgendwie kam es zu gar nichts, weil bevor es losging, haben die anderen die eigenen Leute mit dem Messer niedergestochen. Das stand halt in den Zeitungen und wurde total anders ausgelegt. In den Medien stand halt, dass die Gruppen mit Waffeneinsatz aufeinander losgegangen sind, dabei standen wir nur auf der anderen Seite und sind dann gegangen, weil uns das zu blöd war. Es kam gar nicht zu einer wirklichen Auseinandersetzung.«

Eric beschreibt eine Konfrontation zwischen zwei Gruppen von Graffiti-Sprayern nachdem ein Jugendlicher mit seinem *Tag*, eine Form der territorialen Markierung im Hiphop-Milieu, die von einer anderen Gruppierung reklamierten Wände per Stift oder Spraydose übermalt hatte. In Anlehnung an ihre Vorstellungen von amerikanischen Straßengangs wird dies von den Lichtenberger Jugendlichen als Provokation und gegebenen Anlass für eine physische Auseinandersetzung begriffen. Eric scheint zwar diesem Konfliktmotiv keine große Bedeutung zuzumessen, begleitet seine Freunde aber dennoch zum vereinbarten Ort der Auseinandersetzung in unmittelbarer Nähe des S-Bahnhofes Lichtenberg. Dort erlebt er keine Schlägerei zwischen zwei rivalisierenden Jugendgruppen, sondern beobachtet überrascht einen Messerangriff innerhalb der gegenüberstehenden Gruppe. Die Medienberichte über diesen Angriff kritisiert er dahingehend, dass sie die Gewalt irreführend als Auseinandersetzung zwischen zwei verfeindeten Jugendgruppen interpretierten. Die mediale Fortschreibung der alarmierenden Gewaltmeldungen über Jugendliche im öffentlichen Raum wird von ihm jedoch nicht abgelehnt. Der Verweis auf die Spezifik der Situation stellt somit nicht grundlegend die hegemoniale Deutung und die damit verbundene mediale Reproduktion der kulturellen Figur des Straßenjugendlichen infrage.

Eine vergleichbare Lesart lässt sich auch bei Niklas beobachten, dessen gescheiterte Bemühungen um einen Ausbildungsplatz wir in den vergangenen Kapiteln verfolgt haben und der nun eines Nachmittags gemeinsam mit seinem Stiefvater eine TV-Diskussion über die besorgniserregende Situation der Jugend von heute verfolgt. Zur ZDF-Talkrunde *Maybrit Illner* sind an diesem Abend neben Ursula von der Leyen, der damaligen Bundesministerin für Familie, Senioren, Frauen und Jugend, unter anderem der ehemalige deutsche Fußballnationaltorwart Jens Lehmann und der Musikjournalist Markus Kavka eingeladen:

Niklas: »Letztens habe ich mal so einen Bericht gesehen, so über die Zukunft von Jugendlichen, so eine Talkshow mit Jens Lehmann und Markus Kavka. Da habe ich so ein bisschen mitgefühlt und mich selber so ein bisschen erkannt. Zum Beispiel, dass man manchmal nur so vor dem Internet sitzt, wie sie da erzählt haben. Gut, aber mit dem Alkohol, das stimmt dann halt nicht so. Und manchmal übertreiben die halt auch, dass die denken, aus den Jugendlichen werden wirklich nur Idioten und dass die überhaupt keine Zukunft haben, das fand ich ein bisschen blöd. Das habe ich mit meinem Vater gesehen. War schon mal ganz interessant. Eigentlich gucke ich so etwas nicht, weil dieses Gequatsche geht mir eigentlich immer auf den Sack, aber das war ganz interessant, weil es da um was geht, wo man selbst ein bisschen mitfühlen kann.«

Niklas steht zwar Talkrunden von Erwachsenen generell etwas skeptisch gegenüber, da die typische Form des öffentlich inszenierten Gesprächs ihm wohl zu bürgerlich erscheint und somit nicht seinem Geschmack entspricht. In diesem Fall interessiert ihn jedoch das Thema der Sendung, denn schließlich soll es um Jugendliche wie ihn gehen. Das mediale Angebot ist deshalb für ihn attraktiv, da es ihm ermöglicht, vergleichende Bezüge zu seiner eigenen Lebenswelt herzustellen. Die Bewertung des Gesagten fällt dabei ambivalent aus: Während Niklas dem Vorwurf des übermäßigen

Internetkonsums von Jugendlichen aus eigener Erfahrung zustimmt, widerspricht er der Anschuldigung des maßlosen Alkoholkonsums. Die Sendung von »Maybrit Illner« war vor allem eine Reaktion auf mediale Berichte über das sogenannten »Koma-Saufen« unter Berliner Jugendlichen. Niklas selbst trinkt jedoch fast keinen Alkohol. Ohne die hegemoniale Deutung grundlegend infrage zu stellen, weist er – wie zuvor schon Brahim und Patricia – auf Übertreibungen hin, wobei ihm besonders, die in der Talkrunde anklingende Vorstellung, er gehöre wie andere Jugendliche seiner Generation zur Gruppe von zukunftslosen »Idioten« unangenehm erscheint.

Die Betrachtung der abendlichen TV-Runde konfrontiert Niklas mit einer Reihe von zumeist negativen Vorstellungen gegenüber Jugendlichen. Im Laufe einer kontinuierlichen Konfrontation mit abwertenden Blicken in den Medien und im Alltag entsteht bei Niklas und vielen seiner Mitschüler eine Form von Stigma-Bewusstsein, das weit über den Umgang mit einzelnen Medienprodukten hinausreicht. Wenn ich Hauptschüler in Interviews fragte, was ihrer Meinung nach andere Menschen über Hauptschüler denken, wurden ausschließlich negative Attribute aufgezählt, wobei die Bezeichnung »dumm« am häufigsten verwendet wurde. Hauptschüler gelten demnach darüber hinaus als »Psycho im Kopf«, »faul«, »unfreundlich«, »vorbestraft«, »kriminell« und »nicht bereit zu arbeiten«, zudem »wissen sie nicht viel«, »denken nur an Schlägereien«, »bauen ständig Scheiße« und hätten »keine guten Chancen im Berufsleben«. Wenn ich die Schüler anschließend danach fragte, was sie über solche Vorhaltungen denken, wurden unterschiedliche Positionen artikuliert. Viele verwiesen darauf, dass Hauptschüler »ganz normale Menschen« seien und wie Schüler anderer Schultypen etwas lernen und später arbeiten wollen. Mitunter wurde der negativen Blickweise aber auch zugestimmt und somit die hegemonialen Deutungen übernommen. Die eigene Person wurde dann zumeist als eine die Regel bestätigende Ausnahme dargestellt. Die Lesarten medialer Texte durch Hauptschüler sind demnach nicht zwangsläufig widerständig. Zwar registrieren die Schüler Widersprüche zwischen ihren Alltagserfahrungen und medialen Repräsentationen, Elemente des dominanten Diskurses werden jedoch partiell in eigene Deutungen übernommen.

Die Mischungsverhältnisse zwischen Anpassung und Widerständigkeit variieren dabei je nach Situation und Person. Entscheidend ist wohl vielmehr danach zu fragen, welche Auswirkungen hegemonial-ausgehandelte Lesarten auf das Selbstverständnis der Schüler haben. Welche Identitätsentwürfe kann ein Jugendlicher entwickeln, wenn er den überwältigend negativen Berichten über Hauptschüler auch nur in Ansätzen zustimmt? Wer sich, wie beispielsweise Niklas, wiederholt mit dem Vorwurf konfrontiert sieht, ein »Idiot« zu sein, dem wird es schwer fallen, eine positive Selbstbeziehung aufzubauen. Die subjektivierende Wirkung hegemonial-ausgehandelter Lesarten führt demnach wohl zwangsläufig zu einem Gefühl der Unterlegenheit und der Unzulänglichkeit.

Die negativen Auswirkungen eines abwertenden Blickes wurden vor allem in der französischen Philosophie des 20. Jahrhunderts intensiv diskutiert.[9] So entwickelte Jean-Paul Sartre, der selbst als hässlich galt und unter den negativen Blicken seiner Umgebung litt, auf der Grundlage dieser persönlichen Verletzungen in den 1930er und 40er Jahren philosophische Einsichten in die potentiell traumatischen Wirkungsweisen negativer Blickweisen auf das Individuum. Die Übernahme des hegemonialen Blickes hat ihm zufolge häufig ein Schamgefühl zur Folge. Scham ist für Sartre eine Anerkennung des Blickes des Anderen, eine Last, die auf einem bürdet und die nicht nur das Selbstbewusstsein mindert, sondern den gesamten Körper durchläuft: »Die Scham ist ein unmittelbares Erschauern, das mich von Kopf bis Fuß durchläuft, ohne jede diskursive Vorbereitung.«[10] Die subjektivierende Kraft des abwertenden Blickes beschäftigte etwa zur gleichen Zeit auch den Psychiater und Schriftsteller Frantz Fanon, der sich im Kontext des algerischen Kolonialregimes mit den psychischen Auswirkungen von Rassismus beschäftigte. Fanon arbeitete in autobiografisch gefärbten Büchern wie »Schwarze Haut, Weiße Masken« unter anderem die Wut und die Emotionalität, die Selbstzweifel und die Scham, die körperlichen Paralyse-Erscheinungen und die politische Sensibilisierung bei den Adressaten des hegemonialen Blickes heraus.[11] Ähnlich wie Fanon in seinen Schriften gegen die Zumutungen eines kolonialen Blickregimes aufbegehrte, so lassen sich auch bei Berliner Hauptschüler wütende und kritische Reaktionen auf die über sie kursierenden Bilder und Anschuldigungen beobachten.

---

9 Vgl. Jay: Downcast Eyes.
10 Sartre: Das Sein und das Nichts, 406f.
11 Vgl. Fanon: Black Skin, White Masks, S. 109ff.

»Das ist mein Leben« –
Wütende und kritische Lesarten

Skepsis gegenüber dem Vorgehen von Journalisten wurde von Hauptschülern bereits im Rahmen der hegemonial-ausgehandelten Lesarten artikuliert. Auch wenn die Grenzen zwischen den verschiedenen Lesarten im Alltag fließend sind, möchte ich in diesem Abschnitt wütende und kritische Lesarten als eine eigene Kategorie zur Analyse von Medienrezeptionen unterscheiden. Diese Lesarten zeichnen sich dadurch aus, dass nicht nur vereinzelte Medienkritik geübt wird, sondern die Glaubwürdigkeit medialer Beschreibungen grundlegend infrage gestellt und vehement gegen die dominanten Beschreibungsformen aufbegehrt wird. Die Konturen von resistenten Lesarten dieser Art werden zunächst am Beispiel je einer Weddinger, einer Neuköllner und einer Lichtenberger Hauptschülerin umrissen. Anschließend werden die Verflechtungen von Medieninstrumentalisierungen und Medienkritik in einem Exkurs zum Umgang der pädagogischen Leitung der Anna-Seghers-Schule mit Journalisten dargestellt.

Aysel, Cigdem und Anna sind drei Berliner Hauptschülerinnen, die sich auf jeweils unterschiedliche Art und Weise gegen die negativen Blickweisen auf Berliner Hauptschüler zur Wehr setzen. Beginnen wir mit Aysel in Berlin-Wedding, die sich selbst in der eigenen Familie als Hauptschülerin diskriminiert sieht:

Aysel: »Meine Cousinen, eine geht aufs Gymnasium, die reden über mich. Die sagen mir das nicht direkt, aber ich verstehe das. Die meinen: ›Ach, Hauptschule ist so ...‹ Das ist schlecht. Keiner kann über mich reden. Das ist mein Leben!«

Aysel nimmt die negative Sichtweise auf Hauptschüler auch dann wahr, wenn es nicht zu einem persönlich artikulierten Vorwurf in ihrer Gegenwart kommt. Sie kann das negative Gerede ihrer Cousinen über sie als Hauptschülerin, deren Vorwürfe und Unterstellungen, am eigenen Körper spüren. Vielleicht kann man diese zunächst etwas paradox wirkende Wahrnehmungsweise anhand von Sartres Analyse des abwertenden Blickes etwas besser verstehen. Sartre unterscheidet zwischen dem Auge und dem Blick.[12] Der Blick setzt nicht das Auftauchen einer sinnlichen

---

12 Vgl. Sartre: Das Sein und das Nichts, 464ff.

Gestalt im Wahrnehmungsfeld des Angeschauten voraus, führt jedoch in der Regel zu einem Bewusstsein davon, angeblickt zu werden. Man kann demnach einen Blick wahrnehmen, ohne das Auge zu sehen. Dabei ruht der Blick ohne Distanz auf einem und hält einem gleichzeitig auf Distanz zu den Anderen. Die vom negativen Blick getroffene Person fühlt sich verletzlich und verwundbar, sie spürt den Blick unmittelbar auf sich ruhen und nimmt ihn – im von Sartre beschriebenen Beispiel – bereits bei einem Rascheln der Blätter in ihrem Rücken wahr. Ähnlich wie der Angeblickte bei Sartre spürt Aysel das abwertende Sprechen über sie als Hauptschülerin und die damit verbundene negative Sichtweise auf ihre Person. Ihre Kritik richtet sich gegen die Macht-Asymmetrie in diesem Blickverhältnis. Ihre Cousinen schauen von einer durch gesellschaftliche Hierarchieverhältnisse legitimierten innerfamiliären Machtposition auf sie herab und erschweren ihr, gerade aufgrund des stummen Vorwurfes, sich zu verteidigen. Mit dem Ausruf »Keiner kann über mich reden. Das ist mein Leben!« reklamiert Aysel das Recht auf eine Sphäre der Individualität und des selbstbestimmten Lebens jenseits negativer Fremdzuschreibungen. Sie setzt sich gegen die wahrgenommenen Abwertungen als Hauptschülerin zur Wehr und versucht die Macht über die Deutung ihrer eigenen Person wiederzugewinnen.

Auch die Neuköllner Schülerin Cigdem fühlt sich vom verachtenden Blick auf Hauptschüler getroffen. Den weitverbreiteten Vorwurf, Hauptschüler seien dumm, versucht sie durch eine rationale Argumentation zu entkräften:

Cigdem: »Hauptschüler sind erst mal nicht dumm. Keiner ist dumm. Das hat meist andere Gründe, dass sie auf der Hauptschule gelandet sind. Bei mir war zum Beispiel mein Deutsch noch nicht so gut. Deshalb bin ich erst einmal auf die Hauptschule. Und als mein Deutsch dann ok war, da war ich schon in der neunten Klasse und da hatte es ja keinen Sinn, dann noch die Schule zu tauschen.«

Für Cigdem ist Dummheit keine natürliche Eigenschaft von Personen. Nach ihrer Einschätzung sind alle Schüler – also auch Hauptschüler – intellektuell aufnahmefähig. Unterschiede in der Bildungslaufbahn führt sie nicht auf natürliche Intelligenzdefizite zurück, sondern verweist stattdessen am eigenen Beispiel auf die spezifische soziale Situation vieler Hauptschüler. Der Hinweis auf »andere Gründe« verweist auf die für deren Biografien typischen Schicksalsschläge, auf jene Krankheiten, Unfälle und anderen tragische Zwischenfälle, die im Abschnitt über Zukunftsängste bereits angesprochen wurden. In Cigdems Lesart hängt ihre Zuweisung auf die Hauptschule maßgeblich mit ihrer ungünstigen Migrationssituation zusammen: Zum Zeitpunkt des Wechsels auf die Hauptschule am Ende der sechsten Schulklasse lebte sie erst seit drei Jahren in Deutschland und schätzt ihre damaligen Sprachkenntnisse im Nachhinein selbst als unzureichend ein. Statt als grundlegenden Ausdruck mangelnder Intelligenz, verweist sie auf ihre grundlegende Lern- und Sprachfähigkeit. Der Hinweis auf die eigene Situation wird hier nicht als Ausnahmefall beschrieben, sondern als ein durchaus typisches Beispiel für die Bildungsverläufe von Hauptschülern im Allgemeinen und von Migranten im Speziellen verstanden. Die Argumentation zielt darauf, die Zuschreibung, Hauptschüler seien auf natürliche Weise dumm, grundlegend zu kritisieren.

Eine ähnliche Argumentationsstrategie verfolgt Anna, eine Lichtenberger Schülerin, die sich in der folgenden Interviewpassage über die medialen Darstellungen von Russen in Berlin beschwert:

Anna: »Mich ärgert, dass alle Vorurteile haben. Das ist immer dasselbe: Hier zum Beispiel wohnen viele Russen und dann trinkt einer und liegt besoffen auf der Straße, dann heißt es wieder: ›Hier Russen, Wodka, Wodka‹. Und das kann ich überhaupt nicht leiden, weil, ich trinke fast gar nichts. Und dann wird man so eingestuft: ›Ihr seid doch Russen, ihr trinkt doch alle Alkohol.‹ Ich finde das ungerecht. Natürlich gibt es solche Leute und ich kenn auch solche Leute, aber es müssen nicht gleich alle sein.«

Indem Anna auf Vorurteile gegenüber Migranten aus Russland verweist, versucht sie sich von den gesellschaftlichen Zuschreibungen gegenüber russischen Spätaussiedlern loszumachen. Anna fühlt sich jedoch, obwohl selbst in Kasachstan geboren, von den Anrufungen als Russe unweigerlich angesprochen. Ihre Verteidigungshaltung impliziert bereits, dass sie die Anschuldigungen zu einem gewissen Grad auf ihre eigene Situation bezieht. Wütend macht sie nicht allein, dass der Vorwurf, alle Russen würden zu übermäßigem Alkoholkonsum neigen, auf sie und andere Personen aus ihrem Umfeld nicht zutrifft und demnach in seiner Verallgemeinerung ungerechtfertigt wirkt. Wütend macht Anna vor allem, dass sie trotz ihrer demonstrativen Bemühungen um ein korrektes Verhalten sich als Migrantin immer wieder mit moralischen Vorhaltungen und Anschuldigungen dieser Art auseinandersetzen muss.

An den Beispielen von Aysel, Cigdem und Anna lassen sich die Ambivalenzen von wütenden und kritischen Reaktionen auf mediale Darstellungen und soziale Stigmatisierungen nachvollziehen. Auf der einen Seite stehen ihre Wut und ihre Kritik für den Kampf um ein positives Selbstverhältnis. Die Schülerinnen widersprechen weitverbreiteten Unterstellungen – wie jenen Hauptschüler seien dumm oder Russen Alkoholiker – und versuchen ein Recht auf eine eigene Einschätzung ihres Lebens zu reklamieren. Gleichzeitig wirkt ihre Kritik etwas verzweifelt und unglücklich, denn sie basiert auf einem Subjektivierungsmechanismus, bei dem die negativen Vorhaltungen zumindest teilweise auf die eigene Position übertragen werden. Aysel, Cigdem und Anna müssen das Spiel der kategorialen Zuschreibungen ein Stück weit mitspielen, um sich anschließend über die unfairen Spielregeln beschweren zu können. So hat Burkhard Liebsch zu Recht darauf aufmerksam gemacht, dass die Erfahrung, verachtet zu werden, durch eine moralische Gegenwehr des Verachteten nicht aus der Welt geschafft werden kann.[13] Doch sollte das Aufbegehren und die Kritik der Schüler deshalb nicht unterschätzt werden. In den eben beschriebenen Reaktionen werden latente Ungerechtigkeitsempfindungen artikuliert und Gegenpositionen zu verbreiteten Negativbildern entwickelt, mit deren Hilfe die Schüler ihre Würde im Angesicht der gesellschaftlichen Produktion von Verachtung verteidigen.[14] Im folgenden Abschnitt werden mit den ironischen Lesarten alternative Formen von oppositionellen Positionierungen beschrieben, welche das Spiel der negativen Stereotypisierungen selbst grundlegend infrage stellen.

Die Diskussion der Ambivalenzen von medienkritischen Perspektiven soll jedoch zunächst am Beispiel der Position des Schulleiters der Anna-Seghers-Schule in Berlin-Wedding noch etwas weiter geführt werden. Das Lehrerkollegium dieser Schule hatte unter der Leitung des Direktors im Jahr 2006 einen Brief über die unhaltbaren Zustände an der Schule an den Berliner Schulsenator vorbereitet, ohne vom etwa zur gleichen Zeit verfassten Beschwerdebrief der Rütli-Lehrer zu wissen, der schließlich im *Tages-*

---

13 Liebsch: Spielarten der Verachtung, S. 58f.
14 Zum kreativen und gesellschaftskritischen Potential von Wut siehe Smith/Stemmler/Hamschmidt (Hg.): Über Wut – On Rage.

spiegel veröffentlicht wurde und anschließend die bereits beschriebene Debatte um die Rütli-Schule auslöste. In der folgenden Interviewpassage kritisiert der Schulleiter, ich nenne ihn Herr Fuchs, einerseits das Vorgehen von Journalisten, berichtet aber andererseits auch von den positiven Effekten von Negativschlagzeilen für eine bessere Finanzierung seiner Schule.

Herr Fuchs: »An dem Tag, an dem der Rütli-Brief veröffentlicht wurde, an dem Donnerstag haben wir über unseren Brief abgestimmt. Das hat sich zufällig überschnitten. Der war aber noch nicht ganz fertig, die Endabstimmung sollte am Montag stattfinden und dann sollte er abgeschickt werden. Auf irgendeinem undichten Weg aber ist das Manuskript schon in die Hände der Presse geraten und damit vorzeitig an die Öffentlichkeit gelangt. Als zweiter Brief haben sich die Medien natürlich darauf gestürzt. Hatte im Nachhinein den angenehmen Nebeneffekt, dass wir durch die öffentliche Aufmerksamkeit einen zweiten Sozialpädagogen bekommen haben. [...] Jedenfalls war die ganze Geschichte so abstrus, dass ich am Sonntag beim Frühstück saß und da ruft mich ein Freund an und sagt mir: ›Hol' dir mal einen Spiegel, du stehst in der Zeitung‹. Ich sage: ›Was? Geht gar nicht‹. Dann bin ich rübergegangen in den Zeitungsladen, habe mir eine Zeitung und einen Spiegel gekauft und praktisch auf der Titelseite meine eigenen Worte gelesen, ohne dass ich davon etwas wusste. Da sind Sachen passiert und an die Presse weitergegeben worden, die noch gar nicht autorisiert waren und auch ohne mein Wissen oder das der Schulleitung. Und das stand dann da drin und daneben war unter anderem ein Foto, auf dem ein Schüler mit einem Messer in der Hand vor der Kamera posiert. So haben die Schüler hier posiert, sie haben das einfach auch ausgenutzt, um sich irgendwie zu präsentieren. Die Schule hat eine Anzeige deswegen bekommen und wir hatten einen Riesen-Ärger, aber nach solchen Sensationsfotos lechzen die natürlich bei der Presse. Und dann hat sich auch noch jemand vor der Kamera bloßgestellt: ›Ja er hat sowieso keine Perspektive und er wird sowieso kriminell, Schulabschluss braucht er nicht und so.‹ Im Live-Interview! Dieser Schüler hat dann natürlich zu Hause von seinen Eltern ordentlich Ärger bekommen. Die Krönung des Ganzen war ein *B.Z.*-Reporter, der kam hier unerlaubt auf das Schulgelände und hat die Schüler gefragt, was die schon alles für Straftaten begangen haben. Er hat sie im Prinzip dazu animiert, sich da selbst bestimmter Sachen zu bezichtigen, die sie nie getan haben. Das hat dazu geführt, dass sie sich mit Schandtaten gebrüstet haben und dass hier einen Tag später die Polizei anrückte und diese vier Schüler verhaftete. Bestimmte Zeitungen betreten die Schule nicht mehr nach der Aktion. Da bin ich überhaupt nicht bereit, mit denen in irgendeiner Form zusammenzuarbeiten. [...] Aber letzen Endes haben wir auch ein Stück von der Öffentlichkeit profitiert, weil danach wirklich etwas gemacht wurde und es auch ruhiger geworden ist. Das muss man auch ganz klar sagen und es war unter dem Strich auch richtig, dass es an die Öffentlichkeit gelangt ist. Bloß die Art und Weise, wie es präsentiert wurde, ist immer schwierig.«

Die *Moral Panic*[15] um die Neuköllner Rütli-Schule führt auch an der Weddinger Anna-Seghers-Schule zu einem Medienaufruhr. Achtzehn Kamerateams und Dutzende Printjournalisten belagern in den Tagen nach der Veröffentlichung des Rütli-Briefes förmlich die Schule und führen zu einer aufgebrachten Atmosphäre innerhalb der Schule. Ein Lehrer reicht heimlich den unfertigen Brief des Lehrer-Kollegiums an Journalisten weiter, was

---

15 Der Begriff »Moral Panic« wurde von dem britischen Soziologen Stanley Cohen mit seinem Buch »Folk Devils and Moral Panics« aus dem Jahr 1972 geprägt. Cohen argumentiert am Beispiel der öffentlichen Auseinandersetzung mit den jugendlichen Subkulturen der »Mods« und der »Rocker«, dass Devianz keine vorhergehende Eigenschaft dieser Gruppen sei, sondern maßgeblich durch Prozesse negativer Zuschreibungen hervorgebracht werde. Massenmedien spielen für die Entstehung und Verbreitung von »Moral Panics« eine entscheidende Rolle, wobei – so ließe sich ergänzen – neben Jugend- und Subkulturen seit den 1970er Jahren wiederholt Schulen, »Unterschichten« und Migranten im Fokus von »Moral Panics« standen. Angela McRobbie und Sarah Thornton weisen in ihrer Auseinandersetzung mit dem Konzept der Moral Panic darauf hin, dass im Gegensatz zum von Cohen betrachteten zentralisierten Mediensystem im Großbritannien der 1960er Jahre heute ein weit umfangreicheres, dynamischeres und diverseres Medienangebot existiere. Zudem produzieren Jugendliche mittlerweile selbst in beträchtlichem Umfang mediale Bilder. McRobbie und Thornton beobachten, dass Moral Panics teilweise bewusst von Journalisten, Politikern und PR-Agenten inszeniert werden, um Aufmerksamkeit zu gewinnen. Moral Panics werden unter diesen Umständen von einem Ausnahme- zu einem Regelfall, was sowohl das Bild einer erhitzten Öffentlichkeit als auch die Vorstellung einer anhaltenden Bedrohung des gesellschaftlichen Wertesystems befördert. Vgl. Cohen: Folk Devils and Moral Panics; Critcher (Hg.): Critical Readings: Moral Panics and the Media; Goode/Ben-Yehuda: Moral Panics; McRobbie/Thornton: Rethinking ›Moral Panic‹ for Multi-Mediated Social Worlds.

später zu Misstrauen und lautstarkem Streit unter den Lehrern führen wird. Journalisten werden vom Direktor durchweg negativ beschrieben: Sie erscheinen als eine sensationslüsterne und verführerische »Meute«, die sich auf mögliche Schlagzeilen »stürzt« und nach Gewaltbildern »lechzt«. Ihre Vorgehensweise wird als unseriös und hintertrieben dargestellt und die Medienberichte über die Schüler der Anna-Seghers-Schule als bewusste Verzerrungen der Realität eingeschätzt. Der Direktor verweigert folglich künftig prinzipiell die Zusammenarbeit mit einigen Medienvertretern aus der sogenannten Boulevardpresse. Trotz dieser grundlegenden Kritik an den Mechanismen journalistischen Arbeitens und dem dadurch entstandenen Schaden für die Schule und einzelne Schüler hebt der Schulleiter die positive Wirkung der Mediendebatte hervor. Die überwältigend negative mediale Aufmerksamkeit führt in der Folge zu erhöhten finanziellen Zuwendungen für die Anna-Seghers-Schule, mit deren Hilfe ein zusätzlicher Sozialarbeiter, der bereits erwähnte Herr Lotringer, eingestellt werden konnte. Zudem kommt es zu einer Reihe von Initiativen, wie beispielsweise einem Besuch des Rappers *Bushido* an der Schule.

Der Hinweis des Direktors, bei den Selbstanschuldigungen der Jugendlichen habe es sich um von Journalisten provozierte mediale Inszenierungen gehandelt und nicht um Berichte über tatsächlich begangene Straftaten, provoziert die Frage nach dem Verhältnis zwischen Realität und Fiktion in medialen Repräsentationen von Hauptschülern. Zunächst könnte man in diesem Zusammenhang die postmoderne Bild- und Medienkritik aufnehmen und mit Jean Baudrillard von »Simulakren« sprechen, bei denen sich die Grenze zwischen Realität und Fiktion aufgelöst hat. Man könnte über eine mediale inszenierte »Hyperrealität« spekulieren, die man sich weniger als ein Abbild denn als eine »Halluzination von Realität« vorstellen sollte.[16] Und man könnte schließlich auf die Instabilität von sprachlichen und vor allem von visuellen Zeichen im Kontext der Ubiquität von medial produzierten Bildern hinweisen. Dies würde zwar eine Perspektive auf die Dynamiken einer postmodernen Medien- und Alltagskultur ermöglichen, jedoch gleichzeitig den Blick auf Prozesse der machtbedingten Schließung im »Spiel« und »Fluss« der Zeichen versperren.

Für einige Schüler führen die journalistischen Praktiken zu einer Verhaftung durch die Polizei, die anscheinend die Berichte über Berliner

---

16 Baudrillard: Symbolic Exchange and Death, S. 61ff. und S. 74.

Hauptschulen nicht nur aufmerksam verfolgt, sondern sie auch eindeutig zu interpretieren weiß. Die mediale »Hyperrealität« provoziert in diesem Fall einen Realitätseffekt, der zu einer Verhaftung während des laufenden Schulbetriebes führt. Es handelt sich demnach nicht um eine prinzipiell offene Rezeptionssituation, vielmehr entfalten dominante Lesarten trotz der Polysemie medialer Texte und Bilder ihre Wirkung.[17] Judith Butler hat am Beispiel des bekannten Rodney-King-Videos auf das Zusammenspiel von postmoderner Offenheit und machtbedingter Schließung der Bedeutungen von künstlich produzierten Zeichen hingewiesen.[18] Eine Videoaufnahme zeigte Anfang der 1990er Jahre wie der Afro-Amerikaner Rodney King von Polizeibeamten in Los Angeles verprügelt wurde. Das Video wurde jedoch im folgenden Gerichtsverfahren als Beweis für die Brutalität von King verwendet, was zu einem weitgehenden Freispruch für die Polizisten und schließlich zu gewalttätigen Protesten gegen das Urteil führte. Neben der Art der Präsentation des Videos vor Gericht, in einem Foto-Still wurde beispielsweise der erhobene Arm von King als bedrohlich dargestellt, führt Butler diese erstaunliche Interpretation medialer Bilder vor allem auf die Wirkungen eines bereits von vornherein rassistisch gesättigten Sehfeldes zurück. Eine von tiefgreifendem Rassismus geprägte epistemische Struktur produziert demnach eine Form von visuellem Wissen, bei der die Figur des männlichen Afro-Amerikaners von vornherein mit Aggressivität und Gewalt assoziiert wird. Im Fall der Berichterstattung über die Anna-Seghers-Schule stellt sich umgekehrt die Frage, warum Polizisten die mediale Inszenierung so bereitwillig als Abbildung der Realität begriffen haben und, ohne vorherige Rücksprache mit der Schulleitung, am Folgetag in das Schulgebäude stürmten. Zwar lassen sich die Beweggründe der Polizei an dieser Stelle nicht mehr rekonstruieren, doch lässt ihr resolutes Auftreten zumindest vermuten, dass ihre Lesart medialer Texte sich im Rahmen des dominanten Negativdiskurses über Hauptschulen bewegte und somit von Elementen der gesellschaftlichen Verachtung und von Motiven der Anschuldigung gegenüber Hauptschülern beeinflusst war.

---

17 Vgl. Fiske: Fernsehen, S. 97ff.
18 Vgl. Butler: Endangered/Endangering.

»VOLL RÜTLI« – IRONISCHE LESARTEN

Neben den hegemonial-ausgehandelten und den kritischen Lesarten lassen sich an Berliner Hauptschulen auch ironische Lesarten von Medienberichten beobachten. Vor allem männliche Hauptschüler machen sich fortwährend über die über sie kursierenden Stereotype lustig und konfrontieren somit Lehrer und Beobachter auf spielerische Weise mit ihren vermeintlich negativen Vorannahmen. Gerade bei meinen ersten Begegnungen mit Hauptschülern im Rahmen meiner Feldforschung wurden eine Reihe von Scherzen dieser Art gemacht. So posaunte beispielsweise ein Hauptschüler bei einer ersten Interviewanfrage, er müsse mich leider erschießen, wenn er mir im Interview erzähle, was er den Tag über alles so mache. Ich hatte den Eindruck, dass Neuankömmlinge an der Hauptschule mit einschüchternden Bemerkungen von den Schülern auch auf eine gewisse Art geprüft wurden, um einerseits herauszufinden, welches Bild diese von Hauptschülern haben, und andererseits ihre Schlagfertigkeit und Coolness zu testen.

Auch im Rahmen des Unterrichtsgespräches wurde vonseiten der Schüler mitunter geschickt mit Vorurteilen und Stereotypen gespielt. Als eine Lehrkraft die Schüler beispielsweise zu mehr Fleiß und Engagement aufforderte, begründeten die Schüler ihre Arbeitsverweigerung mit der Bemerkung: »Aber wir sind doch Hauptschüler«. Die Schüler verwenden auf diese Weise das Vorurteil, Hauptschüler seien dumm und faul, mit dem Ziel, eine unliebsame Unterrichtsaufgabe nicht erfüllen zu müssen und beweisen damit gleichzeitig, dass sie zumindest im Umgang mit Stereotypen ziemlich clever sind. Gleichzeitig zeigt sich in den Äußerungen der Schüler erneut ein hohes Maß an Stigma-Bewusstsein, ein Wissen über das negative Bild von Hauptschülern in Medien und öffentlichen Diskussionen. Möglicherweise könnte ein solches Verhalten auch als eine Form des Protestes gegen jene Lehrer gedeutet werden, die die eigenen Schüler als »Hilfsschüler« oder »Idioten« bezeichnen und demnach von diesen kein besonderes Lernengagement mehr einfordern können.

Auch der Vorwurf, Hauptschüler seien kriminell, wird von den Schülern ironisch kommentiert. Als eine Lehrerin einen Schüler im Unterricht auf eine leicht provozierende Weise darauf hinwies, sie habe ihn kürzlich mit einer jungen Frau auf der Straße im vertraulichen Gespräch beobachtet, antwortete dieser in einer beiläufigen Weise: »Das war nur meine Tante, wir haben einen Koks-Deal gemacht.« Der Schüler umgeht auf diese Weise die für ihn möglicherweise etwas unangenehme Situation, im Unterricht von seinem Privat- und Liebesleben berichten zu müssen. Darüber hinaus nimmt er mit der scherzhaften Bemerkung, es habe sich um ein Kokain-Geschäft unter Verwandten gehandelt, kursierende Negativbilder über kleinkriminelle Straßenjugendliche sowie über illegale Schattenwirtschaft in migrantischen Großfamilien auf.

Schließlich werden nicht nur Verhaltenszuschreibungen gegenüber Hauptschülern wie jene der Faulheit oder der Kriminalität ironisiert, sondern die Medien-Debatten um Hauptschulen werden auch selbst in scheinbar beiläufigen Bemerkungen oder Zwischenrufen aufgegriffen. So wurden an der Anna-Seghers-Schule in Berlin-Wedding besonders derbe oder ungeschickte Bemerkungen einiger Schüler während des Unterrichts in Anspielung an die bereits erwähnte Medienberichterstattung über die Neuköllner Rütli-Schule manchmal mit »Rütli« oder »voll Rütli« kommentiert. Die Schüler reproduzieren somit auf ironische Weise einen *Labeling*-Prozess, ein Schubladendenken, bei dem bestimmte situative Verhaltensweisen sofort mit negativen Kategorisierungen belegt werden. Zudem machen sie sich indirekt über die Debatte um die Rütli-Schule lustig, indem sie zeigen, dass praktisch jedes negative oder auffällige Verhalten mit dem Stempel »Rütli« belegt werden kann.

Sigmund Freud hat in seinen Schriften zum Witz und zum Humor diese als Möglichkeiten der Auflehnung gegenüber Autoritäten sowie als eine Form der Kritik an Höhergestellten interpretiert.[19] Der Witz ermöglicht es Freud zufolge einerseits Lächerliches am Gegenüber preiszugeben und sich gleichzeitig vom psychischen Druck einer deprivilegierten Lage emotional ein Stück weit zu befreien. Scherze über raffgierige Diktatoren entlarven beispielsweise zum einen verborgene Machtmechanismen und helfen zum anderen Formen der politischen Ausbeutung und Unterdrückung zu ertragen. Im Kontext der Berliner Hauptschule haben Witze wie jene über das Rütli-Stigma oder über Koksdeals mit Verwandten deshalb eine befreiende emotionale Wirkung, da sie den Prozess der Konstruktion von Anschuldigungen gegenüber Hauptschülern selbst demaskieren. Das Stigma kann auf diese Weise verbal abgeleitet und der Lächerlichkeit preisgegeben werden. Ironische Bemerkungen und das sie begleitende Gelächter eröffnen einen affektiven Raum, der es den Hauptschülern erleichtert, Stigmatisierungen

---

19 Vgl. Freud: Der Witz und seine Beziehung zum Unbewussten, S. 117ff.

zu ertragen. Beißende Ironie bedeutet dabei auch, sich nicht in eine Opferrolle als Hauptschüler zu fügen, sondern lustvoll mit der eigenen Marginalisierung zu spielen.

Ironie und Scherze sind eine Form der Kommunikation, die eines »lachenden Dritten« bedürfen, um die Witzbildung abzuschließen.[20] Bei einem gelungenen Witz lacht ein Großteil der anwesenden Schülerschaft und stellt sich damit in der Regel symbolisch auf die Seite eines den Lehrer provozierenden Schülers. Ein Lehrer der Anna-Seghers-Schule, der die latente Aggressivität der ständigen Scherze gegen ihn und die Institution Schule nur schwer ertragen konnte, versuchte die Sprüche seiner Schüler häufig mit abfälligen höhnischen Bemerkungen gegenüber den intellektuellen Kapazitäten und sozialen Kompetenzen von Hauptschülern zu übertrumpfen. Während seine Bemerkungen im Lehrerzimmer möglicherweise mit wohlwollendem Gelächter kommentiert worden wären, fehlte ihm im Klassenzimmer ein unterstützendes Publikum. In dieser Situation wurde er von den Schülern mühelos übertrumpft und gab sich gleichsam als Pädagoge selbst der Lächerlichkeit preis. Zudem fehlte es ihm an Coolness, einer Form der spielerischen Lockerheit und der demonstrativen Distanz zum Geschehen, welche die erfolgreichsten Witzbilder unter den Schülern auszeichnete.

Ironie und Ungehorsam, wie in unserem Fall beispielsweise die mit Verweis auf den Status als Hauptschüler begründete Arbeitsverweigerung im Unterricht, bezeichnet James Scott als »Waffen der Schwachen«.[21] Scott meint damit alltägliche Formen der Widerständigkeit jenseits der großen politischen Gesten, die jedoch gleichsam die Widersprüche und die Scheinheiligkeit ideologischer Systeme demaskieren und somit die politischen Machtverhältnisse untergraben können. Linda Hutcheon hat in ihrer Studie zur poetischen und politische Dimension von Ironie jedoch auf die »transideologische Natur der Ironie« hingewiesen, der zufolge Ironie für verschiedene politische Ziele eingesetzt werden könne.[22] Zudem ließe sich argumentieren, dass Ironie nicht nur eine Form der Auflehnung, sondern auch eine Form des Zurechtfindens in ungleichen Machtverhältnissen sei oder dass Ironie letztlich gar keine »Waffe« sei, da die offene physische Ausei-

---

20 Vgl. Kofman: Die lachenden Dritten.
21 Scott: Weapons of the Weak.
22 Hutchinson: Irony's Edge: The Theory and Politics of Irony, S. 10.

nandersetzung ja gerade zugunsten weniger leicht zu kontrollierender symbolischer Auseinandersetzungen vermieden wird.

Wer die politische Stoßkraft von ironischen Lesarten verstehen will, muss meiner Ansicht nach gerade die Ambivalenz von ironischen Bemerkungen und die bewusste Schaffung von Bedeutungsunsicherheiten durch den geschickten Einsatz rhetorischer Mittel in den Blick nehmen. Ironie funktioniert in der Regel im Sinne einer listigen Täuschung, bei der mitunter das Gegenteil von dem gesagt wird, was gemeint ist. Die Behauptung des Schülers, es handle sich um einen Kokain-Geschäft mit der Tante wirkt auf die Lehrerin gerade deshalb verunsichernd, da diese nicht genau abschätzen kann, ob sie gerade Zielscheibe eines Witzes wird oder ob der Schüler nicht doch einfach die Wahrheit sagt. Der Schüler verweigert auf diese Weise eine klare Verortung als Verliebter oder als Krimineller. Er stellt somit bewusst Ambivalenz her. Im Kontext der meist eindeutig negativen Zuschreibungen von Lehrern oder Medien gegenüber Hauptschülern reklamiert er auf diese Weise eine Bedeutungsoffenheit, einen Handlungs- und Interpretationsspielraum, den man als die Grundlage für die Ausbildung von *Agency* verstehen kann.

Die ironischen Lesarten ergänzen die medienkritischen Lesarten als eine widerständige Reaktion auf die überwältigend negativen Medienberichte über Schule, »Unterschicht« und Migration. Während die wütenden und kritischen Reaktionen der Schüler auf einem schmerzhaften Prozess der Auseinandersetzung mit und der Widerlegung von weitverbreiteten Negativbildern beruhen, werden in ironischen Lesarten die Prozesse der Stigmatisierung selbst bloßgestellt und humorvoll mit einer Opferrolle gespielt. Ironische Bemerkungen werden jedoch von Lehrern und Vorgesetzten mitunter als Untergrabung ihrer Autorität begriffen und von diesen mit Misstrauen und gelegentlich mit Sanktionen beantwortet. Keine der hier unterschiedenen Möglichkeiten der Dekodierung sollte als unproblematische Aneignungsform verstanden werden, da Formen der gesellschaftlich produzierten Verachtung von Hauptschülern grundlegend die Formierung eines positiven Selbstbildes gefährden. Vielmehr ging es darum, die in verschiedenen Situationen beobachteten Umgangsweisen mit Stigmatisierung in ihrer Komplexität, sowohl mit Blick auf ihre Potentiale als auch auf ihre Fallstricke, darzustellen.

Hauptschüler stehen vor dem grundlegenden Dilemma, sich den Formen medialer und sozialer Stigmatisierung nicht vollständig entziehen zu können. Diese umgeben und umspannen sie wie eine Art schmutzige Haut und jeder Versuch der Reinigung oder des Abstreifens geht ungewollt vom generellen Problem einer Verschmutzung aus. Hauptschüler beziehen die öffentlichen Anschuldigungen und negativen medialen Blickweisen auf diese Weise immer auch ein Stück weit auf sich und ihre Situation, auch wenn sie anschließend kritische oder ironische Kommentare formulieren. Gleichzeitig stehen sie vor dem Dilemma, dem dominanten Diskurs mit seinen enorm wirkungsvollen Beschreibungsformen keine adäquat wirksamen Deutungen und Bilder entgegensetzen zu können. Selbst gelegentliche Versuche der Stigma-Umkehr, wie die in Online-Communitys veröffentlichte trotzige Formulierung »wir sind stolz Hauptschüler zu sein«, konnten bisher nicht zu einer dauerhaft wirksamen positiven Umdeutung des Hauptschul-Stigmas beitragen.

Die beschriebenen Umgangsweisen mit negativen Medienbildern können zwar als »*signifying practices*«, als Bedeutungen generierende Alltagspraktiken verstanden werden. Sie sollten jedoch weder einseitig als subversiv noch als rein affirmativ gedeutet werden. Statt strikt zwischen oppositionellen und dominanten Sichtweisen zu unterscheiden und gleichzeitig von einer Korrelation zwischen politischer Haltung und der Position im Klassengefüge auszugehen, konnte ich allein in der Gruppe der von mir begleiteten Hauptschüler ein breites Spektrum von situativ und individuell variierenden Aneignungsformen beobachten, die jeweils unterschiedliche Subjektivierungsangebote eröffnen. Zwar hat Stuart Hall in seinem *Encoding/Decoding*-Modell auf die jeweilige Komplexität von Kodierungs- und Dekodierungsprozessen hingewiesen, doch ging er gleichzeitig noch von einer grundlegenden Trennung zwischen Medienrezipienten und Medienkonsumenten aus. Im folgenden Kapitel möchte ich zeigen, wie Berliner Hauptschüler unter den Bedingungen einer zunehmenden Mediatisierung des Jugendalltages selbst zu Produzenten medialer Bilder werden.

Recoding?
Die Mediatisierung der Alltagswelt und ihre Folgen

Von einer zunehmenden Mediatisierung des Alltags auszugehen, ist mittlerweile ein Allgemeinplatz, doch welche Prozesse verbergen sich hinter dieser griffigen Zeitdiagnose? Und welche Schlüsse lassen sich davon ausgehend in Bezug auf die mediale Repräsentation von Berliner Hauptschülern ziehen, deren Umgangsweisen mit abwertenden Mediendarstellungen ich zuletzt beschrieben habe? Diese Fragen stehen im Mittelpunkt des folgenden Kapitels. Mit der Bezeichnung *Recoding* im Titel rücke ich, in Anlehnung an Stuart Halls Text *Encoding/decoding*, in den Fokus, dass digitale Medienpraktiken, über die von Hall betrachteten aktiven Rezeptionsweisen vorhandener Medienbilder hinausgehend, zunehmend auch die Produktion von medialen Bildern durch Hauptschüler umfassen. Ich möchte mit dieser Begriffswahl eine durch die mittlerweile breite Verfügbarkeit neuer Technologien wie Mobiltelefone, Computer und das Internet möglich gewordene signifikante Erweiterung der Umgangsformen mit Medien beschreiben und nach den Folgen und Potentialen dieser Entwicklung fragen. Statt jedoch lediglich die emanzipativen Verheißungen eines neuen digitalen »Netzzeitalters« zu feiern, geht es mir darum, zunächst die komplexen Prozesse der medialen Durchdringung des Jugendalltags zu erfassen, danach die Bedeutung digitaler Medienpraktiken für die Jugendlichen im Kontext verweigerter Anerkennung herauszuarbeiten und anschließend mögliche Konsequenzen medialer Neuarrangements für die Repräsentation von Hauptschülern anzudeuten.

Die These einer Mediatisierung des Alltags wurde in den letzten Jahren in verschiedenen Kontexten formuliert.[1] Eine der elaboriertesten und einflussreichsten wissenschaftlichen Konzeptionen lieferte der deutsche Kommunikations- und Medienwissenschaftler Friedrich Krotz.[2] Dieser begreift Mediatisierung als eine Metatheorie, die – ähnlich wie etwa Theorien der Globalisierung oder der Individualisierung – eine Synthese von zeitlich nicht abgeschlossenen Prozessen sozialen Wandels vor allem in »westlichen« Gegenwartsgesellschaften anbietet. Der mit dem Begriff der Mediatisierung beschriebene soziale und kulturelle Wandel steht in einem engen Zusammenhang mit der enormen Ausdifferenzierung der medienvermittelten Kommunikation im Zuge der massenhaften Etablierung digitaler Medientechnologien vor allem seit den 1990er Jahren. Krotz geht es dabei weniger darum, die Effekte einzelner neuer Medientechniken zu erfassen, sondern um eine Beschreibung der Wechselbeziehungen zwischen Medienwandel und Kulturwandel in seiner Gesamtheit.

Die langfristige Wirkung von Mediatisierungsprozessen lässt sich wohl am besten durch empirische Einzelstudien analysieren, etwa indem man nachvollzieht, auf welche Weisen soziale Institutionen wie Liebe, Freundschaft oder Politik sich unter dem Einfluss medialer Arrangements verändern. Jugendliche können aufgrund ihrer Affinität zu neuen Technologien als Vorreiter der Mediatisierung betrachtet werden.[3] Im ersten Abschnitt werde ich den von Krotz angedeuteten Medienwandel am Beispiel der Medienpraktiken von Berliner Hauptschülern beschreiben. Daran anschließend wird im zweiten Abschnitt nachvollzogen, wie Hauptschüler ihre beachtlichen Medienkompetenzen auf populären Online-Communitys wie *Jappy* für die Suche nach Zugehörigkeit und Anerkennung nutzen. Im dritten Abschnitt werde ich schließlich die Frage der politischen Dimension digitaler Medienpraktiken im Kontext der gesellschaftlichen Verachtung von Hauptschülern diskutieren.

---

1 Für einen Überblick verschiedener wissenschaftlicher Ansätze siehe Hjavard: The Mediatization of Society.
2 Vgl. Krotz: Mediatisierung. Fallstudien zum Wandel der Kommunikation. Siehe dazu auch: Hepp/Hartmann (Hg.): Die Mediatisierung der Alltagswelt.
3 Vgl. Hugger (Hg.): Digitale Jugendkulturen.

MEDIATISIERUNG DER ALLTAGSWELT: MEDIENPRAKTIKEN BERLINER HAUPTSCHÜLER

Die Behauptung, Mediatisierung lasse sich als ein Metaprozess gesellschaftlichen Wandels verstehen, impliziert bereits die Annahme einer Dynamik von Veränderungsprozessen und zieht folglich den Wunsch nach einer detaillierteren Beschreibung des Wandels von Medien und Kultur nach sich. Der seit den 1990er Jahren zu beobachtende Medienwandel lässt sich vielleicht am besten durch die Schlagwörter »Digitalisierung«, »Konvergenz« und »Diversifizierung« charakterisieren.[4] Doch was ist damit gemeint? Und wie wirken diese Prozesse zusammen? Diesen Fragen soll zunächst mit Blick auf die Medienpraktiken von Berliner Jugendlichen nachgegangen werden.

Digitalisierung bezeichnet die Ausbreitung von auf Binärcodes basierenden Daten, die in darauf spezialisierten Datenverarbeitungssystemen, wie beispielsweise dem Computer, weiterverarbeitet werden können. Eine schnellere Informationsverarbeitung und größere Speicherkapazitäten sind die Folgen von Digitalisierungsprozessen. Für die Medienkommunikation unter Jugendlichen bedeutet dies unter anderem, dass Nachrichten mit deutlich weniger Zeitverzug übertragen werden können und die Möglichkeit der Speicherung von Daten erhöht wird. So erreichen beispielsweise E-Mails eher ihren Adressaten als Briefe und auf Internet-Portalen wie *Jappy* oder *Flickr* können Nutzer Hunderte von Bildern speichern. Auch bedingt durch die mittlerweile massenhafte Verfügbarkeit erschwinglicher Medientechnik ist Digitalisierung darüber hinaus durch erweiterte mediale Partizipationsmöglichkeiten gekennzeichnet. Inzwischen verfügt die überwiegende Mehrheit Berliner Hauptschüler über einen Zugang zu auf digitaler Datenverarbeitung basierenden medialen Apparaturen und weiß in der Regel auch gut mit diesen umzugehen. Unter dem Schlagwort des *Digital Divide* wird jedoch zu Recht auf die ungleiche soziale und geografische Verteilung des Zugangs zu digitalen Medientechnologien und mit dem Begriff der *Media Literacy* auf divergierende Medienkompetenzen und somit auf Prozesse der Reproduktion von Machtverhältnissen bei der Nutzung digitaler Medien hingewiesen.

Der Prozess der Digitalisierung geht einher mit dem Aufstieg des Computers und des Mobiltelefons als neue Leitmedien von Jugendlichen neben

---

4 Ebd.: S. 7f.

dem seit längerem dominanten Fernsehen. Auch statistische Untersuchungen zur Mediennutzung belegen diese Entwicklung:

»Die bedeutendste Veränderung in der Mediennutzung der letzten zehn Jahre zeigt sich aber ohne Zweifel bei der Integration von Computer, Internet und Handy ins Medienrepertoire der Heranwachsenden. Jugend hat (nicht erst) seit der öffentlichen Verfügbarmachung des Internets Mitte der 1990er Jahre – im Vergleich zu Erwachsenen – die neuen Medienentwicklungen besonders schnell bearbeitet und an ihre individuellen Bedürfnisse angepasst. Und: Jugendliche nutzen die Neuen Medien besonders intensiv. So hat sich der Anteil der 12- bis 19-jährigen, die täglich oder mehrmals in der Woche den Computer nutzen fast verdoppelt (1998: 48 %, 2008: 89 %). Nahezu alle Jugendlichen gehen heute zumindest selten ins Internet. Im Jahr 2008 sind dies 97 %. Die tägliche oder mehrmals wöchentlich stattfindende Internetnutzung lag 1998 noch bei 5 %; bis 2008 hat sie sich auf 84 % gesteigert. Damit liegt sie gleichauf mit der Handynutzung.«[5]

Konvergenz beschreibt das Zusammenwachsen verschiedener Einzelmedien, das vor allem durch die Weiterentwicklung von auf digitaler Datenverarbeitung basierenden Medienverbundsystemen wie Computern oder Mobiltelefonen ermöglicht wird.[6] So wird der Computer mittlerweile unter anderem zum Fernsehen verwendet und das Mobiltelefon nicht mehr allein zum Telefonieren, sondern zum Musikhören, Fotografien, dem Schreiben von Nachrichten und vielem mehr. Wenn Schüler zu Hause am Computer sitzen, »surfen« sie folglich in der Regel nicht nur im Internet, sondern machen viele andere Dinge parallel: Sie hören Musik, arbeiten an ihren Hausaufgaben oder kommunizieren gleichzeitig in Chats. Parallel dazu werden andere Medien genutzt, beispielsweise eine SMS geschrieben, in Zeitschriften geblättert oder ferngesehen. Der Alltag von Jugendlichen ist demnach

---

5   Hugger (Hg.): Digitale Jugendkulturen, S. 8ff. Der Shell-Jugendstudie 2010 zufolge verfügen 96 % der Jugendlichen in Deutschland über einen Zugang zum Internt (Jugendliche aus der »Unterschicht« 91 %, Jugendliche aus der »Oberschicht« 98 %). Im Durchschnitt sind die Jugendlichen demnach fast 13 Stunden pro Woche online, wobei das Internet am häufigsten als soziales Netzwerk genutzt wird. Shell Deutschland Holding (Hg.): Jugend 2010, S. 19 und 101ff.
6   Vgl. Jenkins: Convergence Culture.

hochgradig mediatisiert und die Nutzung multifunktionaler Medienverbundsysteme zu einem festen Bestandteil der Lebensführung geworden. Konvergenz lässt sich folglich nicht allein als eine rein technologische Fortentwicklung verstehen, sondern im übertragenen Sinne als eine Metapher für die Verflechtung von Medien und Alltag begreifen. Wie stark Medien den Alltag einiger Schüler prägen, zeigt sich beispielhaft an folgenden Ausführungen einer Lichtenberger Hauptschülerin zu ihrem Tagesablauf:

Justine: »Also erst einmal stehe ich auf und gehe zur Schule, dann komme ich nach Hause, dann muss ich Mittag essen, ein paar Aufgaben zu Hause machen, Zimmer aufräumen oder so. Ja und dann gehe ich in den Jugendclub und da bleibe ich dann bis um acht, weil der nur bis um acht aufmacht. Dann gehe ich nach Hause, mache mir Abendbrot, setze mich vor den PC, packe meine Mappe, gucke noch ein bisschen Fernsehen und dann gehe ich schlafen.«
S.W.: »Was machst du denn so am PC?«
Justine: »*Jappy*, chatten und manchmal ein bisschen *Sims* spielen.«
S.W.: »Und im Jugendclub?«
Justine: »Da sitzen wir und unterhalten uns mit anderen Freunden oder sitzen am PC.«
S.W.: »Und wie viele Stunden bist du dann insgesamt am Computer?«
Justine: »Bestimmt so fünf bis sechs Stunden. Erst im Jugendcenter und dann noch einmal abends.«

Bemerkenswert an Justines Beschreibung eines »normalen« Wochentages ist vor allem die große Zeitspanne, die sie am Computer verbringt. Während der Aufenthalt in der Schule eher wie eine lästige Pflicht, vergleichbar mit häuslichen Aufräumarbeiten, beschrieben wird, erscheinen der Besuch im Jugendclub und die dortige Nutzung von Computern als die wichtigste tägliche Erlebnisphase. Justine verbringt ihre Zeit bevorzugt auf den Seiten der Online-Community *Jappy*, die ich im nächsten Abschnitt noch genauer beschreiben werde, sowie in Chats. Beides dient vor allem der Kommunikation, weshalb man Justines Hang zum Computer nicht als ein sich Zurückziehen von der Außenwelt, sondern als eine Phase intensiver medialer Kommunikation verstehen sollte. Diese wird zudem durch Gespräche mit Freunden im Jugendclub ergänzt, wobei sich die Gespräche zwischen Justine und ihren Freundinnen häufig selbst wiederum auf die mediale Kommunikation beziehen, etwa indem Handykommunikation diskutiert oder *Jappy*-Profile kommentiert werden. Medien- und Alltagswelt sind demnach nicht voneinander getrennt, sondern der Umgang mit Medien wird als Alltag, als eine willkommene und regelmäßige Form der außerschulischen Freizeitbeschäftigung, begriffen und gelebt.

Neben Digitalisierung und Konvergenz lässt sich im Jugendalltag eine Pluralisierung und Diversifizierung, verstanden im Sinne einer quantitativen Ausbreitung und einer qualitativen Ausdifferenzierung von medialen Angeboten und Nutzungsformen, beobachten. Justine schaut nicht nur Fernsehen, sie nutzt auch Computerspiele, Chats und Online-Communitys, die ihr wiederum vielfältige Kommunikations- und Gestaltungsmöglichkeiten eröffnen. Auch die neuesten Handymodelle und ihre multiplen Funktionen werden in ihrem Freundeskreis intensiv diskutiert. Wie vielfältig allein die Nutzungsweisen des Computers sein können, lässt sich durch folgende Beschreibung einer Unterrichtsstunde an der der Anna-Seghers-Schule in Berlin-Wedding veranschaulichen:

Feldtagebuch: In dieser Stunde steht das Thema »Computer« auf dem Programm. Frau Schnur kündigt an, sich demnächst um einen Termin im einzigen Computerraum der Schule zu bemühen. »Wozu? Diese Computer sind aus der Steinzeit«, meint Hussein, worauf ihm die Lehrerin antwortet: »Ein alter Computer ist besser als gar kein Computer«. Frau Schnur fragt zunächst in die Klasse, wer zu Hause einen Computer habe, woraufhin sich die Mehrheit der Schüler meldet. Anschließend sollen die Schüler der Reihe nach aufzählen, wofür sie den Computer nutzen:
Mohamad: »Ich mache erst einmal *MSN* auf und lasse es dann an. Nebenbei noch *Jappy* und Fernsehen. Alles gleichzeitig. Falls mich jemand anschreibt, dann schreibe ich zurück. Ansonsten bearbeite ich die ganze Zeit Bilder mit einem Bildprogramm, die ich dann bei *Jappy* reinstelle.«
Ugur: »Ich gucke mir Videos vom Tanzverein an, ansonsten chatte ich bei *Jappy* oder *MSN*.«
Marian: »Erst melde ich mich bei *MSN* an. Aber ich suche auch nach Ausbildungsplätzen bei meinestadt.de oder so.«
Hussein: »Wir gucken alle Pornos!«
Mehrere männliche Schüler rufen daraufhin die Namen von Pornoseiten wie »YouPorn« oder »pussybilder.de« in den Raum.
Ali: »Ich gehe *MSN* rein, manchmal gucke ich mir auch Gedichte an.«
Rana: »*MSN*, Bilder gucken, Musik hören.«
Hatice: »Ich bin fast nie am Computer, manchmal nur für Hausaufgaben.«

Dalia: »Manchmal Hausaufgaben. Übersetzen. Meine Schwester hilft mir auch dabei. Manchmal chatten.«
Hussein: »Ich spiele *Counterstrike*. Meistens bei meiner Tante oder im Internetcafé.«
Chansel: »Chatten.«
Frau Schnur: »Man kann am Computer noch viele andere Sachen machen außer chatten und spielen, zum Beispiel Informationen einholen.«
Hussein: »Aber wie geht das denn?«
Frau Schnur: »Hussein weiß ganz genau wie das geht, er will euch nur verarschen.«
Hussein: »Sie wollen uns Computer beibringen?«
Danach wird ein Arbeitsblatt mit dem Titel »Unsere Computer« verteilt. Auf der linken Seite des Arbeitsblattes sind Wörter wie »Maus« oder »Drucker« aufgelistet, auf der rechten Seite Beschreibungen wie »bringt die bearbeiteten Dinge auf Papier« oder »dirigiert den Zeiger auf dem Bildschirm hin und her«. Die Aufgabenstellung, die Wörter mit den jeweils passenden Beschreibungen durch das Einzeichnen von Linien zu verbinden, wird von einigen Schülern mit Gelächter kommentiert. Frau Schnur meint darauf hin: »Ich kenne mich auch nicht mit Computern aus, weil ich das nicht mag. Und auch ihr solltet nicht den ganzen Tag chatten oder fernsehen, weil das süchtig machen kann.« »Wir sind eine neue Generation«, ruft Hussein daraufhin in den Raum.

Die Nutzungsweisen des Computer durch die Schüler der Anna-Seghers-Schule umfassen die Kommunikation über Chat-Programme wie *MSN* und Online-Communitys wie *Jappy*, Recherchen zu möglichen Ausbildungsplätzen, das Spielen von Computerspielen, das Bearbeiten von Bildern und das Betrachten von Videos, das Erledigen von Hausaufgaben, vor allem von Übersetzungsaufgaben, das Lesen von Gedichten und das Hören von Musik. Viele dieser Tätigkeiten, die mit einer großen Bandbreite von emotionalen und kognitiven Reizen verbunden sind, werden parallel ausgeübt. Hinzu kommt die Nutzung anderer Medien wie Mobiltelefone oder Fernsehgeräte. Auch wenn eine Schülerin die geringe Nutzung des Computers hervorhebt, so scheint der individuelle Umgang mit Medien wie dem Computer für die meisten ein wichtiger und selbstverständlicher Bestandteil des außerschulischen Alltags zu sein.

In der Diskussion zwischen der Lehrerin und ihren Schülern offenbart sich eine Generationenkluft in der Bewertung und Nutzung digitaler Medien. Husseins provozierender Verweis auf den Besuch von Pornoseiten im Internet nimmt die erkennbar skeptische Haltung der Lehrerin gegenüber neuen Medientechniken ironisch auf.[7] Die Lehrerin befindet sich in dem Dilemma, an ihrer Schule kein ausreichendes technisches Equipment zur Durchführung anspruchsvoller medienpädagogischer Übungen zur Verfügung zu haben und darüber hinaus nicht mit den Medienkompetenzen ihrer deutlich medienaffineren Schülerschaft mithalten zu können. Die Medienpädagogik an der Anna-Seghers-Schule hängt deshalb dem bereits mediatisierten Jugendalltag hoffnungslos hinterher. So soll beispielsweise Schülern, die bereits mit anspruchsvollen Bildbearbeitungsprogrammen umgehen können, im Unterricht beigebracht werden, wozu eine »Maus« oder ein »Drucker« dienen. Hussein stellt mit seinem aufmüpfigen Verhalten diese etwas grotesk anmutende Situation bloß. Er nimmt das gängige Schlagwort einer neuen, maßgeblich durch den Umgang mit digitalen Medien geprägten Jugendgeneration auf und zweifelt grundlegend die Fähigkeiten der Lehrerin an, ihren Schülern etwas über den sinnvollen Umgang mit Medien beibringen zu können. Zudem spielt er mit dem ironischen Verweis auf den Besuch von Pornoseiten mit den Ängsten der Lehrerin vor einem negativen Einfluss von Medien auf Jugendliche. Dazu sollte man wissen, dass Hussein sich häufig intensiv mit seinen Mitschülern über Computerfragen, vor allem über die Möglichkeiten zu illegalen Downloads von Computerspielen, austauscht und beispielsweise eine ganze Reihe der dafür notwendigen Passwörter auswendig kennt. Andere Schüler, die sich selbst als »Technikfreaks« bezeichnen, programmieren mitunter eigenständig Computerprogramme und können detaillierte Auskünfte über technische Details zur Hard- und Software von Computern geben. Ihre Fähigkeiten und Kenntnisse werden jedoch unter den beschriebenen Umständen in der Schule weder wertgeschätzt noch gefördert.

Die Medienpraktiken der Schüler der Anna-Seghers-Schule stehen beispielhaft für die Diversifizierung von medialen Angeboten und Nutzungsformen, die selbst wiederum eng mit den parallel laufenden Prozessen der Digitalisierung und Konvergenz verbunden sind. Gemeinsam betrachtet ermöglichen diese drei Prozesse medialen Wandels einen Einblick in die im Kontext der Mediatisierung der Alltagswelt zu beobachtende Transformation der Medienkommunikation. Die Frage, wie dieser Medienwandel mit dem Wandel von Kultur – mit der Repräsentation von Hauptschülern – zu-

---

7 Zum wiederkehrenden Motiv der Panik vor der Aneignung neuer Medientechnologien durch Jugendliche siehe Maase/Kaschuba (Hg.): Schund und Schönheit.

sammenhängt, wird zum Schluss dieses Kapitels aufgegriffen werden. Vorher ist es jedoch nötig, die Aktivitäten von Hauptschülern in Online-Communitys und die dabei produzierten Medienbilder zu betrachten.

ONLINE-COMMUNITYS: SUCHE NACH ANERKENNUNG UND SPIELE MIT ZUSCHREIBUNGEN

Die Mehrzahl der von mir begleiteten Hauptschüler war in Online-Communitys wie *Jappy* oder *Netlog* aktiv. Wie im vorigen Abschnitt beschrieben, werden solche Portale neben und in Verbindung mit anderen Online-Aktivitäten wie Chats undInternetrecherchen genutzt. Visuelle Praktiken spielen dabei eine herausgehobene Rolle. Wenn die Schüler in der eben dargestellten Unterrichtsdiskussion erwähnen, sie würden Bilder bearbeiten oder sich Bilder anschauen, dann verweisen sie damit auch auf die Möglichkeit, im Rahmen ihrer individuellen Profilseiten in Online-Communitys selbst Fotos zu veröffentlichen oder in den Fotoalben anderer Personen zu stöbern. In diesem Abschnitt werde ich am Beispiel von *Jappy* danach fragen, welche Selbstbilder dabei produziert und welche Anliegen damit verfolgt werden.

Jappy startete im Jahr 2001 zunächst als Flirtseite unter dem Namen *singletreffen.de* und ist für jeden Internetnutzer nach einer Anmeldung kostenlos zugänglich. Die Nutzerzahlen stiegen in den letzten Jahren rasant an: von 350.000 Mitgliedern im Februar 2007 auf mehr als zwei Millionen angemeldete Nutzer im Jahr 2011, wobei überdurchschnittlich viele Nutzer in den Bundesländern Berlin und Brandenburg leben. Auch nach der Umbenennung des Portals von *singletreffen.de* zu *jappy.tv* und schließlich *jappy.de* in den Jahren 2002 und 2005 ist die Herkunft der Seite als Flirtportal noch immer deutlich zu spüren. So finden sich neben den Profilseiten häufig Werbeanzeigen für Single- und Erotik-Websites und den Nutzern wird automatisch eine Auswahl an Profilen des jeweils anderen Geschlechts vorgeschlagen. Mir selbst wurde wenige Stunden nach meiner Anmeldung von einer Nutzerin, von denen im Übrigen viele Pseudonyme wie *sexygirl* oder *beautybabe* verwenden, eine Nachricht zugeschickt, der sie ein Bild von einer auf einem Bett masturbierenden Frau beifügte. Einige Schüler bezeichneten *Jappy* scherzhaft als »Puff« und setzten auf diese Weise ihre Online-Aktivitäten bei *Jappy* mit einem virtuellen Bordellbesuch gleich.

Diese Online-Community bietet demnach zunächst einmal Jugendlichen, die an Flirts oder Liebesbeziehungen interessiert sind, die Möglichkeit mit einer kaum überschaubaren Zahl von potentiellen Partnern in Kontakt zu treten. Gleichzeitig lassen sich auch im Bereich der virtuellen Gemeinschaften Muster sozialer Differenzierung erkennen, wobei zu beachten ist, dass es sich um ein Forschungsfeld mit einer hohen Veränderungsdynamik handelt und Schüler sich häufig bei verschiedenen Websites an- und wieder abmelden. Zur Zeit meiner Forschung bevorzugten die von mir begleiteten Gymnasiasten mehrheitlich *SchülerVZ* oder auch *Myspace* und *Facebook*, einige waren parallel dazu bei *Jappy* aktiv, dessen Nutzer für sie jedoch tendenziell als unterschichtig galten. Viele Gymnasiasten hatten sich zudem bereits bei *StudiVZ* angemeldet und auf diese Weise den Schritt zu nächsten Bildungsstufe symbolisch vorgezogen. Hauptschüler fühlten sich dagegen vom stark an Bildungsstufen orientierten Modell von *SchülerVZ/ StudiVZ* weniger angesprochen und waren mehrheitlich bei *Jappy* aktiv. Schüler mit Migrationshintergrund verwalteten oftmals noch ein Profil bei *Netlog*, ein Online-Portal, das sie selbst als Community für jugendliche Migranten aus der Türkei und dem arabischen Raum begriffen. Trotz einer gewissen sozialen und ethnischen Spaltung bieten die eben genannten Online-Communitys Jugendlichen unterschiedlicher Herkunft die Möglichkeit zu einer ersten, relativ unkomplizierten Kontaktaufnahme. Die Zeiten, in denen sich in eher kleinen Kreisen ausgetauscht und geliebt wurde, scheinen angesichts der digitalen Vernetzung passé. Einige Mädchen berichteten zudem, dass sie sich auf diese Weise der restriktiv wahrgenommenen Kontrolle ihrer Familien ein Stück weit entziehen konnten.

Kommunikation und Selbstinszenierung findet bei *Jappy* zu einem großen Teil über Bilder statt. Einige Schüler haben Hunderte von Selbstportraits gespeichert, die von anderen Nutzern häufig intensiv diskutiert und auf unterschiedliche Weisen kommentiert werden. Manche Kommentare wie »sexyyy!!!«, »voll süß« oder »überkrass« beziehen sich auf die Bildmotive selbst. Andere Stellungnahmen, etwa »ist voll korrekt« oder »ein cooler typ«, charakterisieren die abgebildete Person. Anmerkungen wie »mein Kumpel«, »meine beste Atze« und »mein BRUDERHERZ« spezifizieren schließlich die Form der sozialen Beziehung zwischen den Kommentatoren und den abgebildeten Personen. Aktivitäten dieser und ähnlicher Art werden von den Betreibern von Online-Communitys mit Kreditpunkten belohnt, einer virtuellen Währung, mit der wiederum andere Funktionen freischaltet werden können, was bei *Jappy* durch ein Klettern in der seiteninternen Rangstufe belohnt wird. Die mediale Selbstinszenierung und Kommunikation folgt demnach einem kompetitiven, ökonomisch gefärbten Muster, schließlich dient *Jappy* nicht zuletzt auch als Werbeplattform.

Das visuelle Arsenal von *Jappy* ist durch eine enorme Heterogenität und eine kaum überschaubare Menge an semiotischen Verweisen gekennzeichnet. Diese Vielfalt lässt sich bereits an der Mannigfaltigkeit der Bildformen und -motive beobachten, die an dieser Stelle anhand eines Blickes auf die Profilseiten der von mir begleiteten Schüler nur beispielhaft angedeutet werden kann. Auf diesen finden sich Privataufnahmen, aus dem Internet kopierte und wiederverwendete Bilder, mit Bildprogrammen bearbeitete Bilder, Einzel-, Zweier- und Gruppenbilder. Auch die medial vermittelten Botschaften variieren: Rot schimmernde Herzen zitieren einen romantische Liebesdiskurs der Innerlichkeit und parallel dazu tauchen stark sexualisierte, an äußerlichen Idealvorstellungen eines perfekten Körpers ausgerichtete Bildmotive auf. Die Verwendung von Graffiti-Schriftzügen, die mithilfe von Bildbearbeitungsprogrammen eingefügt werden, verweist auf Affinitäten zur Hiphop-Kultur und das Posieren neben oder in eindrucksvollen Autos auf die Wirkungen einer kommerziellen Konsum- und Markenkultur. Eine Stadtansicht von Ostberliner Hochhäusern und eine Palästina-Fahne lassen auf urbane und nationale Identifikationen schließen. Visuelle Motive unterschiedlichster politischer Stoßrichtung tauchen auf diese Weise in einem als »privat« kodierten Kontext, den persönlichen Profilseiten der *Jappy*-Nutzer, auf. Am häufigsten sind Selbstportraits – im Auto, im Bett, im Badezimmer, in der Schule, auf der Straße oder mit Freunden. Dienten Hauptschüler in den in vorhergehenden Kapiteln besprochenen Medienberichten aus Fernsehen, Radio und Printmedien vor allem als anonyme Objekte negativer Zuschreibungen, so herscht bei *Jappy* eine demonstrative Subjekthaftigkeit und ein Kult der individuellen Befindlichkeit.

Neben den visuellen Ausdrucksweisen ist auch die Verwendung von Sprache bemerkenswert. Bei *Jappy* dominiert ein informeller Sprachgebrauch, bei dem es nicht um grammatikalische Korrektheit, sondern um möglichst spontane und zeitnahe Übermittlung von Informationen und Gefühlszuständen geht. Das schnelle Schreiben von Nachrichten oder Kommentaren hängt maßgeblich mit der durch Digitalisierung ermöglichten Beschleunigung von Datenübermittlungen zusammen. Der in den so entstehenden Kommunikations- und Beziehungsräumen benutzte Netzjargon wird von den Jugendlichen mitunter auch im Offline-Alltag verwendet. Dieser ist geprägt durch eine Vielzahl von Anglizismen, Emoticons, Smileys und anderen Zeichensystemen. Zudem gibt es feste Redewendungen wie beispielsweise »biggrin«, das ein »großes Grinsen« bezeichnet und somit das Gegenteil von »frown« bedeutet.

Aufgrund der Mediatisierung der Alltagswelt wäre es verkürzt zu sagen, die Schüler bewegen sich in Online-Communitys lediglich in einer Scheinwelt. Vielmehr gilt es nach den hier stattfindenden Neuverhandlungen von Identität sowie den Verflechtungen zwischen dominanten Mediendiskursen und den Medienpraktiken der Schüler zu fragen. Medien prägen nicht nur den Alltag von Jugendlichen, auch die alltäglichen Erfahrungen von Hauptschülern werden auf vielfältige Weise medial verarbeitet. So kann die mediale Selbstinszenierung in Online-Communitys als eine Form der Suche nach Anerkennung verstanden werden.[8] Die mit dem Problem verweigerter Anerkennung konfrontierten Schüler suchen nach Freundschaft und Liebe, nach einer vollwertigen Mitgliedschaft in einer Gemeinschaft sowie nach Bestätigung für individuelle Fähigkeiten und Eigenschaften. Sie erhalten bei *Jappy* unter anderem Zuspruch für gelungene visuelle Arrangements, Partizipationsrechte in einer virtuellen Community und Bestätigung für die Menge, Dauerhaftigkeit und Intensität von sozialen Beziehungen.

Diese alternative Anerkennungsstruktur bietet auch Schülern mit niedrigem sozioökonomischen Status die Chance, ihr Selbstwertgefühl zu stärken. Anerkennung wird im sozialen Raum der Online-Community *Jappy*, wie eben bereits angedeutet, auf verschiedene Weisen signalisiert. Etwa durch Freundeslisten, bei denen die Freunde nicht nur aufgeführt werden, sondern jeweils auch den Beziehungsstatus oder die Person kurz kommentieren: »MEiN SCHaTZiii, Du BiST SOOOO toll, iCH LiEBE DiCH SOOO SEHR!«; »du bist ein bombe freund. bin immer da wenn du mich brauchst.«; »is ne ganz liebe maus. hab dich wahnsenig lieb!!!« Zum anderen durch volle Mitgliedsrechte unabhängig vom Klassenstatus oder der Ethnizität des Nutzers sowie durch ein virtuelles Gratifikationssystem mit Belohnungen für diverse Online-Aktivitäten. Und schließlich durch positive Kommentare für individuelle Eigenschaften oder Leistungen wie gutes Aussehen, originelle Bildmotive und humorvolle Selbstinszenierungen.

---

8 Hugger: Anerkennung und Zugehörigkeit im Social Web.

Generell werden Lobe, Komplimente und Respektsbekundungen auf den Profilseiten anderer Schüler reichlich und mit der Erwartung auf Reziprozität verteilt. Jedoch überzeugt nicht jedes Online-Profil gleichermaßen und die Suche nach Anerkennung kann auch im virtuellen Raum partiell oder komplett scheitern. Wo Anerkennungen ausbleiben oder zu mager ausfallen, können Profile schnell gelöscht, geändert oder auf andere Weise »nachgeholfen« werden, etwa indem Schüler andere Schüler heimlich darum bitten, die Bilder in ihrem Online-Profil positiv zu kommentieren.

Selbstinszenierungen in Online-Communitys basieren auf einem gesellschaftlich verfügbaren Repertoire semiotischer Versatzstücke, doch reproduzieren sie die dominante Bildsprache nicht einfach, sondern ergänzen diese im Prozess des Zitierens und Neukombinierens von Bild- und Sprachmotiven um neue Facetten. Dabei lassen sich vielfältige Spiele mit Zuschreibungen und Zugehörigkeiten beobachten. So entdeckte ich ein *SchülerVZ*-Profilbild, auf dem eine Kopftuch tragende Schülerin mit einer elektronischen Gitarre posierte. Online-Profile bei *Netlog* waren mitunter sowohl in türkischer als auch in deutscher Sprache gestaltet. Und bei *Jappy* stehen Profilnamen wie *arabboy* selbstverständlich neben Selbstbezeichnungen wie *wedding-girl* oder *turkcologne*. Während der Migrationsstatus in Medienberichten über Hauptschüler meist als Problem dargestellt wird, dominiert in Online-Communitys eine positive Bedeutung von Hybridität und Heterogenität.[9] Transnationale Verflechtungen liefern häufig willkommene Bildmotive und werden gerne als wichtige Facetten des Selbstbildes herausgestellt. Verweise auf die türkische oder arabische Herkunft dienen den Schülern nicht nur als retrospektive Markierungen von hybriden Identitätskonstruktionen, sondern sind, indem sie symbolische Bezüge zu unterschiedlichen nationalen, sozialen und städtischen Räumen herstellen, selbst Teil eines fortlaufenden Prozesses der Aushandlung von Zugehörigkeit.

Einige Hauptschüler nutzen die ihnen zu Verfügung stehenden medialen Gestaltungsspielräume, um die Erfahrung von Verachtung und abwertenden Blicken zu reflektieren. Berat etwa begegnete uns in den ersten Kapiteln dieses Buches als jugendlicher Migrant der zweiten Generation, der sich von Ostberliner Lehrern diskriminiert fühlte und durch Boxerposen verdeutlichte, sich gegen soziale Herabwürdigung zu wehren. Im Unterricht machte er durch aufmüpfige Bemerkungen und ironische Kommentare auf

---

9   Siehe dazu auch Hugger: Junge Migranten online.

sich aufmerksam, was dazu führte, dass ihm von Frau Mischke das Amt des Klassensprechers wegen »Disziplinlosigkeit« entzogen wurde. Berat verließ wenig später die Anna-Seghers-Schule, um auf eine andere Schule zu wechseln. Im Laufe des Schuljahres hatte er mir von Plänen berichtet, nach der Schule mit einem Freund zusammen nach Süddeutschland zu ziehen, da er gehört habe, dort gäbe es auch für Hauptschüler Arbeit. Doch verwarf er diese Idee später wohl wieder. »Was soll ich in Ulm?«, fragte er mich etwas resigniert, als ich ihn bei der privaten Abschlussfeier der Anna-Seghers-Schüler das letzte Mal traf.

Auf seinem Online-Profil finden sich neben Selbst- und Gruppenportraits in Berlin auch Abbildungen von Familienangehörigen und Besuchen in der Türkei. So trägt ein Foto den Titel »Der Junge vom schwarzen Meer« und ein anderes heißt »Berliner Mentalität«. Andere Bilder zeigen ihn mit einem Baby im Arm und zielen wohl auch darauf, ihm Sympathien bei weiblichen Betrachtern zu verschaffen. Diese hinterlassen dann auch prompt Kommentare wie »uiiiiiiiiiii so süß«. Eine weitere Fotostrecke ist einer türkischen Hochzeit in Frankfurt/Main gewidmet. Auf dem Weg dorthin posiert Berat im Auto mit seinem himmelblauen Hemd mit weißem Kragen, mit seiner glänzend aufpolierten Frisur und seiner deutlich zur Schau gestellten »dicken Uhr«. Er schaut den Betrachter mit einem arrogant-skeptischen Blick an und spielt auf diese Weise mit dem herabwürdigenden Blick, den er als Berliner Hauptschüler wohl nur allzu gut kennt. Kommentiert wurde das Bild von *gina* mit der Bemerkung »du bist ya geil hast so schone propotionen.«

Abbildung 21: Berat

Quelle: jappy.de

Die von Berat eingenommene Pose nimmt kursierende Bilder von gesellschaftlichem Erfolg auf. Sie ließe sich mit dem Bild eines erfolgreichen Jung-Managers assoziieren und enthält somit wohl auch eine Wunschdimension, wobei der verwehrte Wunsch nach Erfolg die Fantasie des Schülers umso mehr anzuregen scheint. Berat inszeniert sich als jemand, der es »geschafft hat«. In diesem Moment findet ein Blickwechsel statt: Durch die skeptische Musterung des Betrachters durch den Schüler werden die üblichen Machtverhältnisse symbolisch umgekehrt und darüber hinaus das Problem des abwertenden Blicks angedeutet. Homi Bhaba hat in seinen Überlegungen zu Mimikry im kolonialen und postkolonialen Kontext betont, dass diese im Sinne einer Herstellung von Ambivalenz funktioniert.[10] Die Vermischung des Wunsches nach Status und Erfolg mit einer subversiven Umkehrung der herrschenden Blickverhältnisse führt auch in diesem Fall zu einer mehrdeutigen visuellen Botschaft. Das Problem der Verachtung wird auf einer unbewussten und spielerischen Ebene verhandelt, wobei symbolische Unterordnung und symbolische Selbstermächtigung auf komplexe Weise miteinander verbunden sind.

Im Zuge der Verflechtung von Jugendalltag und Medien werden Fragen von Anerkennung und sozialer Zugehörigkeit vermehrt anhand von Medienpraktiken verhandelt. In medialen Räumen eröffnen sich neue kommunikative Situationen – neue Begegnungsoptionen und Beziehungsweisen, in denen alternative Anerkennungsstrukturen dominieren. Mit diesen lassen sich zwar die aus verweigerter Anerkennung resultierenden Probleme nicht dauerhaft und nachhaltig lösen, doch können sie zumindest kompensatorisch und temporär zur Stärkung des Selbstwertgefühls von Hauptschülern beitragen. Online-Communitys wie *Jappy* ermöglichen einen spielerischen Umgang mit Zuschreibungen und Stereotypen. Sie bieten Ressourcen für den Aufbau und die Präsentation von hybriden Identitäten oder alternativen Selbstentwürfen. Hier werden Drehbücher und Bühnen für den Entwurf sozialer Selbstbilder geboten, die in deutlichem Kontrast zu dominanten Sichtweisen auf Berliner Hauptschüler stehen.

---

10 Bhaba: The Location of Culture, S. 121ff.

RECODING? – POTENTIALE MEDIALER NEUARRANGEMENTS

Nachdem bisher die Konturen der Mediatisierung der Alltagswelt mit Blick auf gesellschaftliche Prozesse medialen Wandels sowie beispielhaft anhand der Medienpraktiken von Hauptschülern in Online-Communitys nachgezeichnet wurden, soll nun abschließend nach den Folgen von Mediatisierungsprozessen für die mediale Repräsentation von Hauptschülern gefragt werden. Dabei möchte ich mit dem Begriff *Recoding* den Blick dafür schärfen, dass im Zuge der zunehmenden Medien- und Bildproduktion von Jugendlichen das bisher dominante Mediengefüge mit seinem Bildregime ins Wanken gerät und gleichzeitig die Potentiale von medialen und visuellen Neuarrangements andeuten.

Der Hinweis auf die ökonomische Dimension »neuer« Medien kann als Warnung gegenüber einer vorschnellen Deutung computergestützter Medienpraktiken als Vehikel der politischen Emanzipation von marginalisierten Gruppen verstanden werden.[11] Die gängige Annahme, das Internet verleihe den Unterdrückten eine Stimme, muss zudem in Bezug auf Berliner Hauptschüler um den Zusatz ergänzt werden, dass diese als Gruppe nicht über ein vorformuliertes politisches Programm verfügen, welches sie anschließend medial artikulieren könnten. Die Aufmerksamkeit sollte sich deshalb auf die Formen und Inhalte medialer Selbstpräsentationen von Hauptschülern jenseits offensichtlicher politischer Parteinahmen richten. Aus einer solchen Perspektive betrachtet, ermöglichen Online-Portale wie *Jappy* Jugendlichen durchaus mehr Partizipationsmöglichkeiten als beispielsweise Zeitungen oder das Fernsehen. Gewährt und gleichsam propagiert werden vor allem Formen der visuellen Selbstinszenierung, der Darstellung subjektiver Befindlichkeiten sowie die Angabe von vermarktbaren persönlichen Daten wie »Lieblingsfilmen« und »Lieblingsmusik«. Dies führt auf Webseiten wie *jappy.de* zu einer informationellen und visuellen Opulenz sowie einer massenhaften medialen Präsenz von Hauptschülern, die nicht mehr den in den vorhergehenden Kapiteln beschriebenen einseitig negativen Blickweisen auf Hauptschüler entspricht. Daher stellt sich die

---

11 Für eine optimistische Sichtweise dieser Art siehe Mitra: Marginal Voices in Cyberspace. Für eine kritische Betrachtung der ökonomischen Rahmenbedingungen von digitalen Medienpraktiken siehe Dijk: Users like you?

Frage, ob sich im Zuge der Mediatisierung der Alltagswelt auch die Sichtweisen auf marginalisierte Jugendliche verändern – ob es also zu einer Art *Recoding* vonseiten der nun selbst mediale Bilder produzierenden Jugendlichen kommt?

Im Zuge der Mediatisierung der Alltagswelt und den mit ihr verbundenen gesteigerten medialen Partizipationsmöglichkeiten von vormals von der Medienproduktion ausgeschlossenen sozialen Gruppen lässt sich ein Wandel visueller Ausdrucksformen beobachten. Vor allem die Digitalisierung der Fotografie hat Autoren wie Martin Lister und Susan Murray zufolge einen veränderten Umgang mit Fotos sowie ein neues Verhältnis zu Bildern zur Folge. Lister beschreibt die Koexistenz unterschiedlicher Regime von Visualität und sieht die Epoche der digitalen Fotografie gerade durch die Intermedialität und Intertextualität zwischen verschiedenen Bildtraditionen charakterisiert.[12] Digitale Fotografie stehe für erweiterte Möglichkeiten des Editierens, Auswählens und Kombinierens von visuellen Materialien und somit für eine Steigerung semiotischer Ressourcen und Referenzen. Murray beschreibt am Beispiel der Foto-Community *Flickr* ebenfalls zeitgenössische Entwicklungstendenzen der Fotografie. Ausgewählt würden von den Fotografierenden nun verhältnismäßig seltener festliche Bildmotive wie beispielsweise Hochzeiten, die einerseits dem Alltagszusammenhang entrissen sind und gleichsam eine traditionelle symbolische Ordnung repräsentieren.[13] Zudem stünden Fotografien immer weniger in dem, vor allem von Roland Barthes betonten, Verweisungszusammenhang mit Erinnerung, Trauma und Verlust.[14] Die Bildsprache digitaler Fotografien zeichne sich demgegenüber durch ihre Flüchtigkeit und Alltäglichkeit aus, durch eine gesteigerte Aufmerksamkeit für das Nicht-Repräsentative, das scheinbar Randseitige und das Belanglose. Hinzu komme ein neuer Zeitbezug: Da quantitativ mehr Bilder zur Verfügung stünden und diese schneller übertragen, gespeichert, aber auch neu arrangiert und wieder gelöscht werden können, dienen digitale Fotografien zunehmend als Ausdruck von momentanen Befindlichkeiten. Auf diese Weise entsteht ein Kaleidoskop von Momen-

---

12 Vgl. Lister: The Photographic Image in Digital Culture; Murray: Digital Images, Photo-Sharing, and Our Shifting Notions of Everyday Aesthetics.
13 Vgl. Bourdieu/Boltanski: Eine illegitime Kunst.
14 Vgl. Barthes: Die helle Kammer.

ten, Stimmungen und semiotischen Verweisen jenseits repräsentativer Arrangements oder dem Pathos der Erinnerung.

Online-Portale wie *Jappy* oder *Flickr* könnte man mit dem Vokabular des französischen Philosophen Jacques Rancière als »Fabrik des Sinnlichen« bezeichnen, als einen Ort, an dem neue Verknüpfungen sowie visuelle und sprachliche Ausdrucksformen entstehen.[15] Infolge der Mediatisierung der Alltagswelt verändern sich Kommunikations- und Darstellungsformen. Ein durch mediale Praktiken vermittelter kultureller Wandel findet statt, dessen langfristige Folgen noch nicht zu überschauen sind. In diesem fortlaufenden Wandlungsprozess könnten digitale Medienpraktiken einen Beitrag zur Verschiebung der »Aufteilung des Sinnlichen« leisten, unter der Rancière die Verflechtung von politischen und ästhetischen Prozessen versteht. Politisch zu handeln, bedeutet aus einer solchen Sichtweise immer auch gleichzeitig, sich in einem historischen Regime oder im Rahmen einer kulturell spezifischen Ordnung des Sinnlichen zu bewegen. Politische Veränderungen vollziehen sich nach Rancière vor allem dann, wenn Dynamiken im Bereich alltagsästhetischer Praktiken die Verhältnisse zwischen »den Weisen des Tuns, den Weisen des Seins und den Weisen das Sagens« neu arrangieren.[16] Im Zuge dieser Neu-Arrangements werden jedoch auch neue Ausschlussmechanismen auf der Basis vorhandener Kategorisierungsmuster produziert, bei Online-Portalen wie *Jappy* beispielsweise anhand körperlicher Attraktivitätsnormen. Letztlich ließe sich in Bezug auf Rancière ein praxistheoretischer Grundgedanke ableiten: Wenn die soziale Welt vor allem aus alltäglichen Praktiken besteht, aus der Art und Weise, wie Menschen Dinge tun, sowie den sich dabei herausbildenden sinnlichen Mustern und Selbstverhältnissen, dann findet Veränderung vor allem dann statt, wenn sich Alltagspraktiken transformieren und neue Umgangsweisen mit Artefakten entstehen.

Subjektivierung erhält aus der Perspektive von Rancière eine neue Konnotation. Gemeint ist nun nicht mehr eine Unterwerfung, sondern eine Reihe von Handlungen, »die eine Instanz und eine Fähigkeit zur Aussage erzeugen, die nicht in einem gegebenen Erfahrungsfeld identifizierbar waren.«[17] Subjektivierung beschreibt in dieser Lesart eine durch eine Neuord-

---

15 Rancière: Die Aufteilung des Sinnlichen, S. 65.
16 Rancière: Das Unvernehmen, S. 52.
17 Ebd., S. 47.

nung des Erfahrungsfeldes ermöglichte Ent-Identifizierung im Sinne eines Losreißens von vorgegebenen Zuschreibungen. Die von Berat spielerisch eingenommene Manager-Pose kann hier zur Veranschaulichung dienen: Das Blick- und Machtregime zwischen einem sozialen »Oben« und »Unten« wird durch die humorvolle Selbstinszenierung des Schülers spielerisch untergraben. Berat ent-identifiziert sich von der ihm zugewiesenen niedrigen Statusposition und persifliert gleichzeitig das von ihm als arrogant wahrgenommene Verhalten der Reichen und Mächtigen. Auf der semiotischen Ebene werden auf diese Weise klare Zuordnungen destabilisiert und Ambivalenzen hergestellt, parallel dazu erscheinen in Online-Communitys Selbstverortungsprozesse auf der Identitätsebene als vielschichtig und unabgeschlossen.

Das Politische basiert in dieser Sichtweise gerade nicht auf der Wiederentdeckung eines singulären Kollektivs oder Programms wie beispielsweise dem Proletariat oder dem Kommunismus, sondern auf einer Erzeugung von Vielheit und der Neujustierung der Verhältnisse zwischen Sichtbarem und Unsichtbarem. Hauptschüler werden bei *Jappy* nicht auf ein Bild reduziert, sondern präsentieren und imaginieren sich selbst mithilfe einer Vielzahl von Bildern. Digitale Medienpraktiken ermöglichen semiotische Neuarrangements und Neuverflechtungen und tragen gleichsam zur Veränderung von sprachlichen und visuellen Ausdrucksformen bei. Sie stehen für eine Betonung des Subjektiven und Momenthaften und nicht für große politische Gesten. Doch vielleicht liegen die politischen Potentiale der Mediatisierung der Alltagswelt gerade darin verborgen, heterogene und ambivalente Beschreibungen von Erfahrungen jenseits homogenisierender Zuschreibungen sowie neue Verknüpfungen zwischen »Privatem« und »Öffentlichem« zu ermöglichen. Die Frage nach den politischen Dimensionen von auf den ersten Blick unpolitisch wirkenden alltäglichen Artikulationsformen steht auch im Mittelpunkt des folgenden Kapitels zu Emotionen und Affekten.

Affective States
Die politische Dimension von Emotionen und Affekten

»Ich brauche keinen Abschluss. Ich ficke euch. Ich brauche auch keine Ausbildung«, rief ein Schüler aufgebracht in den Klassenraum, rannte hinaus auf den Flur und knallte die Tür laut zu. Diese und eine Reihe ähnlicher Szenen spielten sich im Schuljahr 2008/09 während des Unterrichts an der Anna-Seghers-Schule im Berliner Stadtteil Wedding ab. Die wütende Reaktion des Schülers richtet sich gegen die Lehrer und gegen die Institution Schule. Wahrscheinlich hängt sie eng mit dem herablassenden Verhalten von einigen Pädagogen gegenüber Hauptschülern zusammen. So berichtete mir der Schüler zu einem anderen Zeitpunkt, eine Lehrerin habe ihn, als er sich über eine seiner Ansicht nach unverhältnismäßig schlechte Benotung beschweren wollte, mit der Bemerkung abgewiesen: »Deine nächste Sechs, dann schon mal winke, winke Abschluss.« Dazu habe ihm die Lehrerin ein unter diesen Umständen demütigend wirkendes »Kusshändchen« gegeben.

Wie lassen sich das überraschende Verhalten der Lehrerin und die emotionale Reaktion des Schülers verstehen? Während der Soziologe Max Weber davon ausging, dass der moderne westliche Staat auf einem rationalen Beamtentum, auf unvoreingenommen und unparteiisch auf der Grundlage des Rechts operierenden Verwaltern beruhe, erscheint in dieser Szene eine verbeamtete Lehrerin, die ihre staatlich legitimierte Machtposition zu einem willkürlichen und herabwürdigen Verhalten missbraucht.[1] Offensichtlich passt Max Webers Modell bürokratischer Herrschaft nicht zur Be-

---

1 Vgl. Weber: Wirtschaft und Gesellschaft, S. 815ff.

schreibung der Situation an einer Berliner Hauptschule. Die US-amerikanische Historikern und Anthropologin Ann Stoler setzt der von Weber behaupteten Vorherrschaft von Vernunft und Rationalität das Konzept der *Affective States* entgegen, also eine Vorstellung von staatlicher Herrschaft, die wesentlich mit Affekten und Emotionen verbunden ist.[2] Am Beispiel der niederländischen Kolonialherrschaft auf der Insel Java im 19. Jahrhundert zeichnet sie die Konturen eines Herrschaftsmodells, dass sich gerade durch eine Obsession staatlicher Behörden in Bezug auf die Gefühlslagen und affektiven Dispositionen der Bevölkerung charakterisieren lässt. Diese komme Stoler zufolge vor allem in der enormen Bedeutung, die Fragen der Erziehung und Disziplin beigemessen wurde, zum Ausdruck. »Educating the proper distribution of sentiments and desires«[3] – staatliche Herrschaft zielt in dieser Sichtweise nicht allein darauf Zustimmung zu produzieren, sondern versucht darüber hinaus, die dafür als notwendig erachteten Sozialisierungs- und Internalisierungsprozesse gezielt anzuleiten. Ann Stoler lehnt sich dabei an Michel Foucaults bekanntes Konzept der *gouvernementalité* an. Mithilfe dieses Begriffes beschreibt Foucault die Transition von einer repressiven vormodernen Staatsmacht hin zu einer aktivierenden, eher auf das »Wohlergehen« und die »richtige Einstellung« der Bevölkerung ausgerichteten, modernen Form des Regierens.[4]

Die Bezeichnung *Affective States* hat – hier greife ich die Mehrdeutigkeit des Wortes »states« im Englischen auf – eine doppelte Konnotierung: *Affective States* im Sinne von »affektiver Staatlichkeit« weist auf die zentrale Bedeutung von Emotionen und Affekten für eine stets als bedroht angesehene Aufrechterhaltung staatlicher Herrschaft hin. *Affective States* im Sinne von »affektiven Zuständen« betont die politische Brisanz von scheinbar »alltäglichen« oder »natürlichen« Affekten und Emotionen wie beispielsweise Scham, Wut oder Neid. Die politische Dimension von Emotionen und Affekten wird durch diese Doppeldeutigkeit sowohl auf der Struktur- als auch auf der Akteursebene analysierbar. Im ersten Teil dieses

---

2   Vgl. Stoler: Affective States. Siehe auch: Stoler: Along the Archival Grain, S. 57-102.
3   Stoler: Affective States, S. 9.
4   Vgl. Foucault: Gouvernementalität. Den Übergang von einem disziplinierenden zu einem aktivierenden Unterrichtsverständnis in Deutschland um 1900 beschreibt Michael Caruso in: Biopolitik im Klassenzimmer.

Kapitels werde ich mich am Beispiel der konfrontativen Pädagogik, dem erzieherischen Leitbild an der Anna-Seghers-Schule, mit aktuellen Formen staatlicher Herrschaftstechniken beschäftigen und dabei der Frage nachgehen, inwieweit sich darin eine neue Akzeptanz von Härte im Umgang mit marginalisierten Jugendlichen abzeichnet. Das pädagogische Schlagwort der konfrontativen Pädagogik lautet »Grenzziehung«. Im zweiten Teil dieses Kapitels werde ich mit dem Beleidigen und dem Strafen zwei unterschiedliche Formen der Grenzziehung im Schulalltag beschreiben und diskutieren. Im dritten Teil beschäftige ich mich schließlich mit den Emotionen von Berliner Hauptschülern und stelle die Frage, ob Wut und Neid als Formen politischer Artikulation verstanden werden können.

Emotionen und Affekte werden von mir nicht kategorial voneinander getrennt, wie es beispielsweise der kanadische Sozialtheoretiker Brian Massumi vorgeschlagen hat, sondern konzeptionell und empirisch auf einer gemeinsamen Ebene mit graduellen Abstufungen in Bezug auf ihre Formung und Strukturierung verortet.[5] Massumi versteht Affekte als Bewegungen »purer Sozialität« und Emotionen demgegenüber als bereits vorstrukturierte Formen, vernachlässigt jedoch, dass auch Affekte kulturell vermittelt und geformt sind.[6] Auch wenn Massumis These von der »Autonomy of Affects« sich letztlich nicht aufrechterhalten lässt, so kann die Betonung der Beweglichkeit von Affekten als Hinweis dafür gelesen werden, dass Emotionen und Affekte gerade aufgrund ihres körperlichen und flüchtigen Charakters nur eingeschränkt sprachlich repräsentierbar sind. Das angespannte Schweigen einiger Schülerinnen während des Unterrichts, den emotionalen Aufruhr, den eine sich in den Klassenraum verirrende Biene verursachen kann, oder das plötzlich auftretende Nasenbluten eines Hauptschülers im Unterrichtsgespräch über Zukunftsvorstellungen, der blutüberströmt in den Raum ruft, er habe gerade zu stark an seine Bewerbungen gedacht – Beispiele wie diese von der Anna-Seghers-Hauptschule lassen sich nur sehr eingeschränkt textlich darstellen und interpretieren.

---

5   Ich orientiere mich bei dieser Herangehensweise an Sianne Ngai: Ugly Feelings, S. 25ff.
6   Vgl. Massumi: Parables fort the Virtual, S. 23-45.

NEOLIBERALE HERRSCHAFTSTECHNIKEN: DIE KONFRONTATIVE PÄDAGOGIK

Als ich Herrn Fuchs, den Direktor der Anna-Seghers-Schule, in einem Interview nach seinem ersten Eindruck frage, den er von der Schule hatte, antwortet er mit folgender Episode:

»Mein erster Eindruck war, da kann ich mich noch sehr gut erinnern, da sprach mich ein Schüler an, der geisterte hier während des Unterrichts im Schulgebäude rum: ›Sind Sie der Neue?‹ Ich sagte: ›Ja, mein Name ist Fuchs‹. ›Mich werden Sie noch kennenlernen‹, sagte er. Das war die Begrüßung.«

Der Direktor berichtet von dieser Episode, um sein Erschrecken über das Disziplinarverhalten der Schüler zur Zeit seines Amtsantrittes zu veranschaulichen. Gleichzeitig liefert er damit bereits eine Begründung für die später folgende Einführung und Anwendung der konfrontativen Pädagogik, einem pädagogischen Instrument, mit dessen Hilfe die Schulleitung hofft, das Disziplinarverhalten der Schüler effektiver regulieren zu können.

Die konfrontative Pädagogik orientiert sich an einem autoritativen Erziehungsstil.[7] Sie verfolgt ihren Vertretern zufolge – allen voran Jens Weidner, dem Leiter des *Deutschen Instituts für Konfrontative Pädagogik* – eine »klare Linie mit Herz«, bei der durch Strafandrohungen und Konfliktbereitschaft bereits »auf Kleinigkeiten« reagiert wird, »damit Großes erst gar nicht entsteht«. Ihre pädagogischen Ziele umfassen die Schaffung einer »eigenverantwortliche[n] und gemeinschaftsfähige[n] Persönlichkeit«, die »Förderung prosozialen Verhaltens« und die »Weiterentwicklung moralischen Bewusstseins« im Sinne einer »Loyalität gegenüber gesellschaftlich anerkannten Normen«.[8] Diese Erziehungsziele sollen durch ein »Mehr an Klarheit und Verbindlichkeit« sowie eine Wiederentdeckung der »väterlichen Seite der Erziehung« erreicht werden. Die konfrontative Pädagogik versteht sich mit ihrem Lob des harten Durchgreifens als Kritik und Kor-

---

7 Zur Konfrontativen Pädagogik siehe vor allem: Kilb/Weidner/Gall: Konfrontative Pädagogik in der Schule; Kilb/Weidner (Hg.): Konfrontative Pädagogik; Weidner/Scholz/Colla: Konfrontative Pädagogik; Friedrich Ebert Stiftung (Hg.): Konfrontative Pädagogik.
8 Weidner: Konfrontative Pädagogik.

rektiv gegenüber einer als »antiautoritär« und »antipädagogisch« empfundenen »Feminisierung der Pädagogik« seit den 1970er Jahren.[9]

Als positives Modellbeispiel wird in den Lehrbüchern der Konfrontativen Pädagogik häufig die Glen Mills School in den USA beschrieben, eine Jugendhilfeeinrichtung für mehrfach auffällige Gewalttäter im Alter von 15 bis 18 Jahren, dessen Leiter »von Sozialpädagogen nicht viel hält und statt ihrer lieber auf ehemalige Gangster, durchtrainierte Sportler und geschickte Handwerker baut«.[10] Das folgende Beispiel veranschaulicht, auf welche Weise in Glen Mills Konflikten begegnet wird:

»Todd ist 17 und war richtungweisendes Mitglied einer Vorstadtgang. Er war in Glen Mills ermahnt worden, niemanden zum Kampf herauszufordern bzw. das Kämpfen zu erwähnen. Dennoch schnappt Pedro, ein langjähriger Mitarbeiter, Wortfetzen über mögliche Kämpfe auf. Er winkt Todd auf Zentimeter zu sich heran und übertritt damit bewusst die Schwelle von Nähe und Distanz [...]: ›Schau mir in die Augen und steh' gerade, du kleiner tough guy‹, fährt er ihn leise aber bedrohlich an. ›Hör mir genau zu: Wir brauchen hier keine rauen Kerle, verstehst du mich? Wir mögen keine rauen Typen ...‹ Diesen Satz wiederholt er seelenruhig, den Jungen konzentriert fixierend, ein dutzend Mal. Eine Sechsergruppe unterstützt mittlerweile Pedros Konfrontation. Im Kreis stehend verunsichern sie Todd mit barschen Verhaltensanweisungen: ›Hey man, schau' in Pedros Augen, wenn er spricht. Steh' gerade für deine Drohungen und deine Angstmacherei!‹ Todd ist irritiert. Er steckt in einer so genannten Normkrise, denn in seiner Gang wäre diese Geschichte ganz anders abgelaufen. Er entschuldigt sich und entgeht somit einer Konfrontationssteigerung.«[11]

Die Szene steht beispielhaft für den pädagogischen Leitgedanken der konfrontativen Pädagogik: die Grenzziehung. Ein 17-jähriger Schüler wird von den Aufsehern mit den ihm unterstellten Gewaltplänen konfrontiert, um ihm im Vorhinein auf unmissverständliche Weise Grenzen zu setzen. Die Situation wird ausgelöst als Pedro – den man sich wohl weniger als »Pädagogen«, sondern eher als Typ »ehemaliger Gangster« vorstellen muss – ein

---

9   Tischner: Konfrontative Pädagogik – die vergessene »väterliche« Seite der Erziehung.
10 Weidner/Scholz/Colla: Konfrontative Pädagogik.
11 Friedrich Ebert Stiftung (Hg.): Konfrontative Pädagogik. Siehe auch: Kilb/ Weidner/Kreft: Gewalt im Griff 1, S. 72.

paar Wortfetzen über mögliche Kämpfe wahrnimmt und dies als Anlass für ein »beherztes Eingreifen« begreift. Pedros pädagogisches Repertoire beschränkt sich in dieser Szene auf sein körperliches Einschüchterungspotential sowie darauf, eine Drohung ein Dutzend Mal zu wiederholen. Einer möglichen Aggression des Schülers wird durch ein aggressives Verhalten vonseiten des Aufsichtspersonals begegnet, Angstmacherei soll durch Angstmacherei verhindert werden – eine Abschreckungslogik, auf der im Übrigen auch die in den USA noch immer praktizierte Todesstrafe basiert.

Das Erziehungsideal der konfrontativen Pädagogik fußt, wie die beschriebene Szene veranschaulicht, nicht auf dem Modell eines unvoreingenommenen Beamten im Sinne Max Webers. Vielmehr soll die Entwicklung von als gewaltbereit kategorisierten Jugendlichen mithilfe von Einschüchterungen und Konfrontationen aktiv in eine sozialverträgliche Richtung gelenkt werden. Die angestrebte charakterliche Modellierung von als deviant geltenden Jugendlichen wird auf eine aggressive Weise forciert. Falls nötig, gilt es, die geltenden Ordnungsvorstellungen »in deren Köpfe einzumassieren«.[12] Die konfrontative Pädagogik kann als eine Subjektivierungstechnik verstanden werden, die repressive Erziehungsmethoden aufgreift. Wenn die auf eine Selbstregierung des Subjekts zielende gouvernementale Herrschaftstechnik nicht die gewünschten Effekte erzielt, wenn also die schulresistenten Berliner Hauptschüler die gewünschten Formen der produktiven Selbstaktivierung und autoritätskonformen Selbstregulierung verweigern, werden demnach Disziplinar- und Strafmechanismen in Gang gesetzt. Diese Vorgehensweise wird wiederum mit Väterlichkeit assoziiert, womit gleichzeitig eine Stereotypisierung von fürsorglicher Weiblichkeit und harter Männlichkeit reproduziert wird.

Der hier skizzierte Erziehungsstil nimmt die Jugendlichen in erster Linie als mögliche Gewalttäter wahr und betrachtet eine »übermäßige Expansion des Subjekts« als Gefahr.[13] Die konfrontative Pädagogik basiert somit auf einem negativen Menschenbild sowie einer tiefen Skepsis gegenüber der menschlichen Natur. Hier kommt eine dunkle Kehrseite des liberalen Herrschaftsmodells der Selbstregierung zum Vorschein. So argumentiert der Politikwissenschaftler Uday Mehta in seinem Buch *The Anxiety of*

---

12 Friedrich Ebert Stiftung (Hg.): Konfrontative Pädagogik, S. 4.
13 Tischner: Konfrontative Pädagogik – die vergessene »väterliche« Seite der Erziehung.

Freedom, dass der westliche Liberalismus nicht auf einer freien Entfaltung des Subjekts basiere, wie es das gängige Selbstbild des freien westlichen Individuums nahelegen könnte. Stattdessen entdeckt Mehta bei John Locke, einem der Vordenker des Liberalismus, eine tiefe Beunruhigung gegenüber den natürlichen Anlagen des Menschen. Hinter der liberalen Fassade eines politischen Universalismus verberge sich eine bisher weitgehend übersehene Tendenz zur Ausschließung all jener Bevölkerungsgruppen, denen die kulturellen und psychischen Kapazitäten zur Realisierung universaler menschlicher Fähigkeiten abgesprochen werden. Locke entwickle deshalb in seiner im Jahr 1693 veröffentlichten Schrift *Some Thoughts Concerning Education* detaillierte Erziehungspläne zur Modellierung des Subjekts. Liberalismus erscheint in der Lesart von Mehta weniger als die Selbstregierung freier, gleicher und rationaler Individuen, sondern als ein auf Exklusionsmechanismen und massiven pädagogischen Korrekturmaßnahmen basierender Herrschaftsapparat. Dieser Interpretation folgend, wäre die konfrontative Pädagogik kein Rückfall hinter die Errungenschaften der modernen, aufgeklärten Erziehung. Vielmehr könnte sie als eine Artikulation von liberalen Grundängsten sowie als eine zeitgenössische Fortschreibung des liberalen Erziehungsprogramms verstanden werden.

»Vom Straftäter zum Gentleman?« lautet der programmatische Titel eines von Jens Weidner verfassten Einführungstextes zur konfrontativen Pädagogik. Die im Titel versteckte These impliziert, das Verhalten von Jugendlichen könne mithilfe der passenden pädagogischen Maßnahmen grundlegend gewandelt werden. Dabei wird jedoch außer Acht gelassen, dass die Frage, wer als Straftäter und wer als Gentleman gilt, auch eine Frage der Zuschreibung von sozialem Status ist. So zeigt Stephen Shapin in seinem Buch *A Social History of Truth* am Beispiel von philosophischen Debatten, auf welche Weise der soziale Typus des Gentlemans im England des 17. Jahrhunderts mit einer spezifischen Vorstellung von Wahrheit verbunden wird. Zuschreibungen von Wahrheit sind seither mit einer bestimmten Ehrkultur verbunden und deshalb mit moralischen und sozialen Attributen verschmolzen. Während der Gentleman auf diese Weise mit einer scheinbar natürlichen Glaubwürdigkeit assoziiert wurde, galten die unteren sozialen Schichten als unzuverlässig und unglaubwürdig, als potentielle Lügner und gleichzeitig als Personen voller Laster.[14] Die konfrontative Pä-

---

14 Shapin: A Social History of Truth.

dagogik fördert keineswegs eine Transformation »vom Straftäter zum Gentleman«, sondern reproduziert stattdessen mit ihrem devianzorientierten Blick auf Jugendliche mit niedrigem sozioökonomischem Status negative sozialmoralische Zuschreibungen gegenüber »Unterschichten«. Sie ist somit selbst ein Teil der gesellschaftlichen Produktion von Verachtung.

Die konfrontative Pädagogik wird, als abgewandelte Version US-amerikanischer Vorbilder, in den letzen Jahren vermehrt auch in Deutschland im pädagogischen Umgang mit Jugendlichen eingesetzt. Bekannte Persönlichkeiten wie der Jurist Winfried Hassemer, die Politikerin Brigitte Zypries oder der Journalist Giovanni di Lorenzo werden vom *Deutschen Institut für Konfrontative Pädagogik* als Fürsprecher des Programms aufgeführt.[15] Sie stehen – ähnlich wie der Politiker Thilo Sarrazin, der Publizist Henryk M. Broder und die Jugendrichterin Kirsten Heisig – für eine breite gesellschaftliche Akzeptanz eines harten Vorgehens gegenüber als gefährlich eingestuften Jugendlichen. Die ehemalige Berliner Jugendrichterin Heisig propagiert beispielsweise in ihrem Buch *Das Ende der Gewalt* repressive Maßnahmen im Falle einer Verletzung der Schulpflicht. Den Müttern und Vätern von Schulverweigerern droht Heisig mit Bußgeldern, Kürzungen des Kindergeldes und einem teilweisen oder kompletten Entzug des Sorgerechts. Die Schüler selbst möchte sie mit einem Maßnahmenkatalog, der von der verpflichtenden Teilnahme an Sozialtrainings bis zu einem vierwöchigen »Beugearrest« reicht, von der Notwendigkeit des Schulbesuchs überzeugen.[16] Zu den von Heisig empfohlenen Trainingsprogrammen gehören mit dem Anti-Aggressivitäts- und dem Coolness-Training zwei der bekanntesten Methoden der konfrontativen Pädagogik.

Die konfrontative Pädagogik stößt jedoch auch auf Kritik. Gerade das in Anti-Aggressivitäts-Trainings verwendete Konzept des sogenannten »heißen Stuhls« wird von manchen Pädagogen und Journalisten skeptisch bewertet. So berichtete die *taz* von Diskussionen in Hamburg um diese zuvor vor allem in US-amerikanischen Gefängnissen erprobte Erziehungsmethode, deren Anwendung möglicherweise die Gesundheit der Jugendlichen gefährde. Die Idee des heißen Stuhls basiert darauf, die Jugendlichen durch »Provokationen, Beleidigungen« und »lautes Brüllen« eine »explosive Stresssituationen« erleben zu lassen, um auf diese Weise die Wirkungen

---

15 http://www.konfrontative-paedagogik.de vom 01.12.2010.
16 Heisig: Das Ende der Geduld, S. 113 und 183.

aggressiver Einschüchterungen am eigenen Leib zu erfahren.[17] Der Erziehungswissenschaftler Rolf Göppel berichtet erschrocken, wie diese Trainings mitunter dazu führen, dass Anti-Aggressivitäts-Trainer Schläge und Stiefeltritte auf die Köpfe von Jugendlichen simulieren und dabei verbal androhen wie »der Fuß nach unten rast und sich langsam Dein Gesicht anfängt zu verformen«.[18]

An der Anna-Seghers-Schule in Berlin-Wedding gilt die konfrontative Pädagogik während meiner Forschungszeit im Schuljahr 2008/2009 als das pädagogische Leitbild der Schule. Ein Erziehungsstil, der in den USA zunächst als letztmögliche pädagogische Maßnahme für als gewalttätig geltende Jugendliche entwickelt wurde, wird auf diese Weise in Deutschland auf eine »allgemeinbildende« Schule übertragen. Der devianzorientierte Blick richtet sich nicht mehr auf vorbestrafte Gewalttäter, sondern auf die gesamte Schülerschaft einer Berliner Hauptschule. Der Direktor der Schule begründet die Anwendung der konfrontativen Pädagogik in folgender Interviewpassage:

Herr Fuchs: »Die meisten Schüler funktionieren ja in ihren Familien ganz gut, weil da eine klare Familienhierarchie und Autorität herrscht, wer das Sagen hat. Also Eltern wundern sich oft, dass ihr Kind sich hier in der Schule so komisch verhält, sie kennen ihn gar nicht so von zu Hause. Das liegt offensichtlich daran, dass sie hier mit unseren demokratischen Verhältnissen und Strukturen nicht klarkommen, weil sie eben Autorität und eine klare Ansage gewöhnt sind. Diese konfrontative Pädagogik macht beides: sie bezieht sie zum einen mit ein, also da werden gemeinsam mit den Schülern ganz klare Regeln erarbeitet und ganz klare Konsequenzen. Und damit werden die Schüler eben immer wieder konfrontiert. Ziel war es auch, dass alle Pädagogen an der Schule einheitlich handeln und das dann auch an der gesamten Schule durchgesetzt wird. Das hat dann auch dazu geführt, dass, wenn die Schüler die Regeln überschritten haben, sie auch die Strafe akzeptieren. Nicht alle, aber die meisten haben das mittlerweile gefressen und dadurch wurde es einigermaßen ruhi-

---

17 Kaija Kutter: »Konfrontative Pädagogik: Schüler sollen auf heißen Stuhl«, in: taz, 29.3.2009.
18 Göppel: Kulturen und »Unkulturen« des Grenzensetzens in der Pädagogik, S. 105. Für eine kritische Auseinandersetzung mit der konfrontativen Pädagogik aus erziehungswissenschaftlicher Perspektive siehe: Dörr/Herz (Hg.): »Unkulturen« in Bildung und Erziehung.

ger, also es hat auf jeden Fall in Bezug auf das Schulklima eine Menge gebracht und da wurden Schüler auch mit einbezogen.«

In der schulischen Praxis wird die konfrontative Pädagogik mit einer Reihe anderer erzieherischer Maßnahmen verknüpft. So konnte man teilweise den Eindruck gewinnen, die Anna-Seghers-Schule diene als ständiges Experimentierfeld für pädagogische Neuerungen. Eine der im Rahmen der konfrontativen Pädagogik durchgesetzten Maßnahmen war die Anfertigung eines großen, an den Wänden der jeweiligen Klassenräume angebrachten Posters mit folgendem Wortlaut: »Hiermit verpflichte ich mich, meine Mitschüler respektvoll und höflich zu behandeln, wie auch ich gerne von den Schülern behandelt werden will. Sobald ich den Vertrag unterschrieben habe, werde ich mich an die Vereinbarung halten.« Der Wortlaut erinnert stark an Kants kategorischen Imperativ, der von Vertretern der konfrontativen Pädagogik explizit als »wünschenswerte, aber doch schwer zu erreichende, Zukunftsperspektive« begriffen wird.[19] Die vom Direktor betonte Einbindung der Schüler bestand in diesem Fall darin, dass sie dieses Poster unterschreiben mussten. Bei der Unterschriftszeremonie im Rahmen der Klassensozialstunde distanzierten sich einige Schüler von dem ihnen aufgedrängten Vertragsangebot, indem sie fast unlesbar klein unterschrieben, etwas malten oder einfach mit einem falschen Namen unterschrieben.

Der Schulleiter beschreibt das Modell der konfrontativen Pädagogik in der zitierten Interviewpassage als Reaktion auf einen Kulturkonflikt: auf der einen Seite die autoritäre Welt hierarchischer Familienstrukturen, womit wohl vor allem türkische, arabische oder kurdische Familien gemeint sind, auf der anderen Seite die als demokratisch geltende Welt der deutschen Schule. Konfrontative Pädagogik bedeutet in der Sichtweise des Direktors, dass die Schule ungewollt ein Stück weit auf ihre hohen Bildungs- und Erziehungsideale verzichtet, um der überwiegend migrantischen Schülerschaft auf »gleicher Augenhöhe« begegnen zu können – wie es Vertreter der konfrontativen Pädagogik gerne formulieren.[20] Die hier aufgebaute Dichotomie zwischen freiheitlichen und demokratischen staatlichen Institutionen wie der Schule auf der einen Seite und den autoritären und hierarchischen Strukturen in Migrantenmilieus auf der anderen Seite dient als Legi-

---

19 Weidner: Vom Straftäter zum Gentleman?
20 Stiels-Glenn/Glenn: Stirn an Stirn – Streiten lernen helfen, S. 171.

timationsgrundlage für schulische Interventionsmaßnahmen. In dieser binären Denkweise wird vernachlässigt, dass an der Anna-Seghers-Schule zwar Ideale wie Gerechtigkeit und Gleichbehandlung propagiert, diese in der schulischen Praxis jedoch beständig untergraben werden. Auch die Verwendung des Wortes »gefressen« durch den Direktor, das Assoziationen der Schülerschaft mit Tieren nahelegt, lässt vermuten, dass die Schüler vom Schulleiter wohl kaum als gleichberechtigte Individuen, sondern eher als eine zu disziplinierende Masse wahrgenommen werden.

Als Beispiele für den Widerspruch zwischen demokratischer Fassade und dem Verhalten des schulischen Lehr- und Aufsichtspersonals können die Praxis der Verteilung von Schulnoten durch die Lehrer sowie das an der Anna-Seghers-Schule zu beobachtende Regelverständnis dienen. Die Benotung der Schüler erfolgt keineswegs nach Leistungskriterien, sondern ist stark von deren Disziplinarverhalten abhängig. Wenn beispielsweise der an der Anna-Seghers-Schule als Bewerbungshelfer eingestellte Sozialarbeiter Herr Lotringer in seiner Sprechstunde auf dem Zeugnis eines Schülers eine unvorteilhafte Note entdeckt, ermuntert er diesen Schüler keineswegs dazu, mehr zu lernen, sondern fragt, wo das Problem mit dem entsprechenden Lehrer liege und ob man die Beziehungen zu diesem nicht verbessern könne. Die Bemerkung des Sozialarbeiters deutet an, dass als »aufmüpfig« geltende Schüler von Lehrern häufig mit schlechten Noten bestraft werden. Auch die Lehrer selbst gestehen im privaten Gespräch durchaus ein, dass sie die Leistungen der Schüler kaum von deren Verhalten trennen können. Ein Schüler kommentierte diese Korrelation zwischen Notengebung und Sozialverhalten einmal während des Unterrichts mit einem Rap, mit dem er seinerseits auf mögliche Konsequenzen einer schlechten Benotung hinwies: »Ich krieg eine Zwei plus, deshalb bekommt Frau Schnur einen Kuss. Ich bekomme eine Drei, nach der Schule Ballerei.«

Die Praxis einer ungleichmäßigen Regelauslegung durch die pädagogische Belegschaft der Schule wird vom Direktor selbst angesprochen und als problematisch betrachtet. Die Einführung der konfrontativen Pädagogik dient deshalb nicht nur als Mittel zur Disziplinierung der Schüler, sondern auch zur Durchsetzung einer einheitlichen pädagogischen Vorgehensweise. Werner Schiffauer hat, basierend auf vergleichenden ethnografischen Forschungen an europäischen Schulen in den 1990er Jahren, auf die im Vergleich zu Großbritannien, Frankreich und den Niederlanden »bemerkenswerte Regellosigkeit« an deutschen Schulen verwiesen.[21] Allgemein gilt demnach lediglich, dass der Lehrer Recht habe. Wer diese Regel missachtet, wird als Disziplinarproblem eingestuft. Auch an der Anna-Seghers-Schule lässt sich – trotz der Einführung der konfrontativen Pädagogik – ein ähnliches Regelverständnis beobachten: Bei Frau Macke, der Kunstlehrerin, können die Schüler der zehnten Klasse während des Unterrichts ungestraft den Klassenraum verlassen. Einmal setzte sich ein Schüler auf den Stuhl der im Raum umherlaufenden Lehrerin und verbrachte die folgende Unterrichtszeit mit der Lektüre von Zeitungen, ohne dass er deswegen ermahnt worden wäre. Bei Frau Mischke, der Klassenlehrerin der 10b, konnte dagegen – je nach der Stimmung der Lehrerin – schon der kleinste Widerspruch mit einem Rausschmiss aus dem Klassenraum bestraft werden. Ihr strenger Erziehungsstil führte dazu, dass im Laufe des Schuljahres der Klassensprecher der 10b drei Mal neu gewählt werden musste, da die jeweiligen Amtsinhaber so viele Strafen angesammelt hatten, dass sie aus Sicht der Lehrerin nicht mehr als Vorbild gelten konnten.

An den Beispielen der Notenverteilung und des Regelverständnisses zeigt sich der willkürliche und autoritäre Zug des deutschen Bildungssystems, der sich hinter dessen demokratischer und liberaler Fassade verbirgt. Während der Direktor vom Ideal einer demokratischen Schule ausgeht, entstehen viele der Konflikte innerhalb der Schule gerade aus dem von den Schülern aufmerksam registrierten Widerspruch zwischen diesem Selbstbild und der schulischen Wirklichkeit. Die vom Direktor propagierte konfrontative Pädagogik verkennt die Grundlage des tatsächlich zu beobachtenden Disziplinarkonfliktes an der Anna-Seghers-Schule, da sie dessen Ursachen in einer fehlgeleiteten Persönlichkeitsentwicklung der Schüler verortet und diese anschließend auf aggressive Weise zu beheben versucht. Die Schüler kennen jedoch durchaus gesellschaftlich akzeptierte Normen wie Fairness, Gleichbehandlung und Respekt gegenüber Mitmenschen, werden jedoch im Alltag beständig mit deren Missachtung konfrontiert, was ich an den Beispielen der subjektiven Benotungspraxis sowie willkürlicher Bestrafungen und Demütigungen vonseiten der Lehrer versucht habe zu veranschaulichen.

Die konfrontative Pädagogik kann als Beispiel für eine Konzeption staatlicher Herrschaft im Sinne von *Affective States* verstanden werden,

---

21 Schiffauer: Staat – Schule – Ethnizität, S. 243ff.

denn sie gründet in einem tiefen Misstrauen gegenüber den natürlichen Anlagen des Menschen, seinen Gefühlslagen und affektiven Dispositionen und versucht diese auf mitunter rabiate Weise zu modifizieren. Gleichzeitig offenbart sich am Beispiel der konfrontativen Pädagogik ein Grundzug neoliberaler Herrschaft, der zufolge soziale Randseiter aufgrund ihrer individuellen Defizite selbst für ihre Lage verantwortlich seien.[22] Diese Sichtweise führt zur Akzeptanz einer harten Gangart im Umgang mit marginalisierten Jugendlichen, in deren Folge pädagogische Stile wie die konfrontative Pädagogik zunehmend Fürsprecher finden. »Disziplinen, Sanktionen, Drill und Dressur sind wieder hoffähig«, beobachtet Birgit Herz in ihrer Analyse des neoliberalen Zeitgeistes in der Pädagogik.[23] Die derzeit zu beobachtende pädagogische Renaissance der Disziplinarkultur beruhe ihr zufolge auf einer Verschiebung der Zuschreibungen von Normalität und Devianz, in deren Folge abweichendes Verhalten zunehmend kriminalisiert und pathologisiert werde. Die konfrontative Pädagogik kann als eine Ausdrucksform umfassenderer diskursiver Verschiebungen im Prozess der neoliberalen Umstrukturierung des staatlichen Erziehungswesens gesehen werden.

GRENZZIEHUNGEN: DEMÜTIGEN UND STRAFEN

Das Schlagwort der konfrontativen Pädagogik lautet »Grenzziehung«. Die Vertreter dieses Erziehungsstils argumentieren, den Jugendlichen würden vonseiten einer weiblichen und verweichlichten Pädagogen-Generation zu wenig klare Anweisungen mit entsprechenden Strafandrohungen vorgegeben. Während der Zeit meiner Forschungen an verschiedenen Berliner Hauptschulen konnte ich jedoch keinen Mangel an Grenzziehungen feststellen und möchte mich deshalb in diesem Abschnitt mit zwei besonders auffälligen Formen der Grenzmarkierung von Pädagogen gegenüber Jugendlichen beschäftigen: dem Demütigen und dem Strafen.

---

22 Für eine historisch differenzierende Analyse liberaler Herrschaftsregime und Subjektivierungstechniken siehe Rose: Governing »Advanced« Liberal Democracies. Für eine aktuelle Diskussion von Neoliberalisierungsprozessen siehe: Brenner/Peck/Theodore: After Neoliberalization?

23 Herz: Neoliberaler Zeitgeist in der Pädagogik, S. 171.

Berliner Hauptschüler werden sowohl innerhalb als auch außerhalb der Schule immer wieder mit Demütigungen und Beleidigungen konfrontiert. So heißt es bei Gesprächen mit Schülern anderer Schultypen häufig – mit einem herablassenden Lächeln begleitet – »ach so Hauptschule«, was den Betroffenen signalisieren soll, dass man in den Augen ihres Gegenübers nicht als vollwertige Person gelte. Überraschender als diese Formen von Distinktionsverhalten waren für mich die häufig zu beobachtenden Distanzierungen von Pädagogen gegenüber den von ihnen betreuten Schülern, was ich an zwei Beispielen veranschaulichen möchte: Bei einem Schulausflug der 10. Klassen zum Potsdamer Cecilienhof wurde schnell deutlich, dass die für die geplante Führung zuständige Museumspädagogin keine Motivation verspürte, eine Gruppe von Hauptschülern durch das Schloss zu führen. Die Führung wurde deshalb von ihr eigenmächtig um die Hälfte der vereinbarten Zeit gekürzt und alle Fragen der durchaus interessiert wirkenden Schüler schroff zurückgewiesen. Die Schüler spürten die Verachtung, die ihnen entgegen gebracht wurde, und fühlten sich provoziert. »Ich hätte ihr eine reinhauen können, aber ich dachte ...«, äußerte sich eine Schülerin im Nachhinein. Auch von den an Berliner Hauptschulen tätigen Lehrern wurden die Schüler häufig auf eine demütigende Art und Weise behandelt und beispielsweise als dumm, faul oder behindert bezeichnet. So meinte eine Lehrerin einmal während des Unterrichtes, sie habe, »keine Lust Idioten zu unterrichten«. Während der anschließenden Schulpause waren die Schüler aufgrund dieser Bemerkung noch immer sichtlich erregt, doch divergierten ihre Einschätzungen: Während einige meinten, die Lehrerin »hat doch Recht«, wollten andere sie »am liebsten verprügeln«.

Mit dem Schreckbild der Verdummung operiert auch Thilo Sarrazin in seinem Buch *Deutschland schafft sich ab*: Die Argumentation des Buches basiert auf einem meritokratischen, sozialdarwinistisch gefärbten Weltbild sowie der Vorannahme, Deutschland sei eine besonders »durchlässige« Gesellschaft, in der »die Tüchtigen aufsteigen« und jene absteigen, die »ganz schlicht ein bisschen dümmer oder fauler sind.«[24] Diese Form der Selektion habe über die Jahrzehnte zu einer intellektuellen und sittlichen Verwahrlosung der in den unteren Schichten verbleibenden Bevölkerungsgruppen geführt, deren Passivität durch staatliche Sozialleistungen noch zusätzlich ge-

---

24 Sarrazin: Deutschland schafft sich ab, S. 79f., 227. Siehe auch: Deutschlandstiftung Integration (Hg.): Sarrazin.

fördert werde. Die intellektuelle Verwahrlosung der sozial Deklassierten hängt nach Sarrazin eng mit deren genetisch veranlagtem niedrigen Intelligenzquotienten zusammen, der zu einem hohen Anteil an ihre Nachkommen weitervererbt werde. Da Sarrazin »Unterschichten« und Migranten gleichzeitig eine überdurchschnittliche Vermehrungsrate attestiert, gelangt er zu der These, Deutschland werde tendenziell immer dümmer und schaffe sich letztlich selbst ab.[25] Zu den moralischen Mängeln zählen unter anderem Übergewicht, mangelnde Zahnpflege, übermäßiger Fernsehkonsum, defizitäre Sprachentwicklung und motorische Schwächen. Deutschland habe demnach kein Armuts-, sondern primär ein »Verhaltensproblem« bestimmter Gruppen: »Nicht materielle, sondern die geistige und moralische Armut ist das Problem.«[26] Sarrazins Argumentation wird von einer offenkundigen Verachtung für jene »Versager« begleitet, denen er die kognitiven Fähigkeiten und moralischen Kompetenzen abstreitet, ein produktives Mitglied der Gesellschaft zu sein. Dazu zählen unter anderem Hauptschulabsolventen ohne Arbeits- oder Ausbildungsstelle, denen Sarrazin unterstellt, sie seien selbst schuld an ihrer misslichen Lage: »Wer ausbildungswillig und -fähig ist, bekommt auch eine Lehrstelle, selbst in Berlin mit seiner hohen Arbeitslosigkeit.«[27] Statt diesen Jugendlichen weiterhin ein »komfortables Grundsicherungsnetz« zu spannen, empfiehlt er sie künftig mit mehr Härte zu eigenverantwortlichem Handeln zu erziehen.

Als implizites Gegenstück zur bedrohlich erscheinenden Masse der verdummten »Unterschichten« wird bei Sarrazin die Vorstellung von einem rationalen und aufgeklärten westlichen Individualsubjekt reproduziert. Die Philosophin und Literaturwissenschaftlerin Avital Ronell hat in ihrem Buch *Stupidity* auf die Grenzziehungsfunktion der Bezeichnung »dumm« hingewiesen. Die Zuschreibung von Dummheit diene ihr zufolge als »Waffe« gegenüber »Unterschichten« und Migranten und werde häufig mit den Sphären populärer Kultur wie dem Fernsehen, den Massenmedien, der Popmusik oder dem Sport assoziiert. Dummheitszuschreibungen lassen sich als eine Form der Stereotypisierung verstehen, die eine demütigende, eine vorwurfsvolle und eine denunziatorische Komponente enthält. Hauptschüler werden durch diese Art der Grenzziehung nicht nur gedemütigt, ihnen

---

25 Sarrazin: Deutschland schafft sich ab, S. 100.
26 Ebd., S. 123.
27 Ebd., S. 244.

wird auch die Schuld für ihre Lage zugeschrieben. Wie andere Formen des *Othering* basieren diese Zuschreibungen auf einer binären Perspektive: der Vorstellung einer klaren Trennung zwischen dem Eigenen und dem Anderen, zwischen der Sphäre der Intelligenz und der Dummheit.[28] Doch auch wenn diese Sichtweise durch standardisierte Klassifikationskriterien wie Schulnoten, Zeugnisse oder Intelligenzquotienten legitimiert wird, lassen sich damit die äußerst fließenden Grenzen der Dummheit im Alltag nur schwer kontrollieren. Im Anschluss an Ronell können Dummheitszuschreibungen demnach als ein Exklusionsmechanismus begriffen werden, mit dessen Hilfe soziale Grenzen konstruiert, legitimiert, naturalisiert und überwacht werden.

Die Abgrenzung von der vermeintlichen Dummheit der Anderen schafft Ronell zufolge jedoch nur eine scheinbare Sicherheit. Da praktisch alles als dumm bezeichnet werden kann, befindet sich auch der aufgeklärte »Intellektuelle« stets auf der Flucht vor der eigenen Dummheit und lebt in ständiger Angst, diese könne öffentlich entlarvt werden. Aus diesem Blickwinkel betrachtet erscheinen gerade jene, die wie Thilo Sarrazin medienwirksam gegen die Verdummung Deutschlands ins Feld ziehen, selbst von der Dummheit bedroht. Auch die Lehrer der Anna-Seghers-Schule in Berlin-Wedding, die ihren Schülern mitunter mangelnde Intelligenz vorhalten, sind von vergleichbaren Zuschreibungen betroffen. Lehrer agieren nicht nur als Akteure im Prozess der Herabsetzung von Hauptschülern, sondern sie werden auch selbst als Berufsgruppe mit gesellschaftlicher Geringschätzung sowie einer weitverbreiteten »Verachtung der Pädagogik« konfrontiert.[29] Darüber hinaus wird bereits im Rahmen der universitären Lehrerausbildung eine Hierarchie zwischen späteren Gymnasial-, Realschul- und Hauptschullehrern etabliert. Dass besonders Hauptschullehrer mit einem Anerkennungsdefizit konfrontiert sind, zeigt sich in der späteren Berufspraxis unter anderem daran, dass ihnen weniger Gehalt zusteht als beispielsweise verbeamteten Gymnasiallehrern. Diese ungleiche Verteilung von Respekt und Anerkennung offenbarte sich besonders deutlich bei einem Treffen der Lehrer der Anna-Seghers-Schule mit der Lehrerschaft einer benachbarten Realschule, bei dem die Umsetzung der im Rahmen der

---

28 Für eine kritische Perspektive auf Stereotypisierungen und »Othering« siehe Bhaba: The Location of Culture.
29 Siehe dazu Ricken (Hg.): Über die Verachtung der Pädagogik.

Berliner Schulreform beschlossenen Fusionspläne diskutiert werden sollte. Die Realschullehrer brachten zu diesem Treffen die Hausordnung ihrer Schule mit und legten sie den Hauptschullehrern zu Beginn der Sitzung auf den Tisch – eine Demütigung, von der die Hauptschullehrer noch Wochen später wütend berichteten. Die beleidigende Geste unterstellte den Hauptschullehrern zum einen, sie könnten keine Schule organisieren, und markierte zum anderen den Führungsanspruch der Realschullehrer in der kommenden gemeinsamen Schulform.

Demütigungen, die mit der Zuschreibung eines kognitiven Defizits operieren, heften sich auf subtile Art und Weise an die betroffenen Schüler. Sie nagen am aufgrund fehlender Anerkennung ohnehin schwachen Selbstwertgefühl und Selbstvertrauen vieler Hauptschüler und provozieren früher oder später meist die Frage, ob man wirklich zu dumm sei. Statt als Formen von sozialen Grenzziehungen werden sie eher als Hinweis für einen individuellen Mangel interpretiert. Die gesellschaftliche Verachtung von Hauptschülern wird vor allem durch diese alltäglichen Demütigungen produziert und erfahren. Negative Zuschreibungen dieser Art können im Rahmen der Institution Schule nur schwer widerlegt werden, vor allem, wenn die Person, die einen demütigt, auch für die Verteilung von Schulnoten zuständig ist.

Von den eher versteckten Formen von Grenzmarkierungen lassen sich offensichtlichere Formen der Grenzziehung in Form von Bestrafungen unterscheiden. Anders als es die Vertreter der konfrontativen Pädagogik suggerieren, werden – zumindest an den Berliner Hauptschulen, in denen ich mich aufgehalten habe – immer wieder harte Disziplinarmaßnahmen verhängt: Hauptschüler werden mit der Note Sechs bestraft, sie müssen Strafminuten auf dem Flur verbringen oder Strafaufgaben erfüllen, sie erhalten Schulverbote von unterschiedlicher Länge, Hausverbote, Anklagen vor Gericht oder werden ganz von der Schule gewiesen. Wie es zu einem solchen »Rausschmiss« kommen kann, werde ich am Beispiel von Eric schildern.

Eric wurde von einer Lichtenberger Hauptschule verwiesen, nachdem Fotos auf dem Schulserver aufgetaucht waren, die ihn mit einer Schreckschusspistole in der Hand auf dem Schulgelände zeigen.

Eric: »Uns war langweilig gewesen und da hatte ich und ein Kumpel halt eine dumme Idee gehabt. Also, er hat halt so eine Schreckschusspistole gehabt und wir haben da Fotos von uns beiden gemacht, und er hat sie mir rübergeschickt über den Schulserver. Wir haben sie dann vergessen aus dem Netzwerk wieder heraus zu löschen. Das hat dann halt unser IT-Lehrer gefunden und dann war halt ›Tschüss‹. Es war irgendwie vorauszusehen, dass ich irgendwann rausfliegen würde. Bei mir war es auch, weil meine Noten nicht mehr gestimmt haben. Und da es schon mein 11. Schuljahr war, hat der Direktor gesagt: ›Na ja, es ist sowieso unvermeidbar‹, dass ich das Jahr eh nicht schaffe, ›dann gehe am besten gleich raus.‹ [...]«

S.W.: »Und was ist mit deinem Kumpel passiert?«

Eric: »Der war auch in meiner Klasse gewesen und der ist nicht rausgeflogen, weil … er macht halt nichts in der Schule, aber er ist immer da und dementsprechend hat er halt nicht zu viele Ausfälle. Und ich war halt öfter mal nicht da, kein Bock mehr gehabt, die letzten beiden Stunden geklemmt und nach Hause gefahren.« [...]

S.W.: »Wie ist denn das Gespräch beim Direktor abgelaufen?«

Eric: »Mein Betreuer war da, mein Klassenlehrer auch. Es wussten halt schon alle, worum es geht und worauf es herauslaufen wird. Von daher ging es halt nur noch darum, um meinem Betreuer wirklich alles zu schildern, wie es halt kam und dass es halt eine Frechheit ist, dass es so was überhaupt gibt und so. Ich konnte mich halt nicht so wirklich verteidigen, weil, man konnte halt sehen, dass es in der Schule war. [...] Auf eine Art finde ich die Strafe schon in Ordnung, ist halt schon genug Scheiße passiert mit solchen Sachen. Ich fand halt nur Scheiße, dass ich ihn mit reingezogen habe auf eine Art. Das Problem war halt, sie hatten seine Fotos nicht gefunden, sondern nur meine. Und sie wollten halt wissen, von wem die waren und mein Betreuer sagte halt: ›Los, sag das jetzt, ansonsten kannst du es sowieso vergessen.‹ Und ich fand es halt von mir Scheiße, dass ich ihn verraten habe, das hat mich ganz schön runtergezogen nach ein paar Tagen. Wir haben jetzt auch gar keinen Kontakt mehr miteinander und vorher waren wir halt so Schulkameraden.«

Das Füllwort »halt« ist in Erics Beschreibung seines Schulverweises eines der am häufigsten auftretenden Worte. Es vermittelt einerseits den Anschein einer gewissen Alltäglichkeit und andererseits den Eindruck einer nur schwer entrinnbaren Zwangsläufigkeit: Sobald gewisse Bestrafungsmechanismen aktiviert worden sind, scheinen kaum noch andere Möglichkeiten als die Verhängung einer Strafe realistisch zu sein – »da kann man dann *halt* nicht mehr viel machen«, wie ein Lehrer vielleicht sagen würde. Die Strafe wird vom Lehr- und Aufsichtspersonal zwar mit einer der Situation angemessen wirkenden Entrüstung (»Frechheit«), aber ohne größeren persönlichen Eifer verhängt. Die Bestrafung erscheint als ohnehin unvermeidbar, als ein zwangsläufiges Ergebnis des mit der Entdeckung der Bilder durch einen Lehrer in Gang gesetzten schulischen Disziplinarapparates. Der

Eindruck der Zwangsläufigkeit trügt jedoch, denn obwohl gleichermaßen involviert, werden die beiden Schüler von der Schulleitung auf ungleiche Weise behandelt. Während Eric die Schule verlassen muss, kann sein Freund weiterhin die Schule besuchen. Entscheidend für das Strafmaß ist demnach weniger die Schwere des Vergehens, sondern die Gesamteinschätzung des Disziplinarverhaltens der jeweiligen Schüler. Erics schlechte Schulnoten und seine demonstrative Missachtung der Anwesenheitspflicht scheinen den Ausschlag für seinen Rauswurf zu geben. Zwangsläufig ist nicht die Bestrafung, sondern lediglich die Bestrafung von Eric, aufgrund von dessen ohnehin angespannter Beziehungen zu den Strafenden.

Eric zeigt keine Anzeichen von negativen Gefühlen gegenüber seinem vorteilhafter behandelten Schulfreund, obwohl dieser die Fotos über den Schulserver verschickt hatte und dabei nur jene Bilder ausgewählt hatte, auf denen er selbst nicht abgebildet war. Vielmehr bedauert Eric, diesen Schüler bei der Schulleitung angezeigt zu haben. Dieses als Verrat empfundene Verhalten und das anschließende Ende ihrer Freundschaft belasten ihn deutlich mehr als das vorzeitige Ende seiner eigenen Schulkarriere. Freundschaft und gegenseitige Unterstützung zählen für Eric anscheinend mehr als persönliche Vorteilsnahme. Daran lässt sich erkennen, dass es Eric keineswegs an einer »prosozialen« Orientierung oder an »moralischem Bewusstsein« mangelt, wie es Vertreter der Konfrontativen Pädagogik verhaltensauffälligen Jugendlichen unterstellen. Er weiß zudem, dass das Posieren mit der Pistole »eine dumme Idee« war und bedarf nicht der Bestrafung, um zu dieser Erkenntnis zu gelangen. Aufgrund der Irreversibilität der Strafe erscheint diese Form der Grenzziehung mehr als ein Schlussstrich, denn als Weg zur Verhaltensverbesserung. So kann man den Eindruck gewinnen, die gegen ihn verhängte Disziplinarmaßnahme diene in erster Linie der Aufrechterhaltung der Machtposition des Lehrpersonals.

Während des Gespräches beim Direktor sind außer diesem und Eric selbst noch sein Klassenlehrer sowie ein Sozialarbeiter anwesend, der seit dem Tod seiner Mutter für Erics Betreuung zuständig ist. Offenbar sah Eric in dieser Situation keine Möglichkeit, seine Position gegenüber den mit deutlich mehr Machtfülle ausgestatteten Gesprächspartnern auf eine ihm angemessen erscheinende Weise darzustellen. Die aus dem Umfeld der *Postcolonial Studies* stammende Literaturwissenschaftlerin Gayatri Spivak hat sich in ihrem bekannten Text *Can the Subaltern Speak?* mit dem Problem der Artikulationsmöglichkeiten von Subalternen beschäftigt, wobei unter Subalternen all jene Randgruppen gefasst werden können, denen es im Rahmen einer hegemonialen Kultur an einer eigenständigen Artikulationsmöglichkeit fehlt.[30] Mit der Bezeichnung *Enabling Violence* beschreibt Spivak einen Mechanismus, bei dem der Subalterne nur dann seine Position artikulieren kann, wenn er sich den Bekenntniszwängen und Artikulationsmustern der hegemonialen Position anpasst. Eric befindet sich in einer vergleichbaren Zwangslage: Egal, was er sagen würde, da alle ohnehin schon zu wissen scheinen, »worum es geht und worauf es herauslaufen wird«, kann eine alternative Sichtweise kaum noch artikuliert werden. Er könnte zwar anfangen, von der drückenden Langeweile in der Schule zu berichten oder davon, dass die Pistole ohnehin nicht geladen war, doch seine Botschaft würde wohl nicht gehört oder lediglich als misslungener Rettungsversuch gedeutet werden. Eric gilt von vornherein als unglaubwürdig. Er kann folglich auch nicht »vom Straftäter zum Gentleman« werden. Schließlich wird er doch dazu gedrängt zu reden, jedoch nur um den Namen seines Komplizen preiszugeben. Vor allem deshalb fühlt er sich im Anschluss an das Gespräch beim Direktor unwohl: Er hat das Gefühl nicht nur seinen Freund, sondern auch seine eigenen moralischen Grundsätze und somit in gewisser Weise sich selbst verraten zu haben.

Mit dem Demütigen und dem Strafen habe ich zwei an Berliner Hauptschulen besonders auffällige Formen der Grenzziehung betrachtet: Beide basieren auf asymmetrischen Machtverhältnissen, beide dienen in erster Linie der Aufrechterhaltung der Distanz zwischen Lehrern und Schülern und beide tragen kaum dazu bei, die Disziplinprobleme innerhalb der Schulen zu beheben.[31] Demütigungen sind eine subtilere Form der Grenzziehung als Bestrafungen, da deren Grenzziehungsfunktion von den Betroffenen schwerer zu erkennen ist. Bestrafungen haben zwar in der Regel auch eine demütigende Komponente, sind jedoch eher auf das Verhalten als auf die Person gerichtet und somit von den Schülern leichter zu akzeptieren. Nachdem bisher *Affective States* im Sinne von »affektiver Staatlichkeit« analysiert wurden, wende ich mich nun *Affective States* im Hinblick auf die »affektiven Zustände« von Schülern zu.

---

30 Spivak: Can the Subaltern Speak?, S. 37.
31 Für eine grundlegende Kritik der Verbindung zwischen Recht, Macht und Gewalt in staatlichen Institutionen siehe Benjamin: Zur Kritik der Gewalt.

WUT UND NEID – DIE POLITISCHE DIMENSION VON EMOTIONEN UND AFFEKTEN

Im Verlauf dieser Studie sind immer wieder Emotionen und Affekte aufgetaucht: Ich habe mich unter anderem mit den Schamgefühlen und den Zukunftsängsten von Hauptschülern sowie mit affektiv aufgeladenen Zuständen wie Coolness und Ironie beschäftigt. Emotionen und Affekte können mithilfe von Sprache und Kategorisierungen nur eingeschränkt repräsentiert werden. Zudem treten in vielen Alltagssituationen mehrere Emotionen und Affekte gleichzeitig auf, so lassen sich beispielsweise Abscheu und Mitleid gegenüber marginalisierten Jugendlichen häufig kaum voneinander trennen. Im folgenden Abschnitt diskutiere ich Szenen und Narrative von Berliner Hauptschülern, die als wütende oder neidische Reaktionen in Bezug auf gesellschaftliche Ungleichheitsverhältnisse interpretiert werden können. Beginnen wir mit Niklas, der – als ich ihn bei unserem letzten Treffen im Frühjahr 2009 zum Abschied frage, ob er mir noch etwas erzählen möchte – zu folgendem Monolog ansetzt:

Niklas: »Ich habe irgendwie so das Gefühl, dass das irgendwann mal alles so zusammenbrechen wird, weil es irgendwann nicht mehr weitergehen kann. Weil die Anforderungen immer höher werden, aber wir werden dem gar nicht mehr gerecht. Es wird schon wieder bergauf gehen, aber es wird auch immer alles teurer und man verdient immer noch das Gleiche, das ist halt das Unfaire daran. Die fetten Menschen stecken sich die Kohle in die Tasche und die anderen werden immer ärmer. Das ist es, was mich so aufregt. So was finde ich halt blöd vom Staat irgendwie. Aber dafür kriegen wir auch was bezahlt, wenn wir mal arbeitslos sind, was andere Länder nicht machen. Aber in anderen Ländern wird es auch irgendwie gerecht gemacht, dass man was verdient und sich auch was leisten kann. Manche Sachen sind irgendwie blöd geregelt hier bei uns, aber es ist halt so. [...] Bei meiner Ausbildung habe ich nur 296 Euro im Monat verdient, jetzt habe ich 285 Euro bei der Maßnahme, muss aber viel weniger machen, was ja eigentlich voll unfair ist. Manche reißen sich den Arsch auf und kriegen gar nichts. Manchmal kriegen dann auch die nichts machen eine Ausbildung und die, die sich angestrengt haben, die kriegen keine. Wie zum Beispiel Jeff. Ich habe 50 Bewerbungen geschrieben oder noch mehr und der schreibt drei Bewerbungen und kriegt eine Stelle. Wahrscheinlich ist der auch ein bisschen cleverer, aber ich denke, das ist doch irgendwie unfair manchmal.«

Niklas ist wütend auf die Gesellschaft und neidisch auf diejenigen, die aus seiner Sicht unverdient besser gestellt sind. Am Gesellschaftssystem der Bundesrepublik Deutschland kritisiert er die eklatante und zunehmende Einkommenskluft zwischen Arm und Reich, die aus seiner Sicht irgendwann zum Zusammenbruch des Systems führen könne. In seiner pessimistischen Prognose reflektiert er indirekt die öffentlichen Diskussionen über die Auswirkungen der internationalen Finanz- und Wirtschaftskrise auf Deutschland, über die staatlichen Milliardenhilfen für bankrotte Banken einerseits und den drohenden Anstieg der Arbeitslosigkeit andererseits, die zum Zeitpunkt unseres Gesprächs medial geführt wurden. Niklas bezieht sich in seiner Anklage explizit auf den Staat, dem er zwar durchaus positive Seiten wie die Aufrechterhaltung eines Sozialsystems zubilligt, dem er jedoch gleichzeitig fundamentale Ungerechtigkeiten in der Regulationsweise der Gesellschaft attestiert: dass die ohnehin Wohlhabenden mehr Geld erhalten als die finanziell Bedürftigen, dass er mit weniger als 300 Euro im Monat seinen Lebensunterhalt bestreiten muss, dass Ausbildungsstellen auf eine ungerechte Weise verteilt werden und dass vergleichbare Arbeit ungleich bezahlt wird. Diese Zustände beschreibt Niklas als »unfair«, was verdeutlicht, dass er seine Kritik vom moralischen Anspruch einer fairen gesellschaftlichen Chancen- und Ressourcenverteilung ableitet. Die Moralvorstellungen von Niklas beruhen damit auf einer grundlegenden Anerkennung des Leistungsprinzips sowie einer normativen Vorstellung von Lohnarbeit als erstrebenswerter Beschäftigung. Es handelt sich also eher um eine systemimmanente als um eine das System selbst grundlegend infrage stellende Kritik.

Die Passage wirkt emotional, Niklas fühlt sich betroffen und steigert sich in einen wütenden Redefluss. Gleichzeitig erscheinen seine Argumente durchaus nachvollziehbar. Robert Solomon hat in seinem Text *Emotions as Judgements* dafür plädiert, Emotionen nicht als plötzliche Ausbrüche von etwas Irrationalem zu verstehen, sondern als ein System von miteinander verschränkten Wertungen und somit als einen moralischen Standpunkt. Werturteile werden dabei keineswegs in einem neutralen oder desinteressierten Sinne verstanden, sondern als Reflektionen und Reaktionen auf die Welt, die einen etwas angeht. Niklas' Bemerkung »was mich so aufregt ...« zeugt von dieser Dringlichkeit. Emotionen artikulieren sich zwar plötzlich in bestimmten Momenten und Situationen, sie bauen sich jedoch über einen langen Zeitraum auf. Man kann Emotionen folglich als dynamische Strukturen begreifen, die auf persönlichen Erfahrungen, Normvorstellungen sowie Wünschen und Erwartungen beruhen. Demnach existieren Emotionen nicht losgelöst von sozialen Beziehungen und gesellschaftlichen Machtverhältnissen. Solomon argumentiert zudem gegen eine Trennung zwischen Emotionen und Verstand. Vielmehr können Emotionen als eine Form sozialen Wissens oder – wie es die Philosophin Martha Nussbaum vorschlägt – als eine Form von Intelligenz verstanden werden.[32]

Wut und Neid sind zwei mögliche emotionale Formen, um auf Demütigungen und auf soziale Ungerechtigkeit zu reagieren. In einem anderen Interview äußerte Niklas den Wunsch, »ein bisschen akzeptiert« und »nicht wie ein Stück Scheiße« behandelt zu werden. Niklas wütende Forderung bezieht sich in diesem Fall auf eine grundlegende normative Vorstellung von gegenseitigem Respekt, die ihm seiner Ansicht nach als Hauptschüler verweigert wird. Ein weiteres Beispiel für eine wütende Reaktion habe ich bereits in der am Anfang dieses Kapitels geschilderten Szene beschrieben, bei der ein Schüler wütend aus dem Klassenzimmer rannte. Auch die Museumspädagogin, die sich den Hauptschülern gegenüber herablassend verhält, sowie die Lehrerin, die ihre Schüler als »Idioten« bezeichnet, provozierten jeweils wütende Reaktionen wie den Wunsch zur körperlichen Verletzung. Wut bezeichnet in diesen Fällen eine Reaktionsweise, bei der Demütigungen nicht länger unwidersprochen hingenommen werden. In diesem Sinne ist Wut eine immens politische Dimension, die häufig als Auslöser für politischen Protest und somit als Anstoß für soziale Transformation fungiert.

Neid kann demgegenüber als eine emotionale Reaktion auf wahrgenommene Ungleichheiten interpretiert werden und hat folglich ebenfalls eine politische Dimension. In der zitierten Interviewpassage wird deutlich, dass Niklas neidisch auf seinen Freund Jeff ist und gleichzeitig, indem er sich selbst fehlende Cleverness zuschreibt, ein Minderwertigkeitsgefühl artikuliert. Dabei geht es jedoch nicht allein um persönliche Befindlichkeiten, sondern um die grundlegende Frage, warum Niklas nach monatelanger Suche noch immer keinen Ausbildungsplatz gefunden hat. Auch sein Neid auf die »fetten Menschen«, die ohne dringenden Bedarf immer mehr Reichtümer anhäufen, provoziert grundsätzliche Fragen nach einer gerechten Verteilung von gesellschaftlich produzierten Gütern. Trotz dieser politischen

---

32 Vgl. Nussbaum: Upheavals of Thought.

Stoßrichtung wird Neid in der Regel nicht als eine legitime Form der politischen Artikulation akzeptiert. Sianne Ngai argumentiert in ihrem Buch *Ugly Feelings*, dass Neid meist als ein persönliches Defizit, als ein Mangel an Motivation oder Leistungsfähigkeit, als ein Ausdruck von negativen Charaktereigenschaften sowie als eine Form von Egozentrismus wahrgenommen wird.[33] Durch die Sichtweise auf Neid als eine private und negative Emotion, werden neidische Reaktionen ihres kritischen Potentials beraubt. Statt Neid als eine berechtigte Reaktion auf eine ungerechte Chancen- und Güterverteilung zu deuten, wird dem Neider in der Regel selbst die Schuld an seiner Misere zugeschrieben. Neid gilt als eine idiosynkratrische oder hässliche Emotion und wird deshalb häufig von einer Art von Scham- oder Schuldgefühl begleitet, mit dem sich der Neider selbst für seine Neidgefühle schämt. In Niklas' Narrativ kann man erahnen, dass er den negativ konnotierten Eindruck des Neiders vermeiden will, denn er ist sichtlich darum bemüht, in seiner Anklage auch Gegenargumente zu berücksichtigen.

Wut kann in den erwähnten Beispielen als eine emotionale Reaktion auf Demütigungen und Neid als eine emotionale Reaktion auf soziale Ungleichheit gedeutet werden. Emotionen dieser und ähnlicher Art enthalten Argumente, Erwartungen und Vorstellungen. Im Fall von Hauptschülern sind dies häufig Argumente bezüglich einer fairen Chancen- und Ressourcenverteilung, Erwartungen an ein Mindestmaß an Respekt und persönlicher Anerkennung und zumeist moderate Vorstellungen von ökonomischer und sozialer Absicherung. In allen drei Bereichen werden die Schüler jedoch systematisch enttäuscht: Sie müssen, wie im Fall von Niklas, mit weniger als 300 Euro im Monat auskommen, während andere Millionensummen verdienen. Sie werden von Lehrern gedemütigt, die sie eigentlich unterstützen müssten. Und sie fürchten sich, aufgrund ihrer Diskriminierung auf dem Arbeitsmarkt ihre bescheidenen Zukunftsvorstellungen nicht verwirklichen zu können. Hierin liegt die politische Dimension von Emotionen und Affekten wie Wut oder Neid verborgen. Knallende Türen und schreiende Schüler in einer Hauptschule sind demnach nicht notwendigerweise nur Ausdruck von »Frust« oder »Chaos«. Vielmehr gilt es, solche Situationen genauer zu betrachten und danach zu fragen, auf welchen Erfahrungen, Erwartungen und Enttäuschungen emotionale Verhaltensweisen be-

---

33 Vgl. Ngai: Ugly Feelings, S. 126ff.

ruhen. Auf diese Weise betrachtet, können Emotionen als eine Form von *Agency* begriffen werden.

Gleichzeitig ist eine gewisse Vorsicht gegenüber einer vorschnellen Einordnung von Emotionen, beispielsweise als Form von Widerständigkeit, ratsam. Carolyn Steedman hat sich in den autobiografischen Erinnerungen an ihre Kindheit und ihre Mutter mit den als schamvoll empfundenen eigenen Erfahrungen von Neid auseinandergesetzt und diese als Folge von Exklusionserfahrungen interpretiert.[34] Auch sie verweist darauf, dass Emotionen wie Neid, Missgunst oder Verbitterung nicht als legitimer Ausdruck einer sozial bedingten Position und einem daraus resultierenden politischen Bewusstsein akzeptiert werden. Sie versucht diese negativ konnotierten Emotionen wieder in einem politischen Koordinatensystem zu verorten und erweitert damit gleichzeitig die gängigen Vorstellungen vom Politischen um scheinbar unpolitische Alltagspraktiken. Der Titel ihres Buches – *Landscape for a Good Woman* – kann als Versuch des Ausbruchs aus vorgefertigten Kategorien, wie jenen der »guten Mutter« oder der »braven Tochter«, interpretiert werden.[35] Steedman zeigt, wie Subjektformen durch eine Orientierung an narrativen Konventionen konstruiert und reproduziert werden und provoziert durch ihren biografischen Ansatz die Frage, wie man die Ambiguität von subalternen Subjektpositionen darstellen kann, ohne sich zu deren Sprecher zu machen oder sie in feste Kategorien zu zwängen.

Betrachtet man den vorhin zitierten Monolog von Niklas aus diesem Blickwinkel, fällt zunächst auf, dass auch dieses Narrativ sich einer eindeutigen Interpretation widersetzt: Niklas' Argumente sind sowohl scharfsinnig als auch unausgewogen, sie sind eigennützig und dennoch allgemeingültig. Auch Niklas selbst passt weder in die Kategorie des braven noch in die des rebellischen Jugendlichen, denn er ist weder eindeutig widerständig noch klar angepasst. Niklas' emotionale Reaktion wurde von mir als eine mögliche Ausdrucksform von sozialer Kritik interpretiert, die jedoch nicht in gängige politische Artikulationsmuster passt. Man könnte – einen Buchtitel von Richard Sennett und Jonathan Cobb aufgreifend – von *Hidden Injuries of Class* sprechen. In dieser bereits erwähnten Studie aus dem Jahr 1972 wurde von Sennett und Cobb herausgearbeitet, dass klassenbedingte Ungleichheiten sich nicht auf eine Einschränkung von Handlungsmöglich-

---

34 Steedman: Landscape for a Good Woman.
35 Ebd., S. 100ff.

keiten der unteren Schichten reduzieren lassen, sondern auch deren Würde angreifen. Die von ihnen geschilderten Arbeiter folgen einem individualistischen und meritokratischen Verständnis von Erfolg. Sie befinden sich auf der ständigen ängstlichen Suche nach Respekt und empfinden sich selbst noch im Falle eines sozialen Aufstiegs häufig als schuldig, unfähig oder unwürdig.[36] Dabei wird deutlich, dass für auf Exklusionserfahrungen basierende emotionale Verletzungen kaum gesellschaftliche anerkannte Artikulationsmöglichkeiten bestehen. Auch wütende oder neidische Reaktionen von Berliner Hauptschülern werden in der Regel nicht als berechtigte Kritik an Lehrern und an der Gesellschaft wahrgenommen, sondern als fehlgeleitetes oder minderwertiges emotionales Verhalten interpretiert – als »Chaos« oder »Frust«, dem wiederum durch autoritäre Erziehungsmaßnahmen begegnet werden müsse. Es handelt sich demnach um Kommunikationssituationen, in denen schon von vornherein festgelegt wird, wessen Äußerungen als legitime »Rede« und welche lediglich als »Lärm« gelten.[37]

Catherine Lutz hat in ihrem Text *The Anthropology of Emotions* auf die paradoxe Situation hingewiesen, dass Personen mit niedrigen sozialen Status entweder als zu emotional oder als nicht emotional genug gelten: Zum einen wird ihnen häufig eine mangelnde Affektbeherrschung vorgeworfen und zum anderen ein Defizit an kultivierter Innerlichkeit attestiert.[38] In beiden Fällen wird Personen aus unteren sozialen Schichten eine psychologische Uniformität unterstellt, während Individualität den höheren Schichten vorbehalten bleibt. In diesem Kapitel habe ich mich aus unterschiedlichen Blickwinkeln mit der politischen Dimension von Emotionen und Affekten beschäftigt und dabei im letzten Abschnitt anhand eines individuellen Beispiels die Ambivalenz und Komplexität von emotionalen und affektgeladenen Praktiken Berliner Hauptschüler dargestellt. Dabei löste ich das Konzept der *Affective States* aus seinem kolonialen Verweisungszusammenhang und übertrug es auf die westliche Gegenwartsgesellschaft. Die an den Rändern der neoliberalen Gesellschaft zu beobachtenden subtilen und weniger subtilen Ausschlussmechanismen lassen sich auf diese Weise mit der durch die intensive Auseinandersetzung mit kolonialen Unterdrückungsmecha-

---

36 Vgl. Sennett/Cobb: The Hidden Injuries of Class, S. 151ff. Siehe auch: Sennett: Respect.
37 Vgl. Rancière: Das Unvernehmen, S. 34.
38 Lutz: The Anthropology of Emotions, S. 421.

nismen geschärften Forschungsperspektive der *Postcolonial Studies* analysieren. Dadurch wurde es mir möglich, die emotionale Dimension und die Brutalität von Formen sozialer Herabwürdigung zu veranschaulichen, die Selbstbeschreibungen von Liberalismus, Demokratie und Moderne zu dekonstruieren und damit gleichsam Momente der Bedrohung und Fragilität von zeitgenössischen Herrschaftsregimen herauszuarbeiten. Gleichzeitig lässt sich damit eine gesellschaftskritische Perspektive formulieren, welche zum einen die Gesellschaft an ihren eigenen Maßstäbe und Idealen misst und zum anderen die kritischen Sichtweisen der von sozialer Ausgrenzung Betroffenen ernst nimmt. Hauptschüler erscheinen so weder als Widerstandskämpfer im marxistischen Sinne, noch erleiden sie stumpf und passiv ihre Situation. Vielmehr lassen sich ihre wütenden und neidischen Reaktionen als Formen politischer Artikulation, als eine Kritik an Demütigungen und sozialer Ungleichheit, interpretieren.

»Wir sind dumm«

Ideologie und Mythos im staatlichen Bildungssystem

»Man ist selbst für sein Leben verantwortlich. Wenn man sich anstrengt, dann kriegt man auch was man will.« Selbsteinschätzungen dieser Art hörte ich häufig von Berliner Hauptschülern. Neben den im vorigen Kapitel diskutierten kritischen Perspektiven gegenüber einer demütigenden und unfairen Behandlung von Hauptschülern lässt sich gleichzeitig eine eher individualistische Sichtweise beobachten. Viele Hauptschüler suchen die Schuld für berufliche Misserfolge in erster Linie bei sich selbst. Auch in einer Reihe von anderen Ungleichheitsstudien wurde seit längerem immer wieder festgestellt, dass ein individualistischer Zuschreibungsmodus gerade von denjenigen verteidigt wird, die selbst ins gesellschaftliche Abseits gedrängt werden.[1] Kritik und Affirmation der gesellschaftlichen Ungleichheitsverhältnisse schließen demnach einander nicht aus, sondern existieren in der Hauptschule parallel zueinander. Dieses abschließende Kapitel ist von der Frage inspiriert, warum Berliner Hauptschüler trotz der vielfältigen Formen von Diskriminierung und Stigmatisierung dennoch wiederholt dem gesellschaftlich dominanten Leistungsimperativ zustimmen.

Ideologie und Mythos sind die beiden zentralen Begriffe, mit deren Hilfe ich dieser Fragestellung nachgehen werde. Mithilfe einer ideologiekritischen Perspektive soll zunächst die Frage behandelt werden, wie es dem Schulsystem gelingt, einerseits systematisch Ungleichheiten zu reproduzie-

---

1 Siehe unter anderem: Solga: Meritokratie – die moderne Legitimation ungleicher Bildungschancen, Schiffauer/Baumann/Kastoryano/Vertovec (Hg.): Staat – Schule – Ethnizität; Bourdieu/Passeron: La Reproduction; Sennett: Respect.

ren und gleichzeitig den Eindruck zu vermitteln, Bildung stehe für die Emanzipation von herkunftsbedingten Einschränkungen und für gesellschaftliche Aufstiegsmöglichkeiten. Der machtvolle Mythos von Bildung als individueller Chance erscheint in dieser Blickweise als pure Ideologie. Bildungsideologien werden in diesem Kapitel am Beispiel von Unterrichtsdiskussionen in der Anna-Seghers-Schule in Berlin-Wedding und Bildungsmythen anhand der dort im Unterricht häufig verwendeten Publikationen der von der Bundesanstalt für Arbeit herausgegebenen *Planet-Beruf*-Reihe analysiert. Dabei soll nicht nur nachgezeichnet werden, wie Bildungsideologien und Bildungsmythen ihre Wirksamkeit entfalten, sondern auch, wie sie in bestimmten historischen Konstellationen wieder an Überzeugungskraft verlieren können. Eine solche Herangehensweise soll gleichzeitig den Blick dafür öffnen, wie eine zeitgemäße ideologiekritische Perspektive auf das deutsche Schulsystem aussehen könnte. Am Schluss dieses letzten Kapitels folgt schließlich ein Ausblick auf das Ende der Hauptschule in Berlin und die sich daraus ergebenden Fragestellungen.

IDEOLOGIE: DAS STAATLICHE BILDUNGSSYSTEM

In den Augen seiner Kritiker reproduziert und legitimiert das staatliche Schulsystem in Deutschland herkunftsbedingte Ungleichheiten.[2] Gleichzeitig scheint die sogenannte »allgemeinbildende« Schule jedoch an universellen Bildungsidealen ausgerichtet zu sein und gilt weithin als eine überparteiliche, allen Bevölkerungsgruppen offenstehende Institution. Dabei wird häufig aus dem Blick verloren, dass Bildung selbst keine klassenneutrale Kategorie ist und zudem die Startvoraussetzungen und Zugangsmöglichkeiten zu staatlich anerkannten Bildungskarrieren ungleich verteilt sind. Mithilfe von Schulnoten, Zeugnissen und Beurteilungen zertifizieren Bildungsinstitutionen bestehende Ungleichheiten und liefern auf diese Weise staatlich anerkannte Selektionskriterien für den Arbeitsmarkt. Ideologie kann in diesem Zusammenhang als ein normatives Set von handlungsleitenden Ideen und Zielvorstellungen verstanden werden, das bestehende Machtverhältnisse gleichsam legitimiert und verschleiert. Der ideologische Zug des Bildungssystems liegt vor allem darin verborgen, dass Bildungserfolg als

---

2 Vgl. Solga: Wie das deutsche Schulsystem Bildungsungleichheiten verursacht.

individuelles Leistungsmerkmal – als Ausdruck von Begabung, Motivation oder Intelligenz – gilt und gesellschaftlich bedingte Ungleichheiten somit naturalisiert werden.

Mit Louis Althusser und Pierre Bourdieu haben zwei französische Wissenschaftler in den 1960er und 1970er Jahren auf jeweils unterschiedliche Weise die ideologische Dimension von staatlichen Bildungseinrichtungen herausgearbeitet. Der Philosoph Louis Althusser bezeichnet das Bildungssystem als einen »ideologischen Staatsapparat«.[3] Staatsapparate fördern und sichern die Unterwerfung unter die herrschende Ideologie und die Reproduktion des Klassensystems.[4] Die Schule dient in dieser Sichtweise der Einübung in die Produktionsverhältnisse und somit der Unterwerfung unter den herrschenden Kapitalismus. Althusser unterscheidet zwischen »repressiven Staatsapparaten« wie der Polizei und dem Militär sowie den »ideologischen Staatsapparaten« wie dem Bildungssystem, der Kirche und den Massenmedien. Der »schulische ideologische Staatsapparat« nimmt für Althusser im Zusammenspiel mit der Familie im entwickelten Kapitalismus eine Schlüsselstellung in der Reproduktion von Ausbeutungsverhältnissen ein.[5]

Etwa zur gleichen Zeit kommt der Sozialwissenschaftler Pierre Bourdieu im Zuge seiner Auseinandersetzung mit dem französischen Bildungssystem zu einem ähnlichen Ergebnis: Auch er sieht die gesellschaftliche Funktion des Bildungssystems in der Reproduktion eines auf machtbedingter Ungleichheit basierenden Klassensystems.[6] Gerade die relative Autonomie des Bildungssystems verschleiert Bourdieu zufolge seine gleichzeitige Abhängigkeit von eben diesem Klassensystem und ermöglicht somit dessen spezifischen Beitrag zur Aufrechterhaltung der sozialen Ordnung. Dieser besteht vor allem in der durch die pädagogische Autorität des Lehrers vermittelten Weitergabe und Zertifizierung von kulturellem Kapital. Diesen Prozess bezeichnet Bourdieu als eine Form der symbolischen Gewalt, da in ihm arbiträre, die herrschenden sozialen Schichten bevorteilende Bewertungsmaßstäbe unter dem falschen Banner der Universalität durchgesetzt werden.[7] Symbolische Gewalt und Habitus bewirken gleichzeitig auf

---

3 Vgl. Althusser: Ideologie und ideologische Staatsapparate.
4 Ebd., S. 112.
5 Ebd., S. 126ff.
6 Vgl. Bourdieu/Passeron: La Reproduction.
7 Ebd., S. 22ff.

subtile Weise ein Sich-Einfügen der vonseiten der Schule benachteiligten Bevölkerungsgruppen in die bestehende Ordnung: die Anerkennung der schulischen Wertmaßstäbe und die Herausbildung eines mit der zugewiesenen sozialen Stellung kompatiblen Wahrnehmungs-, Denk- und Handlungsmusters.

Sowohl Althusser als auch Bourdieu entwickeln ihre kritische Einschätzung des Bildungssystems in der Auseinandersetzung mit der Ideologie-Kritik von Karl Marx. Dieser hatte in Schriften wie *Die Deutsche Ideologie* und *Der achtzehnte Brumaire des Louis Bonaparte* in der Mitte des 19. Jahrhunderts betont, dass der moderne westliche Staat und seine Institutionen keine neutralen und überparteilichen Instanzen sind, sondern die Interessen der Bourgeoisie gegenüber der Arbeiterklasse vertreten. Angesichts der gescheiterten Revolution von 1848 beschäftigte sich Marx zunehmend mit der Frage, warum bestimmte Gruppen Ideen vertreten, die nicht in ihrem Interesse liegen und entwickelte, aufbauend auf einer – heute nicht mehr überzeugenden – Unterscheidung zwischen einem universalen Interesse des Proletariats und dem partikularen Interesse des Bourgeoisie, ein Verständnis von Ideologie als einer Form der Organisation des Sozialen auf der Grundlage der partikularen Interessen der herrschenden Klasse.

Die an die Überlegungen von Marx anschließende Ideologie-Kritik erreichte in den Jahrzehnten nach dem zweiten Weltkrieg ihren Höhepunkt, geriet jedoch seit den 1980er Jahren zweitweise aus der Mode. Die berechtigte Kritik an der Ideologie-Kritik lautete, dass die Entlarvung ideologischer Mechanismen einen erhöhten Beobachterstandpunkt beanspruche und somit selbst ideologisch sei.[8] Die Aufdeckung von verschleierten Machtverhältnissen und dem »falschem Bewusstsein« der Unterdrückten lege demnach nahe, dass man selbst das richtige Bewusstsein habe und die richtige – marxistische – Gesellschaftsordnung vertrete. In der spät- oder postmodernen Gesellschaft lässt sich dagegen kaum noch auf eine so eindeutige Art und Weise zwischen Gut und Böse unterscheiden, wie es beispielsweise die klassenkämpferische Rhetorik eines Louis Althusser nahelegt. Bildungssoziologen wie Margaret Archer haben zudem neomarxistische Deutungen des Schulsystems dahingehend kritisiert, dass diese sowohl strukturelle Unterschiede zwischen den Bildungssystemen verschiedener Nationalstaaten als auch deren jeweils spezifische historische Entwicklungslinien

---

8 Žižek: The Spectre of Ideology, S. 3.

vernachlässigen.[9] Bourdieus universale Theorie der sozialen Reproduktion durch Bildung erscheint in dieser Blickweise als ahistorisch und ethnozentristisch. Strukturelle Reformen von Bildungssystemen haben darin ebenso wenig einen Platz wie beispielsweise die Unterschiede zwischen dem zentralistischen Bildungssystems Frankreichs und dem föderal organisierten Bildungsmodell in Deutschland. Auch in historischen Studien wird die Entstehung des modernen Bildungssystems, als dessen Prototyp übrigens die preußische Volksschule des 18. Jahrhunderts gilt, weniger als linearer Prozess oder als Ausdrucksform vorgängiger ökonomischer Machtinteressen interpretiert, sondern als eine improvisierte, national stark divergierende *Assemblage* neuer administrativer Technologien mit vorhergehenden Formen pastoraler Führung.[10]

Die Kritik an Autoren wie Althusser und Bourdieu bedeutet jedoch nicht, dass deren grundlegende Einschätzungen zur Funktion des staatlichen Bildungssystems an Bedeutung verloren hätten. Vielmehr haben vergleichende Studien wie PISA (2006) und IGLU (2006) dem deutschen Bildungssystem in den letzten Jahren immer wieder Tendenzen zu sozialer Schließung attestiert und damit auch der ideologiekritischen Perspektiven neue Aktualität verliehen.[11] Diese kann jedoch nicht mehr im Gestus eines verallgemeinernden Rundumschlages vorgetragen werden, sondern muss auf einer genauen Verortung der zu analysierenden Bildungsprozesse basieren.[12] Um Fragen von Ideologie, Macht und Subjektivierung an einem konkreten Fall zu diskutieren, konzentriere ich mich deshalb im Folgenden auf die Situation der Anna-Seghers-Hauptschule in Berlin-Wedding im Schuljahr 2008/09.

Beginnen wir zunächst mit einer Unterrichtsszene, an dem sich die ideologische Dimension von schulischen Bildungsprozessen besonders gut veranschaulichen lässt: Im Geografie-Unterricht der Klasse 10b sollen die Schüler ein Arbeitsblatt mit dem Titel »Ein Überblick über unsere Heimat« ausfüllen. Viele von ihnen kennen jedoch weder die Namen der darauf eingezeichneten Bundesländer noch deren Hauptstädte, woraufhin sich folgender Dialog entwickelt:

---

9 Vgl. Archer: Cross-National Research and the Analysis of Educational Systems.
10 Vgl. Hunter: Rethinking the School.
11 Vgl. OECD (Hg.): PISA 2006. Bos/Hornberg/Arnold et. al. (Hg.): IGLU 2006.
12 Für ein Plädoyer zur Wiederbelebung der Ideologiekritik siehe Jaeggi: Was ist Ideologiekritik?

Marian: »Wir sind so dumm.«
Frau Schnur: »Ihr seid nicht dumm, ihr seid nur faul. Meine Tochter ist am Gymnasium und arbeitet manchmal bis nachts um eins.«
Hussein: »Das ist Ihre Welt, aber Sie kennen nicht unsere.«
Imad: »Kann ich mich mit Ihrer Tochter vergleichen?«
Frau Schnur: »Natürlich. Aber wenn man immer nur bei *MSN* am Chatten ist, dann lernt man auch kein Deutsch, das ist abgebrochene Gossensprache.«
Imad: »Sie kriegt ihren Abschluss, ich nicht. Ist doch ok.«
Frau Schnur: »Ihr seid selbst schuld, ihr habt einfach nicht gelernt. Ihr habt keine Verantwortung für eure Schulaufgaben übernommen.«

Die Unterrichtssituation, in deren Kontext sich dieser Wortwechsel abspielt, ist bereits in dem Sinne ideologisch, dass die kartografische Darstellung Deutschlands auf dem Arbeitsblatt mit einem sprachlichen Verweis auf »Heimat« verbunden wird. Dabei sollte man berücksichtigen, dass keiner der anwesenden Schüler ethnisch deutscher Herkunft ist und mehrere von ihnen nicht dazu berechtigt sind, die deutsche Staatsbürgerschaft zu erwerben. Die im Geografie-Unterricht angewendeten Bewertungsmaßstäbe basieren folglich auf einem nationalstaatlich definierten Bildungskanon, der Schüler nichtdeutscher Herkunft von vornherein benachteiligt. Dessen ungeachtet empfinden die Schüler ihre Unkenntnis über die Bezeichnungen von Bundesländern und ihrer Hauptstädte auf dem Gebiet der Bundesrepublik Deutschland als persönliches Defizit. In Bemerkungen wie »wir sind so dumm« wird die subjektivierende Wirkung von Bildungsideologien erkennbar: Hauptschüler und Migranten werden als Bildungsverlierer kategorisiert und schreiben sich dennoch selbst die Schuld für ihr Scheitern zu, sie transformieren also die gesellschaftlichen Zuschreibungen in ein negatives Selbstbild. Der Lehrerin kommt im Prozess negativer Fremd- und Selbstzuschreibungen eine entscheidende Rolle zu: Sie agiert in dieser Szene ungewollt als eine Art ideologisches Sprachrohr, indem sie den schulischen Misserfolg in erster Linie der mangelnden Motivation der Schüler zuschreibt. Sie erwähnt das Beispiel ihrer Tochter, die ein Gymnasium besucht, mit der Absicht die Schüler zu motivieren. Die Schüler protestieren jedoch gegen diesen als ungerecht empfundenen Vergleich. Ihre Bemerkungen deuten ein Bewusstsein dafür an, dass die Tochter der Lehrerin im Gegensatz zu ihnen unter vorteilhaften Bedingungen in den Wettbewerb um Bildungsabschlüsse eintritt. Die Lehrerin lässt das Argument einer ungleichen Chancenverteilung jedoch nicht gelten und verweist stattdessen mit Nachdruck auf die individuelle Verantwortung für Erfolge und Misserfolge in der Schule.

Die von der pädagogischen Autorität der Lehrerin maßgeblich bestimmte Form des Dialogs verdeutlicht die doppelte ideologische Dimension von Sprache, auf die Pierre Bourdieu in seinem Buch *Was heißt sprechen?* hingewiesen hat. Die erste ideologische Dimension besteht darin, dass Deutsch innerhalb der Grenzen des deutschen Nationalstaates als offizielle Amtssprache gilt, gegenüber der alle anderen Sprachvarianten abgewertet werden. Bourdieu argumentiert, dass die Einführung, Systematisierung und Durchsetzung der sogenannten Nationalsprache als ein staatliches Herrschaftsmittel zu verstehen ist, bei dem Schulen als den privilegierten Orten der Vermittlung und Messung von Sprachkenntnissen eine entscheidende Rolle zukommt. Die als mangelhaft empfundenen Deutschkenntnisse der Hauptschüler werden in dieser Szene von der staatlich autorisierten Lehrerin mit Devianz und Unreinheit, mit übermäßigem Medienkonsum sowie mit der räumlichen Sphäre der Straße assoziiert und auf diese Weise diskreditiert. Die Gosse, eine altmodische Bezeichnung für eine Abflussrinne, steht in diesem Zusammenhang als Hinweis für sprachliche Verwahrlosung und weist den Schülern symbolisch einen Platz im sozialen Unten zu. Durch die Bemerkungen der Lehrerin wird deutlich, wie mithilfe von Sprache soziale Kategorisierungen reproduziert werden. Die zweite ideologische Dimension betrifft die Situation der Sprecher im Rahmen des Unterrichtsgesprächs: Selbst wenn die Schüler sich im Sinne der herrschenden Sprachnormen korrekt artikulieren und zudem gute Argumente auf ihrer Seite haben, wird ihre Meinung aufgrund von mangelndem symbolischen Kapital nicht anerkannt. Der zitierte Wortwechsel kann dabei als typisch für den im deutschen Schulsystem vorherrschenden Diskussionsstil gelten: Für das autoritäre Unterrichtsgespräch, bei dem die Schüler zwar die Möglichkeit erhalten ihre individuellen Standpunkte einzubringen, die Ergebnisse der Diskussion jedoch von vornherein feststehen und das Allgemeingültige vom Lehrpersonal in autoritärer Weise bestimmt wird.[13]

---

13 Werner Schiffauer hat auf der Basis einer europäischen Vergleichsstudie nationalstaatliche Unterschiede in der vorherrschenden Unterrichtsmethode herausgestellt: In Frankreich dominiert demnach Frontalunterricht, in den Niederlanden die freie Diskussion, in Großbritannien Gruppenarbeit und in Deutschland das Unterrichtsgespräch. Schiffauer: Staat – Schule – Ethnizität, S. 240.

Überraschend und gleichsam ein wenig unheimlich wirkt in der beschriebenen Unterrichtsszene die Bemerkung eines Schülers: »Sie kriegt ihren Abschluss, ich nicht. Ist doch ok.« Die Äußerung zielt möglicherweise darauf ab, den als demütigend und nervend empfundenen Monolog der Lehrerin zu beenden. Zudem kommt darin eine negative Haltung von Imad gegenüber der Schule zum Ausdruck. Darüber hinaus finden sich in diesem Kommentar eines Hauptschülers Versatzstücke dessen, was der Philosoph Slavoj Žižek als eine zynische und eine kynische Position bezeichnet. Im Gegensatz zum klassischen Ideologieverständnis von Karl Marx geht Žižek nicht von einer grundsätzlichen Naivität der Unterdrückten aus, also von ideologisch Verblendeten, die ihre Situation nicht begreifen und folglich der Führung durch andere benötigen. Žižek argumentiert vielmehr, dass in modernen westlichen Gesellschaften ein Bewusstsein für die Diskrepanz zwischen den ideologischen Verheißungen und der sozialen Realität existiert. Im Anschluss an Peter Sloterdijk unterscheidet Žižek zwischen dem Zyniker und dem Kyniker.[14] Der Zyniker vertritt die dominierende Position und gleichzeitig die herrschende Ideologie unserer Zeit. Zyniker sind sich der durch ihr Handeln gestützten Machtverhältnisse und gesellschaftlichen Ungerechtigkeiten durchaus bewusst und machen dennoch wie gewohnt weiter. Einige Lehrer an der Anna-Seghers-Schule könnte man in diesem Sinne als Zyniker bezeichnen. Sie räumen beispielsweise im persönlichen Gespräch immer wieder ein, dass kaum ein Schüler dieser Schule die Chance habe, einen erfolgversprechenden Schulabschluss zu erwerben und dass das über die neunjährige Schulpflicht hinausgehende zehnte Schuljahr deshalb für die meisten Schüler »sinnlos« und »pure Zeitverschwendung« sei. Der Kyniker rebelliert dagegen von einer marginalisierten Position gegen die Scheinheiligkeit ideologischer Versprechungen. Die Aufmüpfigkeit von Hauptschülern, die in diesem Buch immer wieder zum Vorschein kam, kann als Ausdruck dieser populären Subversion der offiziellen Ideologie interpretiert werden. Sowohl Zyniker als Kyniker nehmen die Scheinheiligkeit von ideologischen Versprechungen wahr, agieren jedoch von unterschiedlichen Machtpositionen aus. Der Kynismus von Imad wirkt in diesem Fall gerade deshalb so zielsicher, da er den meist versteckten Zynismus der Herrschenden aufnimmt und auf trotzige Weise artikuliert.

---

14 Vgl. Sloterdijk: Kritik der zynischen Vernunft; Žižek: The Sublime Object of Ideology, S. 25ff.

Die Selbstbezeichnung als dumm tritt, wie die folgende Szene illustriert, auch in anderen Unterrichtssituationen immer wieder auf:

Frau Schnur: »Manche von euch können ja nicht einmal richtig ausschneiden und kleben.«
Mohamad: »Weil wir doch dumm sind.«
Frau Schnur: »Ich habe nicht gesagt, dass ihr dumm seid. So was lernt man im Kindergarten. Wer von euch war denn im Kindergarten?« (Drei Schüler melden sich.)
Frau Schnur: »Und wer war nicht im Kindergarten?« (Mehrheit der Klasse meldet sich.)
Frau Schnur: »Meint ihr es ist gut, in den Kindergarten zu gehen?«
Mehrere Schüler: »Ja«
Hussein: »Das beste war der Mittagsschlaf.«
Schüler: »Da lernt man lesen. Die reden die ganze Zeit Deutsch. Die können viel besser Deutsch als wir.«
Frau Schnur: »Genau, als kleines Kind lernt man eine Sprache viel leichter. Ab wann konntet ihr denn eure Schuhe zubinden?«
Mehmet: »Mit fünf, ich schwöre.«
Hussein: »Meine Mutter hat mir einfach immer Klebeband drüber gemacht.«
Frau Schnur: »Ich kann euch nur empfehlen, eure Kinder in den Kindergarten zu schicken, wenn ihr mal Kinder habt. Das macht Spaß, da feiert man viele Feste und lernt sich an Regeln zu halten. Ihr habt damit Schwierigkeiten, weil ihr das nicht so gewohnt seid. Viele Regeln sind natürlich auch Unsinn, man muss sich aber auch mal an unsinnige Regeln halten. Das ist halt so.«

Die Bezeichnung »weil wir doch dumm sind« hat in dieser spezifischen Situation eine andere Konnotation. War sie im Geografie-Unterricht ein Ausdruck der wahrgenommenen tatsächlichen Unkenntnisse in Bezug auf die Bezeichnungen der deutschen Bundesländer, dient sie in diesem Fall einem durchaus zum Schneiden und Kleben fähigen Schülers als willkommene Ausrede, um sich nicht an einer Übung beteiligen zu müssen, bei der Sätze von einem Arbeitsblatt ausgeschnitten und anschließend in der richtigen Reihenfolge auf ein neues Blatt aufgeklebt werden sollen. Die Lehrerin interpretiert die Äußerung des Schülers nicht als eine implizite Kritik an der gestellten Aufgabe, sondern nutzt sie als Anlass zu einem zumindest den arbeitsunwilligen Schülern in dieser Situation durchaus willkommenen Unterrichtsgespräch. In Reaktion auf die Bemerkung Mohamads verweist

Frau Schnur dieses Mal nicht auf die mangelnde Motivation der Schüler, sondern auf deren aus ihrer Sicht fehlgeleitete Sozialisation. In ihren rhetorischen Fragen, die bereits die als korrekt geltenden Antworten der Schüler vorwegnehmen, wird erneut die autoritäre Tendenz des Unterrichtsgesprächs deutlich. Hussein unterläuft die absehbare Lobrede der Lehrerin auf den Kindergarten mit seinem Hinweis auf den dort gehaltenen Mittagsschlaf. Zudem nimmt er die impliziten Negativ-Urteile der Lehrerin in Bezug auf die häusliche Erziehung der Schüler in der ironischen Bemerkung auf, seine Mutter hätte ihm lediglich mit Klebeband die Schuhe geschlossen.

Die Bemerkungen der Lehrerin zielen auf die Bedeutung vorschulischer und außerschulischer Erziehung. Althusser hätte in diesem Zusammenhang wohl vom ideologischen Staatsapparat des Kindergartens sowie vom Nexus zwischen Schule und Familie gesprochen, der ihm zufolge im Verlauf des 20. Jahrhunderts die Verbindung von Schule und Kirche als ideologische Zentralachse abgelöst habe.[15] Positionen innerhalb des Bildungssystems werden in dieser Sichtweise vor und außerhalb der Schule prädisponiert und anschließend im Rahmen des benoteten Schulunterrichts zertifiziert. Die Schüler, von denen einige erst seit wenigen Jahren in Deutschland leben, erreichen aus der Sicht der Lehrerin auch deshalb keine schulischen Erfolge, da ihnen der dafür notwendige nationalstaatlich-familiäre Hintergrund fehlt. Die Lehrerin artikuliert somit, allerdings in affirmativer Weise, Grundprämissen der Ideologie-Kritik, der zufolge Schulkarrieren maßgeblich vom kulturellen und sozialen Kapital der Schüler abhängen.

Die ideologische Dimension der beobachteten Unterrichtsszene zeigt sich mit besonderer Deutlichkeit in der den Wortwechsel abschließenden Betonung der Notwendigkeit des Einhaltens von Regeln. Im letzten Kapitel habe ich bereits beschrieben, wie Verhaltensregeln und Disziplinarmaßnahmen an Berliner Hauptschulen auf sehr ungleiche Weise durchgesetzt werden. In der eben geschilderten Szene wird vonseiten der Lehrerin durchaus eingestanden, dass Regeln vielfach unsinnig seien, aber das Regelprinzip selbst wird dennoch vehement verteidigt. In der etwas grotesk anmutenden Tautologie, der zufolge Regeln nun einmal Regeln seien und deshalb befolgt werden müssen, verbirgt sich eine grundlegende Bestätigung der sozialen Ordnung, unabhängig davon, ob diese als gerecht oder als ungerecht angesehen wird. Slavoj Žižek vergleicht diese Form des Au-

---

15 Vgl. Althusser: Ideologie und ideologische Staatsapparate, S. 126ff.

toritätsgehorsams mit der Praxis eines religiösen Rituals, welches gerade aufgrund seiner Äußerlichkeit und Unverständlichkeit eine unbewusste Affirmation von Autorität mit sich bringt.[16]

Die Ideologie des staatlichen Bildungssystems besteht darin, zwar scheinbar demokratisch organisiert zu sein, letztlich jedoch vor allem die Interessen der privilegierten Schichten zu stützen. Die negative Selektion von Hauptschülern innerhalb des dreigliedrigen deutschen Schulsystems geht einher mit abwertenden Zuschreibungen von Hauptschullehrern gegenüber ihren Schülern, bei der Sprache und Sprecherpositionen eine entscheidende Rolle zukommen. Schüler begegnen diesen Demütigungen und Abwertungen auf unterschiedliche Weisen, was beispielhaft an der je nach Situation variierenden Bedeutung der Selbstbezeichnung als dumm zum Ausdruck kommt: Zum einen steht diese für die Transformation von gesellschaftlichen Stigmatisierungen in ein negatives Selbstbild und beschreibt somit einen Herrschaftseffekt, bei dem die Beherrschten selbst die Wertmaßstäbe der Herrschenden akzeptieren und auf sich beziehen. Zum anderen steht die Bezeichnung für einen ironischen, kynischen oder eher spielerischen Umgang mit negativen Kategorisierungen, der mitunter von einer impliziten Kritik der Machtverhältnisse und seiner ideologischen Verschleierungen begleitet wird. Gerade im widerständigen und provozierenden Verhalten der Schüler wird deutlich, dass die Reproduktion der Machtverhältnisse durch staatliche Institutionen wie die Schule nicht reibungslos verläuft. In der Hauptschule geraten gesellschaftliche Reproduktionsmechanismen ins Stocken, da einige Schüler die dafür notwendige ideologische Unterwerfung verweigern.

BILDUNGSMYTHEN ALS IDEOLOGIE

Die Annahme eines »falschen Bewusstseins« ist eines der zentralen Probleme einer zeitgemäßen Kritik ideologischer Systeme. Gerade Anthropologen, denen es darum geht, die Selbstwahrnehmungen und Praktiken von marginalisierten Gruppen in den Mittelpunkt der Analyse zu stellen, können ihre Interviewpartner nicht einfach als politisch naiv oder ideologisch verblendet abwerten. Im vorigen Abschnitt wurde bereits auf die Ambiva-

---

16 Žižek: The Sublime Object of Ideology, S. 33ff.

lenz und Vieldeutigkeit der Selbstbezeichnung als dumm hingewiesen und somit die These vom falschen Bewusstsein um eine auf ethnografischer Forschung basierenden differenzierten Betrachtung von Selbstwahrnehmungen ergänzt. Im Folgenden sollen die Versprechungen der Schule und des Bildungssystems als eine Form moderner Mythenbildung betrachtet und auf ihre ideologische Funktion hin befragt werden.

Mythen waren ein zentrales Thema der klassischen Ethnologie, doch wurden sie selten in der westlichen Moderne verortet. Vielmehr machte in der Frühphase der Ethnologie die Beobachtung von scheinbar »exotischem« Mythenglauben den Fremden noch fremder und konstruierte ihn als Gegenstück zum rationalen europäischen Wissenschaftler.[17] Émile Durkheim beobachtete zu Beginn des 20. Jahrhunderts die ordnungsstiftende Kraft von mythischem Glauben in traditionalen Gesellschaften, während Claude Lévi-Strauss in den 1960er Jahren versuchte die elementaren Strukturen vornehmlich indigener Mythen herauszuarbeiten.[18] Der französische Semiotiker Roland Barthes stellte dagegen in seinem Buch *Mythologies* aus dem Jahr 1957 eine Vielzahl moderner Alltagsmythen in den Fokus und wies gleichzeitig auf deren ideologischer Funktion hin. So zeigte Barthes beispielsweise, dass die Reiseführer seiner Zeit stets »malerische Landschaften« und Orte der sogenannten »Hochkultur« wie Kirchen oder Museen anpriesen und auf diese Weise dazu beitrugen, den Mythos und die Ideale der bürgerlichen Bildungsreise des 19. Jahrhunderts fortzuschreiben.[19]

Eine besonders produktive Sphäre moderner Mythenbildung ist das Bildungs- und Ausbildungssystem. Die ideologische Funktion von Bildungseinrichtungen wie der Schule basiert auf der Existenz von machtvollen Bildungsmythen. Bildungsmythen kreisen häufig um Vorstellungen vom sozialen Aufstieg (»vom Tellerwäscher zum Millionär«) und folgen in der Regel einem meritokratischen Leitbild, indem Bildung als eine Chance begriffen wird, deren Gebrauch von der Initiative des Einzelnen abhängt. Die Bildungssoziologin Heike Solga hat jedoch darauf verwiesen, dass die Idee eines fairen und lediglich auf individueller Leistung basierenden Wettbewerbs selbst ein Mythos ist. Bildungsmythen sollen an dieser Stelle am

---

17 Vgl. Rapport/Overing: Myth.
18 Vgl. Durkheim: Die elementaren Formen des religiösen Lebens; Lévi-Strauss: Mythologica.
19 Barthes: Mythen des Alltags, S. 59ff.

Beispiel des staatlichen Ausbildungsmagazins *Planet Beruf* sowie verwandter Publikationen diskutiert werden. Diese werden von Hauptschullehrern häufig zur Gestaltung des Unterrichts verwendet und können, auch angesichts des weitgehenden Verzichtes auf Schulbücher an der Anna-Seghers-Schule, als eine Art Schulbuch für die Hauptschule verstanden werden.

Das Ausbildungsmagazin *Planet Beruf* wird alle zwei Monate von der in Nürnberg ansässigen Bundesagentur für Arbeit herausgegeben und ist an Schüler adressiert, die Hilfe beim Berufseinstieg benötigen. Die Auflage liegt bei etwa 850.000 Stück. Der Erwerb der Hefte ist für die Schüler kostenfrei, sie werden in der Regel von Lehrern während des Faches »Berufsorientierung« in der Klasse verteilt und anschließend laut daraus vorgelesen. Hinzu kommen Sonderhefte wie das *Themenheft Hauptschule – Ausbildung nach der Schule*, *Berufe live* und *Ausbildungsplatz finden*, die ebenfalls zur Publikationsreihe von *Planet Beruf* gehören und im Folgenden genauer betrachtet werden. Darüber hinaus gibt es auch Broschüren für Lehrer und Eltern sowie vielfältige Angebote auf der Website *www.planet-beruf.de*.

Auf der Titelseite des *Themenheft Hauptschule – Ausbildung nach der Schule* prangt in großen Buchstaben die Überschrift: »DU HAST ES IN DER HAND«. Dazu sind die Gesichter des Komikers Mario Barth, der Sängerin LaFee und des Serien-Schauspielers Lars Steinhöfel zu sehen. Der Inhalt der 36-seitigen Publikation ist in drei Abschnitte gegliedert, die mit »Schule«, »Übergang erleichtern« und »Berufswelt« betitelt sind. Dazwischen sind Interviews mit den »Stars« vom Titelblatt eingefügt: Von Mario Barth heißt es darin: »Das Wichtigste ist, einfach an sich selbst zu glauben. Wenn man es will, dann schafft man es auch.«. LaFee ermahnt die Schüler: »Wer einen Traum hat, sollte nie aufgeben, sondern weiter daran arbeiten und für sein Ziel kämpfen.« Und Lars Steinhöfel rät: »Mit Selbstvertrauen klappt's.« Im Abschnitt »Schule« werden die Beispiele von erfolgreichen Schülern vorgeführt, die »durch Mühe und Arbeit« einen guten Schulabschluss und anschließend einen Ausbildungsplatz erhalten haben. Unter der Überschrift »Vom Hauptschulabschluss zur Hochschulreife« wird von Julia berichtet, einer Hauptschulabsolventin, die sich im Rahmen einer »Berufsvorbereitenden Bildungsmaßnahme« (BvB) für ein Studium qualifizierte. In der Rubrik »Übergang erleichtern« wird in ähnlicher Weise von Schülern berichtet, die für »Einsatz und Ausdauer« mit einem Ausbildungsplatz belohnt wurden: So berichtet Michael, dass er bei seinem Praktikum »immer pünktlich und zuverlässig« gewesen sei und auf diese Weise einen Ausbildungsplatz in einer Metzgerei erhalten habe. In der Rubrik »Berufswelt« werden schließlich diejenigen Berufe vorgestellt, »wo der Berufseinstieg leicht fällt«, wie »Verkäufer/in«, »Fachlagerist/in«, »Maschinen- und Anlageführer/in« und »Tiefbaufacharbeiter/in«. Daneben wird behauptet: »Hier hast du gute Aussichten. Hauptschüler/innen haben gute Chancen auf einen Ausbildungsplatz.« Zur Illustration wird unter anderem Axel vorgestellt, der nach seinem Hauptschulabschluss eine Lehre als Raumausstatter begonnen hatte und diese als Bester in ganz Deutschland abschloss, wodurch er »jetzt sogar das Recht, ein Studium anzufangen«, erworben hat.

Auch in den anderen an Hauptschüler adressierten Publikationen der *Planet-Beruf*-Reihe werden vergleichbare Botschaften verbreitet: So heißt es in der Zeitschrift *Berufe live – Ausgabe 2008/ 2009*: »Viele Wege führen zu einem Ausbildungsplatz – auch für Schülerinnen und Schüler ohne Hauptschulabschluss oder mit schlechten Noten.« An einer anderen Stelle ist zu lesen: »Wenn man etwas wirklich will, dann hat man Selbstvertrauen und findet seine Nische.« Daneben wird unter anderem das von Berufsschulen angebotene »Berufsvorbereitungsjahr« (BVJ) angepriesen: Der 17-jährige Seyit Bas wird dafür mit den Worten zitiert: »Es gefällt mir hier besser als in der Hauptschule, man lernt mehr für das Berufsleben, zum Beispiel wie man mit Metall arbeitet. Das BVJ ist meine letzte Chance, deshalb gebe ich alles.« Der »Abteilungsleiter BVJ«, Siegmund Kopp, meint dazu: »Den Erfolg haben die Schüler zum großen Teil selbst in der Hand – indem sie aktiv mitarbeiten und sich immer wieder bewerben.«

In staatlich finanzierten Publikationen dieser Art werden Bildungsmythen reproduziert. Die ideologische Dimension von Bildungs- und Aufstiegsmythen zeigt sich vor allem in Verweisen auf die »gute[n] Aussichten« von Hauptschülern auf dem Arbeitsmarkt sowie scheinbar leichtfallende Berufseinstiege und mündet in der Behauptung, die Schüler hätten ihre Zukunft »selbst in der Hand«. Individuelle Leistung und persönliche Motivation erscheinen als ausschlaggebend für den Erfolg oder Misserfolg im Bildungs- und Ausbildungssystem: »Mühe und Arbeit«, »Einsatz und Ausdauer« sowie Pünktlichkeit und Zuverlässigkeit werden immer wieder als Erfolgskriterien angeführt. Als Bestätigung der ideologischen Botschaft eines meritokratischen Wettbewerbes werden die Erfolgsgeschichten von »Stars« und bemerkenswert erfolgreichen Jugendlichen vorgeführt. Die deutlich erkennbare Ausnahmestellung dieser Individuen impliziert jedoch bereits, dass die Mehrheit der Leser nicht deren Erfolg teilen wird. Berichte von Aufstiegshelden bestätigen somit auf indirekte Weise die bestehende Ordnung, der zufolge Hauptschulabgänger nur in seltenen Ausnahmefällen beruflich erfolgreich sein werden. Hinzu kommt, dass das Verständnis von sozialem Aufstieg bereits ideologisch geprägt zu sein scheint. An der Spitze der Bildungshierarchie steht demnach das Hochschulstudium, dessen Zugang für besonders eifrige Hauptschüler als gnadenvoller Akt herausgestellt wird, was die universitären Zugangsschranken für die überwältigende Mehrheit der übrigen Hauptschüler als eine Selbstverständlichkeit erscheinen lässt.

Roland Barthes hat betont, dass Mythen konkret sein müssen, um effektiv zu sein. Barthes zufolge bestehen moderne und massenmedial verbreitete Mythen im Gegensatz zu den meist mündlich überlieferten traditionellen Mythen immer weniger aus Narrativen, sondern aus Sätzen, Satzfragmenten und Leerformeln.[20] Demnach werden Bildungsmythen in den Publikationen der Bundeszentrale für Arbeit in scheinbar nebensächlichen Satzfragmenten wie »per Mausklick zum Erfolg«, »gute Vorbereitung ist alles« oder »der Job kommt« reproduziert. Plattitüden und Redensarten dieser Art haben einen ideologischen Charakter, denn sie blenden komplexe Probleme der Berufsfindung zugunsten simplifizierender Botschaften aus und bestätigen sich gleichsam beständig selbst als scheinbar universelle Wahrheiten.[21] Roland Barthes bezeichnet diese ideologische Form des Mythos als »gestohlene Sprache« und als »depolitisierte Sprache«, die Machtverhältnisse verberge und Ungleichheiten naturalisiere.[22] Der Satz »Wenn man etwas wirklich will, dann hat man Selbstvertrauen und findet seine Nische.« kann als Beispiel für diese von Barthes kritisierte Form einer depolitisierten Sprache dienen: In diesem Satz erscheint Selbstvertrauen zunächst als eine Frage des Willens und nicht als ein Ergebnis von intersubjektiver Anerkennung. Anschließend wird Selbstvertrauen als Ursache für beruflichen Erfolg dargestellt und dieser somit in die Sphäre individueller Verantwortung verlagert. Was aus diesem Satz »gestohlen« wurde, sind jegliche Hinweise auf strukturelle Ungleichheiten, auf Formen von Stigmatisierung und Dis-

---

20 Barthes: Mythen des Alltags, S. 85ff.
21 Eagleton: Ideologie, S. 29.
22 Ebd., S. 115ff.

kriminierung, mit denen Berliner Hauptschüler häufig bereits bei der Suche nach einem unbezahlten Praktikumsplatz konfrontiert werden.

Ein weiteres Beispiel für Formen von depolitisierter Sprache findet sich in dem Heft *Ausbildungsplatz finden – Ausgabe 2008/2009*, in dem auf Seite 26 mögliche Ursachen für eine gescheiterte Bewerbung aufgelistet werden:

»**Die Bewerbungsmappe war unvollständig oder schlampig.**
Deine Unterlagen waren nicht ordentlich. Du hast Rechtschreibfehler gemacht. Oder du hast vergessen, deine Zeugnisse beizulegen.
Das Bewerbungsgespräch lief nicht gut.
Du warst zu nervös, nicht gut vorbereitet und konntest viele Fragen nicht beantworten.
Es gab zu viele Bewerber.
Gibt es Ausbildungsplätze in ähnlichen Berufen, bei denen der Andrang nicht so groß ist? Liegt's an der Region? Wärst du bereit, für die Ausbildung umzuziehen?
Es fehlen wichtige Voraussetzungen.
Hast du schlechte Noten in wichtigen Fächern? Fehlt dir der passende Schulabschluss?«

Von den vier aufgezählten Gründen für eine gescheiterte Bewerbung, fallen drei in den Verantwortungsbereich der Schüler. Beruflicher Misserfolg liege demnach an ihren Bewerbungsunterlagen, ihrer mangelnden Vorbereitung auf das Bewerbungsgespräch oder ihren schlechten Schulleistungen. Lediglich der Hinweis auf die mögliche Vielzahl an Bewerbern deutet auf gesellschaftlich bedingte Problemlagen hin, diese können jedoch in der hier vertretenen Sichtweise durch räumliche Mobilität vonseiten der Hauptschüler kompensiert werden. Diese Auflistung basiert auf einem individuellen statt eines kategorialen Verständnisses von Ungleichheit. Anstelle von Klasse, Ethnizität oder Geschlecht werden individuelle Leistungs- und Motivationsunterschiede als Grundprinzip sozialer Differenzierung angesehen. Strukturelle Bedingungen ungleicher Bildungschancen werden auf diese Weise zugunsten eines meritokratischen Leitbildes in den Hintergrund gedrängt.[23]

---

23 Vgl. Solga: Meritokratie – die moderne Legitimation ungleicher Bildungschancen.

Ideologisch besetzte Bildungsmythen basieren zu einem wesentlichen Anteil auf visuellen Vorstellungen, beispielsweise auf der Vorstellung vom Aufstieg »nach oben«. Sie werden folgerichtig nicht nur in Sätzen oder Satzfragmenten, sondern vor allem auch in Bildern oder Bild-Wort-Verbindungen reproduziert. Als Beispiel für die visuelle Dimension von Bildungsmythen können die beiden Titelbilder der Zeitschrift *Ausbildungsplatz finden* aus den Jahren 2008/2009 und 2009/2010 dienen:

Abbildung 22: Ausbildungsplatz finden, Ausgabe 2008/2009 *Abbildung 23: Ausbildungsplatz finden, Ausgabe 2009/2010*

Quelle: Bundesagentur für Arbeit, www.planet-beruf.de

Quelle: Bundesagentur für Arbeit, www.planet-beruf.de

Die Titelbilder zeigen lachende junge Menschen in einer sonnigen Parkanlage und verbreiten auf diese Weise eine optimistische Grundstimmung. In der linken Abbildung werden drei Schilder mit den Aufschriften »informieren«, »bewerben« und »gefunden!« hochgehalten. Das Bild suggeriert im Kontext der Ausbildungsplatzsuche eine logische Abfolge zwischen der Information über einen möglichen Beruf, den anschließenden Bewerbungsbemühungen und dem Finden einer Ausbildungsstelle. In der rechten Abbildung werden die Daumen als Symbol für eine positive Bewertung der Situation nach oben gestreckt. Die Botschaft des Bildes lautet: Die Schüler sollen sich mit Zuversicht und Selbstvertrauen um einen Ausbildungsplatz bemühen. Sprachliche oder visuelle Zeichen wie der nach oben gestreckte Daumen stehen hier nicht nur für Optimismus, sondern werden ihrerseits wiederum zu einem Baustein des Mythos vom sozialen Aufstieg. Barthes beschreibt diesen Mechanismus, wenn er darauf verweist, dass der Mythos als ein sekundäres semiologisches System zu begreifen ist, das auf einer bereits existierenden semiologischen Kette aufbaut.[24]

Visuell und sprachlich transportierte Bildungsmythen haben einen imperativen und interpellativen Charakter, die Bilder sprechen die Hauptschüler an und fordern diese unmissverständlich dazu auf, sich zu informieren, sich zu bewerben und einen Ausbildungsplatz zu finden. In Bildungsmythen werden demnach nicht nur beispielhafte Erfolgsgeschichten präsentiert, sondern diese haben gleichzeitig eine beispielgebende Funktion, indem sie als erfolgversprechend geltende Verhaltensweisen vorgeben. Ihre Wirkung basiert auf der ständigen Repetition eingängiger Slogans. Die ideologische gefärbte Botschaft ist folglich keineswegs versteckt, sondern in den zitierten visuellen und sprachlichen Versatzstücken und deren klaren Botschaften deutlich erkennbar. Was leicht aus dem Blick gerät, ist jedoch die Herkunft der ideologischen Botschaften. Die Artikel der hier erwähnten Publikationen sind nicht mit Autorennamen gekennzeichnet, die massenhaft gedruckten Worte, Sätze und Bilder erscheinen nicht als ideologische Botschaft der Bundesagentur für Arbeit, sondern als Ausdruck scheinbar natürlicher Gesetzmäßigkeiten des Arbeitsmarktes.

Die ideologische Funktion moderner Bildungsmythen besteht darin, machtbedingte Unterschiede zu naturalisieren und in individuelle Leistungs- und Motivationsunterschiede umzudeuten. Bildung erscheint in dieser Sichtweise als Chance und beruflicher Erfolg als Ergebnis eines meritokratischen Wettbewerbs. Die Schüler der Anna-Seghers-Schule, an der zeitweise über Jahre hinweg kein einziger Absolvent einen Ausbildungsplatz gefunden hatte, entwickeln jedoch am Ende ihrer Schulzeit ein Gespür für die Diskrepanz zwischen Bildungsmythen und ihrer Situation auf dem Arbeitsmarkt. Als eine Lehrerin im Unterricht aus der Broschüre *Planet Beruf* vorliest, ruft ein Schüler wütend in den Klassenraum, er habe sich bereits bei 38 Firmen beworben und keine einzige positive Antwort bekommen. Die Antwort der Lehrerin, er habe nun immerhin auch 38 Bewerbungen mehr Erfahrung gesammelt, wird von mehreren Schülern mit lautstarkem höhnischem Gelächter quittiert. Die etwas ratlose Lehrerin ermahnt die Schüler daraufhin, es »immer weiter zu probieren« und »nicht die Hoffnung zu verlieren«. Die Lehrerin steht in dieser Szene vor dem pädagogi-

---

24 Barthes: Mythen des Alltag, S. 92f.

schen Dilemma, den Schülern Zuversicht und Mut für die Zukunft vermitteln zu wollen, obwohl sich gleichzeitig deren hoffungslose Lage auf dem Arbeitsmarkt bereits deutlich abzeichnet. Die in der Szene zu beobachtende bröckelnde ideologische Fassade und die zunehmende Unglaubwürdigkeit ihrer Botschaften werden im kommenden Abschnitt im Mittelpunkt stehen.

DER STAAT ALS MYTHOS UND DAS BRÜCHIGWERDEN VON IDEOLOGIEN

Der Staat war im Verlauf der bisherigen Betrachtung des staatlichen Bildungssystems sowie staatlicher Publikationen für Jugendliche zwar stets im Hintergrund präsent, doch selbst nicht wirklich greifbar. Vielmehr erscheint der Staat selbst als ein Mythos, als eine machtvolle Fiktion, dessen Existenz mit jeder Evokation fortgeschrieben wird.[25] Wie der Mythos lässt sich auch der Staat lediglich mit Blick auf seine spezifischen Ausdrucksformen, nicht jedoch in seiner Gesamtheit fassen. Der Staat ist kein kohärenter und autonomer Akteur oder irgendeine sonstige A-priori-Realität, sondern besteht aus Repräsentationen, Inszenierungen und alltäglichen bürokratischen Prozeduren, die erst in der Abstraktion als eine Einheit wahrgenommen werden. Die Idee des Staates und die Praktiken staatlicher Herrschaft bedingen sich dabei gegenseitig und erzeugen gemeinsam den *State Effect* – den Eindruck eines einheitlichen Staatsgebildes.[26] Politikwissenschaftler wie Philip Abrams und Timothy Mitchell haben darauf hingewiesen, dass der auf diese Weise konstruierte moderne westliche Staat als ein ideologisches Projekt zu verstehen ist, durch den klassenbedingte Machtbeziehungen reproduziert und legitimiert werden.[27] Ideologie und Mythos wirken im Staat folglich erneut zusammen.

An den Beispielen einer Diskussion im Klassenraum über Kindergeldzuweisungen sowie der Zeugnisvergabe an der Anna-Seghers-Schule sollen die alltäglichen Erfahrungen im Umgang mit staatlichen Bürokratien sowie die symbolischen Inszenierungen von Staatlichkeit mit Blick auf die Situation von Berliner Hauptschülern diskutiert werden. Die Perspektive von

---

25 Vgl. Aretxaga: Maddening States.
26 Vgl. Mitchell: Society, Economy, and the State Effect.
27 Vgl. Abrams: Notes on the Difficulty of Studying the State.

Weddinger Schülern migrantischer Herkunft auf den deutschen Staat lässt sich beispielhaft anhand der folgenden Unterrichtsszene veranschaulichen:

Frau Schnur: »Wer sein Ziel hat und dafür arbeitet, der wird es auch schaffen. Man muss fleißig sein, man bekommt nichts hinterhergeschmissen, sondern muss sich selbst um seine Zukunft kümmern. Es gibt auch keine typischen Männer- und Frauenberufe mehr. Ich habe neulich im Fernsehen einen Bericht über eine weibliche Mechanikerin bei der Rallye Paris-Dakar gesehen. Ihr habt alle Möglichkeiten, ihr müsst nur gucken, wofür ihr euch eignet. Ihr müsst die Eignungstests beim Berufsinformationszentrum machen! Es gibt noch viel mehr Berufe und genug Lehrstellen – aber nicht genug Schüler, die diese ausfüllen, weil sie nicht lesen, schreiben oder rechnen können. Das ist das Problem!«
Hussein: »Frau Schnur, können wir jetzt anfangen?«
Marian: »Und wenn wir nur zu Hause sitzen?«
Frau Schnur: »Dann kriegst du nicht mal mehr Kindergeld.«
Esma: »Sind doch eh nur 150 Euro.«
Frau Schnur: »Der Staat zahlt nur bis zum 25. Lebensjahr und wenn ihr in der Ausbildung seid, nicht aber wenn ihr zu Hause sitzt, heiratet und Kinder bekommt.«
Esma: »Und wenn ich erst heirate und dann Ausbildung mache?«
Marian: »Der deutsche Staat ist eklig.«
Frau Schnur: »Der deutsche Staat ist überhaupt nicht eklig. Er ist nur eklig, weil er Leuten, die nicht arbeiten wollen, Geld in den Hintern steckt. Aber bald könnt ihr nur noch zu Hause sitzen und schlafen.«
Marian: »Nein, Arbeit wäre besser für mich, aber es geht nicht.«

Die Lehrerin verbreitet zunächst die ideologische Botschaft, der zufolge individueller Fleiß und persönliche Motivation für den beruflichen Werdegang von Hauptschülern ausschlaggebend seien. Sie erwähnt das Beispiel einer im als Männerdomäne geltenden Automobilrennsport beruflich aktiven Frau, um vor allem die Schülerinnen anzusprechen und auf die Vielfältigkeit möglicher Berufsoptionen hinzuweisen. Die Ursache für die derzeitige Ausbildungsmisere sieht sie nicht in einem Mangel an den Hauptschülern zur Verfügung stehenden Lehrstellen, sondern in der fehlenden Qualifikation der Schüler und schreibt diesen somit die Schuld für mögliche Misserfolge bei der Suche nach einem Ausbildungsplatz zu. Die rhetorische Frage Husseins, ob Frau Schnur ihren Monolog beendet habe und man mit dem Unterricht beginnen könne, lässt erahnen, dass zumindest einige Schüler im Klassenraum der Deutung der Lehrerin keinen Glauben schenken. Marian greift daraufhin die in der Rede der Lehrerin mitschwingenden negativen Vorurteile gegenüber Hauptschülern auf und fragt provokativ, was bei einer kompletten Arbeitsverweigerung vonseiten der Schüler geschehen würde. An der folgenden Diskussion um das Kindergeld, einer monatlichen staatlichen Zahlung für Kinder und junge Erwachsene, nimmt auch eine Schülerin teil, die zum einen mit einer provokanten Bemerkung über den geringen Umfang des Kindergeldes auffällt und die zum anderen konkrete Fragen, beispielsweise ob man bei einer Heirat weiterhin Kindergeld beziehen kann, zu beschäftigen scheinen.

An den Wortmeldungen der Schüler lässt sich eine negative Wahrnehmung des deutschen Staates erkennen: Dieser Staat erscheint den Schülern als abstoßend (»eklig«), da er ihnen einerseits nicht genügend Arbeitsplätze zur Verfügung stellt und andererseits finanzielle Hilfe zur Sicherung einer arbeitslosen Lebensphase nach dem Verlassen der Schule verweigert. Der schwierigen Frage, ob der Staat tatsächlich ausreichende und hilfreiche Unterstützung für ausbildungslose Jugendliche gewährt, kann an dieser Stelle nicht nachgegangen werden. Entscheidend ist hier die subjektive Wahrnehmung der Schüler, die sich angesichts einer drohenden materiellen Notlage vonseiten des Staates nicht in ausreichendem Maße anerkannt fühlen. Die Lehrerin verteidigt den deutschen Staat gegen die Anschuldigungen der Schüler. Halb verzweifelt, halb provokativ und aufrüttelnd kehrt sie das Argument der Schüler in eine Kritik an staatlich subventionierten Sozialschmarotzern um. Der Ausblick auf eine Zeit der Arbeitslosigkeit nach der Schule stellt Marian den Wunsch nach einer Arbeitstätigkeit entgegen, dessen Realisierung ihm jedoch gleichzeitig fraglich erscheint. Dass der Negativblick der Schüler auf den deutschen Staat möglicherweise auch mit Rassismus-Erfahrungen zusammenhängt, offenbart sich im Anschluss an die eben beschriebene Szene, als ein Schüler »Es lebe die *Aryan Brotherhood*« in den Raum ruft. Der ironische Verweis auf eine weiße kriminelle Gefängnisgang aus den USA, die sich mithilfe von faschistisch konnotierten Symbolen wie dem Hakenkreuz inszeniert, lässt – dies wäre zumindest eine mögliche Deutung – den deutschen Staat als eine Art arische Bruderschaft erscheinen, in dem das Prinzip der Blutsverwandtschaft dominiert und sich Migranten folglich ausgeschlossen fühlen.

In den Äußerungen der Schüler lässt sich eine kritische Haltung gegenüber dem Staat erkennen, die von einer Skepsis gegenüber den von Staatsbeamten verbreiteten ideologischen Botschaften begleitet wird. Die staatliche Fassade scheint an einer empfindlichen Stelle zu bröckeln und die von Bildungsmythen gestützte Ideologie angesichts der desaströsen Ausbildungssituation von Absolventen der Anna-Seghers-Schule brüchig zu werden. Auch bei der feierlichen Zeugnisvergabe am Ende des zehnten Schuljahres ist der Unmut der Beteiligten schon im Vorfeld deutlich zu spüren.

Feldtagebuch: Die Abschiedszeremonie wird vorbereitet. Die Schüler gehen dafür in die Aula der Schule am Ende des Ganges. Dort prangt in großen Buchstaben an der Wand: »Bildung ist die Zukunft«. Frau Schnur wird angesichts des nahenden Abschieds bereits etwas wehmütig und erzählt, dass sie bestimmt heulen wird, da sie sich in den vier Jahren an die Klasse gewöhnt hat, »auch wenn es nicht immer einfach war.« Sie hat den Text zu dem berühmten Kanon-Lied »Danke« umgeschrieben und möchte das Lied nun mit den Schülern einüben. »Ohne Beat?«, fragt Mohamad etwas ungläubig. Hussein beginnt derweil mit einer eigenen Rap-Variante des Liedes, wird jedoch zugleich energisch zurechtgewiesen. Als das Lied schließlich angestimmt wird, singen lediglich einige Mädchen mit, während die Jungen das Dankeslied boykottieren. Stattdessen imitieren sie nach der kläglich gescheiterten Gesangsübung die Förmlichkeit einer offiziellen Abschiedsveranstaltung in einer spontanen Performance. Dem Ausruf: »einen Applaus für Frau Schnur, die beste Lehrerin der Welt«, folgt ein betont förmlich gehaltenes »Parteitagsklatschen«, ein kurzer, intensiver Applaus, bei dem die Hände sich kaum auseinanderbewegen, sondern in einem schnellen und intensiven Stakkato rhythmisch bewegt werden. Alle die zehnten Klassen betreuenden Lehrer der Schule werden auf diese Weise von den Schülern bedacht und gleichsam bewertet. So heißt es bei Frau Mischke: »Einen Applaus für Frau Mischke, die strengste Lehrerin der Welt.«

Zeugnisverleihungen dienen in der Regel als eine rituell inszenierte Selbstvergewisserung des staatlichen Bildungssystems. Für die in diesem Fall zu beobachtende Weigerung vor allem der männlichen Schüler trotz der Sympathien für die als engagiert und herzlich geltende Frau Schnur ein Dankeslied auf ihre Schule anzustimmen, ließen sich eine Reihe von Gründen aufzählen: Den Jungen erscheint es möglicherweise uncool zusammen mit den Mädchen und der Lehrerin ein Lied zu singen. Ein deutscher Kanon »ohne Beat« entspricht wohl kaum ihrem Musikgeschmack und zudem hatten sie ohnehin im Verlauf ihrer Zeit auf der Hauptschule keinen Musikunterricht mehr, in dem gemeinsames Singen hätte gefördert werden können. Möglicherweise spielt jedoch noch ein anderes Motiv eine Rolle: Vielleicht wollen die Schüler sich einfach nicht bei einer Schule bedanken, die ihnen vor allem mit Demütigungen oder disziplinarischen Maßnahmen begegnete und die ihnen darüber hinaus kaum Hoffnung auf eine positive berufliche Entwicklung machen konnte. Die Anna-Seghers-Hauptschule erscheint in dieser Blickweise als eine Schule, die ihr Versprechen – »Bildung ist die Zukunft« – zwar propagiert, jedoch nicht eingehalten hat. Stattdessen ironisieren die Schüler das zeremonienhafte Element der nahenden Zeugnisvergabe und stellen durch ihr bewusst artifizielles Geklatsche die Fassadenhaftigkeit von derartigen Veranstaltungen bloß. In ihrer spielerischen »Parteitags«-Performance verdrehen sie gleichzeitig die Machtposition zwischen Lehrern und Schülern: Diesmal werden nicht sie beurteilt, sondern die Schüler beurteilen eigenmächtig ihr Lehrpersonal, was ihnen sichtlich Freude bereitet.

Bei der Interpretation dieser Szene stellt sich die grundlegende Frage, wozu Zeugnisse und Zeugnisverleihungen eigentlich dienen. Aus einer ideologiekritischen Perspektive könnte man Zeugnisse als einen Mechanismus staatlicher Machtausübung und die ihre Verteilung begleitenden rituellen Zeremonien als einen Versuch der Legitimierung des meritokratischen Leitbildes interpretieren. James Scott hat in seinem Buch *Seeing like a State* herausgestellt, dass schematische Kategorien, wie in diesem Fall numerische Schulnoten, stets die Realität verfehlen, gleichzeitig aber einen machtvollen Kategorisierungs-Effekt haben. Pierre Bourdieu verweist in einem ähnlichen Zusammenhang auf das »Meta-Kapital« des Staates, also auf seine Fähigkeit, die dominierenden Wahrnehmungskategorien und Klassifizierungsprinzipien festzulegen.[28] Dass die auf machtbedingten Ungleichheiten basierende staatliche Herrschaft regelmäßig durch öffentliche Zeremonien bestätigt und befestigt werden muss, deutet auf deren Kontingenz und Fragilität hin. Subversionen staatlicher Autorität durch die Schüler werden folglich von den Lehrern in der Regel rigoros bekämpft, da sie die Legitimität der gesamten Institution infrage stellen können. Doch gegen Ende dieses Schuljahres fühlen sich an der Anna-Seghers-Schule auch viele Lehrer immer weniger verpflichtet, gegen das rebellische Verhalten zahlreicher Schüler vorzugehen. Schüler reagieren auf diese manchmal etwas grotesk anmutende Mischung aus Leistungsdruck, Machtausübung und *Laissez-faire* auf unterschiedliche Weise: Einige versuchen still den Anwei-

---

28 Vgl. Bourdieu: Staatsgeist; Mitchell: Society, Economy, and the State Effect.

sungen zu folgen, andere reagieren trotzig und aggressiv und wieder andere kommen einfach gar nicht mehr zur Schule, was ein Schüler damit kommentiert, dass »am Ende nur noch Stefan da ist.«

Einige Tage nach der Gesangsprobe steht die Zeugnisvergabe auf dem Programm, bei der die Schüler der zehnten Klassen zum letzten Mal zusammenkommen. Ich ziehe mich etwas formeller als zur privaten Abschlussparty am Abend zuvor an. Bei den Schülern ist es dagegen genau umgekehrt: Die meisten tragen zwar noch die Anzüge vom vorigen Abend, einige Jungen haben jedoch auf die Krawatte und manche Mädchen auf ihre Hochsteckfrisuren verzichtet, eine trägt lediglich T-Shirt und Jogginghose. Kleine Reden werden gehalten und das eingeübte Dankeslied ziemlich schief gesungen. Die Stimmung ist nicht wirklich feierlich, eher gemütlich und ausgelassen. Soweit ich es überblicken kann, sind kaum Eltern und Verwandte anwesend. Viele Schüler laufen in der Aula umher und einige stimmen zwischendurch einen ironischen »Frau Mischke«-Sprechchor für die unbeliebteste Lehrerin der Schule an. Frau Schnur mahnt die Schüler in ihrem Grußwort, dass man »mit Ehrlichkeit, Pünktlichkeit und ein bisschen Fleiß viel erreichen kann«. Herr Fuchs, der Direktor, erinnert die Schüler anschließend noch mal an ihre Ankunft: »Viele kamen mit einem komischen Gefühl an diese Schule: Hauptschule, freiwillig war kaum einer hier. Viele wurden zugewiesen und fühlten sich ausgegrenzt. Es war nicht immer leicht, doch jetzt habt ihr einen Lebensabschnitt erfolgreich beendet.« Er verweist darauf, dass »jeder eine zweite Chance« habe, mahnt aber auch, dass viele »gnadenlos scheitern werden«, wenn sie diese nicht nutzen. Dass viele Schüler nicht stolz auf ihren Hauptschulabschluss sind, zeigt sich an der demonstrativ desinteressierten Art und Weise wie einige von ihnen ihre Zeugnisse abholen. Die Lehrer versuchen mit einer Mischung aus Formalität und Routine, die Schüler mit einer gewissen Coolness die Situation zu bewältigen. Beide Seiten wissen, dass es eigentlich kaum einen Grund zum Feiern gibt. Wichtiger als die unvermeidliche Zeugnisvergabe scheint den Schülern der Abschied von der Schule und vor allem voneinander zu sein, so werden später vor der Schule noch viele gemeinsame Fotos gemacht und einige Tränen vergossen.

Die Reden der Klassenlehrerin und des Direktors repräsentieren in dieser Situation die offizielle Deutung der Geschehnisse und können, einen Begriff von James Scott aufgreifend, als *Official Transcript* bezeichnet werden. Scott unterscheidet in seinem Buch *Domination and the Arts of Re-*

sistance zwischen *Official Transcripts* und *Hidden Transcripts*, also zwischen informellen und formellen Praktiken, Äußerungen und Gesten.[29] Auffallend an der offiziellen Deutung ist der weitgehende Verzicht auf die bei solchen Anlässen übliche Beschönigung der Situation und die dadurch hervortretenden Brüche in der ideologischen Fassade. Zwar wird das meritokratische Ideal bestätigt, doch offengelassen, wie weit man es durch individuelle Anstrengungen schaffen kann. Bildung wird auch weiterhin als Chance begriffen, jedoch als eine, welche die Hauptschüler bisher scheinbar nicht genutzt haben. Zwar wird versucht, den Absolventen Mut zu geben und ihnen nicht die Hoffnung zu nehmen, doch ist zugleich von Ausgrenzungen, von Scheitern und von negativen Gefühlen die Rede. Die ideologische Fassade der *Official Transcripts* und die pädagogische Botschaft einer hoffnungsvollen Zukunft werden angesichts der bevorstehenden Abschaffung der Hauptschule nur noch mühsam und lückenhaft aufrechterhalten. Nicht einmal während der Zeugnisvergabe, dem offiziellen Höhepunkt des Schuljahres, gelingt es dem Lehr- und Aufsichtspersonal, die Schüler zu disziplinieren und die auf die Demütigung einer Lehrerin zielenden Sprechchöre zu verhindern.

Hidden Transcripts umfassen dagegen jenes Set von Äußerungen und Handlungen von dominierten oder von dominierenden Gruppen, die öffentlich nicht kundgetan werden. Darin enthalten sind auch jene Ansichten und Bemerkungen von Lehrern, die nur heimlich, privat oder in der Vertrautheit des Lehrerzimmers geäußert werden und auf diese Weise vom offiziellen Diskurs ausgeschlossen sind. Lehrer waren erstaunlich offen, mir gegenüber ihre ausnahmslos negativen Meinungen über das Schulsystem und die Hauptschule mitzuteilen. Manche sahen in meiner Forschung möglicherweise auch eine willkommene Möglichkeit, um auf Missstände aufmerksam zu machen. Da während des Schuljahres 2008/2009 in den Berliner Zeitungen bereits intensiv über das Versagen und die Abschaffung der Hauptschule diskutiert wurde, betrieben diese Lehrer kaum noch Aufwand, ihre *Hidden Transcripts* zu verbergen. In dieser Situation des bereits antizipierten Übergangs lässt sich an der Anna-Seghers-Schule ein Brüchigwerden der *Official Transcripts* und, parallel dazu, ein zunehmendes Hervortreten der *Hidden Transcripts* beobachten.

---

29 Vgl. Scott: Domination and the Arts of Resistance.

Nach der Zeugnisvergabe versammeln sich die Lehrer noch zu einem kleinen Grillfest. Man sitzt entspannt zusammen und freut sich, wie angenehm die Schule ohne Schüler sein kann. Die Grillfeier muss jedoch kurzzeitig zugunsten eines Löscheinsatzes unterbrochen werden, da Schüler auf der anderen Seite des Schulgebäudes verbotenerweise ebenfalls ein Feuer machen. Lehrer, die die Schule verlassen, werden anschließend mit Geschenken und netten Worten verabschiedet und am Ende hält der Direktor noch eine kleine Rede:

Herr Fuchs: »Vieles kam von außen: Mal dieses, mal jenes. Wir sollten das mit Gelassenheit nehmen, das nächste Jahr wird noch turbulenter. Wichtig ist, dass wir unser tolles Betriebsklima behalten. Auch wenn es mit dem MSA nicht geklappt hat – das ist nicht unsere Schuld, sondern die der Schüler und Eltern. Wir dürfen nicht vergessen, dass wir nur eine Hauptschule sind. Und wir arbeiten hier unter schwierigsten Bedingungen an einer Brennpunktschule. Unsere Schulentwicklung stockt. Weil keiner weiß, wie es weitergeht, macht es keinen Sinn, sich jetzt groß aus dem Fenster zu lehnen. Wichtig ist, dass wir so viel wie möglich von unserer Schule in die neue Schule einbringen können und dass wir so die Irrungen und Wirrungen von außen gut überstehen.«

Der Direktor versucht den Lehrern ein möglicherweise vorhandenes schlechtes Gewissen angesichts der fast ausnahmslos schlechten Noten und Prüfungsergebnisse der Absolventen zu nehmen, indem er den Schülern und ihren Eltern die Schuld für die offensichtliche Bildungsmisere zuschreibt. Die Abschlussrede blickt zudem bereits auf die kommende Schulreform in Berlin voraus, in deren Zuge die Hauptschulen abgeschafft und mit benachbarten Schulen zu größeren Sekundarschulen zusammengelegt werden sollen. Aus der Perspektive der Lehrer ist weniger der Bildungserfolg der Schüler, sondern die eigene Berufsperspektive in dieser neuen Schulform von Bedeutung. Pädagogische Ambitionen sind in dieser Zeit des Wartens und des Übergangs nicht mehr gefragt, denn jeder der Anwesenden weiß bereits: Das nächste Jahr wird das letzte Jahr Hauptschule in Berlin sein.

Pierre Bourdieu hat zu bedenken gegeben, dass man beim Nachdenken über den Staat Gefahr läuft, selbst staatliches Denken zu übernehmen, da der Staat die herrschenden Denk- und Wahrnehmungskategorien etabliert und durchsetzt.[30] Der Staat verfügt Bourdieu zufolge nicht nur über das Monopol zur legitimen Ausübung physischer Gewalt, sondern auch über symbolische Gewalt, mit deren Hilfe grundlegende gesellschaftliche Klassifikationsprinzipien durchgesetzt werden können. Die den beschriebenen Bildungsideologien und Bildungsmythen zugrunde liegenden Vorannahmen und Bewertungsmaßstäbe wurden deshalb im Verlaufe dieses Kapitels immer wieder mit diskutiert, da sich gerade darin die subjektivierende Kraft von Ideologie und Mythos entfaltet. Dabei habe ich mich zunächst auf die ideologische Dimension des staatlichen Bildungssystems konzentriert, die Autoren wie Althusser und Bourdieu mithilfe unterschiedlicher begrifflicher Apparate herausgearbeitet und kritisiert haben, wobei beide sich auf die von Karl Marx formulierte Kritik am Staat als einem Machtinstrument der herrschenden Klasse beziehen. In dieser postmarxistischen Sichtweise dient das moderne Bildungssystem der sozialen Reproduktion und der Einübung in die kapitalistischen Produktionsverhältnisse, verschleiert dies jedoch mithilfe der vermeintlichen Autonomie und Unabhängigkeit von Bildung. Die ideologische Funktion des Bildungssystems basiert auf machtvollen Bildungsmythen, die Bildung als Chance und Bildungserfolg als das Ergebnis eines meritokratisch organisierten Wettbewerbes freier Individuen erscheinen lassen. Der Staat nimmt in diesem Prozess der sozialen Reproduktion durch institutionalisierte Bildung eine zentrale Rolle ein, bleibt in seiner ideologischen Dimension jedoch meist unsichtbar. Der Staat wird selbst zu einem Mythos, einer scheinbar über den alltäglichen Verteilungskämpfen stehenden Instanz. Diese Vorstellung vom Staat hat machtvolle Effekte, denn indem der Staat die für das Bildungssystem gültigen Rahmenbedingungen und Erfolgskriterien vorgibt und anschließend die Ergebnisse schulischer Selektionsprozesse legitimiert, trägt er zur Reproduktion bestehender Ungleichheiten bei.

Eine zeitgemäße ideologiekritische Perspektive auf das Berliner Schulsystem muss sowohl Affirmationen als auch Widerstände gegenüber ideologischen Systemen umfassen, sie muss subjektivierende und subversive Kräfte berücksichtigen. Gleichzeitig gilt es Ideologien selbst nicht als zeitlose, hyperstabile und allumfassende Gebilde zu betrachten, sondern die Ambivalenzen, Instabilitäten und Widersprüche ideologischer Formen zu analysieren und dabei sowohl Tendenzen zur Verfestigung als auch das Brüchigwerden

---

30 Bourdieu: Staatsgeist, S. 93.

ideologischer Botschaften in jeweils spezifischen Kontexten im Blick zu behalten. Anhand der Schüler der Anna-Seghers-Schule lässt sich zeigen, dass einige Berliner Hauptschüler den deutschen Staat in abstrakter Weise als feindlich und abstoßend wahrnehmen, doch manche von ihnen gleichzeitig Elemente staatlich propagierter Bildungsideologien, wie beispielsweise das individualistische Leistungsimperativ, in ihre Selbstbeschreibungen aufnehmen. Während einige Schüler ihre gesellschaftliche Stigmatisierung in ein negatives Selbstbild transformieren, gehen andere wiederum eher auf eine spielerische Weise mit negativen Zuschreibungen um oder artikulieren – häufig mithilfe von Ironie – versteckte Kritik an ungleichen Chancenverhältnissen sowie der Scheinheiligkeit ideologischer Versprechungen. Gleichzeitig bröckelt aufgrund des sich abzeichnenden Endes der Berliner Hauptschule an der Anna-Seghers-Schule im Schuljahr 2008/09 merkbar die ideologische Fassade des staatlichen Bildungssystems. Die Übergangsphase vor der anstehenden Schulstrukturreform ist einerseits gekennzeichnet von einer zunehmenden Hilflosigkeit, aber auch von institutioneller Selbstkritik des Lehr- und Aufsichtspersonals, andererseits lässt sich eine kaum noch kontrollierte Aufmüpfigkeit und Resistenz vieler Schüler beobachten. In den auf diese Weise entstehenden Momenten der Brüchigkeit tritt die brutale Ungleichheit und Ungerechtigkeit des Klassensystems zeitweise aus ihrem ideologischen Schatten hervor.

DAS ENDE DER HAUPTSCHULE IN BERLIN

Die Anna-Seghers-Hauptschule wurde, wie bereits mehrfach angedeutet, im Zuge der Berliner Schulstrukturreform im Sommer 2010 abgeschafft und durch das Modell einer integrierten Sekundarschule ersetzt, welches die bisherigen Haupt-, Real- und Gesamtschulen zu einer Ganztagsschule zusammenfasst. Die im Jahr 2002 aus der SPD und der PDS (später Linkspartei) gebildete Berliner Regierungskoalition hatte in ihrem Koalitionsvertrag vom November 2006 zunächst ein einheitliches Schulsystem und somit auch ein Ende der Grundschule sowie des Gymnasiums als eigenständige Schulformen anvisiert. Die neue Gemeinschaftsschule sollte in einer mehrjährigen Pilotphase vorbereitet werden, an der sich im Schuljahr 2008/09 zunächst elf Berliner Schulen beteiligten. Seit dem Frühjahr und Sommer 2008 mehrten sich parallel dazu die Anzeichen für eine kurzfristige Reform der Hauptschule: Zunächst zeichnete sich vor dem Schuljahr 2009/10 ein deutlicher Anmelderückgang an den bisherigen Hauptschulen ab. Wenig später präsentierte der damalige Bildungssenator Zöllner seine Pläne zu einer vollständigen Abschaffung dieses Schultyps in Berlin. Die Schulstrukturreform wurde im Sommer 2009 vom Berliner Senat beschlossen und am 15. Januar 2010 vom Berliner Abgeordnetenhaus verabschiedet.

Der raschen Einführung der neuen integrierten Sekundarschule folgte, zumindest dem *Tagesspiegel* zufolge, jedoch schnell eine »große Ernüchterung«.[31] So fehlten zu Beginn des Schuljahres 2010/11 an einigen Schulen noch Pädagogen und manche Schulgebäude waren nicht rechtzeitig zum ersten Schultag fertiggestellt worden. Darüber hinaus wurde von sich verbreitenden Ängsten berichtet, einige Schulen in benachteiligten Wohnquartieren könnten erneut zu einer »Resterampe« werden.[32] Die Anna-Seghers-Schule in Berlin-Wedding fusionierte im Rahmen der Reform mit einer benachbarten Realschule. Obwohl die Gebäude der Hauptschule in einem deutlich besseren Zustand waren als die der Realschule, wurden letztere als Standort für den neuen Schultyp ausgewählt, da man befürchtete, ein ehemaliges Hauptschulgebäude würde Eltern abschrecken und somit den angestrebten Neuanfang gefährden. Das negative Image der Hauptschule und ihrer Schüler färbte demnach auf die Wahrnehmung eines Hauses ab, was verdeutlicht, wie wirkungsmächtig die gesellschaftliche Verachtung von Hauptschülern gewesen ist.

Fragt man danach, wie Lehrer und Schüler die Abschaffung der Hauptschule wahrnehmen, lohnt zunächst ein Blick zurück. Schon die Art und Weise der Einführung der Hauptschule in der Bundesrepublik am Ende der 1960er Jahre erregte starken Unmut bei den Betroffenen, da, wie Konrad Wünsche 1972 schreibt, »weder Eltern noch Lehrer, erst recht nicht die Kinder beteiligt sind an der Entwicklung dieses Apparats, mit dem künftig erzogen werden soll«.[33] Ähnliches ließe sich auch über den Prozess der Einführung der Sekundarschulen in Berlin etwa 40 Jahre später feststellen. An der Anna-Seghers-Schule begrüßten Lehrer und Schüler zwar grundsätzlich die Abschaffung der Hauptschule, fühlten sich jedoch von der Poli-

---

31 Susanne Vieth-Entus: »Die große Ernüchterung«, in: Tagesspiegel, 7.9.2010.
32 Dies.: »Zum Schulbeginn ein Wandertag«, in: Tagesspiegel, 23.8.2010; Dies.: »Schulreform droht in Problemkiezen zu scheitern«, in: Tagesspiegel, 1.11.2010.
33 Wünsche: »Die Wirklichkeit des Hauptschülers«, S. 8.

tik übergangen und zudem stark verunsichert angesichts der für sie unklaren Zukunftsperspektiven. Lehrer beklagten die unzureichende Finanzierung und das hektische Vorgehen bei der Umsetzung der Reform sowie einen generellen Mangel an Informationen. »Große Schulfabriken werden das«, meinte eine skeptische Lehrerin einmal während des Unterrichts und deutete an, ehemalige Hauptschüler könnten künftig in größeren, anonymeren Klassenverbänden »untergehen«. »Aber dann sind wir Realschüler«, entgegnete ihr ein Schüler, der die Aussicht auf den Wegfall des Hauptschulstigmas offenbar positiv beurteilte. Einige Schüler teilten dennoch die Befürchtung der Lehrerin, in der neuen Schule als Außenseiter zu gelten, andere boten sich scherzhaft an, gerne beim Abriss der Anna-Seghers-Schule behilflich zu sein. Der Wehmut des Abschieds hält sich anscheinend in Grenzen und auch die bisherigen Nachrufe auf die Hauptschule klingen nicht sehr schmeichelhaft. So war Ernst Rösner zufolge dieser Schultypus von Beginn an zum Scheitern verurteilt und hätte in dieser Form besser nie existieren sollen.[34] Die Hauptschule ist für ihn nun endgültig am Ende, da sie vielen Schülern schon lange keine Berufsperspektiven mehr vermitteln kann.

Mit der Abschaffung der Hauptschule in Berlin ergeben sich eine Reihe von offenen Fragen. Zunächst einmal wäre es wohl aufschlussreich, die Entscheidungsfindung auf politischer Ebene, den administrativen Prozess der Umsetzung der Reform sowie ihre Wahrnehmung innerhalb und außerhalb der Schulen nachzuzeichnen. Daran anschließend stellt sich die Frage, welche Formen sozialer Grenzziehung sich in und mit dem neu ausgerichteten, nun zwei- statt dreigliedrigem Schulsystem herausbilden werden. Das ungleiche Aufeinandertreffen von Realschülern und Hauptschülern könnte Züge dessen tragen, was Norbert Elias und John Scotson als das Verhältnis von »Etablierten« und »Außenseitern« beschreiben.[35] Möglicherweise wird es darüber hinaus zu einer Verstärkung von bereits laufenden Prozessen sozialräumlicher Segregation kommen, wie sie im europäischen Kontext bisher unter anderem in Frankreich beobachtet worden sind.[36] Ein entscheidendes Klassifikationskriterium wäre dann neben der Schulform zunehmend der Schulstandort. Interessant wäre es auch, die massive ideologische

---

34 Vgl. Rösner: Hauptschule am Ende.
35 Vgl. Elias/Scotson: Etablierte und Außenseiter.
36 Vgl. Oberti: L'école dans la ville.

Aufbauarbeit zu beobachten, welche die Einführung der Sekundarschulen begleitet. So wird der neue Schultypus von staatlicher Seite unter anderem mit einem Plakat beworben, auf dem einer Schülerin migrantischer Herkunft vorgestellt wird, welche, dem Begleittext zufolge, bald Chinesisch lernen könne und bereits als »Nobelpreisträgerin 2048« gelte. Trotz dieser großspurigen Verheißungen ist noch unklar, ob das neue Schulsystem langfristig tatsächlich weniger Ungleichheit produzieren wird.

Die zu begrüßende Abschaffung der Hauptschule allein wird die Probleme der Schüler nicht lösen, die im Übrigen auch weiterhin einen dem Hauptschulabschluss äquivalenten Schulabschluss – nun »Berufsbildungsreife« genannt – erwerben können. Das in diesem Buch beschriebene Problem der Verachtung von Schülern mit niedrigem sozioökonomischem Status berührt das kulturelle Selbstverständnis unserer Gesellschaft und ist deshalb nicht so schnell hinter sich zu lassen wie das Label »Hauptschule«. Respekt und Anerkennung werden in »westlichen« Gegenwartsgesellschaften vor allem an beruflichem Erfolg und sozioökonomischen Status gemessen. Gleichzeitig haben sich die Chancen von als geringqualifiziert geltenden Schulabgängern auf dem Arbeitsmarkt im Zuge wirtschaftlicher Umstrukturierungen in Westeuropa in den letzten Dekaden verschlechtert. Die sich aus dieser Konstellation ergebende Abwertung von Bildungsverlierern fand in der Stigmatisierung der Hauptschüler einen markanten symbolischen Ausdruck. Die Auflösung der Hauptschule wird wohl nur wenig daran ändern, dass bestimmte Bevölkerungsgruppen weiterhin »wie ein Stück Scheiße« behandelt werden, wie es ein Hauptschüler im Verlauf meiner Forschung formulierte.

Schluss
Zur gesellschaftlichen Produktion von Verachtung

Mit Verachtung ist eine auf negativen moralischen Zuschreibungen und emotionalen Abwehrmechanismen basierende Form der gesellschaftlichen Diskreditierung bestimmter Personen oder Bevölkerungsgruppen gemeint. Ich habe damit jenen sozialen Zuschreibungsmodus beschrieben, durch welchen niedriger sozioökonomischer Status mit sozialer Geringschätzung verbunden wird und somit gleichsam demütigende Umgangsweisen gegenüber Hauptschülern produziert werden.

Die gesellschaftliche Produktion von Verachtung wurde in diesem Buch mit Blick auf Berliner Hauptschüler im Jahr 2008/09 in verschiedenen Facetten nachgezeichnet: als verweigerte Anerkennung, als klassenbedingte Abstufung, als Demütigung in der Schule und bei der Suche nach einem Arbeitsplatz, als medialer Stigmatisierungsprozess, als impliziter oder expliziter Vorwurf im Familienkontext sowie anhand von Formen öffentlicher Anschuldigung. Die gesellschaftliche Verachtung von Hauptschülern funktioniert auf eine so alltägliche und scheinbar selbstverständliche Weise, dass sie selbst von denjenigen unbewusst fortgeschrieben wird, die den Schülern versuchen zu helfen oder die Situation an den Schulen zu verbessern. So lassen sich auch bei den Schülern wohlgesinnten Sozialarbeitern negative Bewertungen von Hauptschülern beobachten. Und der Versuch von Hauptschulpädagogen, die Disziplinarprobleme an Hauptschulen durch ein »hartes Durchgreifen« in den Griff zu bekommen, basiert selbst wiederum auf negativen Zuschreibungen und wird mithilfe demütigender Strafmaßnahmen durchgesetzt.

Parallel dazu habe ich die diversen Umgangsweisen mit sozialer Ausgrenzung und gesellschaftlicher Abwertung nachgezeichnet und in diesem Zusammenhang unter anderem die Bedeutung von Freundschaften und Liebe, aggressiven Formen von Männlichkeit, kompensatorischen Konsumpraktiken, Aktivitäten in Online-Communitys, ethnischen Identifikationen, Coolness und Emotionen wie Scham, Wut und Neid herausgestellt. Der bei den Schülern zu beobachtende Wunsch nach positiver gesellschaftlicher Wertschätzung kann als Reaktion auf die Verachtung von Hauptschülern verstanden werden. Das Problem der beschriebenen Anerkennungsstrategien besteht darin, dass häufig gerade die Praktiken, die Statusaspiration erkennen lassen, zu Markierungen von sozialer Randständigkeit werden.

Hauptschüler erschienen nicht als passive Opfer einer ungerechten Gesellschaft, sondern setzten sich in aktiver Weise mit ihrer sozialen Situation auseinander. Diese Auseinandersetzung war von Ambivalenzen und Widersprüchen gekennzeichnet. Hauptschüler missbilligten die Ungerechtigkeiten bei der gesellschaftlichen Verteilung von Gütern und Chancen und glaubten häufig dennoch, Erfolg hänge in erster Linie vom Engagement des Einzelnen ab. Sie kritisierten Medienberichte über Hauptschulen und hielten sie gleichsam für Abbilder der Realität. Und sie widersprachen öffentlichen Anschuldigungen und fühlten sich gleichzeitig unweigerlich von diesen angesprochen.

Die soziale Akzeptanz moralischer Herabwürdigung von Hauptschülern und die gleichzeitige Verschleierung ihrer strukturellen Ursachen führen tendenziell zu einer individualisierten Wahrnehmung von Ausgrenzungserfahrungen. Formen klassenbedingter sozialer Ausschließung fließen dabei in die Selbstbeschreibungen der Akteure ein. Besonders Demütigungen, die mit der Zuschreibung eines kognitiven Defizits operieren, heften sich auf subtile Art und Weise an die betroffenen Schüler. Sie nagen am aufgrund fehlender Anerkennung ohnehin schwachen Selbstwertgefühl und Selbstvertrauen vieler Hauptschüler und provozieren früher oder später meist die Frage, ob man wirklich zu dumm sei. Statt als Formen von sozialen Grenzziehungen werden sie eher als Hinweis für einen individuellen Mangel interpretiert. Die gesellschaftliche Verachtung von Hauptschülern wird vor allem durch alltägliche Demütigungen dieser Art produziert und erfahren.

Die Individualisierung der Erfahrung sozialer Ausgrenzung erschwert die Kritik an der gesellschaftlichen Produktion von Verachtung und führt zu jenen »hidden injuries of class«, mit denen Hauptschülern in der Übergangszeit nach der Schule mit besonderem Nachdruck konfrontiert sind. Die weitgehend verstellten Handlungsoptionen bei gleichzeitigem Mangel an Ressourcen lassen für Hauptschulabsolventen die Erfolgsversprechen eines am »unternehmerischen Selbst« orientierten Gesellschaftsregimes als zynisch erscheinen. Die »aktiven Verlierer« einer neoliberalen Aktivierungsgesellschaft fühlen sich vielmehr von Schicksalsschlägen bedroht und neigen angesichts ihrer beklemmenden Lage zu fatalistischen Weltsichten.

Da den Schülern gesellschaftlich akzeptierte Möglichkeiten fehlen, um ein durchaus vorhandenes Ungerechtigkeitsgefühl zu artikulieren, wird Kritik häufig emotional geäußert – etwa durch Emotionen wie Wut und Neid. Die Erfahrung verachtet zu werden, kann zwar durch eine solche Gegenwehr des Verachteten nicht aus der Welt geschafft werden, doch zeigt sich in diesem Aufbegehren der Schüler ein Kampf um ein positives Selbstverhältnis. Parallel dazu gibt es zahlreiche Versuche negative Zuschreibungen durch Ironie und einen spielerischen Umgang mit Stereotypen zu unterlaufen und die Gesellschaft auf diese Weise selbst mit ihren negativen Blickweisen zu konfrontieren.

Der Philosoph Avashai Margalit verlangt von einer Politik der Würde, dass gesellschaftliche Institutionen die Selbstachtung der Menschen nicht verletzen.[1] Aus seiner Sichtweise ist eine Gesellschaft anständig, wenn ihre Institutionen die Menschen nicht demütigen, und sie ist zivilisiert, wenn die Menschen einander nicht demütigen. Die gegenwärtige neoliberal geprägte Gesellschaft erscheint aus dieser Sichtweise weder besonders anständig noch durchgehend zivilisiert, da im Umgang mit Hauptschülern selbst Minimalvorstellungen von gegenseitigem Respekt und der Achtung der Würde des Anderen nicht gewährleistet werden. Durch den Fokus auf die Situation sozial deklassierter Jugendliche entstand in diesem Buch das Bild einer Menschen verachtenden und bestimmte Gruppen ausgrenzenden Gesellschaft. Mit dem Hinweis auf »die gesellschaftliche Produktion der Verachtung« wurde gleichzeitig betont, dass diese Prozesse extremer gesellschaftlicher Abwertung kein unausweichlicher Vorgang sind, sondern dass diese in spezifischen Kontexten und Situationen entstehen und grundsätzlich vermeidbar sind. Im Verlauf der Untersuchung habe ich deshalb die Entstehungsmechanismen sozialer Ausschließung im Alltag betont und parallel dazu die Praktiken und Selbstwahrnehmungen der mit sozialer Ausgren-

---

1 Vgl. Margalit: Politik der Würde.

zung konfrontierten Hauptschüler nachgezeichnet. Diese Studie hat auf eindringliche Weise veranschaulicht, welche brutalen Wirkungen die gesellschaftliche Produktion von Verachtung hat.

Den Kontext und Nährboden der hier beschriebenen Exklusionsprozesse bildet das sich seit den 1970er und 1980er Jahren herauskristallisierende neoliberale Herrschaftsmodell. Nikolas Rose hat betont, dass dieses die hegemoniale Vorstellung eines für seine soziale Situation selbst verantwortlichen Subjekts produziere.[2] Eine zunehmend an ökonomischen Erfolgsprinzipien orientierte Kultur produziert demnach beständig sozialmoralische Anklagen gegenüber ihren eigenen »Opfern«. Sie lässt sich als eine Kultur der Anschuldigung begreifen, in der nicht nur soziale Ausschlussmechanismen intensiviert werden, sondern den sozial Deklassierten darüber hinaus selbst die Schuld an ihrer Misere zugeschrieben wird. Dieser Zuschreibungsmodus ist ein zentraler Bestandteil der gesellschaftlichen Produktion von Verachtung, da den als schuldig geltenden Verlierern des ökonomischen Wettbewerbes im Gegensatz zu den unschuldig in Not Geratenen kaum noch Sympathien zukommen und sie folglich auf verachtende Weise behandelt werden können. Wer die »Flucht nach vorn« nicht geschafft hat, wird persönlich für seinen Misserfolg verantwortlich gemacht und folglich als »Versager« degradiert.[3] Die daraus resultierenden Formen der Anschuldigung haben vor allem deshalb eine verletzende Wirkung, da Unterwerfung und Kritik nicht voneinander getrennt, sondern auf komplexe Weise miteinander verbunden sind.

Die hier praktizierte »Kritik der Zeitverhältnisse« orientierte sich an den Leidenserfahrungen von Hauptschülern, die zwar individuell erlebt, jedoch systematisch aus den sozialen Verhältnissen resultieren.[4] Sie umfasst eine sozialwissenschaftliche Analyse der Selbstwahrnehmungen und kulturellen Praktiken von Hauptschulabsolventen im Kontext verweigerter Anerkennung sowie eine normative Kritik, die gesellschaftliche Institutionen wie die Schule an ihren eigenen Maßstäben misst und darüber hinaus die gegenwärtigen Wertvorstellungen im neoliberalen Kapitalismus infrage stellt. Diese auf ethnografischen Methoden basierende Form von kritischer Wissenschaft funktioniert nicht losgelöst von den Perspektiven der Akteu-

---

2   Rose: Inventing our Selves, S. 150ff.
3   Vgl. Neckel: Flucht nach vorn.
4   Rosa: Kritik der Zeitverhältnisse, S. 27ff.

re, sondern bezieht sich auf die von ihnen in lokalen Alltagspraktiken geübte Kritik.[5] Gesellschaftsimmanente und gesellschaftstranszendierende Formen der Sozialkritik fließen dabei ineinander. Die Kritik der gesellschaftlichen Produktion von Verachtung beleuchtet Ungleichheitsverhältnisse innerhalb der bestehenden Ordnung und zielt gleichzeitig auf eine Transformation der Verachtung produzierenden Verhältnisse.

---

5 Vgl. Boltanski: Soziologie und Sozialkritik.

Literatur

Abrams, Philip: »Notes on the Difficulty of Studying the State«, in: Journal of Historical Sociology 1 (1), 1988, S. 58-88.

Adorno, Theodor W./Horkheimer, Max: Dialektik der Aufklärung, Frankfurt/Main: Fischer, 1986.

Althusser, Louis: »Ideologie und Ideologische Staatsapparate«, in: Ders.: Ideologie und Ideologische Staatsapparate, Hamburg/Berlin: VSA, 1977, S. 108-153.

Amin, Ash (Hg.): Post-Fordism. A Reader, Oxford: Blackwell, 1994.

Archer, Margaret: »Cross-National Research and the Analysis of Educational Systems«, in: Kohn, Melvin (Hg.): Cross-National Research in Sociology, London: Sage, 1989, S. 242-262.

Aretxaga, Betona: »Maddening States«, in: Annual Review of Anthropology 32, 2003, S. 393-410

Askew, Kelly/Wilk, Richard (Hg.): The Anthropology of Media. A Reader, Oxford: Blackwell, 2002.

Ates, Seref: »Das Islambild in den Medien nach dem 11. September 2001«, in: Butterwegge, Christoph/Hentges, Gudrun (Hg.): Massenmedien, Migration und Integration, Wiesbaden: VS, 2006, S. 151-170.

Austin, John: How to do things with words, Cambridge: Harvard University Press, 1962.

Ball, Stephen/Bowe, Richard/Gerwitz, Sharon: »School choice, social class and distinction. The realization of social advantage in education«, in: Education Policy 11 (1), 1996, S. 89-112.

Ball, Stephen: Education Reform. A critical and post-structural approach, Buckingham: Open University Press, 1994.

Barthes, Roland: »Die Fotografie als Botschaft«, in: Ders.: Der entgegenkommende und der stumpfe Sinn. Kritische Essays III, Frankfurt/Main: Suhrkamp, 1990, S. 11-27.
Barthes, Roland: Die helle Kammer. Bemerkungen zur Fotografie, Frankfurt/Main: Suhrkamp, 1989.
Barthes, Roland: Mythen des Alltags, Frankfurt/Main: Suhrkamp, 1964.
Barthes, Roland: »The Death of the Author«, in: Ders. (Hg.): Image, Music, Text, London: Fontana, 1977, S. 142-148.
Baudrillard, Jean: Symbolic Exchange and Death, Paris/London: Sage, 1993 (1976).
Bauman, Zygmunt: Moderne und Ambivalenz. Das Ende der Eindeutigkeit, Hamburg: Junius, 1992.
Beck, Ulrich: Die Neuvermessung der Ungleichheit unter den Menschen, Frankfurt/Main: Suhrkamp, 2008.
Beck, Ulrich: Risikogesellschaft, Frankfurt/Main: Suhrkamp, 1986.
Behrens, Roger: Kulturindustrie, Bielefeld: transcript, 2004.
Belting, Hans: Bild-Anthropologie, München: Fink, 2001.
Benjamin, Walter: »Das Kunstwerk im Zeitalter seiner technischen Reproduzierbarkeit«, in: Ders.: Medienästhetische Schriften, Frankfurt/Main: Suhrkamp, 2002, S. 351-383.
Benjamin, Walter: »Zur Kritik der Gewalt«, in: Ders.: Gesammelte Schriften, Band II, Frankfurt/Main: Suhrkamp, 1999, S. 179-204.
Bereswil, Mechthild/Meuser, Michael/Scholz, Sylka (Hg.): Dimensionen der Kategorie Geschlecht. Der Fall Männlichkeit, Münster: Westfälisches Dampfboot, 2007.
Berger, John: Ways of Seeing, London: BBC & Penguin Books, 1972.
Berger, Peter: Soziale Unterschiede auf hohem Niveau, Manuskript, http://www.wiwi.uni-rostock.de/fileadmin/Institute/ISD/Lehrstuhl_ Makrosoziologie/Lehrmaterialien/Prof._Berger/Vorlesung_Sozial strukturanalyse/Texte/BergerUnterschiede.pdf vom 1. Juli 2010.
Berger, Peter/Weiß, Anja (Hg.): Transnationalisierung sozialer Ungleichheit, Wiesbaden: VS, 2008.
Bhaba, Homi: The Location of Culture, London/New York: Routledge, 1994.
Bigo, Didier: »Security and Immigration. Toward a critique of the governmentality of unease«, in: Alternatives 27 (1), 2002, S. 63-92.
Bird, Elisabeth (Hg.): The Anthropology of News & Journalism, Bloomington: Indiana University Press, 2010.

Böhme, Gernot: Aisthetik. Vorlesungen über Ästhetik als allgemeine Wahrnehmungslehre, München: Fink, 2001.
Böhme, Gernot: Atmosphäre, Frankfurt/Main: Suhrkamp, 1995.
Böhme, Hartmut: Fetischismus und Kultur, Reinbek bei Hamburg: Rowohlt, 2006.
Boltanski, Luc: Soziologie und Sozialkritik, Berlin: Suhrkamp, 2010.
Bos, Wilfried/Hornberg, Sabine/Arnold, Karl-Heinz/Faust, Gabriele/Fried, Lilian/Lankes, Eva-Maria/Schwippert, Kurt/Valtin, Renate: IGLU 2006. Lesekompetenzen von Grundschulkindern in Deutschland im internationalen Vergleich, Münster: Waxmann, 2007.
Bosch, Aida: Konsum und Exklusion. Eine Kultursoziologie der Dinge, Bielefeld: transcript, 2010.
Bourgois, Philippe: In Search of Respect. Selling Crack in El Barrio, Cambridge: Cambridge University Press, 1996.
Bourdieu, Pierre/Boltanski, Luc: Eine illegitime Kunst. Die sozialen Gebrauchsweisen der Fotografie, Hamburg: Europäische Verlagsanstalt, 2009.
Bourdieu, Pierre (Hg.): Das Elend der Welt, Konstanz: UVK, 1997.
Bourdieu, Pierre: Die feinen Unterschiede. Kritik der gesellschaftlichen Urteilskraft, Frankfurt/Main: Suhrkamp, 1982.
Bourdieu, Pierre: Die Intellektuellen und die Macht, Hamburg: VSA, 1991.
Bourdieu, Pierre: Die Regeln der Kunst, Frankfurt/Main: Suhrkamp, 1999.
Bourdieu, Pierre: »Ökonomisches Kapital, kulturelles Kapital, soziales Kapital«, in: Kreckel, Reinhard (Hg.): Soziale Ungleichheiten, Sonderband 2 der Sozialen Welt, Göttingen, 1983, S. 183-198.
Bourdieu, Pierre/Passeron, Jean-Claude: La Reproduction. Éléments pour une théorie du système d'enseignement, Paris: Éditions de Minuit, 1970.
Bourdieu, Pierre: Soziologische Fragen, Frankfurt/Main: Suhrkamp, 1993.
Bourdieu, Pierre: »Staatsgeist. Genese und Struktur des bürokratischen Felds«, in: Ders.: Praktische Vernunft. Zur Theorie des Handelns, Frankfurt/Main: Suhrkamp, 1998, S. 96-125.
Bourdieu, Pierre: Über das Fernsehen, Frankfurt/Main: Suhrkamp, 1998.
Bourdieu, Pierre/Wacquant, Loic: Reflexive Anthropologie, Frankfurt/Main: Suhrkamp, 1996.
Bourdieu, Pierre: Was heißt Sprechen? Die Ökonomie des sprachlichen Tausches, Wien: Braumüller, 1990.
Bourdieu, Pierre: Zur Soziologie der symbolischen Formen, Frankfurt/Main: Suhrkamp, 1974.

Braun, Christina von/Mathes, Bettina: Verschleierte Wirklichkeit. Die Frau, der Islam und der Westen, Berlin: Aufbau, 2007.
Bredekamp, Horst: Theorie des Bildakts, Berlin: Suhrkamp, 2010.
Brenner, Neil/Peck, Jamie/Theodore, Nik: »After neoliberalization?«, in: Globalizations 7 (3), 2010, S. 327-345.
Bröckling, Ulrich: Das unternehmerische Selbst, Frankfurt/Main: Suhrkamp, 2007.
Brown, Wendy: Regulating Aversion, Princeton: Princeton University Press, 2006.
Bude, Heinz: Bildungspanik. Was unsere Gesellschaft spaltet, München: Hanser, 2011.
Bude, Heinz: Die Ausgeschlossenen, München: Hanser, 2008.
Bude, Heinz/Kauffmann, Bernd/Kaiser, Paul (Hg.): Bürgerlichkeit ohne Bürgertum. In welchem Land leben wir? München: Fink, 2010.
Bude, Heinz/Willisch, Andreas: Exklusion. Die Debatte über die »Überflüssigen«, Frankfurt/Main: Suhrkamp, 2007.
Burkart, Günter: Handymania. Wie das Mobiltelefon unser Leben verändert, Frankfurt/Main: Campus, 2007.
Busse, Dietrich: »Das Eigene und das Fremde. Annotationen zu Funktion und Wirkung einer diskurssemantischen Grundfigur«, in: Jung, Matthias/Wengeler, Martin/Böke, Karin (Hg.): Die Sprache des Migrationsdiskurses. Das Reden über »Ausländer« in Medien, Politik und Alltag, Opladen: Westdeutscher Verlag, 1997, S. 17-35.
Butler, Judith: »Endangered/Endangering. Schematic Racism and White Paranoia«, in: Gooding-Williams, Robert (Hg.): Reading Rodney King, Reading Urban Uprising, New York: Routledge, 1993, S. 15-22.
Butler, Judith: Excitable Speech, London/New York: Routledge, 1997.
Butler, Judith: The Psychic Life of Power. Theories in Subjection, Stanford: Stanford University Press, 1997.
Caglar, Ayse: »Constraining metaphors and the transnationalisation of spaces in Berlin«, in: Journal of Ethnic and Migration Studies, 27(4), 2001, S. 601-613.
Caruso, Michael: Biopolitik im Klassenzimmer. Zur Ordnung der Führungspraktiken in den bayerischen Volksschulen (1869-1918), Weinheim/Basel/Berlin: Beltz, 2003.
Castells, Manuel: Communication Power, Oxford: University Press, 2009.
Celikates, Robin: Kritik als soziale Praxis, Frankfurt/Main: Campus, 2009.
Chavez, Leo: Covering Immigration. Popular Images and the Politics of the Nation, Berkeley: California University Press, 2001.

Chomsky, Noam/Herman, Edward: Manufacturing Consent. The Political Economy of the Mass Media, New York: Pantheon, 1988.
Clifford, James: »Introduction. Partial Truths«, in: Clifford, James/Marcus, George (Hg.): Writing culture. The Poetics and Politics of Ethnography, Berkeley: University of California Press, 1986, S. 1-26.
Cohen, Stanley: Folks Devils and Moral Panics, London/New York: Routledge, 2009 (1972).
Crenshaw, Kimberlé: »Demarginalizing the Intersection of Race and Sex. A Black Feminist Critique of Antidiscrimination Doctrine«, in: The University of Chicago Legal Forum, 1989, S. 139-167.
Critcher, Chas (Hg.): Critical Readings. Moral Panics and the Media, Maidenhead: Open University Press, 2006.
Critcher, Chas: Moral Panics and the Media, Maidenhead: Open University Press, 2003.
De Certeau, Michel: Kunst des Handelns, Berlin: Merve, 1988.
Degele, Nina: Sich schön machen. Zur Soziologie von Geschlecht und Schönheitshandeln, Wiesbaden: VS, 2004.
Deutschlandstiftung Integration (Hg.): Sarrazin. Eine Deutsche Debatte, München/Zürich: Piper, 2010.
Dijk, José van: »Users like you? Theorizing agency in user-generated content«, in: Media, Culture & Society 31 (1), 2009, S. 41-58.
Dijk, Teun A. van: Racism and the Press, London: Routledge, 1991.
Dolby, Nadine/Dimitriadis, Greg (Hg.): Learning to Labor in New Times, New York: Routledge, 2004.
Dörr, Margret/Herz, Birgit (Hg.): »Unkulturen« in Bildung und Erziehung, Wiesbaden: VS, 2010.
Dörre, Klaus/Lessenich, Stephan/Rosa, Hartmut: Soziologie – Kapitalismus – Kritik. Eine Debatte, Frankfurt/Main: Suhrkamp, 2009.
Douglas, Mary: Natural Symbols. Explorations in Cosmology, London/New York: Routledge, 1996 (1970).
Douglas, Mary: Purity and Danger, London/New York: Routledge: 2008 (1966).
Downs, Roger/Sea, David: Kognitive Karten. Die Welt in unseren Köpfen, New York: Harper & Row, 1982, S. 23-49.
Durkheim, Émile: Die elementaren Formen des religiösen Lebens, Frankfurt/Main: Suhrkamp, 1994.
Eagleton, Terry: Ideologie, Stuttgart: Metzler, 1993.

Ege, Moritz: »Carrot-cut Jeans. An Ethnographic Account of Assertiveness, Embarrassment and Ambiguity in the Figuration of Working-class Male Youth Identities«, in: Miller, Daniel/Woodward, Sophie (Hg.): Global Denim, London: Berg, 2010, S. 159-180.

Ehrenberg, Alain: Das erschöpfte Selbst, Frankfurt/Main: Suhrkamp, 2008.

Elias, Norbert/Scotson, John: Etablierte und Außenseiter, Frankfurt/Main: Suhrkamp, 1990 (1965).

Elsner, Monika/Gumbrecht, Hans Ulrich/Müller, Thomas/Spannenberg, Peter: »Zur Kulturgeschichte der Medien«, in: Merten, Klaus/Schmidt, Siegfried J./Weischenberg, Siegfried (Hg.): Die Wirklichkeit der Medien. Eine Einführung in die Kommunikationswissenschaft, Opladen: Westdeutscher Verlag, 1994, S. 163-187.

Erikson, Martin: »The Meaning of the Future. Toward a More Specific Definition of Possible Selves«, in: Review of General Psychology 11 (4), 2007, S. 348-358.

Ewing, Katherine Pratt: Stolen Honor. Stigmatizing Muslim Men in Berlin, Palo Alto: Stanford University Press, 2008.

Fanon, Frantz: Black Skin, White Masks, New York: Grove, 1967 (1952).

Fink, Matthias: »Jugendliche in erschwerten Lebenslagen«, in: Duncker, Ludwig (Hg.): Konzepte für die Hauptschule. Ein Bildungsgang zwischen Konstruktion und Kritik, Bad Heilbronn: Julius Klinkhardt, 2003, S. 200-211.

Fiske, John: »Die britischen Cultural Studies und das Fernsehen«, in: Winter, Rainer/Mikos, Lothar (Hg.): Die Fabrikation des Populären. Der John Fiske-Reader, Bielefeld: transcript, 2001, S. 17-68.

Fiske, John: »Fernsehen. Polysemie und Popularität«, in: Winter, Rainer/Mikos, Lothar (Hg.): Die Fabrikation des Populären. Der John Fiske Reader, Bielefeld: transcript, 2001, S. 85-109.

Fiske, John: Lesarten des Populären, Wien: Löcker, 2003.

Fiske, John: »Lustvoll Shoppen«, in: Ders.: Lesarten des Populären. Wien: Löcker, 2003, S. 25-50.

Foucault, Michel: Archäologie des Wissens, Frankfurt/Main: Suhrkamp, 2002.

Foucault: Michel: Die Ordnung des Diskurses, Frankfurt/Main: Fischer, 1991.

Foucault, Michel: »Gouvernementalität«, in: Bröckling, Ulrich/Krasmann, Susanne/Lemke, Thomas (Hg.): Gouvernementalität der Gegenwart. Studien zur Ökonomisierung des Sozialen, Frankfurt/ Main 2000, S. 41-67.

Foucault, Michel: »Was ist ein Autor?«, in: Engelmann, Jan (Hg.): Foucault. Botschaften der Macht. Reader Diskurs und Medien, Stuttgart: DVA, 1999, S. 30-48.
Frank, Georg: Ökonomie der Aufmerksamkeit, München: Hanser, 1998.
Fraser, Nancy/Honneth, Axel: Umverteilung oder Anerkennung? Eine politisch-philosophische Kontroverse, Frankfurt/Main: Suhrkamp, 2003.
Freud, Sigmund: »Das Unbewusste«, in: Ders.: Gesammelte Werke, Band 10, Frankfurt/Main: Fischer, 1998. 2. 264-303.
Freud, Sigmund: »Das Unheimliche«, in: Ders.: Gesammelte Werke, Band 12, Frankfurt/Main: Fischer, 1999, S. 228-268.
Freud, Sigmund: Der Witz und seine Beziehung zum Unbewussten. Der Humor, Frankfurt/Main: Fischer, 1992.
Freud, Sigmund: »Die Traumdeutung«, in: Ders.: Gesammelte Werke, Band 2/3, Frankfurt/Main: Fischer, 1998.
Freud, Sigmund: Massenpsychologie und Ich-Analyse, Frankfurt/Main: Fischer, 2007.
Friedeburg, Ludwig von: Bildungsreform in Deutschland. Geschichte und gesellschaftlicher Widerspruch, Frankfurt/Main: Suhrkamp, 1992.
Friedrich Ebert Stiftung (Hg.): Konfrontative Pädagogik. Neue Handlungsstrategien im Umgang mit Kindern und Jugendlichen als Täter und Opfer in einer Erziehenden Schule. Dokumentation zur Fachtagung am 26. April 2005 in der Friedrich-Ebert-Stiftung, Berlin: Friedrich Ebert Stiftung, 2005.
Gans, Herbert: Popular Culture and High Culture, New York: Basic Books, 1999.
Giddens, Anthony: Central problems in social theory. Action, Structure and Contradiction in Social Analysis, Houndmills: MacMillan, 1985.
Giddens, Anthony: Modernity and Self Identity, Stanford, CA: Stanford University Press, 1991.
Giordano, Peggy: »Relationships in Adolescence«, in: Annual Review of Sociology 29, 2003, S. 257-281.
Goffman, Erving: Stigma, Frankfurt/Main: Suhrkamp, 1967.
Goode, Erich/Ben-Yehuda, Nachman: Moral Panics. The Social Construction of Deviance, Oxford: Blackwell, 2008.
Goodman, Nelson: Weisen der Welterzeugung, Frankfurt/Main: Suhrkamp, 1989.
Gopal, Guru (Hg.): Humiliation. Claims and Context, New Dehli: Oxford University Press, 2009.

Göppel, Rolf: »Kulturen und ›Unkulturen‹ des Grenzensetzens in der Pädagogik«, in: Dörr, Margret/Herz, Birgit (Hg.): »Unkulturen« in Bildung und Erziehung, Wiesbaden: VS, 2010, S. 101-118.

Göttlich, Udo: »Kreativität in der Medienrezeption? Zur Praxis der Medienaneignung zwischen Routine und Widerstand«, in: Hörning, Karl/Reuter, Julia (Hg.): Doing Culture. Neue Positionen zum Verhältnis von Kultur und sozialer Praxis, Bielefeld: transcript, 2004, S. 169-183.

Gugutzer, Robert: »Der Körper als Identitätsmedium. Essstörungen«, in: Schroer, Martin (Hg.): Soziologie des Körpers, Frankfurt/Main: Suhrkamp, 2005, S. 323-355.

Gugutzer, Robert: Soziologie des Körpers, Bielefeld: transcript, 2004.

Habermas, Jürgen: Legitimationsprobleme im Spätkapitalismus, Frankfurt/Main: Suhrkamp, 1975.

Habermas, Jürgen: Strukturwandel der Öffentlichkeit, Frankfurt/Main: Suhrkamp, 1990.

Hagen, Wolfgang: Das Radio. Zur Geschichte und Theorie des Hörfunks – Deutschland/USA, München: Fink, 2005.

Hagen, Wolfgang: Gegenwartsvergessenheit: Lazarsfeld, Adorno, Innis, Luhmann, Berlin: Merve, 2003.

Hagen, Wolfgang: Nur So Als Ob und Neben Her. Über den Pathosakt des Radiohörens und seine Kunstwürdigkeit, http://www.whagen.de vom 01.01. 2007.

Hagedorn, John: A World of Gangs. Armed Young Men and Gangsta Culture, Minneapolis: University of Minnesota Press, 2008.

Hall, Stuart: »Die Frage der kulturellen Identität«, in: Ders.: Rassismus und kulturelle Identität, Hamburg: Argument, 1994, S. 180-222.

Hall, Stuart: »Die Konstruktion von ›Rasse‹ in den Medien«, in: Ders.: Ausgewählte Schriften. Ideologie, Kultur, Medien, Neue Rechte, Rassismus, Hamburg: Argument, 1989, S. 150-171.

Hall Stuart: »Die strukturierte Vermittlung von Ereignissen«, in: Ders.: Ausgewählte Schriften: Ideologie, Kultur, Medien, Neue Rechte, Rassismus, Hamburg: Argument, 1989, S. 126-149.

Hall, Stuart: »Encoding/decoding«, in: Ders.: Culture, Media, Language, London: Hutchinson, 1980, S. 128-138.

Hall, Stuart: »Reflections upon the Encoding/Decoding Model. An Interview with Stuart Hall«, in: Cruz, Jon/Lewis, Justin (Hg.): Viewing, Reading, Listening. Audiences and Cultural Reception, Boulder: Westview, 1994, S. 253-274.

Hall, Stuart: »Rassismus als ideologischer Diskurs«, in: Räthzel, Nora (Hg.): Theorien über Rassismus, Hamburg: Argument, 2000, S. 7-17.
Harter, Susan: »Self and Identity Development«, in: Feldman, Shirley/ Elliott, Glen (Hg.): At the threshold. The developing adolescent, Cambridge: Harvard University Press, 1990, S. 352-387.
Hartigan, John: Odd Tribes. Toward a Cultural Analysis of White People: Durham: Duke University Press, 2005.
Harvey, David: The Condition of Postmodernity, New York: Blackwell, 1990.
Häußermann, Hartmut/Läpple, Dieter/Siebel, Walter: Stadtpolitik, Frankfurt/Main: Suhrkamp, 2008.
Hebdige, Dick: Subculture. The Meaning of Style, London/New York: Routledge, 1987 (1979).
Heisig, Kirsten: Das Ende der Geduld. Konsequent gegen jugendliche Gewalttäter, Freiburg: Herder, 2010.
Hepp, Andreas: Cultural Studies und Medienanalyse, Wiesbaden: VS, 2010.
Hepp, Andreas/Hartmann, Maren (Hg.): Die Mediatisierung der Alltagswelt, Wiesbaden: VS, 2010.
Herz, Birgit: »Neoliberaler Zeitgeist in der Pädagogik. Zur aktuellen Disziplinarkultur«, in: Dörr, Margret/Herz, Birgit (Hg.): »Unkulturen« in Bildung und Erziehung, Wiesbaden: VS, 2010, S. 171-189.
Hess, Sabine: Globalisierte Hausarbeit. Au-pair als Migrationsstrategie von Frauen aus Osteuropa, Wiesbaden: VS, 2005.
Hirschauer, Stefan: »Die Empiriegeladenheit von Theorien und der Erfindungsreichtum der Praxis«, in: Hirschauer, Stefan/Kalthoff, Herbert/Lindemann, Gesa (Hg.): Theoretische Empirie, Frankfurt/Main: Suhrkamp, 2008, S. 165-187.
Hjarvard, Stig: »The Mediatization of Society«, in: Nordicom Review 29, 2008, S. 105-134.
Hoggart, Richard: The Uses of Literacy, London: Penguin, 1976 (1957).
Honneth, Axel: Das Ich im Wir. Studien zur Anerkennungstheorie, Berlin: Suhrkamp, 2010.
Honneth, Axel: »Die soziale Dynamik von Missachtung«, in: Ders.: Das Andere der Gerechtigkeit, Frankfurt/Main: Suhrkamp, 2000, S. 88-109.
Honneth, Axel: Kampf um Anerkennung. Zur moralischen Grammatik sozialer Konflikte, Frankfurt/Main: Suhrkamp, 1992.

Honneth, Axel: «Unsichtbarkeit. Über die moralische Epistemologie von ›Anerkennung‹«, in: Ders.: Unsichtbarkeit. Stationen einer Theorie der Intersubjektivität, Frankfurt/Main: Suhrkamp, 2003, S. 10-27.

Hugger, Kai-Uwe: »Anerkennung und Zugehörigkeit im Social Web«, in: Grell, Petra/Marotzki, Winfried/Schelhowe, Heidi (Hg.): Neue digitale Kultur- und Bildungsräume, Wiesbaden: VS, 2010, S. 77-98.

Hugger, Kai-Uwe (Hg.): Digitale Jugendkulturen, Wiesbaden: VS, 2010.

Hugger, Kai-Uwe: Junge Migranten online. Suche nach sozialer Anerkennung und Vergewisserung von Zugehörigkeit, Wiesbaden: VS, 2009.

Hunter, Ian: Rethinking the School. Subjectivity, Bureaucracy, Criticism, New York: St. Martin's Press, 1994.

Hutchinson, Linda: Irony's Edge. The Theory and Politics of Irony, London/New York: Routledge, 1994.

Illouz, Eva: »Das Verlangen nach Anerkennung. Liebe und die Verletzlichkeit des Selbst«, in: Forst, Rainer/Hartmann, Martina/Jaeggi, Rahel/Saar, Martin: Sozialphilosophie und Kritik, Frankfurt/Main: Suhrkamp, 2009, S. 64-86.

Illouz, Eva: Der Konsum der Romantik. Liebe und die kulturellen Widersprüche des Kapitalismus, Frankfurt/Main: Suhrkamp, 2007.

Jackson, John: Harlemworld, Chicago: Chicago University Press, 2001.

Jaeggi, Rahel: »Was ist Ideologiekritik?«, in: Jaeggi, Rahel/Weschke, Thilo (Hg.): Was ist Kritik?, Frankfurt/Main: Suhrkamp, 2009, S. 266-295.

Jäger: Siegfried: Kritische Diskursanalyse. Eine Einführung, Münster: Unrast, 2004.

Jäckel, Michael: Medienwirkungen, Opladen: Westdeutscher Verlag, 2002.

Jameson, Fredric: Postmodernism or the Cultural Logic of Late Capitalism, London/New York: Verso, 1991.

Jay, Martin: Downcast eyes. The denigration of vision in twentieth-century French thought, Berkeley: University of California Press, 1993.

Jenkins, Henry: Convergence culture. Where old and new media collide, New York: NYU Press, 2006.

Kaletta, Barbara: Anerkennung oder Abwertung. Über die Verarbeitung sozialer Desintegration, Wiesbaden: VS, 2008.

Kaschuba, Wolfgang: »Anmerkungen zum Gesellschaftsvergleich aus ethnologischer Perspektive«, in: Kaelble, Hartmut/Schriewer, Jürgen (Hg.): Vergleich und Transfer. Komparatistik in den Sozial-, Geschichts- und Kulturwissenschaften, Frankfurt/Main/New York: Campus, 2003, S. 341-350.

Kaschuba, Wolfgang: »Deutsche Bürgerlichkeit nach 1800. Kultur als symbolische Praxis«, in: Kocka, Jürgen (Hg.): Bürgertum im 19. Jahrhundert. Deutschland im europäischen Vergleich, Göttingen: Vandenhoeck & Ruprecht, 1995, S. 92-127.

Kaschuba, Wolfgang/Korff, Gottfried/Warneken, Bernd Jürgen (Hg.): Arbeiterkultur seit 1945. Ende oder Veränderung?, Tübingen: Vereinigung für Volkskunde, 1991.

Kaschuba, Wolfgang: Lebenswelt und Kultur der unterbürgerlichen Schichten im 19. und 20. Jahrhundert, Enzyklopädie Deutscher Geschichte, Band 5, München: Oldenbourg, 1990.

Kaschuba, Wolfgang: »Öffentliche Kultur – Kommunikation, Deutung und Bedeutung«, in: Jäger, Friedrich/Liebsch, Burkhard (Hg.): Handbuch der Kulturwissenschaften. Band 1 Grundlagen und Schlüsselbegriffe, Stuttgart: Metzler, 2004, S. 128-138.

Kaschuba, Wolfgang: Volkskultur zwischen feudaler und bürgerlicher Gesellschaft, Frankfurt/Main: Campus, 1988.

Keller, Katrin: Der Star und seine Nutzer. Starkult und Identität in der Mediengesellschaft, Bielefeld: transcript, 2008.

Kendall, Diana: Framing Class. Media representations of Wealth and Poverty in America, Lanham: Rowman & Littlefield, 2005.

Kerner, Hans-Jürgen/Reich, Kerstin/Coester, Marc/Weitekamp, Elmar: »Migration background, group affiliation and delinquency among endangered youths in a south-west German city«, in: Van Gemert, Frank/Peterson, Dana/Lien, Inger-Lisa (Hg.): Street Gangs, Migration and Ethnicity, Portland, Oregon: Willan, 2008, S. 173-191.

Kilb, Rainer/Weidner, Jens/Gall, Reiner: Konfrontative Pädagogik in der Schule. Anti-Aggressivitäts- und Coolness-Training, Weinheim: Juventa, 2009.

Kilb, Rainer/Weidner, Jens (Hg.): Konfrontative Pädagogik. Konfliktbearbeitung in Sozialer Arbeit und Erziehung, Wiesbaden: VS, 2010.

Kilb, Rainer/Weidner, Jens/Kreft, Dieter: Gewalt im Griff 1. Neue Formen des Anti-Aggressivitäts-Trainings, Weinheim: Juventa, 2004.

Kittler, Friedrich: Aufschreibesysteme 1800/1900, München: Fink, 1993.

Kittler, Friedrich: Grammophon, Film, Typewriter, Berlin: Brinkmann & Bose, 1986.

Kittler, Friedrich: Optische Medien, Berlin: Merve, 2002.

Klein, Gabriele/Friedrich, Malte: Is it real? Die Kultur des HipHop, Frankfurt/Main: Suhrkamp, 2003.

Klinger, Cornelia/Knapp, Gudrun-Axeli/Sauer, Birgit (Hg.): Achsen der Ungleichheit, Frankfurt/Main: Campus, 2007.
Knecht, Michi (Hg.): Die andere Seite der Stadt, Köln/Weimar/Wien: Böhlau, 1999.
Knigge, Michel: Hauptschüler als Bildungsverlierer?, Münster/New York/ München/Berlin: Waxmann, 2009.
Kofman, Sarah: Die lachenden Dritten, München/Wien: Verlag Internationale Psychoanalyse, 1990.
Koppetsch, Cornelia: »Die Verkörperung des schönen Selbst. Zur Statusrelevanz von Attraktivität«, in: Dies. (Hg.): Körper und Status. Zur Soziologie der Attraktivität, Konstanz: UVK, 2000, S. 99-124.
Koselleck, Reinhart: Begriffsgeschichten, Berlin: Suhrkamp, 2010.
Krein, Gerhard: Magic Moments. Ethnografische Gänge in die Konsumwelt, Frankfurt/Main: Campus, 1999.
Kronauer, Martin: Exklusion, Frankfurt/Main: Campus, 2002.
Krotz, Friedrich: Mediatisierung. Fallstudien zum Wandel von Kommunikation, Wiesbaden: VS, 2007.
Kusenbach, Margarethe: »Street phenomenology. The go-along as ethnographic research tool«, in: Ethnography, Vol. 4(3), 2003, S. 455-485.
Lacan, Jacques: »Das Spiegelstadium als Bildner der Ichfunktion«, in: Ders.: Schriften 1, Frankfurt/Main: Suhrkamp, 1975, S. 61-70.
Lamont, Michèle: Money, Morals, and Manners. The Culture of the French and the American Upper-Middle Class, Chicago: University Press, 1992.
Lange-Vester, Andrea/Redlich, Miriam: »Soziale Milieus und Schule«, in: Brake, Anna/Bremer, Helmut (Hg.): Alltagswelt Schule, Weinheim/ München: Juventa, 2010, S. 185-209.
Lange-Vester, Andrea: »Teufelskreis der Nichtachtung«, in: Schultheis, Franz/Schulz, Kristina (Hg.): Gesellschaft mit begrenzter Haftung. Zumutungen und Leiden im deutschen Alltag, Konstanz: UVK, 2005, S. 298-310.
Lash, Scott: Intensive Culture, London: Sage, 2010.
Latour, Bruno: Eine neue Soziologie für eine neue Gesellschaft, Frankfurt/Main: Suhrkamp, 2007.
Latour, Bruno: Wir sind niemals modern gewesen, Frankfurt/Main: Suhrkamp, 2008.
Lausus, Nicola: Codierte Weiblichkeit. Die Magersucht als Identitäts- und Emanzipationskonflikt der Frau, Münster: LIT, 2007.

Lessenich, Stephan: Die Neuerfindung des Sozialen. Der Sozialstaat im flexiblen Kapitalismus, Bielefeld: transcript, 2008.
Lévi-Strauss, Claude: Mythologica, Band I-IV, Frankfurt/Main: Suhrkamp, 2008.
Liebsch, Burkhard: »Spielarten der Verachtung«, in: Ricken, Norbert (Hg.): Über die Verachtung der Pädagogik, Wiesbaden: VS, 2007, S. 43-77.
Lindner, Rolf/Musner, Lutz (Hg.): Unterschicht. Kulturwissenschaftliche Erkundungen der ›Armen‹ in Geschichte und Gegenwart, Freiburg: Rombach, 2008.
Lindner, Rolf: »›Unterschicht‹. Eine Gespensterdebatte«, in: Ders./Musner, Lutz (Hg.): Unterschicht. Kulturwissenschaftliche Erkundungen der ›Armen‹ in Geschichte und Gegenwart, Freiburg: Rombach, 2008, S. 9-17.
Lindner, Rolf: »Straße – Straßenjunge – Straßenbande«, in: Zeitschrift für Volkskunde, 1983, S. 192-208.
Lindner, Rolf: Walks on the Wild Side. Eine Geschichte der Stadtforschung, Frankfurt/Main: Campus, 2004.
Lindner, Rolf/Wiebe, Hans-Hermann (Hg.): Verborgen im Licht. Neues zur Jugendfrage, Frankfurt/Main: Syndikat, 1986.
Lindner, Werner: »Jugendliche in der Stadt. Im Spannungsfeld von Devianz(-Fantasien) und urbaner Kompetenz«, in: Bukow, Wolf-Dietrich/ Yildiz, Erol (Hg.): Der Umgang mit der Stadtgesellschaft, Opladen 2002, S. 217-240.
Link, Jürgen: »›Der irre Saddam setzt seinen Krumdolch an meine Gurgel!‹ Fanatiker, Fundamentalisten, Irre und Trafikanten – Das Neue Feindbild Süd«, in: Jäger, Siegfried u.a. (Hg.): Kritische Diskursanalyse. Eine Einführung, Duisburg: Diss, 1993, S. 382-401.
Lister, Martin: The Photographic Image in Digital Culture, New York: Routledge, 1995.
Lübcke, Claudia: »Jugendkulturen junger Muslime in Deutschland«, in: Dies./Wensierski, Hans-Jürgen von: Junge Muslime in Deutschland. Lebenslagen, Aufwachsprozesse und Jugendkulturen, Opladen: Budrich, 2007, S. 285-318.
Lutz, Catherine: »The Anthropology of Emotions«, in: Annual Review of Anthropology 15, 1986, S. 405-36.
Maase, Kaspar (Hg.): Die Schönheiten des Populären. Ästhetische Erfahrung der Gegenwart, Frankfurt/Main: Campus, 2008.
Maase, Kaspar: Grenzenloses Vergnügen. Der Aufstieg der Massenkultur 1850-1970, Frankfurt/Main: Fischer, 1997.

Maase, Kaspar/Kaschuba, Wolfgang (Hg.): Schund und Schönheit. Populäre Kultur um 1900, Köln/Weimar/Wien: Böhlau, 2001.
Maase, Kaspar/Warneken, Bernd Jürgen (Hg.): Unterwelten der Kultur, Köln/Weimar/Wien: Böhlau, 2003.
Maaz, Kai/Hausen, Cornelia/McElvany, Nele/Baumert, Jürgen: »Stichwort: Übergänge im Bildungssystem«, in: Zeitschrift für Erziehungswissenschaft, 9/2006, 299-327.
MacLeod, Jay: Ain't no makin' it. Aspirations and Attainment in a Low Income Neighbourhood, Boulder: Westview Press, 1987.
Mannitz, Sabine: Die verkannte Integration. Eine Langzeitstudie unter Heranwachsenden aus Immigrantenfamilien, Bielefeld: transcript, 2006.
Margalit, Avashai: Politik der Würde. Über Achtung und Verachtung, Berlin: Alexander Fest, 1997.
Markus, Hazel/Nurius, Paula: »Possible selves«, in: American Psychologist, 41(9), 1986, S. 954-969.
Marx, Karl: Der achtzehnte Brumaire des Louis Bonaparte, MLW, Band 8, Berlin: Dietz, 1960 (1852).
Marx, Karl: Deutsche Ideologie, MLW, Band 3, Berlin: Dietz, 1969 (1845/46).
Massumi, Brian: Parables for the Vitual. Movement, Affect, Sensation, Durham/London: Duke University Press, 2002.
McLuhan, Marshall: Understanding Media. The extensions of man, London/New York: Routledge, 1994.
McRobbie, Angela: Feminism and Youth Culture, Boston: Unwin Hyman, 1991.
McRobbie, Angela/Thornton, Sarah: »Re-Thinking ›Moral Panic‹ for Multi-Mediated Social Worlds«, in: Chas Cricher (Hg.): Critical Readings. Moral Panics and the Media, Maidenhead: Open University Press, 2006, S. 266-276.
Mead, George Herbert: Geist, Identität und Gesellschaft, Frankfurt/Main: Suhrkamp, 1993.
Mecheril, Paul: »Die Schlechterstellung Migrationsanderer. Schule in der Migrationsgesellschaft«, in: Reiberg, Ludger (Hg.): Berufliche Integration in der multikulturellen Gesellschaft, Bonn: Bundeszentrale für politische Bildung, 2006, S. 32-54.
Mehta, Uday: »Liberal Strategies of Exclusion«, in: Stoler, Ann/Cooper, Frederick (Hg.): Tensions of Empire, Berkeley: University of California Press, 1997. S. 59-86.

Mehta, Uday: The Anxiety of Freedom. Imagination and Individuality in Locke's Political Thought, Ithaca: Cornell University Press, 1992.
Miller, Daniel/Jackson, Peter/Thrift, Nigel/Holbrook, Beverly/Rowlands, Michael: Shopping, Place and Identity, London: Routledge, 1998.
Miller, Daniel: The Dialectics of Shopping, Chicago: Chicago University Press, 2001.
Miller, William Ian: The Anatomy of Disgust, Cambridge: Harvard University Press, 1997.
Mitchell, Timothy: »Society, Economy, and the State Effect«, in: Gupta, Akhil/Sharma, Aradhana (Hg.): The Anthropology of the State. A Reader, Oxford: Blackwell 2006, S. 169-186.
Mitra, Ananda: »Marginal Voices in Cyberspace«, in: New Media Society 3 (1), 2001, S. 29-48.
Morley, David: Television Audiences and Cultural Studies, London/New York: Routledge, 1992.
Morris, Rosalind (Hg.): Can the Subaltern Speak? Reflections on the History of an Idea, New York: Columbia University Press, 2010.
Murray, Susan: »Digital Images, Photo-Sharing, and Our Shifting Notions of Everyday Aesthetics«, in: Journal of Visual Culture, Vol. 7 (2), 2008, S. 147-163.
Nauk, Bernhard: «Social Capital. Intergenerational Transmission and Intercultural Contact in Immigrant Families«, in: Journal of Comparative Family Studies, 32, 2001, S. 465-488.
Neckel, Sighard: Flucht nach vorn. Die Erfolgskultur der Marktgesellschaft, Frankfurt/Main: Campus, 2008.
Neckel, Sighard: Status und Scham. Zur symbolischen Reproduktion sozialer Ungleichheit, Frankfurt/Main: Campus, 1991.
Ngai, Sianne: Ugly Feelings, Cambridge: Harvard University Press, 2005.
Nökel, Sigrid: Die Töchter der Gastarbeiter und der Islam, Bielefeld: transcript, 2002.
Nussbaum, Martha: Upheavals of Thought. The Intelligence of Emotions, Cambridge: Cambridge University Press, 2001.
OECD (Hg.): PISA 2006. Science competencies for tomorrow's world. Volume 1. Analysis, Paris, 2007.
Oberti, Marco: L'école dans la ville. Ségrégation – mixité – carte scolaire, Paris: Presses de Sciences-Po, 2007.
Ortner, Sherry: Anthropology and Social Theory. Culture, Power, and the Acting Subject, Durham: Duke University Press, 2006.

Ortner, Sherry: New Jersey Dreaming. Capital, Culture, and the Class of '58, Durham: Duke University Press, 2003.
Ortner, Sherry: »Theory in Anthropology since the Sixties«, in: Comparative Studies in Society and History 26 (1), 1984, S. 126-166.
Ortner, Sherry: »Updating Practice Theory«, in: Dies.: Anthropology and Social Theory, Durham: Duke University Press, 2006, S. 1-18.
Poschardt, Ulf: Cool, Reinbek bei Hamburg: Rowohlt, 2002.
Radtke, Frank Olaf/Gomolla, Mechtild: Institutionelle Diskriminierung, Wiesbaden: VS, 2007.
Rancière, Jacques: Das Unvernehmen, Frankfurt/Main: Suhrkamp, 2002.
Rancière, Jacques: Die Aufteilung des Sinnlichen. Die Politik der Kunst und ihre Paradoxien, Berlin: b_books, 2008.
Rancière, Jacques: Hatred of Democracy, London/New York: Verso, 2006.
Rapport, Nigel/Overing Joanna: »Myth«, in: Social and Cultural Anthropology. The Key Concepts. 2nd Edition, New York: Routledge, 2007, S. 304-317.
Reckwitz, Andreas: Das hybride Subjekt, Weilerswirst: Velbrück, 2006.
Reckwitz, Andreas: »Der Identitätsdiskurs. Zum Bedeutungswandel einer sozialwissenschaftlichen Semantik«, in: Rammert, Werner (Hg.): Kollektive Identitäten und kulturelle Innovationen, Leipzig: Leipziger Universitätsverlag, 2001, S. 21-38.
Reckwitz, Andreas: Die Erfindung der Kreativität. Zum Prozess gesellschaftlicher Ästhetisierung, Berlin: Suhrkamp, 2013 (Manuskript).
Reckwitz, Andreas: »Grundelemente einer Theorie sozialer Praktiken«, in: Zeitschrift für Soziologie, 32 (4), 2003, S. 282-301.
Reckwitz, Andreas: »Medientransformationen und Subjekttransformationen«, in: Ders.: Unscharfe Grenzen. Perspektiven der Kultursoziologie, Bielefeld: transcript, 2008, S. 159-176.
Reckwitz, Andreas: Subjekt, Bielefeld: transcript, 2008.
Reckwitz, Andreas: »Umkämpfte Männlichkeit. Zur Transformation männlicher Subjektformen und ihrer Affektivitäten«, in: Ders.: Unscharfe Grenzen, Bielefeld: transcript, 2008, S. 177-196.
Reckwitz, Andreas: Unscharfe Grenzen, Bielefeld: transcript, 2008.
Reckwitz, Andreas: »Wie bürgerlich ist die Moderne? Bürgerlichkeit als hybride Subjektkultur«, in: Ders (Hg.): Unscharfe Grenzen. Perspektiven der Kultursoziologie, Bielefeld: transcript, 2008, S. 197-216.
Rekus, Jürgen/Hintz, Dieter/Ladenthin,Volker: Die Hauptschule. Alltag, Reform, Geschichte, Theorie, Weinheim/München: Juventa, 1998.

Requate, Jörg: Journalismus als Beruf, Göttingen: Vandenhoeck & Ruprecht, 1995.
Ricken, Norbert (Hg.): Über die Verachtung der Pädagogik, Wiesbaden: VS, 2007.
Ries, Marc/Fraueneder, Hildegard/Mairitsch, Karin (Hg.): dating.21. Liebesorganisation und Verabredungskulturen, Bielefeld: transcript, 2007.
Ronell, Avital: Stupidity, Urbana/Chicago: University of Illinois Press, 2002.
Rosa, Hartmut: Beschleunigung. Die Veränderung der Zeitstrukturen in der Moderne, Frankfurt/Main: Suhrkamp, 2005.
Rosa, Hartmut: »Kritik der Zeitverhältnisse. Beschleunigung und Entfremdung als Schlüsselbegriffe der Sozialkritik«, in: Jaeggi, Rahel/Weschke, Thilo (Hg.): Was ist Kritik?, Frankfurt/Main: Suhrkamp, 2009, S. 23-54.
Rose, Nikolas: »Governing ›Advanced‹ Liberal Democracies«, in: Gupta, Akhil/Sharma, Aradhana (Hg.): The Anthropology of the State. A Reader, Oxford: Blackwell, 2006, S. 144-162.
Rose, Nikolas: Inventing our Selves, Cambridge: Cambridge University Press, 1998.
Rose, Nikolas: The Politics of Life Itself. Biomedicine, Power, and Subjectivity in the Twenty-First Century, Princeton: Princeton University Press, 2007.
Rösner, Ernst: Hauptschule am Ende. Ein Nachruf, Münster: Waxmann, 2007.
Said, Edward: Orientalism, New York: Vintage, 1979.
Sarrazin, Thilo: Deutschland schafft sich ab, München: DVA, 2010.
Sartre, Jean Paul: Das Sein und das Nichts, Reinbek bei Hamburg: Rowohlt, 1993.
Sayer, Andrew: The Moral Significance of Class, Cambridge: Cambridge University Press, 2005.
Schiffauer, Werner/Baumann, Gerd/Kastoryano, Riva/Vertovec, Steven (Hg.): Staat – Schule – Ethnizität, Münster: Waxmann, 2002.
Schiffauer, Werner: »Cosmopolitans are Cosmopolitans. On the Relevance of Local Identification in Globalizing Society«, in: Friedman, Jonathan/Randeria, Shalini (Hg.): Worlds on the move, London/New York: Tauris, 2002, S. 91-102.
Schiffauer, Werner: »Der unheimliche Muslim. Staatsbürgerschaft und zivilgesellschaftliche Ängste«, in: Wohlrab-Sahr, Monika/Tezcan, Levent (Hg.): Konfliktfeld Islam in Europa, Soziale Welt – Sonderband 17, Baden Baden: Nomos, 2007, S. 111-133.

Schiffauer, Werner: Fremde in der Stadt, Frankfurt/Main: Suhrkamp, 1997.
Schiffauer, Werner: Parallelgesellschaften, Bielefeld: transcript, 2008.
Schiffauer, Werner: »Staat – Schule – Ethnizität«, in: Gesemann, Frank (Hg.): Migration und Integration in Berlin. Wissenschaftliche Analysen und politische Perspektiven, Opladen: Leske & Budrich, 2001, S. 233-250.
Schiffauer, Werner: »Transnationale Solidaritätsgruppen, Imaginäre Räume, Irreale Konditionalsätze«, in: Berking, Helmuth (Hg.): Die Macht des Lokalen in einer Welt ohne Grenzen, Frankfurt/Main: Campus, 2006, S. 164-180.
Schiffer, Sabine: Die Darstellung des Islams in der Presse. Sprache, Bilder, Suggestionen, Würzburg: Ergon, 2005.
Schulz, Andreas: Lebenswelt und Kultur des Bürgertums im 19. und 20. Jahrhundert, München: Oldenbourg, 2005.
Scott, James: Domination and the Arts of Resistance, New Haven: Yale University Press, 1990.
Scott, James: Seeing like a State, New Haven: Yale University Press, 1998.
Scott, James: Weapons of the Weak, New Haven: Yale University Press, 1985.
Sennett, Richard/Cobb, Jonathan: The Hidden Injuries of Class, New York/London: Norton, 1972.
Sennett, Richard: Respect. The Formation of Character in an Age of Inequality, London: Penguin, 2004.
Shapin, Steven: A Social History of Truth. Civility and Science in Seventeenth Century England, Chicago: University of Chicago Press, 1994.
Shell Deutschland Holding (Hg.): Jugend 2010, Frankfurt/Main: Fischer, 2010.
Simmel, Georg: »Soziologie der Sinne«, in: Die Neue Rundschau, 18. Jg., Heft 9, September 1907.
Skeggs, Beverly: Class, Self, Culture, London/New York: Routledge, 2004.
Skeggs, Beverly: Formations of Class and Gender, London: Sage, 1997.
Sloterdijk, Peter: Kritik der zynischen Vernunft, Frankfurt/Main: Suhrkamp, 1983.
Smith, Valerie/Stemmler, Susanne/Hamschmidt, Cordula (Hg.): Über Wut – On Rage, Berlin: Haus der Kulturen der Welt/Revolver, 2011.
Soeffner, Hans-Georg: »Stil und Stilisierung. Punk oder die Überhöhung des Alltags«, in: Gumbrecht, Hans Ulrich/Pfeiffer, Ludwig (Hg.): Stil. Geschichten und Funktionen eines kulturwissenschaftlichen Diskurselements, Frankfurt/Main: Suhrkamp, 1986, S. 317-341.

Solga, Heike: »Ausbildungslose und die Radikalisierung ihrer sozialen Ausgrenzung«, in: Bude, Heinz/Willichs, Andreas (Hg.): Das Problem der Exklusion. Ausgegrenzte, Entbehrliche, Überflüssige, Hamburger Edition, 2006, S. 121-146.
Solga, Heike/Dombrowski, Rosine: Soziale Ungleichheit in schulischer und außerschulischer Bildung, Hans Böckler Stiftung, Arbeitspapier 171, März 2009.
Solga, Heike: »Increasing risks of stigmatization: Changes in school-to-work transitions of less-educated West Germans«, in: Yale Journal of Sociology, 04/2004, S. 99-129.
Solga, Heike: »Meritokratie – die moderne Legitimation ungleicher Bildungschancen«, in: Dies./Powell, Justin/Berger, Peter (Hg.): Soziale Ungleichheit. Klassische Texte zur Sozialstrukturanalyse, Frankfurt/Main: Campus, 2009, S. 63-72.
Solga, Heike: Wie das deutsche Schulsystem Bildungsungleichheiten verursacht, Wissenschaftszentrum Berlin, Oktober 2008, http://www.wzb.eu/wzbriefbildung vom 1. Juli 2010.
Solomon, Richard: »On Emotions as Judgments«, in: American Philosophical Quarterly 25, 1988, S. 183-91.
Spivak, Gayatri: »Can the Subaltern Speak?«, in: Morris, Rosalind (Hg.): Can the Subaltern Speak? Reflections of the History of an Idea, New York: Columbia University Press, 2010, S. 21-78.
Stallybrass, Peter/White, Allon: The Politics and Poetics of Transgression, Cornell University Press, 1986.
Stearns, Peter: American Cool. Constructing a Twentieth-Century Emotional Style, New York: NYU Press, 1994.
Steedman, Carolyn: Landscape for a Good Woman, New Brunswick: Rutgers University Press, 2008 (1986).
Stewart, Kathleen: A Space on the Side of the Road. Cultural Poetics in an »Other« America, Princeton: Princeton University Press, 1996.
Stewart, Kathleen: Ordinary Affects, Durham: Duke University Press, 2007.
Stiels-Glenn, Michael/Glenn, Penelope: »Stirn an Stirn – Streiten lernen helfen: Praktische Anmerkungen zu einer fälligen Paradigmenverschiebung«, in: Kilb, Rainer/Weidner, Jens (Hg.): Konfrontative Pädagogik. Konfliktbearbeitung in Sozialer Arbeit und Erziehung, Wiesbaden: VS, 2010, S. 153-174.

Stoler, Ann: »Affective States«, in: Nugent, David/Vincent, Joan (Hg.): A Companion to the Anthropology of Politics, Oxford: Blackwell: 2004, S. 4-20.
Stoler, Ann: Along the Archival Grain. Epistemic Anxieties and Colonial Common Sense, Princeton: Princeton University Press, 2009.
Swidler, Ann: »Culture in Action. Symbols and Strategies«, in: American Sociological Review 51 (2), 1986, S. 273-286.
Swidler, Ann: Talk of Love, Chicago: University Press, 2001.
Taylor, Charles: Multikulturalismus und die Politik der Anerkennung, Frankfurt/Main: Fischer, 1993.
Terpe, Sylvia: Ungerechtigkeit und Duldung. Die Deutung sozialer Ungleichheit und das Ausbleiben von Protest, Konstanz: UVK, 2009.
Tertilt, Hermann: Turkish Power Boys, Frankfurt/Main: Suhrkamp, 1996.
Thompson, Michael/Ellis, Richard/Wildavsky, Aaron: Cultural Theory. Boulder: Westview, 1990.
Tischner, Wolfgang: »Konfrontative Pädagogik – die vergessene ›väterliche‹ Seite der Erziehung«, in: Kilb, Rainer/Weidner, Jens (Hg.): Konfrontative Pädagogik. Konfliktbearbeitung in Sozialer Arbeit und Erziehung, Wiesbaden: VS, 2010, S. 51-76.
Unterweger, Gisela: Klasse und Kultur. Verhandelte Identitäten in der Schule, (= Zürcher Beiträge zur Alltagskultur, Band 12), Zürich: Volkskundliches Seminar der Universität Zürich, 2002.
Van den Brink, Bert/Owen, David (Hg.): Recognition and Power. Axel Honneth and the Tradition of Critical Social Theory, Cambridge: University Press, 2007.
Van Gemert, Frank/Peterson, Dana/Lien, Inger-Lisa 2008 (Hg.): Street Gangs, Migration and Ethnicity, Portland, Oregon: Willan, 2008.
Wacquant, Loic: Urban Outcasts, Cambridge: Polity Press, 2008.
Walgenbach, Katharina/Dietze, Gabriele/Hornscheidt, Antje/Palm, Kerstin: Gender als interdependente Kategorie, Opladen: Budrich, 2007.
Warneken, Bernd Jürgen: Die Ethnographie popularer Kulturen, Wien/Köln/Weimar: Böhlau, 2006.
Warneken, Bernd Jürgen: Populare Kultur. Gehen – Protestieren – Erzählen – Imaginieren, Köln/Weimar/Wien: Böhlau, 2010.
Warneken, Bernd Jürgen: »›Die Straße ist die Tribüne des Volkes‹. Ein Vorwort«, in: Ders. (Hg.): Massenmedium Straße. Zur Kulturgeschichte der Demonstration, Frankfurt/Main: Campus, 1991, S. 7-16.

Weber, Max: »On Bureaucracy«, in: Sharma, Aradhana/Gupta, Akhil (Hg.): Anthropology of the State. A Reader, Oxford: Blackwell, 2006, S. 49-70.
Weber, Max: Wirtschaft und Gesellschaft, Tübingen: Mohr, 1972 (1922).
Weidner, Jens: »Konfrontative Pädagogik. Erziehungs-ultima-ratio im Umgang mit Mehrfachauffälligen«, in: Sozialmagazin 2/2002, S. 39-45.
Weidner, Jens/Scholz, Christian/Colla, Herbert (Hg.): Konfrontative Pädagogik. Das Glen Mills Experiment, Mönchengladbach: Forum Verlag Godesberg, 2001.
Weidner, Jens: »Vom Straftäter zum Gentleman?«, in: Weidner, Jens/ Scholz, Christian/Colla, Herbert (Hg.): Konfrontative Pädagogik. Das Glen Mills Experiment, Mönchengladbach: Forum Verlag Godesberg, 2001, S. 7-54.
Weischenberg, Siegfried/Scholl, Armin/Malik, Maja: Die Souffleure der Mediengesellschaft. Report über Journalisten in Deutschland, Konstanz: UVK, 2006.
Weis, Lois: Class Reunion, New York: Routledge, 2004.
Weis, Lois: »Gender, Masculinity and the New Economy«, in: The Australian Educational Researcher, Vol. 30, Nr. 3, 2003, S. 111-129.
Weiß, Anja/Koppetsch, Cornelia/Scharenberg, Albert/Schmidtke, Oliver (Hg.): Klasse und Klassifikation, Opladen: Westdeutscher, 2001.
Wellgraf, Stefan: Migration und Medien. Wie Fernsehen, Radio und Print auf die Anderen blicken, Münster: LIT, 2008.
Wensierski, Hans Jürgen von: »Die islamisch-selektive Modernisierung. Zur Struktur der Jugendphase junger Muslime in Deutschland«, in: Ders./Lübcke, Claudia (Hg.): Junge Muslime in Deutschland. Lebenslagen, Aufwachsprozesse und Jugendkulturen, Opladen: Budrich, 2007, S. 55-82.
Wensierski, Hans Jürgen von/Lübcke, Claudia (Hg.): Junge Muslime in Deutschland. Lebenslagen, Aufwachsprozesse und Jugendkulturen, Opladen: Budrich 2007.
Willis, Paul: Learning to Labour, New York: Columbia University Press, 1977.
Willis, Paul: »Notes on common culture«, in: European Journal of Cultural Studies 1 (2), 1998, S. 163-176.
Willis, Paul: »Profane Culture«. Rocker, Hippies. Subversive Stile der Jugendkulturen, Frankfurt/Main: Syndikat, 1981.

Willis, Paul: »Twenty-Five Years On. Old Books, New Times«, in: Dolby, Nadine/Dimitriadis, Greg (Hg.): Learning to Labor in New Times, New York: Routledge, 2004, S. 167-196.

Winker, Gabriele/Degele, Nina: Intersektionalität. Zur Analyse sozialer Ungleichheiten, Bielefeld: transcript, 2009.

Winlow, Simon: Badfellas, Oxford: Berg, 2001.

Wünsche, Konrad: Die Wirklichkeit des Hauptschülers. Berichte von Kindern der schweigenden Mehrheit, Frankfurt/Main: Fischer, 1979 (1972).

Žižek, Slavoj (Hg.): Mapping Ideology, London/New York: Verso, 1994.

Žižek, Slavoj: »The Spectre of Ideology«, in: Ders. (Hg.): Mapping Ideology, London/New York: Verso, 1994, S. 1-33.

Žižek, Slavoj: The Sublime Object of Ideology, London/New York: Verso, 1989.

Kultur und soziale Praxis

SYLKE BARTMANN, OLIVER IMMEL (HG.)
Das Vertraute und das Fremde
Differenzerfahrung und Fremdverstehen
im Interkulturalitätsdiskurs

2011, 272 Seiten, kart., 29,80 €,
ISBN 978-3-8376-1292-9

ISOLDE CHARIM, GERTRAUD AUER BOREA (HG.)
Lebensmodell Diaspora
Über moderne Nomaden

März 2012, 280 Seiten, kart., 24,80 €,
ISBN 978-3-8376-1872-3

MONICA RÜTHERS
Juden und Zigeuner im europäischen Geschichtstheater
»Jewish Spaces«/»Gypsy Spaces« –
Kazimierz und Saintes-Maries-de-la-Mer
in der neuen Folklore Europas

Juni 2012, ca. 270 Seiten, kart., ca. 29,80 €,
ISBN 978-3-8376-2062-7

Leseproben, weitere Informationen und Bestellmöglichkeiten
finden Sie unter www.transcript-verlag.de

Kultur und soziale Praxis

ADELHEID SCHUMANN (HG.)
Interkulturelle Kommunikation in der Hochschule
Zur Integration internationaler Studierender und Förderung Interkultureller Kompetenz

Mai 2012, ca. 200 Seiten, kart., ca. 26,80 €,
ISBN 978-3-8376-1925-6

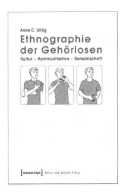

ANNE C. UHLIG
Ethnographie der Gehörlosen
Kultur – Kommunikation – Gemeinschaft

Januar 2012, 388 Seiten, kart., zahlr. Abb., 29,80 €,
ISBN 978-3-8376-1793-1

EROL YILDIZ
Die weltoffene Stadt
Wie Migration Globalisierung zum urbanen Alltag macht

Juni 2012, ca. 200 Seiten, kart., ca. 19,80 €,
ISBN 978-3-8376-1674-3

Leseproben, weitere Informationen und Bestellmöglichkeiten
finden Sie unter www.transcript-verlag.de

Kultur und soziale Praxis

ANIL AL-REBHOLZ
Das Ringen um die Zivilgesellschaft in der Türkei
Intellektuelle Diskurse, oppositionelle Gruppen und Soziale Bewegungen seit 1980
Mai 2012, ca. 408 Seiten, kart., ca. 33,80 €,
ISBN 978-3-8376-1770-2

DAVID JOHANNES BERCHEM
Wanderer zwischen den Kulturen
Ethnizität deutscher Migranten in Australien zwischen Hybridität, Transkulturation und Identitätskohäsion
2011, 708 Seiten, kart., 42,80 €,
ISBN 978-3-8376-1798-6

BETTINA FREDRICH
verorten – verkörpern – verunsichern
Eine Geschlechtergeografie der Schweizer Sicherheits- und Friedenspolitik
Juni 2012, ca. 316 Seiten, kart., ca. 32,80 €,
ISBN 978-3-8376-2063-4

DANIEL GAXIE, NICOLAS HUBÉ, MARINE DE LASSALLE, JAY ROWELL (HG.)
Das Europa der Europäer
Über die Wahrnehmungen eines politischen Raums
2011, 344 Seiten, kart., 32,80 €,
ISBN 978-3-8376-1626-2

JÖRG GERTEL, INGO BREUER (HG.)
Alltagsmobilitäten
Aufbruch marokkanischer Lebenswelten
2011, 452 Seiten, kart., zahlr. Abb., 33,80 €,
ISBN 978-3-89942-928-2

SABINE HESS, NIKOLA LANGREITER, ELISABETH TIMM (HG.)
Intersektionalität revisited
Empirische, theoretische und methodische Erkundungen
2011, 280 Seiten, kart., 29,80 €,
ISBN 978-3-8376-1437-4

SILJA KLEPP
Europa zwischen Grenzkontrolle und Flüchtlingsschutz
Eine Ethnographie der Seegrenze auf dem Mittelmeer
2011, 428 Seiten, kart., 34,80 €,
ISBN 978-3-8376-1722-1

MATTHIAS LAHR-KURTEN
Deutsch sprechen in Frankreich
Praktiken der Förderung der deutschen Sprache im französischen Bildungssystem
Mai 2012, ca. 290 Seiten, kart., zahlr. Abb., ca. 34,80 €,
ISBN 978-3-8376-2017-7

GERTRAUD MARINELLI-KÖNIG, ALEXANDER PREISINGER (HG.)
Zwischenräume der Migration
Über die Entgrenzung von Kulturen und Identitäten
2011, 292 Seiten, kart., zahlr. z.T. farb. Abb., 32,80 €,
ISBN 978-3-8376-1933-1

MINNA-KRISTIINA RUOKONEN-ENGLER
»Unsichtbare« Migration?
Transnationale Positionierungen finnischer Migrantinnen. Eine biographieanalytische Studie
Mai 2012, ca. 348 Seiten, kart., ca. 32,80 €,
ISBN 978-3-8376-1876-1

Leseproben, weitere Informationen und Bestellmöglichkeiten
finden Sie unter www.transcript-verlag.de